本 书 获

陕西师范大学人文社会科学高等研究院学术专项经费资助

· 秦 岭 学 术 书 系 ·

主 编：党圣元　李继凯

周代国野制度研究

（修 订 本）

ZHOUDAI GUOYE ZHIDU YANJIU

赵世超　著

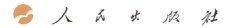

人 民 出 版 社

责任编辑：姜　虹
责任校对：余　佳
封面设计：周方亚
版式设计：吴　桐

图书在版编目（CIP）数据

周代国野制度研究 / 赵世超　著 . —修订本 . —北京：人民出版社，2020.8
（秦岭学术书系 / 党圣元，李继凯主编）
ISBN 978－7－01－022427－5

I.①周…　II.①赵…　III.①行政管理－政治制度史－研究－中国－周代
　IV.① D691.2

中国版本图书馆 CIP 数据核字（2020）第 156236 号

周代国野制度研究
ZHOUDAI GUOYE ZHIDU YANJIU
（修订本）

赵世超　著

人 民 出 版 社 出版发行
（100706　北京市东城区隆福寺街 99 号）

环球东方（北京）印务有限公司印刷　新华书店经销

2020 年 8 月第 1 版　2020 年 8 月北京第 1 次印刷
开本：710 毫米 ×1000 毫米 1/16　印张：20.5
字数：253 千字

ISBN 978－7－01－022427－5　定价：80.00 元

邮购地址 100706　北京市东城区隆福寺街 99 号
人民东方图书销售中心　电话（010）65250042　65289539

总　序

　　"秦岭学术书系"是由陕西师范大学人文社会科学高等研究院组织编撰的一套学术丛书，丛书主要收录本院学术团队的科研成果，侧重于文史哲领域专家们撰述的学术新著。丛书在选题方面呈开放性，分辑出版，每辑由3—5种著作组成，由人民出版社出版。

　　丛书取名"秦岭学术书系"，其中出现"秦岭"字样，然不敢以"秦岭"之峻拔庄美、雄奇高崇自诩也。而之所以选择"秦岭"二字，用意有三：其一，陕西师范大学位于古都西安市长安区，南依秦岭，北向渭水，只要抬眼朝南望去，终南山可以随时悠然见之。从秦岭来的风，从秦岭来的云，从秦岭来的水，从秦岭来的一年四季、早晚晨昏时分各各不同的物候气象，身在校园，凝望秦岭的群山峻岭，即目所见，即心所感，皆可直寻而无需补假，远处若近天都的太乙山峰峦叠嶂、山色佳胜的自然英旨，尽可收而得之。故而，我们特选"秦岭"二字，以表学校所位地理之佳胜也。其二，大秦岭是中国南北地理分界山脉，秦岭北麓属黄河流域，有渭河注入黄河；秦岭南麓属长江流域，有汉江注入长江，从秦岭的峪口进山，站在高处山脊上南北分界的分水岭处，南北两向极目展望，远近高低回环揽视而尽情领略，则华夏南北山河地貌、水土植被、物候景观尽收眼帘全入心镜，而正是黄河与长江这两大流域，数千年来浇灌出了中华民族璀璨的文明，中华文脉、学脉正如延绵不断、坚毅挺立的秦岭山脉那样，生生不息，风力永驻，魂魄不散，重峦叠嶂，风光无限。因此，特取"秦岭"二字，谨表我们对源远流长之中华文明、中华文脉和学脉的一份崇礼和敬畏之情也。其三，秦岭是具有战略性意义的中华南北水源涵养区域，以及极其重要的动植物基因养护和保存场所，这两者，无论是水源涵养，还是动植物保护，都与事关中华民族生息繁衍、发展前进千年万年大计的生态文明建设息息相关；关于生态问题，原生、多样、丰富、平衡数者，实为其中关键之关键。人们珍爱秦岭、呵护秦岭，容不得对它施加任何糟践虐待行为，其意义正在于此。其实，对于思想文化和人文学术而言，同样存在着一个生态问题，而原创性、丰富性、多样性也正是维系良好的学术文化生态之关键所在，不如此便无法得到既具传承性又具创新性的发展进步，而中华思想文化、中华文脉和学脉之传承创新和发展繁盛，亦系于此。职是之故，我们特用"秦岭"二字，以示这样一种心迹，即新时代中国的人文社会科学研究应该营构和保持自身良好的学术生态环境，应该体现出犹如秦岭般的广袤雄阔、刚毅挺立的文化自信，应该扎根于犹如秦川般沉稳而沃厚的现实与历史交融的土壤之中，在传承中创新，在创新中传承，延伸中华文脉、中华学脉，续写中华思想文化的新篇章。

该丛书所收各种著作，主要为陕西师范大学人文社会科学高等研究院学术同人们所撰述之学术新作，丛书的编撰和出版则是为了进一步支持和推动陕西师范大学的人文社会科学研究和学科建设，尤其是强化学校的"双一流"学科建设，而这也正是学校所赋予人文社会科学高等研究院之使命和职责所在。陕西师范大学是一所教育部直属的师范类大学，悠久的办学历史，数代学者孜孜不倦的努力，使陕西师范大学在人文社会科学研究方面具有优良的学术传统和丰厚的学术积淀，形成了鲜明的治学特色和端直的学风，弥足珍贵。在新时代里，我们理应使之传承弘扬，并且续写出新的篇章来。人文社会科学高等研究院是陕西师范大学为了贯彻落实全国哲学社会科学工作会议和习近平总书记重要讲话精神，增强文化自信、学术自信，响应新时代中国哲学社会科学学科体系与话语体系建构和创新性发展之需，整合学校人文研究学术资源，助力本校人文社会科学研究学术、学科的发展，尤其是配合、支持、强力推进学校"双一流"人文学科建设，而成立的一个实体性研究机构。研究院以"高端引领、学术至上、开放自由、包容创新"为方针，面向国家发展战略、面向国家重大需求、面向高端智库，旨在引进、汇聚和培养一批人文社会科学研究领域的高端学者和优秀人才，加快推进学科交叉融合和高水平原创成果产出，孵化高层次学术平台和团队。研究院自 2017 年 11 月 6 日正式揭牌以来，聚集了一批在不同学术领域各有研究专长的学者，坚持研究院的定位和办院方针，积极承担自身的功能与职责，在学校领导的关爱下，在校内相关学院同人们的加持和相互协同、一致努力下，在国内外学界的多方支持下，传承弘扬陕西师范大学人文社会科学研究的优良学风。短短两年的时间里，便打造出了一个具有良好科研条件和治学氛围的学术平台，并且已经产生了一系列学术研究成果，这些学术成果以及今后陆续生产出来的成果，将随着"秦岭学术书系"的批次编撰、出版而陆续面世，并接受学界的检视。

新时代中国的人文哲学社会科学研究迎来了一个新的历史起点。新时代中国人文社会科学的兴盛和创新性发展，关系到国家和民族的思想创造、文化繁荣、学术创新、文化传播和影响力，更是坚持文化自信、实现中华民族伟大复兴征程中必不可少的一种支持力量。秉持"以人民为中心"的学术导向，以求真求善、"明德""筑魂"为学术价值追求，坚持学术本位、学术创新观念和学术精品意识，为我们研究院学术团队全体同人们的共同学术理念，也是"秦岭学术书系"的学术实践目标。"渭城朝雨浥轻尘，客舍青青柳色新"，我们热切地期望在新时代的好雨时风吹拂下，通过研究院学术同人的精心研究和结撰，通过"秦岭学术书系"的编辑出版，为新时代中国的人文学术研究带来一缕来自秦岭的带有秦川黄土气息的微细的清风，带来几声如八百里秦川孕育而出的秦腔那般的或为粗粝喊唱、或为轻声低吟的乐调，能为新时代中国的哲学社会科学研究和学科建设添砖加瓦，以不负时代所赋予我们的文化学术使命。文律运周，日新其业。我们将倍加努力，让"秦岭学术书系"在时代的风雨里成长！

党圣元

2020 年 7 月 10 日

目　录

序　一

自历史唯物主义传入中国，史学界为之震动。20 世纪 30 年代初，郭沫若的《中国古代社会研究》一书出版，就是受了恩格斯《家庭、私有制和国家的起源》的启发，继之，侯外庐的《中国古代社会史论》等，也在运用马克思主义研究中国古史方面作了尝试。近几年来，又有不少同志走上了这条道路，世超同志就是其中的一个。看到了马克思主义史学后继有人，我感到分外地高兴。

《周代国野制度研究》是世超同志的博士论文，题目看似很偏，谈的却是古史领域最基本的问题。家庭、私有制和国家不是从来就有的，在其既经出现之后，也不可能一下子就成熟起来。世超同志从国野制度入手，通过分析国与野的区别、国人野人的生活状况，及国野关系的演变，用中国的材料揭示了三者起源后的发展，这便突出了周代历史有别于各代史的特征，当然是一项十分有意义的工作。

世超同志认为西周的家庭结构仍以父权制的大家族为主，这同我的看法不谋而合。他进而指出，国野关系是在两种族团间结成的奴役关系，一方面，野人作为土地的有机附属物，已跟土地一起被占领，另一方面，统治者又无法超越族团，将他们尽皆置于单身奴隶的悲惨境地。我以为这种看法正道出了周代社会有别于古希腊和古罗马的奥秘。野中部族林立，人数众多，周贵族是不可能将那里的血缘团体全部打散的。野人处境较典型奴隶为优，在很大程度上，就是与受到族团的保护有关。

恩格斯曾把国家不同于氏族的地方归纳为"按地区来划分它的国民"和

"公共权力的设立"，世超的书却指出，虽然早有地域组织出现，但家族仍是西周真正的政治经济实体。这同恩格斯的看法是否矛盾呢？世超同志明确回答：恩格斯讲的是两者的本质区别，所谓氏族，应是指典型的氏族，所谓国家，至少也是指较为成熟的国家。而在实际上，氏族社会里早有文明的萌芽，进入文明社会之后，氏族制的因素也不会立即消失，新旧两种文化往往是相互交叉的。这样理解马恩著作中的观点，可算是最少教条主义，因而也最切合恩格斯的原意。目前，有的同志看到一点文明的遗迹，就动辄惊呼可以将中国文明的出现提前多少年，与之相反，有的同志鉴于西周缺乏健全的地域组织，便认为春秋以前尚属原始社会，更多的人则用晚出的材料去证明夏、商、西周地域关系都已十分发达。《周代国野制度研究》一书的出版，将有助于克服文明起源讨论中的某些混乱。

书中运用了大量的文献材料，也使用了大量的甲骨文、金文资料、考古资料和民族调查资料。对《周礼》一书，他没有像经学家那样墨守成规，而是通过有理有据的分析，提出了自己的见解。这种多方求证的做法正是徐中舒教授一贯倡导的研究法。作为徐老的最后一届博士生，世超同志有决心把导师的传统继承下来，我为此感到欣慰。

我与世超同志相识于1978年在开封举行的一次学术讨论会。会上，我宣读了《释宗族》一文，他首先表示赞赏。后来，我听说他不顾家室之累，又到四川大学就读于古史名家徐中舒教授门下，便更加钦佩他精益求精的好学精神。现在，他积多年心得写成的论文与读者见面，我如何能不为之雀跃和兴奋？我对他的观点、方法和实事求是的学风知之较深，许多意见不期然而相契合，即使小有分歧，也常能殊途同归，因而便时时往还，纵论古今，堪称忘年之交。承蒙他不弃，要我作序，我觉得义不容辞，欣然答应，是为序。

斯维至

1991 年 11 月

序　二

我与赵世超同志是1982年在成都相识的，当时我们都参加了中国先秦史学会成立大会。他是大会选出的最年轻的理事。听说他从北京大学历史系毕业，参加过几年田野考古，那时是开封师范学院（今河南大学）历史系的讲师，学术研究成果累累，对西周史尤有兴趣，这便给我留下了很深的印象。后来他考上了中国先秦史学会理事长徐中舒教授的博士，不遗余力地攻读了三年，1988年获史学博士学位。他为了利用陕西研究西周历史的优越条件，受聘到陕西师范大学历史系从事教学和研究工作，同时晋升为副教授。世超和我同在周秦史研究室工作，志同道合，相交莫逆。在他的专著《周代国野制度研究》即将出版之际，我作为本书的知情者，有如实介绍情况的义务。

《周代国野制度研究》是世超同志在名师指导下，经过三年潜心研究写成的博士论文。在论文答辩前送请全国著名同行专家评审，得到中国社会科学院历史研究所所长李学勤，中国历史博物馆馆长俞伟超，北京大学教授邹衡、裘锡圭，山东大学教授田昌五，云南大学教授李埏等博士生导师的赞许。答辩时以博士生导师、四川大学教授缪钺为主席的答辩委员会一致认为："此文在前人研究的基础上，提出了可贵的见解，是一篇优秀的博士学位论文。"

本书以周代国野制度为研究对象，着重阐述了西周国与野的区别，国人、野人的成分及其关系，国人、野人的政治地位、文化心态，春秋时国野对立的演变，战国时国野对立的消失。由此入手探索了周代八百年社会生产的进步、阶级关系的变化、经济结构的演进、政治组织和国家形态的发展。全书始终以马克思主义唯物论为指导，从丰富的文献资料、考古材料和民族调查材料中总结出理论性的结论，提出了不少新看法。史论结合，条理清楚，结构严谨，自成体系，有相当高的学术价值。

《周代国野制度研究》虽成书于一时，实是世超同志积十余年呕心绞脑汇成的硕果。我读后获益不少，故愿向读者推荐。本书不仅适合高等学校历史系本科生、研究生阅读，也可供同行师友及史学爱好者参考。

何清谷

1991 年 11 月

第一章 国和野

在西周的历史上，有国、野之别。如《诗经》的《雅》《颂》部分，就不断提到国和野。它们所指的，分明是两种完全不同的所在。①

国、野含义如何，后世注说颇为纷纭。《司马法》云："王国百里为郊，二百里为州，三百里为野，四百里为县，五百里为都。"《诗经·鲁颂·駧》云："駧駧牡马，在坰之野。"毛亨《传》曰："坰，远野也。邑外曰郊，郊外曰野，野外曰林，林外曰坰。"②《尔雅·释地》则曰："邑外谓之郊，郊外谓之牧，牧外谓之野，野外谓之林，林外谓之坰。"郭璞注："邑，国都也。"③《说文解字·口部》记载："国，邦也。"《说文解字·里部》曰："野，郊外也。"《说文解字·邑部》则曰："邑，国也"，"邦，国也"。单是这些，就足以令人眼花缭乱了。

《周礼》一书，以"体国经野，设官分职"为宗旨，其中言及国、野的地方自然更多。汉儒自杜子春、郑众、贾逵、马融、郑玄开始，注家蜂起，而意见多歧。其中，郑玄注虽晚出，却后来居上，影响于后世者甚巨。对于国，他在《大宰》职下注说："大曰邦，小曰国，邦之所居亦曰国。"④在《诅祝》

---

① 如《大雅·民劳》："惠此中国，以绥四方。"毛传曰："中国，京师也。"《小雅·何草不黄》："匪兕匪虎，率彼旷野。"毛传曰："旷，空也。"一为京师，一为虎兕出没的空旷之区，两者显然是不可同日而语的。

② （清）阮元：《十三经注疏》，中华书局 1980 年影印版，第 609 页。

③ （清）阮元：《十三经注疏》，中华书局 1980 年影印版，第 2616 页。

④ （清）阮元：《十三经注疏》，中华书局 1980 年影印版，第 645 页。

职下注说："国为王之国。邦国，诸侯国也。"① 在《乡大夫》职下又说："国中，城郭中也。"② 对于野，他在《委人》及《旅师》职下注说："野，谓远郊之外也。"③ 在《县士》职下注说："地距王城二百里以外至三百里曰野，三百里以外至四百里曰县，四百里以外至五百里曰都……言掌野者，郊外曰野，大总言之也。"④ 在《司会》及《质人》职下注说："野，甸、稍也。"⑤ 在《县师》职下注说："野谓甸、稍、县、都也。"⑥ 在《遂人》职下注说："郊外曰野，此野谓甸、稍、县、都。"⑦

清末经学大师孙诒让广征博引，著为《周礼正义》，于诸家之说，多所折衷。经其考定，《周礼》一书的国、野布局约略为：王国处天下之中，城方九里，其外为方二十七里之郭。郭外五十里为近郊，五十里至百里为远郊。郊外自距王城百里至二百里为甸，二百里至三百里为稍，三百里至四百里为县，四百里至五百里为都。而野，有时指距王城百里至二百里的甸，有时指距王城二百里至三百里的稍，有时又兼甸、稍言之，而不包括县、都，有时则为甸、稍、县、都之总称，有时甚至包括四郊，即王城之外统称野。

倘若我们把这种国、野的布置同《国语·周语上》中的"邦内甸服，邦外侯服，侯卫宾服，蛮、夷要服，戎、狄荒服"的所谓服制合拢来一并观察，便是一套规模宏大、严整无缺的建政方略。

不过，在《国语·周语上》里，尚未确定每服的大小和距王城的远近。而《周礼·夏官·大司马》的职文中，便凿凿有据地认定"方千里曰国畿，其外方五百里曰侯畿，又其外方五百里曰甸畿，又其外方五百里曰男畿，又其外方五百里曰采畿，又其外方五百里曰卫畿，又其外方五百里曰蛮畿，又

---

① （清）阮元：《十三经注疏》，中华书局 1980 年影印版，第 816 页。
② （清）阮元：《十三经注疏》，中华书局 1980 年影印版，第 716 页。
③ （清）阮元：《十三经注疏》，中华书局 1980 年影印版，第 745 页。
④ （清）阮元：《十三经注疏》，中华书局 1980 年影印版，第 876 页。
⑤ （清）阮元：《十三经注疏》，中华书局 1980 年影印版，第 679、737 页。
⑥ （清）阮元：《十三经注疏》，中华书局 1980 年影印版，第 728 页。
⑦ （清）阮元：《十三经注疏》，中华书局 1980 年影印版，第 740 页。

其外方五百里曰夷畿，又其外方五百里曰镇畿，又其外方五百里曰蕃畿"①。王畿内外，每部分的位置及宽狭都被考证得如此清楚，我们简直能够据以绘出西周行政区划的详图来。

《周礼》及古代注家关于国、野的说法虽不能认为对我们的研究毫无助益，但所存在的问题却是显而易见的。其一，过于庞杂，其中必然包含许多晚出的东西。最为明显的便是县，它的出现最早也只能推溯到春秋时期，延之战国，才渐渐普及。而《周礼》却有县师、县正、县士、县大夫等设置。《载师》任地之法"以小都之田任县地"，注家把"县地"确定在距王城三百里至四百里的位置上，又谓野可为甸、稍、县、都的总称，但有时则单指甸、单指稍或仅指甸、稍而不包县。因把晚出的东西也强行纳入了自己遵信的国、野体系之中，故虽巧为调停，却终难于圆通。其二，过于齐整，显然是人为加工的结果。比如都，其最初的含义本与国无别，均指人所居住的城邑，到西周后期至春秋，随着"诸侯立家"的兴起，才渐渐专指王子弟公卿大夫家的宗邑，而用法仍不完全固定，即使春秋时代的都，也均因地制宜，建于距国城远近不一的去处。而上述注家却硬把小都、大都分别安排在距王城三百里至四百里和四百里至五百里的两道圆周线上。这种主观臆断，自然令人难以接受。其三，互相矛盾，甚至自相矛盾。这一点，只要看看郑玄对国和野的多种不同解释，便一目了然了。而使我们最感怀疑的是：西周最高统治者能如后世中央集权体制下的封建帝王一样，君临天下，"体国经野"，在如此广大的地面上，进行如此系统而详细的划分吗？

与其跟随注释家们步入迷宫，不如暂时摆脱他们的引导，另觅研究的蹊径。正确的态度是：既尽可能恰如其分地利用古注，又不一味墨守成说。

依照通常的看法，我国夏代已经进入阶级社会。《古本竹书纪年》记夏

---

① 关于服制，还见于《尚书·禹贡》等。具体细节与《周礼》又有所不同，此均战国时出现的理想化建国方案，不可深究。

的都邑，谓禹"居阳城"，"太康居斟𬮸"，"后相居商丘，又居斟灌"①，"帝宁居原，自原迁于老丘"，"胤甲即位，居西河"，"桀居斟𬮸"②。可见自禹至桀，一迁再迁，其居有八。而《世本》又云："夏禹都阳城，避商均也。又都平阳，或在安邑，或在晋阳。"③似即禹之身，已三易其居。文献中被称为夏墟者甚多，与《古本竹书纪年》及《世本》中的夏都对照，学者们虽屡加辨析，仍不能一一确指其地。近年的夏文化讨论中，多数人都认为夏国的政治中心应在晋南或豫西，但晋南、豫西实为夏代夏人迁徙所至的两块重要地区，并不等于当时夏国的固定封域。这种封疆尚不完全固定的早期国家，无法按照"体国经野"的办法整齐划一其领地，是不言自明的。

商人在汤以前曾八迁其都，汤以后又五迁其都，故张衡《西京赋》曰："殷人屡迁，前八后五，居相圮耿，不常厥土。"《古本竹书纪年》谓自盘庚徙殷，至纣之灭，"二百七十三年，更不徙都"，表明到商代后期，迁徙活动才相对减少了。后期的商国，王都在安阳，另有沁阳的衣和商丘的商为王常驻的大邑。其直辖区只是商人所居之城及附近之地，在四周更大的地域内，有一些同商保持一定臣服或同盟关系的部族，被称之为殷边侯甸、多伯、多君等，而商之都邑同所谓的侯甸之间，也还杂处着一些小的敌对或独立的方国。④《诗·商颂·玄鸟》追述武丁时殷国的盛况，谓已"邦畿千里"，只是极言其强，远方来服。从种种材料考察，殷人并未占有整个的一大块地面。在这种情况下，商国的统治者同样不会依照那种"体国经野"的方案来规划其政区。

周灭商，并分封其子弟甥舅于各处，容易给人造成一种周初曾将大片土地整块整块加以区划的印象。事实上，受封者所占据的只是商及其他被征服

---

① 王应麟认为相所居的商丘实为帝丘之误，见《通鉴地理通释校注》，四川大学出版社 2009 年版，第 123 页。

② 范祥雍：《古本竹书纪年辑校订补》，上海古籍出版社 2011 年版，第 5—9、12、14 页。

③ 《史记》卷二十八《封禅书》正义引《世本》，中华书局 2007 年版，第 1371 页。

④ 陈梦家：《殷虚卜辞综述》，中华书局 1988 年版，第 332 页。

方国、部族所居的大邑，封国与宗周及各封国之间远未连成一片。故即使到西周，不仅在"王畿"之外按照每畿五百里的等距划分九畿不易实行，就是在所谓的畿内，按百里郊、二百里甸、三百里稍、四百里县、五百里都的布置进行规划，也仍十分困难。所以南宋蔡沈才指出："每服五百里，五服则二千五百里，南北东西相距五千里"，"以地势考之，殊不可晓"。① 清代江永也说："九畿里数，皆不能画如棋局"，既"有近在内地而俗近戎狄者，又有蛮夷戎狄与中国杂处者"，"岂能如九畿之法哉？"② 他们对《周礼》等书所记"体国经野"之制的质疑切中要害。

粗略观察夏、商、西周的国家形态及其发展，我们已明显感到有一种点和面的区分。③ 夏代的点便是文献所记的那些夏都；商代的点起码应包括偃师商城、郑州二里岗商城、安阳殷墟、沁阳田猎区的衣和商丘的商；西周的点有周原、丰镐、成周及各诸侯国所在的大邑等。点和点之间存在着广大的面。这种点和面的区分同西周时的国野之别是一致的。这便大体为我们指示了判断国、野界划的笼统框架——点就是国，野就是面。至少我们可以肯定，西周时的国和野原本极其简单，历代注家所编织的"体国经野"方案或称国野制度，彼时并未出现。

点、面之分的形成过程是漫长的。在母系氏族的繁荣阶段，我们的先民便陆续开始了村落定居生活，属于新石器时代中后期的人类居住遗址在许多地区被大量发现，为此提供了证明。有名的半坡遗址居住区约30000平方米，居住区中心有一座大型房屋，据推测为氏族公共活动的场所。其北，共发掘出45座中小型的半地穴式房基，这些房基的建成时间或稍有先后，分布也不甚规则，但大体朝南，约略形成一个面向大房子的半月形。住房附近发现二百多个窖穴。围绕居住区有宽深各五六米的防御性壕沟，沟北有氏族

---

①　蔡沈：《书经集传》，世界书局1936年版，第38页。

②　江永：《周礼质疑举要》卷五，商务印书馆1935年版，第53页。

③　王玉哲：《殷商疆域史中的一个重要问题——"点"和"面"的概念》，《郑州大学学报（哲学社会科学版）》1982年第3期。

公共墓地，沟东有窑场。1972—1979 年发掘的临潼姜寨遗址面积约 55000 平方米，居住区中心为一面积较大的广场，广场四周有五组建筑群，东、西、南三方各一群，北方两群。每群建筑物以一大型房屋为主体，其附近分布着十几座或二十几座中小型住屋，共百余座，所有房屋的门均朝向中心广场。住屋附近有窖穴和幼儿的瓮棺葬。居住区周围，也挖有宽深各约 2 米的防护壕沟，东部留有通路。墓地和陶窑同样分布在防护沟外。① 半坡、姜寨这样的原始聚落，应该说就是我国早期的邑。摩尔根在描述易洛魁人的居住状况时说："他们聚居在村落中，村子的周围通常环以栅栏。"② 恩格斯根据摩尔根的描述进而总结印第安人部落的特征说："每一部落除自己实际居住的地方以外，还占有广大的地区供打猎和捕鱼之用。在这个地区之外，还有一块广阔的中立地带，一直延伸到邻近部落的地区边上。"③ 又说：在野蛮时代的低级阶段，"人口是极其稀少的；只有在部落的居住地才比较稠密，在这种居住地的周围，首先是一片广大的狩猎地带，其次是把这个部落同其他部落隔离开来的中立的防护森林"④。这些论述同由半坡、姜寨遗址所反映出来的我国先民的居住情况是一致的。而《尔雅·释地》的"邑外谓之郊，郊外谓之牧，牧外谓之野，野外谓之林，林外谓之坰"，同中外野蛮低级阶段人类的村落布局也大体契合，说明直到《尔雅》成书的秦汉时期，人们"口耳相传"的传说中，还多少保留着某些原始社会的史影。不过，所谓郊、牧、野、林、坰只是先民在习惯上依离居地的远近来称呼不同地段，而邑与它们的区别也只是聚落同中立地带的自然区分。半坡、姜寨的村落遗址可能是单个氏族的居址，也可能是由几个氏族或胞族组成的部落的聚居地，在我国黄土地带以外的其他地方，由于自然条件、生活习性的限制，属于该阶段的村

① 中国社会科学院考古研究所编著：《新中国的考古发现和研究》，文物出版社 1984 年版，第 54 页。

② [美] 路易斯·亨利·摩尔根：《古代社会》，商务印书馆 1995 年版，第 123 页。

③ 恩格斯：《家庭、私有制和国家的起源》，人民出版社 2018 年版，第 98 页。

④ 恩格斯：《家庭、私有制和国家的起源》，人民出版社 2018 年版，第 177 页。

落在建筑风格上还会同半坡、姜寨的房屋有某些差异，但这些村落所体现的原始共产制生活和氏族制度特有的团结向心精神，则是共同的。所以，从另一个角度看，那种包含着部族对立的、带有社会政治意义的点面之分，在野蛮低级阶段还没有出现。面貌近似的众多的点构成了一个广大的面，还没有哪个点能以独具的特质突出于各点之上。

到了野蛮阶段的后期，情形便大大不同起来了。随着生产力的提高，产品有了剩余。"邻人的财富刺激了各民族的贪欲，在这些民族那里，获取财富已成为最重要的生活目的之一。"而纯粹是为了掠夺的战争也"成了经常性的行当"①。于是，"在人类经验中，首次出现以环形垣垒围绕的城市，最后则围绕以整齐叠砌石块的城郭。人们想到要用整齐叠砌的石块筑成城郭来围绕一块足以容纳人口相当多的地面。在城郭上造起谯楼、女墙并开辟城门，使它既便于保卫公众又便于公众合力防守"②。

我国最早的带城墙的城邑出现在新石器时代，内蒙古、陕北及山西北部等地区的城址垣墙一般用石块垒砌而成，黄河流域的先民们在筑城时多用版筑、夯筑③，而长江流域的城墙普遍采用黏土堆筑。④目前发现的黄河流域最早的城墙是仰韶文化中晚期的郑州西山遗址，该遗址面积约30000平方米，南半部城址已遭毁坏，现存的西边城墙约长70米，北部城墙180米。城墙保存最完整处约高3米，宽5—6米，西北拐角处加宽至7—8米，其城基宽约11米，城外还有宽5—7.5米、深约4米的壕沟。⑤长江流域目前已知的最早城垣遗址是湖南澧县城头山遗址，在汤家岗文化时期，其聚落形态与半坡、姜寨类似，仅有环壕围绕。到了随后的大溪文化时期，城头山遗址出现了堆土筑成的土围墙。至屈家岭文化时期，城头山规模扩大，又将城墙向外

---

① 恩格斯：《家庭、私有制和国家的起源》，人民出版社2018年版，第183页。

② ［美］路易斯·亨利·摩尔根：《古代社会》，商务印书馆1995年版，第257页。

③ 郭荣臻：《简论黄河流域新石器时代的城垣建筑技术》，《史志学刊》2017年第4期。

④ 赵辉：《中国新石器时代城址的发现与研究》，载《古代文明》卷一，文物出版社2002年版，第32页。

⑤ 国家文物局考古领队培训班：《郑州西山仰韶时代城址的发掘》，《文物》1999年第7期。

扩展了两次，这一时期的城墙整体宽度超过 20 米，高度达 2—4 米。①

在中原地区，1930—1931 年历史语言研究所主持的山东城子崖遗址发掘，曾找到过夯土围墙，发掘者将其视为新石器时代龙山文化遗址。直到 1989—1991 年，山东考古研究所对该遗址进行重新勘探与发掘，证实 20 世纪 30 年代发现的其实是青铜时代的岳石文化城址，而真正属于龙山时代的城址被叠压在岳石文化遗址之下。这段龙山时代的城墙为平地堆筑夯打而成，北部被岳石文化早期的城墙破坏，南部被晚期壕沟破坏，仅存墙垣中间的底部，约宽 3.7 米，高 1.1 米。②另据报道，新中国成立前在安阳后冈龙山文化层中也有夯土墙出现。近年，在河南登封王城岗及淮阳平粮台，又清理出两座河南龙山文化时期的城堡。③这些城堡和残墙遗址，大致都应属于野蛮晚期阶段。王城岗的城堡有东西两城，城呈方形，西城西墙长 94.8 米、南墙长 97.6 米，东、北二墙长度不明。④平粮台的城址也呈方形，全城的面积约 50000 多平方米，城墙残高 3 米、顶宽约 10 米，用小版筑法筑成，夯层清楚。城角呈弧形。南城墙有城门，门两侧有土坯筑的门卫房。南门路面下埋有陶水管，城址内有陶窑和灰坑等遗迹。⑤

就全国而言，据学者统计，目前已发现的新石器时代后期的城址已达五十多座，分属至少八个以上的考古学文化。⑥尽管如此，我们仍必须指出，能够构筑城堡，在居地周围竖立起高峻墙壁的部族，在这个阶段上还是少

---

① 郭伟民：《新石器时代澧阳平原和汉东地区的文化和社会》，文物出版社 2010 年版，第 149、167 页。

② 朱超、孙波、吕凯、张宗国：《济南市章丘区城子崖遗址 2013～2015 年发掘简报》，《考古》2019 年第 4 期。

③ 安金槐、李京华：《登封王城岗遗址的发掘》，《考古学报》1983 年第 3 期；曹桂岑、马全：《河南淮阳平粮台龙山文化城址试掘简报》，《文物》1983 年第 3 期。

④ 胡厚宣：《殷墟发掘》，学习生活出版社 1955 年版，第 72 页。

⑤ 河南省博物馆登封工作站：《一九七七年下半年登封告成遗址的调查发掘》，《中原文物》1978 年第 1 期；《一九七八年上半年登封告成遗址的发掘》，《中原文物》1978 年第 3 期。

⑥ 任式楠：《中国史前城考察》，《考古》1998 年第 1 期；曲英杰：《古城址的发现与研究》，《文史知识》1999 年第 11 期。

数，而大量的生产发展较为迟缓的先民，仍住在范围狭小、古朴简陋、仅靠"中立地带"相互隔开的原始村落里。个别的点以崭新的姿态突出于众点之上，包含着部族对立关系的点、面之分，便由此初步露出了端倪。

城堡或城垣的出现是人类发展史上的一个进步。这个进步既已开始，便以不可遏止之势朝着新的阶段进军，而新阶段也便应运而生了。登封王城岗的城堡，不少人将其定为夏城，[①] 倘若此说可信，它便是至今发现的我国文明初始的第一座城池。于王城岗城堡发掘之前，在河南偃师二里头，考古工作者清理了迄今为止我国时间最早的一处大型宫殿基址。二里岗遗址与郑州商城、西周丰镐遗址等，也在考古工作者的努力下，得以重见天日。安阳殷墟发掘历时既久，材料大量公之于世，更为人所共知。而随后的湖北黄陂盘龙城、江西清江吴城、陕西岐山和扶风一带的周原宫殿基址，以及河南偃师古城的发现，则更引起一次又一次的轰动。我国夏、商、周三代是在不同地区各自跨入文明门槛的，由于古代的"交往只限于毗邻地区"，"每一种发明在每一个地方都必须重新开始；一些纯粹偶然的事件，例如蛮族的入侵，甚至是通常的战争，都足以使一个具有发达生产力和高度需求的国家处于一切都必须从头开始的境地"[②]，所以，三代在文化上既有相因和承继关系，又并非一以贯之，绝对没有中断。从这种认识出发，上述各遗址虽分属于不同朝代，但大体却都可看作是阶级社会初期的产物。

分析一下上述各处遗址的文化内涵，便会发现，它同文明前夜的城堡相比，早已加添了新内容。最引人注目的首先就是宫殿。偃师二里头、岐山凤

---

① 河南省文物研究所、中国历史博物馆考古部：《登封王城岗与阳城》，文物出版社，1992年第5—42页，332页，323—324页；安金槐：《河南夏商周考古综述》，《华夏考古》1987年第1期；李伯谦：《关于早期夏文化——从夏商周王朝更迭与考古学文化的变迁谈起》，《中原文物》2000年第1期；李先登：《夏文化与中国文明的起源》，《中原文物》2001年第3期。陈平山、马世之则认为王城岗为鲧都，分别见于《登封王城岗遗址性质分析》，《考古与文物》2009年第5期；《登封王城岗城址与禹都阳城》，《中原文物》2008年第2期。

② 马克思、恩格斯：《德意志意识形态》，载《马克思恩格斯选集》第1卷，人民出版社1972年版，第61页。

雏村、扶风召陈村本身就是以宫殿遗址为主，自不必说了。郑州商城在城内东北部也发现了面积较大的夯土台基和大型房基①。黄坡盘龙城1号宫殿基址至今仍高出地面，东西长39.8米、南北宽12米。在1号宫殿基址的南北中轴线上，还有2号、3号基址。由此可知，这是一组宫殿建筑，而古城有可能是围绕这组建筑群的宫城②。殷墟宫殿区在洹河南岸小屯村一带，已发掘房基56座，排列比较整齐，其建造之初，显然经过了一番设计和布局。丰镐宫殿遗存没有完整保存下来，但在沣西马王村北，还是发现了排水的陶管，距此不远的客省庄发现过大型板瓦的碎片，在沣东洛水村北发掘的一个西周晚期水井里，出土大量碎瓦和涂抹了白色墙皮的草泥土③。同其他遗址加以比较，完全可以确定，陶水管及板瓦等，都是宫殿被毁弃后留下的建筑材料。上述宫殿基址有一些被人推定为宗庙，其实，古代宫殿和宗庙最初可能是合一的。这里既供奉着统治者的祖宗，同时又是重要的行政场所。国之大事毫无例外地都要在祖先的神灵面前决定和颁行。所以，宫殿或宗庙本身便是国家政权的象征，这些发现了宫殿基址的点，已不仅是单纯带有防御设施的部落聚居地，而开始是阶级社会的政治中心了。在殷墟宫殿区附近和岐山凤雏村西周建筑基址的西厢房内，分别发现了大量的属于商代后期和西周时期的甲骨文，这既是当时经常从事宗教活动的证明，也是殷周王室的典册。与宫殿被发现的同时，以上各处遗址差不多都还发现了以铸铜为代表的各类手工业作坊。偃师二里头发现有铸铜的坩埚和陶范，有线索表明其生产场所就在遗址范围以内；郑州二里冈文化的铸铜作坊发现了两处，一处在城北紫荆山北，一处在城南南关外；安阳殷墟的铸铜作坊分布在苗圃北地等处；周原不断发现埋置青铜器的窖藏；丰镐遗址铸铜作坊可能在马王村及张家坡附近④。这不仅

---

① 河南省博物馆：《郑州商城遗址内发现商代夯土台基和奴隶头骨》，《文物》1974年第9期。

② 杨鸿勋：《从盘龙城商代宫殿遗址谈中国宫廷建筑发展的几个问题》，《文物》1976年第2期。

③ 中国社会科学院考古研究所沣西发掘队：《1976—1978年长安沣西发掘简报》，《考古》1981年第1期。

④ 中国科学院考古研究所：《沣西发掘报告：1955—1957年陕西长安县沣西乡考古发掘资料》，文物出版社1963年版，第78页。

代表了当时生产发展的一般进程，也表明贵族在生活和各种祀典中，已经常使用青铜礼器。遗址所反映出来的阶级差别也很鲜明，与宏大的宫殿相对的，是狭窄阴暗的穴居、半穴居的小屋；和随葬大量青铜器、玉器的大墓相对的，是仅能容身的长方形竖穴小墓和乱葬坑；而人殉、人祭的遗址更骇然可观。在殷墟，还曾发现一具受过刖刑的遗骸和三个戴有手枷的陶俑[①]，如和甲骨文中的刖、执、圉等字参照，足证这时已开始设置执行阶级压迫的政治机构。

但是，我们不能忘记，上述遗址所代表的还是少数突出的点，诸点之外，还有更加广大得多的普通的面。在河北邢台、邯郸发掘的几处商代村落遗址里，未发现重要的建筑遗迹，清理出来的却都是半地穴式的居址和窖穴，伴随出土有大量的石制农用工具。这和点上的情况多么相形见绌，是一望即知的。可见自文明伊始，点面之间的差异陡然增大了。我们所说的反映社会政治关系的点、面之分，至此已大为明朗。

由上边的叙述可以看出，点、面之间的明确区分，是由少数部族在生产力发展的推动下，内部产生阶级分化，率先进入文明造成的，而点与面之间的对立、点对面的控制和奴役，则主要靠通过部族征服来实现。殷王直接统辖的中心区在被称为"商邑""大邑商"的大邑附近。中心区外围，距商邑较远的地方，分布着"多方"或"邦方"，他们同殷大都处在敌对状态中，因而往往成为殷王征伐的对象，其君长战败被俘，则杀之以祭殷王，所杀方伯的头盖骨上，还常刻辞以记其事。卜辞屡见的"羌方"便是四"邦方"之一。距中心区稍近，或与"多方""邦方"犬牙交错，分布着"侯田"或"多伯"。乙辛卜辞中有余（殷王自称，该等卜辞乃王所自卜）"告侯田""从侯田""从多田于（与）多伯""从侯喜"征伐羌方、盂方、人方的记录，可见"侯田""多伯"与"多方""邦方"的地位有所不同。但他们不仅负有对殷王贡纳农作物和为王征伐的义务，有时也还要受到王的征讨，甚至被用作人牲。"侯田""多伯"中，一些属于殷的同姓部族，然而，就其同殷王的关系

[①]　北京大学历史系考古教研室商周组编著：《商周考古》，文物出版社1979年版，第82、84页。

加以分析，必有更多是经过征服才同殷建立联盟或沦为臣属的。"侯田""多伯"之外还有"多君"，此类君长或多为殷的同姓，但仍不排除包含有久已降服的其他部族的可能性。①周人"肇国在西土"，与殷一样，也离不开对周围部族的征服和战争。古公亶父筑室于周原，"乃立冢土，戎丑攸行"，说明这时已有俘虏开始被用作奠基的牺牲。在他的武力驱迫下，附近的混夷或奔突窜伏，或服其威德，变成了周人的奴役对象。②至文王，"密人不恭，敢距大邦，侵阮徂共"，于是，"王赫斯怒，爰整其旅，以按徂旅"，而密人也终于被制服，列为周统治下的一个小邦。③据《史记·周本纪》记载，文王除伐密之外，还曾伐犬戎、伐耆、伐邘，最后伐崇。伐崇之时，"执讯连连，攸馘安安，是类是祃，是致是附"④，显然有不少崇人已被虏作战俘或奴隶。与殷不同的是，周在灭商及东征之后，分封子弟甥舅于各地，征服的范围进一步扩大了。宗周钟（又名𩜹钟，《集成》⑤00260）铭文曾记录了昭王征伐南夷、东夷的情况，类似的记载也常见于它器，说明由王直接领导的征服仍在继续。明公簋（《集成》4029）："王命明公遣三族伐东国。"班簋（《集成》4341）铭曰："王命毛公以邦冢君、徒御、或人伐东国瘖戎。"这又反映在王的命令下，由诸侯或臣工分头进行的征服也已发生。征服像一根有力的杠杆，把点、面区分推进到点、面对立，由来已久的点、面关系开始被注入了新内容。

从点、面对立现象出发，再来考虑周人观念中的国野之别，便不会感到迷惑和茫然了。所谓国，事实上就是指少数先进的中心。具体而言，在西周，就是指周原旧都、丰镐、洛邑及各诸侯国君的居住地。在《诗·大

① 陈梦家：《殷虚卜辞综述》，中华书局1988年版，第331页。
② 《诗经·大雅·緜》云："肆不殄厥愠，亦不陨厥问。柞棫拔矣，行道兑矣，混夷骏矣，维其喙矣。"
③ 《诗经·大雅·皇矣》。
④ 《诗经·大雅·皇矣》。
⑤ 中国社会科学院考古所编：《殷周金文集成》（1—18册），中华书局1984—1994年版，简称为《集成》，后面的数字为青铜器铭文拓本编码。

雅·民劳》篇里，一、二、四、五章均曰："惠此中国"，其三章变言曰："惠此京师"，故毛传曰："中国，京师也。"①《尚书·大诰》一则曰"有大艰于西土，西土人亦不静"，再则曰："天降威，知我国有疵，民不康"。可见"我国"即指周京所处的"西土"。《酒诰》提到"乃穆考文王，肇国在西土"，孔传以为"西土"指岐周，曾运乾曰："西土，丰邑也"②。说法虽不同，但以国指周京则是一致的。《尚书·康诰》曰："惟三月哉生魄，周公初基作新大邑于东国洛"，珂尊（《集成》6014）铭曰："唯王初迁宅于成周"，"则廷告于天曰：余宅兹中国，自此治民"。这里的"东国""中国"显然是指洛邑和新筑于此的大城。在《诗·大雅·瞻仰》篇里，其三章曰："哲夫成城，哲妇倾城。"其五章曰："人之云亡，邦国殄瘁。"国之"殄瘁"由"哲妇倾城"所致，故郑笺曰："城，犹国也。"③《诗·邶风·击鼓》云："土国城漕，我独南行。"笺云："或役土功于国，或修理漕城。"④ 可知诗中的"国"并不包含漕邑，而专指卫君所居的处所。《左传》隐公五年，郑人以王师会邾人伐宋，"入其郛"，宋使人求救于鲁，"公闻其入郛也，将救之，问于使者曰：'师何及？'对曰：'未及国'。"鲁隐公因使者不以实告，即怒而不往救援。依鲁侯之意，"入郛"就已等于"入国"了。郛为城的外郭，则此"国"系指宋的城郭之中。不过，在文献中，国与郊往往又是联系在一起的。《尚书·牧誓》篇曾言及"商郊"，《尚书·毕命·序》曰："康王命作册毕，分居里，成周郊。"《诗·鄘风·干旄》互言"在浚之郊"，"在浚之都"，"在浚之城"，《诗经·魏风·硕鼠》又以"适彼乐郊"与"适彼乐国"相对，说明郊与国城的关系原本密不可分，凡指国也应包括郊区在内，故《国语·齐语》韦昭注曰："国，郊以内也"⑤。只是我们所说的郊，并不具有"百里为郊"的含义，它

---

① （清）阮元：《十三经注疏》，中华书局 1980 年影印版，第 548 页。

② 曾运乾：《尚书正读》，华东师范大学出版社 2012 年版，第 182 页。

③ （清）阮元：《十三经注疏》，中华书局 1980 年影印版，第 577 页。

④ （清）阮元：《十三经注疏》，中华书局 1980 年影印版，第 299 页。

⑤ 徐元诰：《国语集解》，中华书局 2002 年版，第 219 页。

仅是指城郭之外与野相交的那片直辖土地。至于宽狭若何，则当视各国的不同情况而定，随着历史的发展，即使是同一个国，其直辖郊区的范围也是会变化的。

一般地讲，周人所说的国和野，是从国中居民的立场出发的。居于国者既把自己的居地视之为国，则居地以外的其他地区，自然便统谓之野。《诗·小雅·鹿鸣》有"呦呦鹿鸣，食野之苹"，《鸿雁》有"之子于征，劬劳于野"，《鹤鸣》有"鹤鸣于九皋，声闻于野"，《我行其野》有"我行其野，蔽芾其樗"。诗句中的野显然是一片广大辽远的地带。故毛亨注《大雅·大明》"牧野洋洋"一句时便说："洋洋，广也。"① 朱熹也谓："洋洋，广大之貌。"② 至若对《小雅·小明》中的"我征徂西，至于艽野"，《何草不黄》中的"匪兕匪虎，率彼旷野"等，毛氏更明确指出："艽野，远荒之地"，"旷，空也"③。《国风》提到野的地方更多，如《郑风·叔于田》曰："叔适野，巷无服马"。以野与国中的里巷相对，则野无疑是在国郊之外。他如"之子于归，远送于野"，"我行其野，芃芃其麦"，"葛生蒙楚，蔹蔓于野"，"驾我乘马，说于株野"，"蜎蜎者蠋，烝在桑野"④ 等，无一不昭示出野为郊外地区的总称。在《召南·野有死麕》和《邶风·燕燕》下，毛传均曰："郊外曰野。"⑤《郑风·野有蔓草》下，毛传则曰："野，四郊之外。"⑥ 郑玄笺《郑风·叔于田》时也说："郊外曰野。"⑦ 只是因为晚出的《周礼》书中开始有了所谓甸、稍、县、都的区分，他便曲为附就，时而谓野指甸，时而谓野指稍，时而谓野指甸、稍，不包县、都，时而又谓野统括甸、稍、县、都，左右不能逢源，为

---

① （清）阮元：《十三经注疏》，中华书局 1980 年影印版，第 508 页。

② （宋）朱熹：《诗集传》，上海古籍出版社 1980 年版，第 178 页。

③ （清）阮元：《十三经注疏》，中华书局 1980 年影印版，第 464、501 页。

④ 分别见于《诗经·邶风·燕燕》《诗经·鄘风·载驰》《诗经·唐风·葛生》《诗经·陈风·株林》《豳风·东山》。

⑤ （清）阮元：《十三经注疏》，中华书局 1980 年影印版，第 292、298 页。

⑥ （清）阮元：《十三经注疏》，中华书局 1980 年影印版，第 346 页。

⑦ （清）阮元：《十三经注疏》，中华书局 1980 年影印版，第 337 页。

后人留下了无穷的疑窦。倘若我们理解了郑氏回护《周礼》的良苦用心，便可以认为，他所说的"野包甸、稍、县、都"，尚有某些合理因素，因为甸、稍、县、都的名目在西周虽不一定都已存在，但它们所指的地区实际上囊括了王国郊外的广大范围。

从文字学的角度来看，国字金文作𢎘（保卣《集成》5415、毛公鼎《集成》2841）、𢎘（录卣《集成》5420）、𢎘（王孙钟《新收》418—42），《说文解字》曰："从囗从或"，实像人所守卫的有一定范围的处所。野字古文作壄，从土从林，显系一片荒远广大的土地。这同我们对国、野含义的分析大体一致。但在周金、《尚书》和《诗经》中，国又常常被称为邑或邦。《尚书·康诰》曰："周公初基作新大邑于东国洛。"《多士》曰："今朕作大邑于兹洛。"《召诰》曰："周公朝至于洛，则达观于新邑营。"又曰："越翼日戊午，乃社于新邑""知今我初服，宅新邑"。而《洛诰》也提到"祀于新邑""惟以周工往新邑""王在新邑"等，可见"东国洛"也可称"大邑""新大邑"或"新邑"。《尚书·大诰》记载："天降威，知我国有疵，民不康，曰予复，反鄙我周邦。"《酒诰》云："乃穆考文王，肇国在西土。"大盂鼎（《集成》2837）铭曰："在武王，嗣文王作邦。"这里，"我国"与"周邦"，"肇国"与"作邦"相对，说明邦就是国，具体应指宗周丰镐。毛公鼎既曰："雍我邦小大猷"，又曰"迺佳是丧我国"；《诗经·大雅·文王》既曰："周虽旧邦，其命维新"，又曰："思皇多士，生此王国"，也是以邦、国相对成文的句式。至若像录伯𣪘簋（《集成》4302）的"有爵于周邦"，大克鼎（《集成》2836）的"保辥周邦"，师询簋（《集成》4342）铭中的"纯恤周邦"，询簋（《集成》4321）中的"则乃祖奠周邦"，及《尚书·大诰》的"兴我小邦周"，《君奭》的"厥乱明我新造邦"，《顾命》的"君临周邦"，《诗经·大雅·皇矣》的"敢距大邦"等，都是西周国、邦不分的证据。邑字甲、金文出现较多，字形虽有变化，但大致均从口、从𢀌。𢀌像人形；口则表示土地或有固定范围的居址。故《释名·释州国》曰："邑，犹俋也。邑人聚会之称也。"从某种意义上说，国也是人所聚会的场所。因此，在国、野对立出现尚不甚久的西周，人们循其积习，有时对国和对在野的邑居不加分别，仍统称为邑，应是十分自然的现象。邦字卜辞作𤰮，金文从此而增"邑"字形符，作𤰮（静簋《集成》4273）或𤰮（毛公鼎），与封字同意。周人"肇国""作邦"也可称为"作邦作对"（见《诗经·大雅·皇矣》，但"对"字应为封字之误），邦、封均表示用树木圈定自己的居地，可见西周人称国为邦与称国为邑一样，都不过是在新时期里沿用旧称。这大概也应是"周虽旧邦，其命维新"（《诗经·大雅·文五》）的表现之一。国的形式和内容已经具备，但旧的名字和种种旧的传统一起，却长期保留下来，难以割舍。了解了邦系旧称和西周邦、国界划不严的特点，便不难懂得为什么周人对在野的部族也往往称邦，甚至称国。墙盘（《集成》10175）铭曰："敷有上下，合受万邦。"驹父盨盖（《集成》4464）："我乃至于淮，小大邦亡敢不□俱逆王命。"宗周钟（《集成》0260）云："南夷、东夷具见廿有六邦。"《尚书·顾命》："柔远能迩，安劝大小庶邦。"《诗经·大雅·崧高》："登是南邦，世执其功。"《常武》篇又提到"惠此南国""濯征徐国"等。上述诸例中，所谓"万邦""庶邦""南国"，或许含有已进入文明大门的邦族，在某些场合，也可能包括周所分封的诸侯，但以淮夷、东夷、南夷、徐夷称邦或国例之，其主体必是大量同周发生了某种联系的在野的居人。这就告诉我们，在处理此类材料时，不能简单地以称邦或国为断，以避免把不属于国的地区也划进国的范围中。

事实上，西周时期，国的范围都是比较狭小的。《孟子·公孙丑上》："王不待大。汤以七十里，文王以百里。"《告子下》："周公之封于鲁为方百里也……太公之封于齐也，亦方百里也。"《左传》昭公二十三年，沈尹戌曰："无亦监乎若敖、蚡冒，土不过同。"襄公二十五年，子产曰："昔天子之地一圻，列国一同。"《史记·十二年诸侯年表序》也谓："齐、晋、秦、楚，其在成周甚微，封或百里，或五十里。"这些说法相互一致，参以其他材料，可知他们虽然出自后世追述，但与历史真实却大体契合，譬如齐在春秋初期灭遂、灭谭、迁纪，遂在今山东宁阳县西北与肥城市临接处，谭在今济南市东南，纪在今寿光市南，距齐都临淄都不甚远。尤其是南边的纪，距齐不过百里之遥。鲁之邻国中，邾初都在今曲阜市东南，后迁至今邹县，而滕、薛与郳在今滕市，铸国在今大汶河北岸①，均与鲁都迫近。若把齐、鲁近邻各国的位置联结起来，便大体可以求得两国直辖的地面。《左传》僖公四年，管仲告楚使："昔召康公命我先君太公曰：'五侯九伯，女实征之，以夹辅周室！'赐我先君履，东至于海，西至于河，南至于穆陵，北至于无棣。"然《国语·齐语》称述齐桓公正封疆之绩，尚只言"西至于济"，说明管仲之对，或系夸扬太公得以征伐之界，或系《左传》的作者，根据后来的情况变化，在叙述中加添了新的内容。穆陵、无棣的地望自然可以加以讨论，但以为此两处加上河、海，便是西周齐国的四至，那便大错特错了。晋在春秋前后曾五次迁都，而所迁之地均在平阳（今临汾市西南）四周一百五十里之内。献公时，周大夫宰孔谓晋"戎狄之民实环之"②，晋文公谋定襄王，尚须"行赂于草中之戎与丽土之狄，以启东道"③，而武、献以下，晋所兼并的诸侯，也大都在其左右，显然，晋与齐、鲁一样，在西周并无辽阔广大的封地。《史记·晋世家》说它"在河汾之东，方百里"，实仅局促于晋西南汾、浍流经的一隅。所谓大封尚且如此，小国的情形自可推定。《孟子·滕文公上》云："今滕，绝长补短，将五十里。"这是孟轲对尚为世子的滕文公当面所讲的话，与实际情形想必不会相差悬殊。即使对周王国，其范围是否真有一圻（千里），笔者也是怀疑的。从金文等材料看，一些同姓诸侯或异姓方伯都可立国于王都附近，只是人们先已接受王畿千里的前提，便只好把它们都说成畿内采邑，渐渐形成了王国大于头等侯国十倍的定式。而《孟子·公孙丑上》曾说"夏后殷周之盛，地未有过千里者也"，这句话却被悄悄撇在一边了。

西周时，国的范围既很狭小，则它们就仍可看作是与面相对的一些点。

---

① （清）顾栋高：《春秋大事表》卷五《春秋列国爵姓及存灭表》，中华书局2013年版，第579、572、569、564、594页。

② 《国语·晋语二》。

③ 《国语·晋语四》。

周通过灭商、东征，进而分封诸侯，带来的只是点的增加，与后世理解的开疆拓土还不完全相同。而所谓的周王朝，也仅是由众点拱卫的松散的政治联合体，还未形成具有完整领土和边界的大一统的成熟国家。但这并不意味着国和野是各自独立的封闭体。在金文、《尚书》和《诗经》中，国、王国、我国、内国、中国、周、成周、周邦、我邦、大邦等，与四方、不廷方、鬼方、徐方、东夷、南夷、南淮夷、万邦、大小庶邦、小裔邦、南邦、东国、南国、西国、北国相对，天子宅于中国，自此治民，为"万邦之方，下民之王"，而诸侯也于各地或"奄受北国"，或"式是南邦"，有时，经过武力驱迫，甚至能使某地区在野的小大邦"具迎王命"，由此不难看出，国或点，早已成为控制野或面的基地。不过，正如点、面之分曾经经历过一段漫长过程一样，国对野的控制也不能一蹴而就。一方面，在周王的领导下，周师不断深入南国、东国，迫使地方邦君献纳贡物。另一方面，南夷、东夷、淮夷等也常"敢伐内国"，"陷虐我土"①，而猃狁的活动更达到离周都较近的洛水之阳，东南的徐夷曾"率九夷以伐宗周，西至河上"②。诸侯的情况并不见得更好，如齐太公始治国，便有"莱侯来伐，与之争营丘"③，"鲁侯伯禽宅曲阜，徐夷并兴，东郊不开"④。《吕氏春秋·悔过》篇记蹇叔以古制谏秦穆公曰："臣闻之，袭国邑，以车不过百里，以人不过三十里，皆以其气之趫与力之盛。至，是以犯敌能灭，去之能速。"保留在蹇叔记忆中的传统做法大约正符合古代诸侯的征服能力。只是随着历史的发展，国对野的控制才日益加强起来，而原先的野也会被逐步划入国的直辖区之内。到那时，国、野本身的含义也就会发生变化了。

也许还应该谈一谈都和鄙。都字从邑，者声。《释名·释州国》曰："国城曰都。都者，国君所居，人所都会也。"《广雅·释诂四》曰："都，国也。"

---

① 泉尊（《集成》5419）、龏钟（《集成》00260）。

② （南朝宋）范晔：《后汉书》，中华书局 2006 年版，第 2808 页。

③ （汉）司马迁：《史记》，中华书局 2007 年版，第 1480 页。

④ （清）阮元：《十三经注疏》，中华书局 1980 年影印版，第 254 页。

《国语·吴语》有"都鄙荐饥"，韦昭注曰："都，国也"①。可知都之本意与国与邑均无分别，故在《尚书·文侯之命》中，王命文侯"简恤尔都"，此都即指代晋国。西周晚期到春秋，卿大夫受封于国郊之外者日多，于是都渐渐成为王子弟公卿大夫采邑的专称，所谓"邑有宗庙先君之主为都，无曰邑"的说法开始流行②，而"大都不过叁国之一；中，五之一；小，九之一"的规定也应运而生③。这样，国、都、邑三者界划大体明朗，而互用现象却仍绵延不断。由于都大多建在新征服的处所，因而便被人习惯地视为边区，这大约就是《周礼》将"都"放在王畿最外围的素地。

鄙字依《说文解字》为"从邑啚声"，实质上也是邑之一种，故《释名·释州国》曰："鄙，否也。小邑不能通远也。"看来它原是指野中极小的邑居。《周礼·大宰》职"以八则治都鄙"，郑玄注曰："都之所居曰鄙。"④ 则鄙又可指都外散布着小邑的广大地面。但如上所言，都之本意早先与国无别，由此，国之所居初期当也能叫鄙。从殷墟卜辞来看，商代的鄙就在商邑外围。西周铜器师𣪠簋（《集成》4311）铭曰："𤔲司我西偏东偏仆驭、百工、牧、臣妾。"陈梦家怀疑偏或与鄙字有关。若陈说可从，西周王国附近称鄙便有了证据。后来，都变成了王子弟公卿大夫宗邑的专称，鄙也渐渐固定为指代都外的小邑。因为都与国的距离一般相对较远，鄙又随之被注入了"边邑""界上邑""边鄙"之类的新含义。但这种变化大约开始于西周晚期，逐步形成于春秋，在西周早、中期却是没有的。

我们已经把前辈注家的说法丢开得太远了。现在不妨再回过头来，看看他们为何对《周礼》深信不疑，并要努力修补出一个"体国经野"的庞大体系的。原来，从杜子春、郑众、郑兴、贾逵、马融、郑玄到孙诒让，都属于儒家的门徒。儒家的创始人是孔子，但又奉着周公为始祖。孔子曰："周监

---

① 徐元诰：《国语集解》，中华书局 2002 年版，第 542 页。

② 《左传》闵公元年。

③ 《左传》隐公元年。

④ （清）阮元：《十三经注疏》，中华书局 1980 年影印版，第 646 页。

于二代，郁郁乎文哉！吾从周。"又叹息其不复梦见周公，足见倘无变故，他是时常要梦见周公的，周公可以说是儒生们心目中梦寐以求的偶像。然而十分可惜的是，关于周公的事迹，除却《尚书》中的作洛、诰民、辅成王、平东国等节之外，几乎便不再见到什么了，这不能不使儒生们感到分外的遗憾。所幸战国时有人编定了《周礼》，虽经秦焚，却仍在西汉景、武之间"修学好古"的河间献王求得于山岩屋壁之中，而收藏于秘府。到成、哀之际，刘向、刘歆父子校理秘籍，《周礼》开始公之于世。刘歆进而认定《周礼》为周公致太平之道。这样，不仅有周一代的制度得以整齐，而且关于周公制礼作乐的传说也有了实证，周公的功德至此大大圆满起来。郑玄完全接受刘歆的断制，谓"周公居摄而作六典之职，谓之《周礼》，营邑于土中，七年致政成王，以此礼授之，使居洛邑，治天下"①。此说延至孙诒让，依然坚守而不失。孙氏《周礼正义·叙》曰："粤昔周公，缵文武之志，光辅成王，宅中作洛，爰述官政，以垂成宪，有周一代之典，炳然大备。"在历代儒者的胸中，周公的崇高地位多么巩固，于此可见其一斑了。

汉代以后的儒生，先把西周看作是一个大一统的王朝，继而把周公当作这个王朝的主要缔造者，接下来再把后世陆续出现的种种制度都说成是周公一手制定好了的东西。既是大一统，又有周公这样的伟人，按照预定的计划，去整整齐齐地"体国经野"，又有什么不可能呢？于是剩给他们的任务便是堵漏补缺和确定各部分距王都的道里长短了。孙诒让《周礼正义》的凡例是："广征群籍，甄其合者，用资符验，其不合者，则为疏通别白，使不相淆混。"这种一以《周礼》为断，合则取，不合则弃的做法，无论如何也是有先入为主之嫌的。以孙氏之博大，却甘心接受儒学的束缚，实在不能不说是他鸿篇巨制中的一大缺陷。在西周，整齐规划国、野、畿、服，难于实行，已如上言，而前辈注家的因循墨守之迹又斑斑可寻，如果今天仍是毫无批判地接受成说，恐怕只能使历史离开事实越来越远。我们觉得西周的国、

---

① （清）阮元：《十三经注疏》，中华书局 1980 年影印版，第 639 页。

野之别原本十分简单，对于此说虽仍不敢自必，但在观察古史时，宁信其粗、不信其细的态度却是坚定的。孔子曰："周因于殷礼，所损益可知也。"①而真正反映孔子思想的《论语》也主要只讲了些政治理想和做人的规范。孟子同北宫锜谈周室之颁爵禄，先自声明："其详不可得而闻也。"②滕文公派毕占向他询问井田之制，他也只敢说："此其大略也。"③对于《尚书·周书·武成》这篇文字，他更觉得其中只有两三根竹简上的话可以相信，所以他就提醒人们："尽信书则不如无书。"④而《周礼》及其注家却把国、野之制弄得详到不能再详，这怎能不使我们分外生疑呢？

---

① 《论语·为政》。

② 《孟子·万章下》。

③ 《孟子·滕文公》。

④ 《孟子·尽心下》。

第二章　国人和野人

不仅国中有人类聚居，就是野也并非渺无人迹，尽管诗人曾极力渲染其广漠荒远，但只是没有国里那般人口集中和繁庶罢了。因此，在探讨国、野问题时不能只限于弄清国、野的界划，更重要的是要研究它们的活的内涵——国人和野人。

国人或邦人一词，曾见之于量盨（《集成》4469）、《尚书·君奭》和《金滕》等，而野人的字眼在周金、《尚书》和《诗经》的《雅》《颂》中，则基本没有见到。这自然给我们确定西周国人、野人的成分带来了困难，可行的办法是，先大致弄清国、野分别为哪些人居住，然后再依据《左传》《国语》等书来推测西周的国人、野人各自所指究竟为哪类人。

第一节　国中居民成分辨析

《礼记·礼运》篇曰："天子有田以处其子孙，诸侯有国以处其子孙。"此处的子孙乃泛指有血缘关系的族众，故天子、诸侯的同族之人居于国，隶属于贵族之家、主要执家内仆役的奴隶以及为贵族直接消费服务的工商也居于国，这在大体上并无任何异议。近年来，在先秦史学界被提出讨论的，似乎主要有国中居民是否包括农民和被征服者这两个问题。

应当再次强调，我们所说的国中是包括郊区的。西周的农业劳动者有一部分也住在国中，实已毋须争辩。因为郊区就是农业劳动的场所，《诗经·卫风·硕人》："硕人敖敖，说于农郊。"郊前冠以农字，便显示这里确实散布着农人的居邑。根据考古调查和发掘，已知连洛阳王城之内，也有一些稀落的小规模的居址，按其出土文物分析，专家断定这类遗址上所住的都为农业人口。[①] 不过，应该特别指出的是，西周仍普遍存在着宗族组织，与此相应，也必定存在着十分多的族居现象。《左传》桓公二年："天子建国，诸侯立家，卿置侧室，大夫有贰宗，士有隶子弟。"童书业认为："隶子弟之隶，或为亲族隶属之义。"[②] 可见士与子弟便可构成一个完整的家族。服虔解释这段话说："士卑，自以其子弟为仆隶。禄不足以及宗，是其有隶子弟也。"[③] 据此，似乎子弟的职责主要是为士担任仆隶。然而，《礼记·少仪》又曰："问士之子长幼，长，则曰：能耕矣。幼，则曰：能负薪，未能负薪。"郑注："士禄薄，子以农事为业。"[④] 证明随着血缘关系的渐次疏远，士的子弟也必须亲身参加农业耕作。事实上，西周的士多是下层的家长，而隶子弟就是家族内既执各种贱役，又负责经营土地的农业劳动力，怎么可以想象，家长与其子弟会异地而居，一方处于国中，一方又辟处于野呢？当然，西周可能确曾存在过"春令民毕出在野，冬则毕入于邑"的现象（按此说出自《汉书·食货志》，在战国、秦汉人的口中，野已与田野、原野同义，说见后），如同云南勐海县弄养寨的哈尼人，他们的社会基本单位是包括有几代人的大家族，每个家族围绕一处大房子聚居在一起，农忙季节家族成员住到地里，只在农闲和节日才回到家中。[⑤] 但这只是为适应农业生产需要而作出的临时性安排，并不会影响到整个族居的基本特征。

① 北京大学历史系考古教研室商周组编著：《商周考古》，文物出版社 1979 年版，第 188—189 页。

② 童书业：《春秋左传研究》，中华书局 2006 年版，第 110 页。

③ （清）刘文淇：《春秋左氏传旧注疏证》，科学出版社 1959 年版，第 78 页。

④ （清）阮元：《十三经注疏》，中华书局 1980 年影印版，第 1513 页。

⑤ 宋恩常：《勐海县哈尼族社会调查》，载《哈尼族社会历史调查》，民族出版社 2009 年版，第 123 页。

有些学者主张农民不处于国中，而只能居于鄙野，主要是接受了《国语·齐语》关于"四民分处"的思想。因《齐语》中说管仲"制国以为二十一乡，工商之乡六，士乡十五"（《管子·小匡》作"士农之乡十五"），又说管仲主张四民"勿使杂处"，"处士者，使就闲燕；处工，就官府；处商，就市井；处农，就田野"。所以，他们便认定士、农是分门另居，绝对住不到一起的。其实，所谓"勿使杂处""群萃而州处"，何尝不可以理解为使他们各自负担相同的职役，以便常得相聚呢？况且，《国语·齐语》与《管子·小匡》，内容多相合，两者何前何后，究竟是《齐语》抄袭《小匡》，还是《小匡》抄袭《齐语》，素来就有争论。仅就《齐语》本身而论，它的文章体裁风格多与战国诸子书相类，而与《国语》的主体部分，即《周语》《鲁语》《晋语》《郑语》《楚语》等，却有明显差异，其中所提到的许多东西是否属于春秋时期，也是值得斟酌的。试举其最为浅显者，如《齐语》曰："人与人相畴，家与家相畴，世同居，少同游。故夜战声相闻，足以不乖；昼战目相见，足以相识"。实则春秋多车战，且往往是速战速决，并无昼夜厮杀之事。该篇言及管仲制鄙，曰："三十家为邑，邑有司；十邑为卒，卒有卒帅，十卒为乡，乡有乡帅；三乡为县，县有县帅"。则一县之人竟有九千家，近于万家。而叔夷钟（《集成》00272—84）铭记齐灵公锡叔夷莱邑，"其县三百"，可知春秋时的齐县甚小，《齐语》所言，必是后来制度的反映。在谈到如何"从事于诸侯"时，说管仲曾建议："为游士八十人，奉之以车马、衣裘，多其资币，使周游于四方，以号召天下之贤士。皮币玩好，使民鬻之于四方，以监其上下之所好，择其淫乱者而先征之"。游士周游四方和国君招揽天下贤士等，都是战国的风气，而使人监视各国行动，有淫乱者即征除之，则多类尉缭、李斯时代的诈术，与桓公、管仲"尊王攘夷""存亡继绝"的基本行事并不相合。《齐语》后边一部分历数桓公征伐之迹，说他"即位数年，东南多有淫乱者，莱、莒、徐夷、吴、越，一战帅服三十一国"。考之《左传》，桓公期间，徐一直与齐结盟抗楚，而吴、越尚未兴起，不能通于上国。至若"西征攘白狄之地，至于河"，"西服流沙、西吴"，"筑葵兹、晏、负夏、领釜丘，以御戎狄之地"，

"筑五鹿、中牟、盖舆、牧丘，以卫诸夏之地"等，也多不能证实其事。《齐语》既有这么多的疑点，何以偏偏要相信它的"四民分处"之说，并将其看作西周以来的定制呢？

由于生产力水平的限制，商品经济不发达，西周在国的范围以内，是不会存在所谓"四民分处"之制的。彼时不仅士不能完全与其从事农耕的子弟相脱离，就是工商，除了一部分战争中的俘虏或由失败者献纳的技艺之人外，也大多保持族居，在不脱离农业的前提下，向贵族提供本族传统的手工制品，或轮番到贵族的作坊中去服役。只是到了战国，随着生产力的提高，个体劳动和个体家庭大量出现，家族日趋解体，士才可能从农业家族中游离出来，变成单纯的文士、武士、游士、处士，而专事工商的阶层也开始逐步形成。恰在战国的诸子书中，反映"四民分处"现象的材料显著地增多了。如《荀子·荣辱》篇曰："仁人在上，则农以力尽田，贾以察尽财，百工以巧尽械器，士大夫以上至于公侯莫不以仁厚知能尽官职。"又曰："可以为工匠，可以为农贾，在执注错习俗之所积耳。"其《儒效》篇曰："人积耨耕而为农夫，积斫削而为工匠，积贩货而为商贾，积礼义而为君子。工匠之子莫不继事，而都国之民，安习其服。"《吕氏春秋·上农》篇曰："凡民自七尺以上，属诸三官，农攻粟，工攻器，贾攻货，时事不共，是谓大凶。"这与《齐语》所记的"四民分处"之制如此一致，除说明它们所反映的情况属于同一时代外，难道还能作出别的解释吗？总之，由于西周时士及其子弟尚处在同一个农业家族中，所以笔者认为，至少那部分同贵族仍保持一定血缘联系的农人，是可以居于国中的。

至于被征服者，传统认为他们全被摒斥在野，不得居国。然此说与事实多有出入，因而持怀疑态度的人也越来越多。《左传》闵公二年，卜楚丘之父谓鲁国的季友将"间于两社，为公室辅"，杜注："两社，周社、亳社"①。昭公十年："平子伐莒，取郠。献俘，始用人于亳社。"定公六年："阳虎又

---

① （清）阮元：《十三经注疏》，中华书局 1980 年影印版，第 1787 页。

盟公及三桓于周社，盟国人于亳社。"哀公七年："以邾子益来，献于亳社。"这里的亳社就是殷社。杜预指出：周社、亳社之间，为"朝廷执政所在"。据杨伯峻考订，鲁朝雉门之外，右有周社，左有亳社，"间于两社"便是外朝，为断狱决讼及询非常处，同时也是执政大臣治事的地方。① 鲁在如此显要之区建立亳社，并周旋于两社之间来处理国家大政，足证鲁侯的国中必有大量殷民。而阳虎作乱，欲借助民力，却要盟国人于亳社，更可见在鲁侯国中的居民里，殷人的后裔具有举足轻重的影响。《左传》定公四年记封鲁公伯禽于商奄之墟时说，锡之"殷民六族"，周初铜器明公簋（《集成》4029）铭："王命明公遣三族伐东国。"郭沫若认为"明公即伯禽"②，故童书业怀疑此三族或即"殷民六族"之三。③ 依此推之，则鲁国当为周人与殷人共同开创。那么，这部分殷人被安置在国中，"使之职事于鲁"，便是十分自然的事了。在曲阜鲁国故城的发掘中，清理出来的西周墓可分两组。甲组墓墓圹较宽，墓底有殉狗和腰坑，墓主多头南脚北，随葬品置于头端棺椁间，陶器有鬲、豆、盂、簋、圜底器、平底罐，流行圜底器和圈足器。这类墓集中在药圃和斗鸡台墓地。乙组墓墓圹较窄，没有腰坑和殉狗，墓主多头北脚南，有佩戴项链、手握或口含圆柱形石饰件的现象，随葬品置于头端二层台上，多见仿铜陶鬲，不见圜底罐和豆、簋一类的圈足器。这类墓主要分布在望父台墓地。由于两组墓差别显著，而甲组墓的葬俗又与安阳殷墟一致，故有学者认为，这一组的墓主就是殷民六族及其后裔。④ 若此说成立，则殷人可以居国的推断就有了考古学上的证据。"殷民六族"中有长勺氏一支，《春秋》庄公十年："公败齐师于长勺。"古人往往族地同氏，似长勺即为该族迁鲁后的居地。据《山东通志》，长勺在今曲阜市北境⑤，恰正处于鲁国的郊区。这样，

---

① 杨伯峻：《春秋左传注》，中华书局1981年版，第263页。

② 郭沫若：《两周金文辞大系图录考释》（二），《郭沫若全集》考古编第八卷，科学出版社2002年版，第39页。

③ 童书业：《春秋左传研究》，中华书局2006年版，第136页。

④ 张长寿主编：《中国考古学》（两周卷），中国社会科学出版社2004年版，第116页。

⑤ 杨伯峻：《春秋左传注》，中华书局1981年版，第181页。

鲁国住有被征服的殷人，就可进一步被坐实。

准此，赐予卫的"殷民七族"和赐予晋的"怀姓九宗"当也居之于国，而非辟处在野。周公在《尚书·康诰》中谆谆告诫康叔，要他"往敷求于殷先哲王，用保乂民"，"丕远惟商耇成人，宅心知训"，又要他治众时用"兹殷罚有伦"，意谓欲治理好卫国，必须遍求殷先代贤王的治国之道，更得远思殷献民之志，顺其风俗之所宜，明德慎罚，用殷刑来驾驭民众。这同鲁国利用亳社来施行统治一样，都是"启以商政，疆以周索"，从而充分反映出被征服的殷民在周初确曾是卫侯国中居民的重要构成部分。《康诰》最后总结说："往哉！封，勿替敬，典听朕告，女以殷民世享。"往，往就国也。替，废也。典，常也。① 从"女以殷民世享"一句来看，彼时康叔倘若失去了殷民，新封的卫国也就难以保全了。《左传》隐公六年："翼九宗五正、顷父之子嘉父逆晋侯于随，纳诸鄂。"杜注："唐叔始受封，受怀姓九宗，职官五正，遂世为晋强家。"孔疏："周成王灭唐，始封唐叔以怀氏一姓九族，及前代五官之长子孙赐之。言五官之长者，谓于殷时为五官长，今褒宠唐叔，故以其家族赐之耳。"② 如此说来，隐公六年之"九宗"，即先臣服于殷，又降服于周的"怀姓九宗"。到春秋初，他们的势力已发展到足以拥立国君，其非鄙野之人，更是显而易见。

洛邑成周为殷顽民迁居之地，《尚书·多方》诸篇记之甚悉。而《东观汉记·鲍永传》说："赐洛阳上商里宅。"《后汉书·鲍永传》作"赐永洛阳商里宅"。李贤注引陆机《洛阳记》曰："上商里在洛阳东北，本殷顽人所居，故曰上商里宅也。"③ 一千多年以后的汉代，人们仍沿用商字作为里名，可见殷人居洛之说，言之不诬。1952 年在洛阳东郊摆驾路口、下窑村西区和东大寺区，都发掘过西周早期的殷人墓葬，它们沿袭殷的礼俗，使用铅质明器，摆驾路口的几座墓葬在长方形竖穴的一端还带有曲尺形的墓道，形制上

---

① 曾运乾：《尚书正读》，华东师范大学出版社 2012 年版，第 181 页。

② （清）阮元：《十三经注疏》，中华书局 1980 年影印版，第 1731 页。

③ （南朝宋）范晔：《后汉书》，中华书局 2006 年版，第 1019 页。

就具有殷墓特征。①1974 年，在洛阳北窑西周遗址发现一以"拐道墓"为中心的墓葬群，墓室均有腰坑，葬式系头南脚北。而北边距此约 200 米处，又有一组西周墓群，出土的铜器上有"太保""毛伯""康伯"等铭文，当是周贵族的葬地，但这里清理过的三百余座西周墓葬，墓室均无腰坑，葬式也是头北脚南。发掘者认为，两墓群葬俗的不同正反映了殷人和周人的差异。②那些保留殷代遗风的墓主人当然是迁居于此的殷顽或其后裔。只是新中国成立后，有的学者习惯于把成周看作是一座严密监视下的奴隶集中营③，从而使殷顽迁洛系迁居国中的认识被冲淡了。其实，《多士》篇明明说"今尔惟时宅尔邑，继尔居，尔厥有干有年于兹洛"，《多方》篇也说"尔乃自时洛邑，尚永力畋尔田，天惟界矜尔，我有周惟其大介赉尔。迪简在王庭，尚尔事，有服在大僚"。殷顽在洛不仅受有田邑，其驯顺者，还能受到赏赐，甚至可被简择出来，担任官职，这与奴隶相比，其地位何可同日而语？固然，经过"教告"，"至于再""至于三"，仍"不用我降尔命"者，是要"大罚殛之"，不仅不能居国，就连性命也是难以保全的。但这种人到底还只占一部分，从"今尔奔走，臣我监五祀，越惟有胥伯小大多正，尔罔不克臬"等语来看，至少有一定数量的殷民是接受了周的统治，承担了劳役和贡纳，同周无有二心了。

周初其他主要的侯国，如齐、燕等国中，当时也曾有一部分被征服者居住其间。已能在考古学上得到证实的是燕国。琉璃河燕国遗址主要属于西周早期，其废弃年代约在早中期之交或稍晚。周文化、商文化及土著文化因素同时并存，这一现象在墓地中有着十分清晰的反映。Ⅰ区墓葬多在填土及腰坑中殉狗，大墓多有殉人，随葬陶器以鬲、簋、罐为组合者居多。Ⅱ区则少见殉狗，不见殉人，随葬陶器以鬲、罐为主。两者形成鲜明反差。所以，有

---

① 郭宝均、林寿晋：《一九五二年秋季洛阳东郊发掘报告》，《考古学报》1955 年第 1 期；杨宽：《西周初期东都成周的建设及其政治作用》，《历史教学问题》1983 年第 4 期。

② 徐治亚：《洛阳北窑村西周遗址 1974 年度发掘简报》，《文物》1981 年第 7 期。

③ 郭沫若：《奴隶制时代》，中国人民大学出版社 2005 年版，第 22—23 页。

学者推测，Ⅰ区墓的墓主很可能是殷遗民，而Ⅱ区墓应是以燕侯为首的周族墓。两类人不仅同居于国，而且采取分区埋葬的形式使用同一个公共墓地。①

一些学者抱着征服者居国、被征服者处野的成见不肯放弃，主要是他们把古代对被征服者的处理方法看得过于简单了。事实上，如何安置被征服的人民，不仅取决于失败者的态度，而且还要受到当时各种客观条件的制约。以古希腊的斯巴达为例，公元前10世纪至7世纪间，多利安人侵入拉哥尼亚平原，后来又深入到美塞尼亚一带，对抵抗最强烈的那部分居民，进行了极为野蛮的残酷统治和压迫，他们被称为希洛，变成了斯巴达国家的隶属民，耕种国家分配给斯巴达公民的份地，大约把收获的半数上缴主人。斯巴达国家每年还要定期对希洛人进行"征伐"，以消灭那些最强壮勇敢，有反抗嫌疑的分子。而对另一部分没有进行激烈抵抗的原有住民，则只稍稍驱向边区，称为皮里阿西，仅使其在政治上从属于斯巴达人。我国古代云南永宁纳西族社会存在司沛、责卡和俄三个等级，司沛是在纳西人家族分化过程中产生的贵族集团，责卡是与贵族有一定血缘联系的普通公社成员，俄为奴隶，早期主要来自战俘和外来民族。但在明代，永宁土司同邻近的丽江左所、前所诸土司进行了长达十余年的战争，由于这时被征服的村寨与永宁毗邻，居民多为纳西族或普米族，与永宁纳西族有密切联系，社会经济发展水平也相接近，所以就只向他们征收贡纳，使他们成为永宁土司辖区的属民，称之为"外责卡"，而辖区内原有的责卡则称为"内责卡"，虽在叫法上冠以内、外，其地位却无实质性差别，都没有降之为俄。②据《左传》宣公十二年，楚伐郑，"郑伯肉袒牵羊以逆"，在与楚王对话时，提到的对降服者的处理形式即有三种，可见古代的征服固需武力驱迫，而善后工作却也是随时应变，因势制宜的，怎能执于一端，以偏概全？周人以小邦"割殷"，"大降四国民

---

① 张长寿主编：《中国考古学》（两周卷），中国社会科学出版社2004年版，第85页。

② 刘龙初：《论永宁纳西族"俄"等级的来源及其阶级属性》，《民族研究》1981年第5期。

命"，所面临的首要问题便是地广人稀，且势孤力单。据童书业推算，"周邦人口不能过十万，彼时全'中国'人口，扫数计之恐亦不过一、二百万而已"①。这才真可叫作"所有余者，地也；所不足者，民也"。若周仅以由此十万人中分出来的各支子弟去控制广大的东方，势必无异于以肉投馁虎，更不要说如何构筑城郭，斩之蓬蒿藜藿而居了。武王灭殷后返周，为如何对付殷遗民的问题"自夜不寐"，周公、成王何尝不会念及于此？故在整个伐商及东征过程中，被周所殄灭的国族固然不少，但承认其诸侯地位，不绝其祭祀者，亦复有之，而将一部分被征服者分配给封君，由封君带到封国去，作为各国赖以建立的基本力量，则更成为周初普遍施行的一项重大国策。分封配以大姓，更以土田并赐，子孙的统治才会有所凭借。直到西周后期，周人及各诸侯国的人数已有增加，而宣王封申伯于谢，尚要"因是谢人"，可知国中居民并不纯为征服者的看法，原不难成立。还有一点需要提及的，就是有些学者认为，当时被允许居国的只是被征服者中的贵族，平民不在其中。我们承认殷周时期已有阶级分化，无论是在殷人、周人或其他较先进的部族中，贵族和平民的界限已日趋明显，但总的来看，平民与贵族间的血缘联系尚未完全割断。故周迁殷民，皆以族相从。《尚书·多士》提到"尔小子乃兴，从尔迁"，《左传》定公四年也说要使殷民六族之长"帅其宗氏，辑其分族，将其丑类，以法则周公，用即命于周"。这里的宗氏指大宗族长，小子、分族则指依附于大宗的小宗族众或远派疏属。正是依赖大量族众的劳动，殷士才能"有干有年于兹洛"。倘若以为此时贵族与平民已经彻底分离，一方处国，一方在野，则所谓的贵族，如不指望剥削奴隶，其生活来源也就无以为继，而奴隶除去包括在家庭中的一些"丑类"之外，却又是很少的。贵族一词原本是指血缘的差别，但在阶级社会中，它却在政治、经济方面被注入了新内容，从实际地位来看，具有共同血统，甚至处于同一个家族中的人，已分属于不同的阶层。但下层家族成员与其族长却未曾分离，只是按照

---

① 童书业：《春秋左传研究》，中华书局 2006 年版，第 277 页。

"有事弟子服其劳"的传统，沦落成了家族劳动的实际承担者。这样，在以族为单位进行迁徙的情况下，有一定数量的平民也随大宗迁居于国，便没有什么值得奇怪了。

通过以上的分析，我们已经对西周国中的居民成分有了一个粗略的了解。他们大致包括周天子及各诸侯国君的族人，执役于官府或贵族家中的奴隶，为贵族直接消费服务的工、商，和某些被征服者的家族。在天子、诸侯的族人及被征服者的家族中，都含有作为下层族众的农民。而我们所说的被征服者，也只是其中的一部分，甚至是一小部分。如果将部分理解为全体，则又等于是从一个极端走向另一个极端。

第二节　野中居民成分概述

野中居民的成分要比国中更为复杂，若只是铺张杂陈，或会使人眼花缭乱。今姑且分别为三，而三者之间又时有交叉。虽难免界划不清之弊，却庶几能给人留下一点明晰的印象。

第一，"亡王之后"。原始社会后期，部落或部落联盟的首领常有称王者。所以，我们所说的"亡王"，就不仅是指周之前的夏、商之王，而且包括一些传统的古老部族的酋长。而所谓"亡王之后"则泛指这些古族和夏、商的后裔。

这类"亡王之后"委实不少。自陕而西，岐周、丰镐之域，为西周第一政治中心，在这里便可寻见他们的踪迹。《诗经·大雅·皇矣》："密人不恭，敢拒大邦。"《史记·周本纪》记载了文王"伐密须"，密须即密。《集解》引应劭说："密须氏，姞姓之国。"《通志·氏族略》引《世本》也谓密本为殷时姞姓国。所谓国，实即久处西土的一个古代部族。《吕氏春秋·用民》篇："密须之民自缚其主，而与文王。"《左传》定公四年："分唐叔以大路，密须之鼓。"昭公十五年："密须之鼓与其大路，文所以大蒐也。"可知这姞姓之密不仅早在文王时就已被灭掉，而且酋长被俘，其战鼓、大车也都成了周人的战利品。至于《国语·周语上》共王所灭之密，据韦昭注为姬姓，可能是周灭姞姓之密后，又于此分封其子弟。《诗·大雅·文王有声》："既伐于崇，作邑于丰。"《史记·周本纪》也说文王"伐侯崇虎，而作丰邑。"《集解》引徐广曰："丰在京兆户县东。"《正义》引皇甫谧之说认为崇为"夏鲧封"。若皇甫谧之言可信，则崇应为姒姓。《诗经·大雅·皇矣》记伐崇之役谓："执讯连连，攸馘安安，是类是祃，是致是附。"《左传》襄公三十一年曰："文王伐崇，再驾而降为臣。"崇是殷商重要的同盟者，也是周人东进的最大障碍，所以在灭亡之时，便要受到较为严厉的处置。《国语·晋语一》："周幽王伐有褒，褒人以褒姒女焉。"韦昭注："有褒，姒姓之国，幽王伐之，褒人以美女入，谓之褒姒。"①《周本纪》述此事曰："褒人有罪，请入童妾所弃女子者于王以赎罪。弃女子出于褒，是为褒姒。"而《夏本纪》所记大禹之后中即有褒氏，显然，除崇的族姓尚不能最后确定外，周之西土还居有其他支系的夏裔民。太史公所说的禹后还有有扈氏、缯氏等，有扈氏所居旧说在今陕西省西安市鄠邑区，缯曾与犬戎东攻幽王，杀王于骊山，其地似应在丰镐之西，这些都说明此区夏裔民的活动颇为广泛。《史记·秦本纪》："宁公二年，公徙居平阳。遣兵伐荡社。三年，与亳战。亳王奔戎，遂灭荡社。"《集解》引徐广说："荡音汤。"《索引》曰："西戎之君，号曰亳王，盖成汤之胤，其邑曰荡社。"近人李玄伯认为，亳字所从之"乇"初意系草，上像叶、下像根，为部族图腾的徽示，故"乇"团所居皆可称亳，而该团各支酋长自也得称亳王。② 西周金文小盂鼎（《集成》2839）铭除记盂奉王命伐鬼方外又有"从商"一语，郭沫若说："商当指北殷，亦即秦宁公所灭之荡社亳王。其地近戎，盖殷为周所灭，其遗民之一部分逃窜于西北者，是为北殷氏，奉

---

① 徐元诰：《国语集解》，中华书局 2002 年版，第 250 页。
② 李宗侗：《中国古代社会新研》，上海文艺出版社 1988 年版，第 198 页。

汤之祀，而不臣服于周，且时串诱戎人与周为难也。"① 此处的商或亳王是否即《史记·殷本纪》中的"北殷氏"，姑置不论，但周的西土除有夏民外还有殷人则确定无疑。另外，西周金文中有不少关于锡人的记载，如邢侯簋（《集成》4241）："唯三月，王令荣眔内史曰：菁邢侯服，赐臣三品：州人、重人、庸人。"大克鼎（《集成》2836）："锡女井、𤔲、𢊟人，粬锡女井人奔于冪。"郭沫若于前者注曰："州人、重人、庸人，殆即渭水沿岸之部落氏族。"于后者注曰："井、𤔲、𢊟，均国族名。"② 事实上，这些被称作某人者，也都是古部族之名，只是对于他们的族姓所出，我们已不获详知了。

自陕而东，开始进入伊、洛平原。《逸周书·度邑》篇："自洛汭延于伊汭，居易无固，其有夏之居。"《史记·吴起传》吴起对魏武侯曰："夏桀之居，左河济，右太华，伊阙在其南，羊肠在其北。"《古本竹书纪年》谓太康与桀皆居斟鄩，斟鄩在今偃师。可知此地区至少在相当长时期内曾是夏国活动的重要舞台。《史记·殷本纪》："汤既胜夏，欲迁其社，不可，作《夏社》。"《夏社》篇已散失，《尚书》仅存其目，我们虽然无从了解它的内容，但对商人曾用不迁其社、存其祭祀的办法来统治夏民，却不应有所怀疑。由此便反映出，即在夏亡之后，这里也还是夏人集中居住的区域。不过，于夏民之外，仍当复有他族与之错居。如《左传》襄公四年曰："昔夏之方衰也，后羿自鉏迁于穷石。"后羿出自东夷，其迁居的穷石即穷谷，就在今洛阳市南。羿灭于寒浞，《左传》说寒浞为"伯明氏谗子弟也，伯明后寒弃之，夷羿收之"，实际情况大约是从寒部落分化出来的一支，首领名浞，先与羿结盟，随羿西迁，其后又进行火并。寒部落的这一支到寒浞之子浇时，被夏的少康攻灭，首领被杀，其族人却当有孑遗，不会诛戮殆尽。《左传》昭公十五年："阙巩之甲，武所以克商也。"昭公二十二年，"巩简公败绩于京，乙亥，甘平公亦

① 郭沫若：《两周金文辞大系图录考释》（二），载《郭沫若全集》考古编第八卷，科学出版社2002年版，第90页。

② 郭沫若：《两周金文辞大系图录考释》（二），载《郭沫若全集》考古编第八卷，科学出版社2002年版，第96、262页。

败焉"。杜注："甘、巩二公，周卿士。"①盖阙巩本亦为旧有国族，周武王灭之，以封卿大夫，数传至于简公。甘在今洛阳市南郊，巩地或同在洛阳附近。今洛阳东有巩义市，不知是否即西周之巩。《国语·郑语》所记祝融之后有妘姓之邬，《左传》隐公十一年，"王取邬、刘、蒍、邗之田于郑"，杜注："河南缑氏县西南有邬聚"②。缑氏今为偃师，则妘姓邬人实居今偃师县境内。据《国语·周语上》记载，有神降于莘，内史过建议"使太宰以祝、史帅狸姓，奉牺牲、粢盛、玉帛往献焉"，韦昭注："狸姓，丹朱之后也"③。此狸姓住在何地，史无明文，但估计应距王都较近，不会就是丹朱所封之丹。

逾河而北，便是晋南地区。这里古称大原，土地平旷，兼有汾、浍诸水贯流其间，自为古人所喜居。《史记·五帝本纪》正义引《帝王世纪》谓"尧都平阳"④，平阳即在晋南，故《左传》襄公二十九年，吴季札在鲁观乐，"为之歌唐，曰：'思深哉！其有陶唐氏之遗民乎？'"《左传》昭公元年："昔高辛氏有二子，伯曰阏伯，季曰实沈"，"迁实沈于大夏，主参，唐人是因，以服事夏商，其季世曰唐叔虞"。服虔曰："大夏在汾、浍之间。"⑤顾炎武认为唐在今翼城县南。而《鹖冠子》一书又有"尧伐有唐"之说，则此唐国或与尧之陶唐氏非一，当为活动于山西的另一古老部族。《左传》昭公元年又曰："昔金天氏有裔子曰昧，为玄冥师，生允格、台骀。台骀能业其官，宣汾、洮，障大泽，以处大原。帝用嘉之，封诸汾川，沈、姒、蓐、黄实守其祀，今晋主汾而灭之矣。"台字，李玄伯据王孙钟定为目，并谓初即姒字。⑥如此，则为晋所灭的沈、姒、蓐、黄当都是夏族的分支。李氏之说是否可信，尚难决断，但《左传》定公四年明谓成王封唐叔时"命以《唐诰》而封于夏墟"，又要他"启以夏政，疆以戎索"，若谓晋南确有大量的夏族遗民，应是

①　（清）阮元：《十三经注疏》，中华书局 1980 年影印版，第 2100 页。

②　（清）阮元：《十三经注疏》，中华书局 1980 年影印版，第 1737 页。

③　徐元诰：《国语集解》，中华书局 2002 年版，第 31 页。

④　（汉）司马迁：《史记》，中华书局 2007 年版，第 15 页。

⑤　服虔语见于《史记集解》，中华书局 2007 年版，第 1773 页。

⑥　李宗侗：《中国古代社会新研》，上海文艺出版社 1988 年版，第 114 页

不成问题的。《左传》成公六年："晋人谋去故绛，诸大夫皆曰：'必居郇、瑕氏之地。'"杜注："郇、瑕，古国名，河东解县西北有郇城。"①《水经·汾水经》引汲郡古文："晋武公灭荀，以赐大夫原氏黯。"若郇、荀为一，则此族周初即已被灭，周人以之封"文之昭"，至晋武公重又灭之。《史记·周本纪》记载了文王"败耆国"。甲骨文有旨，古文字学者以为即耆国，其地当在夏墟，为商西土与国，故文王伐之。②《尚书》有《西伯戡黎》篇，武丁、康丁、武乙所征伐的召方，据说就是黎方③，其地在山西壶关，与安阳隔太行山东西相望，盖通过斗争，黎先同殷建立了联盟关系，后又为周灭于武王克殷之前。黎方与甲骨文中提到的常与商作战的方、邛方、鬼方、亘方、羌方、印方、基方，以及与商保持某种联系的缶、犬、郭等，陈梦家《殷墟卜辞综述》以为这些皆在晋南。其中的缶，近来有人认为应即宝字，并据宝弄生鼎（《集成》2524）铭中的"宝弄生作为媿媵鼎"一语，推定为媿姓。甲文另有烈字，也作为方国名出现，其地仍在山西，一些学者释为乎字，并谓春秋晋国的乎郑、乎豹即出于此族。④

大河附近，郑、卫之区，为冲积大平原的西边缘，地势稍高，水流易畅，更是古代部族活动最为集中的区域。《国语·鲁语上》："共工氏之伯九有也，其子曰后土，能平九土，故祀以为社。"《左传》昭公十七年，"共工氏以水纪，故为水师而水名"。《汉书·地理志》河内郡共县条下，班固自注曰："故国"。共县在当今河南辉县，这里应即为古共工氏所居，西周封共伯和于此，春秋为卫之别邑。《国语·鲁语上》又曰："有虞氏禘黄帝而祖颛顼，郊尧而宗舜；夏后氏禘黄帝而祖颛顼，郊鲧而宗禹。"则颛顼也为古代一地位显赫的部落首领，并受到虞、夏两族崇祀。徐旭生认为，颛顼即高阳

---

① （清）阮元：《十三经注疏》，中华书局 1980 年影印版，第 1902 页。

② 陈梦家：《殷虚卜辞综述》，中华书局 1988 年版，第 296 页。

③ 陈梦家：《殷虚卜辞综述》，中华书局 1988 年版，第 287 页。

④ 张亚初：《殷墟都城与山西方国考略》，《古文字研究》第十辑，中华书局 1983 年版，第 396 页。

氏，属华夏集团，但受东夷集团影响很大，主要活动范围在今河南、山东、河北交界的大平原上。①《左传》昭公十七年："卫，颛顼之虚也。故为帝丘。"则春秋卫人迁都的帝丘曾是该部落的中心。帝丘即今河南濮阳西南之颛顼城。济、洛、河、颖之间，郑为祝融之墟。《国语·郑语》记史伯对郑桓公之语曰："祝融亦能昭显天地之光明，以生柔嘉材者也，其后八姓于周未有侯伯。佐制物于前代者，昆吾为夏伯矣，大彭、豕韦为商伯矣。当周未有。己姓昆吾、苏、顾、温、董。董姓鬷夷、豢龙，则夏灭之矣。彭姓彭祖、豕韦、诸稽，则商灭之矣。秃姓舟人，则周灭之矣。妘姓邬、郐、路、偪阳，曹姓邹、莒，皆为采卫，或在王室，或在夷、狄，莫之数也。而又无令闻，必不兴矣。斟姓无后。融之兴者，其在芈姓乎？"所谓八姓，实为八个互有血缘联系的氏族部落，其后分散于各处。约略可考知其地者，己姓昆吾先处于许昌，后迁至濮阳；顾在范县；温在今温县；旧苏，据《新唐书》云在今河北临漳县邺故城西，周武王灭商，以苏忿生为司寇，受封于温，至此苏、温不再分立；董姓鬷夷在定陶；彭姓彭祖原在郑、卫间临河之地②，后迁至彭城；豕韦在滑县；妘姓邬在偃师；郐在密县；秃姓舟人处虢、郐周围，当在新郑一带；而偪阳、邹、莒则远徙山东；芈姓即楚之祖，向南入于蛮夷。③除上述几大族团外，此区亡于周或周以前的古国族仍复不少。如《左传》定公四年，以"封父之繁弱"封鲁。《礼记·明堂位》郑玄注："封父，国名。"《唐书·宰相世系列表一下》云："封氏出自姜姓，至夏后氏之世，封父列为诸侯……至周失国。"其地在今河南封丘。《左传》昭公元年："夏有观、扈；商有姺、邳。"扈已前见，观国旧地据《汉书·地理志》在山东观城废县治西，今属河南范县。姺读曰莘，曾见于甲文，作先，其首领称"亚先""先

---

① 徐旭生：《中国古史的传说时代》，广西师范大学出版社2003年版，第98页。

② 《诗经·郑风·清人》："清人在彭，驷介旁旁，二矛重英，河上乎翱翔。"此河上之彭，或即彭祖之旧居。

③ 徐旭生：《中国古史的传说时代》，广西师范大学出版社2003年版，第73页；李学勤：《谈祝融八姓》，《江汉论坛》1980年第2期。

伯"，是商朝前期的重要同盟部落，居地约在今河南开封陈留一带，春秋时称为"有莘之虚"。邳亦古族，据杜注，其地即今江苏之邳州市旧治邳城镇。不过，江苏邳州市似距商太远，今河南浚县有大伾山，或即为邳人所居之地欤？《左传》襄公四年：夏之贵臣"靡奔有鬲氏"，据《续山东考古录》，有鬲氏在今山东德州市东南。再者，卫处殷国旧都，故殷墟卜辞所记与商敌对或同盟的邦族也多在其附近。如土方在沁阳，祭方或以为是管城之祭国，或以为应在长垣等等。① 总之，古代不少有名的部族荟萃于此，真可谓不胜枚举。

郑、卫之东，便是曹、宋、陈、蔡。这里接近冲积平原的腹心，地势低下，有较多的湖泽分布，但也不乏高爽的圆丘长陵，故同样散置有古代先民的邑居。如商代甲文有冉字，作冈，带冉字族氏的铜器共 179 件，在殷墟二期即已出现，说明冉族曾臣服于商，并有相当实力。周初，冉地易主，成为冉季载的封国。据江永《春秋地理考实》，冉地在河南开封府境内。商代甲文还有曹字，作棘，也以国族名出现，铜器有大曹爵等，可知曹本古姓，周武王灭之，以封曹叔振铎。②《左传》襄公十七年："卫孙蒯田于曹隧，饮马于重丘。"《逸周书·史记解》："绩阳彊力四征，重丘遗之美女。"重丘之为古族，已显而易见，后世灭为曹邑，其地约当今山东省茌平县西南。《春秋》隐公十年，"宋人、蔡人、卫人伐戴"。戴音再，《经典释文》作载，《说文》作戠，为姬姓国，在今民权县稍北。但殷墟卜辞已有戋方③，则载应为殷时邦族，周取其地以封同姓。《左传》昭公四年，"夏桀为有仍之会，有缗叛之"。雷学淇以缗为帝舜后，姚姓。④ 而《左传》僖公二十三年有"齐侯伐宋围缗"的记载，缗地不知何时已入宋。《春秋》成公十六年："公会晋侯、齐侯、卫

---

① 陈梦家：《殷虚卜辞综述》，中华书局 1988 年版，第 288 页。

② 张亚初、刘雨：《商周族氏铭文考释举例》，载《古文字研究》第七辑，中华书局 1982 年版，第 39 页。

③ 杨伯峻：《春秋左传注》，中华书局 1981 年版，第 67 页。

④ 杨伯峻：《春秋左传注》，中华书局 1981 年版，第 1252 页。

侯、宋华元、邾人于沙随。"杨伯峻曰："沙随，宋地。古沙随国，在今河南宁陵县北。"① 此沙随国大概也灭之于宋，但详细经过，却无从考察了。宋所在的商丘本为商族发祥地之一，故其周围及同大邑商相连的孔道上，还有不少与商同姓或保持联盟关系的旧族。商征人方，大致沿沁、睢、浍诸水向东南推进，往返所经之处，多为此类邦族的邑居。如距亳仅一日行程的鸿，便是《左传》哀公二十六年"宋景公游于空泽"的空泽，而空泽则是殷后空桐氏的居地。至永城南部，又有攸侯一支，征人方归途中，二月癸酉，在"攸侯鄙永"，攸地之永，即今永城。② 这些旧族当多在周人东征时被灭，或分赐同姓诸侯，或为宋所并吞。其他像《左传》哀公元年少康所奔的有虞为舜后，地在今虞城，陈所处的淮阳曾为太昊之墟等，更为大家所熟知，于此不再赘述。

冲积区东部为泰山丘陵，多山麓平原和广阔的河谷，因宜于农业发展，便吸引了更多的古族聚处于此。《左传》昭公二十二年，晏婴对齐景公说："昔爽鸠氏始居此地，季萴因之，有逢伯陵因之，蒲姑氏因之。而后大公因之。"齐地之古族，真是陈陈如积薪，为数多矣！据《左传》昭公十七年郯子之语，爽鸠氏原为少昊氏五鸠之一，则此族应是少昊部落的一大支团，与少昊一样，同属嬴姓。《国语·周语下》伶州鸠曰："我皇妣太姜之侄伯陵之后，逢公之所凭神也。"逢公既为太姜之侄，逢伯陵自然也为姜姓。《山海经·海内经》有"炎帝之孙伯陵"之说，与《国语》正相合。足见炎帝氏族在齐之前即有居于山东者。爽鸠氏以后还有一个季萴，故逢伯陵的建"国"不可能很古，不过《周语》韦昭注说逢公是"殷之诸侯，封于齐地"，大约也属于推测之辞，未必有据。商代在这一区域的重要同盟者当是薄姑。《史记·周本纪》正义引《括地志》云："薄姑故城在青州博昌县东北六十里。薄姑氏，殷诸侯，封于此。周灭之也。"《左传》庄公八年："齐侯游于姑棼。"闵公元

---

① 杨伯峻：《春秋左传注》，中华书局 1981 年版，第 878 页。

② 陈梦家：《殷虚卜辞综述》，中华书局 1988 年版，第 306 页。

年:"公及齐侯盟于落姑。"姑蔑、落姑就是薄姑,其"国"已灭,但其地犹存。另外,《春秋》庄公十三年:"齐人灭遂。"《世本》云:"遂,妫姓。"《左传》昭公三年晏子也提到"虞遂"。可见齐地还有虞舜之后妫姓部族的活动。鲁都曲阜为少昊之墟,鲁地应是嬴姓少昊部族最集中的地方。《帝王世纪》谓"皋陶生于曲阜",后世文献中有伯翳为皋陶之子的说法,以此推之,便是皋陶、伯翳之族都曾居鲁,皋陶为偃姓,偃、嬴语之转耳,两人大约都是少昊部落后期的酋长。《左传》定公四年记鲁公受封时"因商奄之民",奄、偃同音,盖奄亦少昊裔胄,而与商人结盟。秦、赵之祖为蜚廉,徐旭生认为,蜚与费同字异形,国灭于周初,其地在今山东费县境内。① 秦、赵为嬴姓,其所出之费当亦与少昊氏有关。《左传》隐公十一年:"使营菟裘,吾将老焉。"《史记·秦本纪》:"秦之先为嬴姓,其后分封,以国为姓,有……菟裘氏。"《潜夫论·志氏姓》亦云:"钟离、运掩、菟裘,皆嬴姓也。"则菟裘亦为嬴姓国族,其后地并于鲁。《左传》昭公十八年:"宋、卫、陈、郑皆火。梓慎登大庭氏之库以望之。"杜注:"大庭氏,古国名,在鲁城内,鲁于其处作库。"② 昔乎此族已不知所出。《庄子·胠箧》篇记有大庭氏,并把它与轩辕氏、祝融氏等并列,放在"至德之世",大约的确十分古老。据《左传》记载,鲁国境内还有部分附庸小国,名为国,实际只是一些古代部族聚处的大邑,或在西周、春秋之际,渐渐具备了国家的雏形。其中须句、颛臾等"实司太昊有济之祀",知其属于风姓族团,其他如郓、邿、极、根牟、于余丘等,到底为何姓,已无法深究了。

　　古代国族被灭,往往引起大规模的迁徙。如夏亡之后,桀奔南巢,武王伐纣,得夏族人东楼公而封之于杞,《汉书·地理志》谓越君为"禹后",《史记·匈奴传》说匈奴之先祖为"夏后氏之苗裔"等,徐中舒师认为这都与夏族的移动有关。商亡之后,武庚禄父北奔,箕子一支更远入朝鲜。与夏人有

① 徐旭生:《中国古史的传说时代》,广西师范大学出版社2003年版,第64页。
② (清)阮元:《十三经注疏》,中华书局1980年影印版,第2085页。

密切关系的"祝融八姓"也曾自中土散处各地，迁移的时间或曰在夏、商嬗替之际，或曰应早至禹伐三苗。但与迁徙相伴随的必然还有分化。日耳曼人在涌入罗马境内时，"虽然原来打算以部落和氏族为单位进行迁移，但这也是做不到的"①，"在这个漫长的迁徙期间，整个整个的部落往往消逝得无影无踪"②。在我国，原居敦煌、祁连间的月氏人为匈奴所败，乃远去，西至大夏，于妫水北立王庭，号为大月氏，其余小众不能去者，号小月氏。③ 战国秦献公时，羌豪忍之季父印"畏秦之威，将其种人附落而南"，而"忍及弟舞独留湟中，并多娶妻妇，忍生九子为九种，舞生十七子为十七种"④。以此类实例推之，上古的情形亦当如是。故祝融八姓，虽迁徙颇剧，却仍有妘姓郐人处其旧墟。秃姓之舟据《郑语》为虢、郐十邑之一，所居亦必不甚远。己姓昆吾北迁后曾灭之于商，但春秋卫地仍有戎州己氏，学者多谓即昆吾之后。伊洛一带，因有夏民，商汤始讳迁其社，唐叔因封于夏墟，便需"启以夏政"，康叔处殷，也要"启以商政"，都说明迁徙并不意味着彻底脱离，相反，滞留原地的部落或氏族分支倒不在少数。

如前所言，"亡王之后"都是一些古老部族的后裔。这些古族的活动，靠口耳相传，长期保留在人们的记忆里，并陆续被录入典籍。战国秦汉间，"大一统"的观念渐次形成，学者充分发挥其想象力，把大一统局面的出现尽量往前提，以便为统一才合于古制制造舆论。于是，这些本属不同族系的古族首领便被连缀在一起，使之发生君臣或父子关系，安排在一个统一的"朝廷"里。不同的学派编定了不同版本的帝系，劳动人民的创造发明，也都固定为某一圣王的功绩。此类后世增益整齐化的说法固不可信，但大凡受到特别尊崇的酋长，其族团的发展水平一般也较他族为高，分别为中国古代

---

① 恩格斯：《法兰克时代》，载《马克思恩格斯全集》第19卷，人民出版社1963年版，第540页。

② 恩格斯：《论日耳曼人的古代历史》，载《马克思恩格斯全集》第19卷，人民出版社1963年版，第485页。

③ 《史记·大宛列传》。

④ 《后汉书·西羌传》。

文化的繁荣作出过一定的贡献。不过，生产发展较快同文明的出现还不能等量齐观。生产力的提高是国家建立的基本要素，但国家真正建立，又有赖于诸种条件的发生和成熟。所以，上述古族中只有夏人、商人在周以前建立了夏、商两朝。周灭商时，黄帝、尧、舜之后的某支团，或也具备了初级的国家形态，所谓武王"封黄帝之后于铸，封帝尧之后于黎，封帝舜之后于陈"①，都是接受现实，在政治上承认其诸侯地位。尔后约在西周春秋之交，邾、楚、邾、莒等也逐步向文明过渡。至于其他部族，或黄帝、尧、舜等族的其他分支，则大体仍停留在氏族社会的末期。加之频繁的征服战争和外部压力使他们日益处于分散状态，不能团聚起足够的人数，从而失去了必要的抵抗力和创造力，延缓了自身的发展进程，便不能不以氏族为单位，保守着小规模的邑居，而散处于野中。董仲舒曾说：古之圣王"绌灭则为五帝，下至附庸，绌为九皇，下极其为民"②。说明汉代学者仍清楚地知道，所谓五帝、九皇，都是被绌灭了的古部族，他们的首领成为传说中的英雄，而他们的部众则成为附庸，或下移为民了。《国语·周语下》太子晋曰："亡其氏族，踣毙不振，绝后无主，湮替隶圉。夫亡者岂繄无宠？皆黄、炎之后也。"又说："天所崇之子孙，或在畎亩，由欲乱民也。""王无亦鉴于黎、苗之王，下及夏、商之季，上不象天，下不仪地，中不和民，而方不顺时，不共神祇，而蔑弃五则。是以人夷其宗庙，而火焚其彝器，子孙为隶，下夷于民。"这些话足以证明野中的居民里，确实包括许多可以笼统视为黄、炎之胄的古族后裔。

《左传》哀公十七年："禹合诸侯于涂山，执玉帛者万国。"《荀子·富国》篇："古有万国。"《战国策·齐策四》："大禹之时，诸侯万国。及汤之时，诸侯三千。"《吕氏春秋·爱类》篇：大禹治水，"于东土所治者千八百国"。据

---

① 关于先代帝王之后在周初受封的情况，说法不一，《史记·周本纪》曰："封神农之后于焦，黄帝之后于祝，帝尧之后于蓟，帝舜之后于陈，大禹之后于杞。"而《吕氏春秋·慎大览》则云："封黄帝之后于铸，封帝尧之后于黎，封帝舜之后于陈；下车，命封夏后之后于杞，立成汤之后于宋以奉桑林。"

② 苏舆：《春秋繁露义证》，中华书局 1992 年版，第 202 页。

此看来，上边对古老部族的叙述虽然已十分烦琐，却仍不过是挂一漏万。然举其荦荦大者，或即可窥见全豹。只要大家相信居于野者果有相当数量的"亡王之后"，笔者的目的也就达到了。

第二，蛮、夷、戎、狄。据《周礼》九畿之制，蛮、夷、戎、狄分处蛮畿、夷畿、镇畿、番畿，其与王畿的距离均在二千五百里以上。此乃在儒家大一统思想支配下，从后世情况出发，而构思形成的人为造作之说，断然不可依信。征诸事实，西周沿及春秋，蛮、夷、戎、狄多在中土，介居于诸夏侯国之间。

顾栋高以为"戎之别有七"，姚彦渠将戎分作十一支[①]，均取材于《左传》诸书，大体符合春秋情势，西周恐难以作如此详细的区分。大略言之，丰镐外围，戎人似乎最多，自此而东，直至齐、鲁西界，也都有戎人的活动区域。据《史记·周本纪》，周之先祖不窋曾"奔戎、狄之间"，可见周与戎人早就产生了联系。到古公亶父，"薰育戎狄攻之"，于是乃徙于岐下，贬戎狄之俗，而营筑城郭室屋。《古本竹书纪年》："太丁二年，周人伐燕京之戎，周师大败。""四年，周人伐余无之戎，克之"，"七年，周人伐始乎之戎，克之。十一年，周人伐翳徒之戎，捷其三大夫"。太丁即商王文丁，这几次战争都发生在古公亶父之子季历时期。而文王受命为西伯，也先"伐犬戎"[②]，说明周人的建国过程，正与同戎的斗争相伴随。在《后汉书·西羌传》里，范晔又综述灭商之后的周、戎关系说："至穆王时，戎、狄不贡，王乃迁戎于太原。夷王衰弱，荒服不朝，乃命虢公率六师伐太原之戎，至于俞泉，获马千匹。厉王无道，戎狄寇掠，乃入犬丘，杀秦仲之族，王命伐戎，不克。及宣王立四年，使秦仲伐戎，为戎所杀，王乃召秦仲子庄公，与兵七千人，伐戎破之，由是少却。后二十七年，王遣兵伐太原戎，不克。后五年，王伐条戎、奔戎，王师败绩。后二年，晋人败北戎于汾隰，戎人灭姜侯之邑。明

---

① （清）顾栋高：《春秋大事表》卷三十九《春秋四裔表》，中华书局1993年版，第2162页；姚彦渠：《春秋会要》，中华书局1955年版，第42—44页。

② 《史记·周本纪》。

年，王征申戎破之。后十年，幽王命伯士伐六济之戎，军败，伯士死焉。其年，戎围犬丘，虏秦襄公之兄伯父。时幽王昏虐，四夷交侵，遂废申后而立褒姒。申侯怒，与戎寇周，杀幽王于骊山，周乃东迁洛邑。"从这段史料中，我们即可以看出，周与戎人的冲突虽几经起伏，但终因戎势过盛，以致西周王室政权也被迫退出了西土。著名的虢季子白盘（《集成》10173）、不嬰簋（《集成》4329）、兮甲盘（《集成》10174）和多友鼎（《集成》2835）都在铭文中记述了铸器者同猃狁作战的经历，《诗·小雅·采薇》《出车》《六月》也都称扬贵族"薄伐猃狁"的伟绩。《出车》诗第三章曰："赫赫南仲，薄伐西戎。"不嬰簋既曰："女以我车宕伐猃狁于高陵，女多折首执讯。"又曰："戎大同，从追女，女及戎大辜搏。"猃狁与戎、西戎互用，说明猃狁也就是戎人。上述诸器及《诗经》所提到的周同猃狁的战地，据王国维考证，多在泾、洛二水之间①，这就为我们了解戎在西土的活动增加了内容。但戎人的足迹即在西周，也已不限于周之西土。《左传》昭公九年，詹桓伯曰："允姓之奸居于瓜州，伯父惠公归自秦，而诱以东，使逼我诸姬，入我郊甸，则戎焉取之。戎有中国，谁之咎也？"说者依此，即谓戎之居东始于晋惠公十三年，其实不然。《左传》僖公十一年，即有"杨、拒、泉、皋、伊、雒之戎同伐京师"，而晋惠公十三年时当鲁僖公二十二年，两者相距十一年之久，则伊、洛一带有戎，本不必待"秦、晋迁陆浑之戎于伊川"。《左传》僖公二十二年追述旧事说："初平王之东迁也，辛有适伊川，见被发而祭于野者"，分明此地久被戎俗，且影响已及于诸夏。由是观之，顾颉刚先生谓《左传》僖公十一年之伊、洛诸戎或为"土著"，实属确论。②《左传》昭公十五年，籍谈谓晋始居深山，"戎、狄之与邻，而远于王室，王灵不及，拜戎不暇，其何以献器？"周景王虽驳之，却也承认唐叔受封"以处参虚"时，"匡有戎、狄"。《国语·晋语二》记载周大夫宰孔之语，说晋"景、霍以为城。而汾、河、

---

① 王国维：《鬼方昆夷猃狁考》，载《观堂集林》卷十三，中华书局 1991 年版，第 596、600 页。

② 顾颉刚：《史林杂识》，中华书局 1963 年版，第 47 页。

浍、浍以为渠，戎、狄之民实环之"。此均与唐叔治晋时必须"疆以戎索"暗合，反映晋地有戎，由来已久。《左传》桓公二年："初，晋穆侯之夫人姜氏以条之役生太子，命之曰仇。其弟以千亩之战生，命之曰成师。"《竹书纪年》："王师及晋穆侯伐条戎、奔戎，王师败逋。"穆侯伐条戎在周宣王二十三年，条地或即山西安邑县之鸣条岗，千亩有二，一为周地，一在晋，约当今山西安泽县北九十里①，则条戎、奔戎至迟于西周后期已处晋域。其他如与晋关系密切的骊戎②、大戎、小戎、丽土之戎等，其居处晋南的时间，恐皆甚早。《左传》隐公七年："初，戎朝于周，发币于公卿，凡伯弗宾。王使凡伯来聘，还，戎伐之于楚丘以归。"楚丘在卫国境内。《左传》隐公九年："北戎侵郑。"杨伯峻据江永《春秋地理考实》，谓北戎就是处于山西平陆县一带的茅戎③，隐公二年："公会戎于潜，修惠公之好也。"《水经·济水注》曰："济渎自济阳故城南，东径戎城，春秋'公会戎于潜'是。"则此戎已在今山东境内。《左传》桓公六年又提到"北戎伐齐"。戎与郑、卫、宋、齐、鲁在春秋之初即发生了联系，其中，鲁国更在未入春秋的惠公时期就与戎有"旧好"，由此推测，戎和东诸侯国的杂处错居，也同样不晚。1978年，河北元氏县张北村西周墓出土铜器数件④，内有臣谏簋（《集成》4237），其铭曰："唯戎大出于軝，井侯搏戎。"井侯应即邢侯，这又为西周东土有戎提供了实证。

狄与戎的发展水平接近，文化习俗一致，故典籍中戎、狄往往不易区分，并多有合称"戎狄"的情况。然王国维《鬼方昆夷猃狁考》谓鬼方、薰育、昆夷、戎狄、匈奴统为一族，其地"西自汧陇，环中国而北，东及太行常山间"，这种看法恐也与事实有违。近年，在王氏所说的范围内，发现出

---

① 杨伯峻：《春秋左传注》，中华书局 1981 年版，第 92 页。

② 传统观点认为骊戎在陕西骊山，段连勤则认为骊戎处于沁水附近，见《北狄族与中山国》，河北人民出版社 1982 年版，第 30、50 页。今采段氏之说。

③ 杨伯峻：《春秋左传注》，中华书局 1981 年版，第 65 页。

④ 唐云明：《河北元氏县西张村的西周遗址和墓葬》，《考古》1979 年第 1 期。

来的考古学文化类型复杂，已昭示其民族成分并不单纯，况且，先秦民族正在形成过程中，把散处于如此广大地区内的各部说成是出于同源，情理上又难为人所接受。戎意为兵，狄意为远，戎、狄皆周及后世人加于落后部族的称号，此点固应如王氏所言，然典籍中戎、狄相混或连用，只说明史官记录时尚对其种部落名号不甚了了，并不意味着戎、狄原本就没有各自独立的族系。淮夷地处东南，而㝬鼎（《集成》2074）、㝬簋（《集成》4322）、翏生盨（《集成》4459）却称之为戎，无人因此就将淮夷归为戎人，同样，狄虽时蒙戎号，恐怕也不能与戎合而为一。春秋狄分白狄、赤狄、长狄三系。《左传》成公十三年，吕相绝秦书曰：“白狄及君同州。”僖公二十四年，晋文公追述其避难于狄时的情况说：“余从狄君以田渭滨。”《国语·晋语二》，狐偃曰：“夫狄近晋而不通，愚陋而多怨，走之易达。”则白狄之地于西周和春秋初年，或果在雍州而近于晋，其活动范围向南可达于渭水，尔后才逐渐移至山西及河北北中部。《国语·郑语》史伯告郑桓公曰：“当成周者……西有虞、虢、晋、隗、霍、杨、魏、芮。”隗国不见于他书，韦昭注以为属姬姓，恐亦揣测之词。据《左传》记载，狄为隗姓。王国维也谓“赤、白二狄，疑皆隗姓”①，如此说来，成周以西之隗或即指白狄。倘此点成立，则小盂鼎铭中盂所伐之鬼方也应与白狄有关。《郑语》又曰成周之北有“卫、燕、狄、鲜虞、潞、洛、泉、徐、蒲”。卫、燕为姬姓国，鲜虞依杜预《左传》注为“白狄别种”②，潞、洛、泉、徐、蒲，据韦注则皆为赤狄。③下余被直称为狄者，韦昭以为是白狄，恐也是赤狄之一。潞氏在晋东南之潞县，徐、蒲诸部大致也应处于晋域，说明西周末年，赤狄即已散在中土。而以周景王谓唐叔始封时“匡有戎、狄”推之，这种局面的出现还会更早。《晋语四》曰：晋文公“行赂于草中之戎与丽土之狄，以启东道”。戎、狄并列，互不相涉，可知早期的晋国是在戎、狄两族的环绕中。长狄活动于晋、卫、鲁、宋之间，据《左传》文公

① 王国维：《鬼方昆夷猃狁考》，载《观堂集林》卷十三，中华书局1991年版，第606页。
② （清）阮元：《十三经注疏》，中华书局1980年影印版，第2062页。
③ 徐元诰：《国语集解》，中华书局2002年版，第461页。

十一年，鄘瞞部在宋武公之世，就曾攻宋，并被败之于长丘。宋武公元年为周平王六年，长狄入居此地必在周室东迁以前。《国语·鲁语下》记孔子之言曰："汪芒氏之君也，守封、隅之山者也，为漆姓，在虞、夏、商为汪芒氏，于周为长狄，今为大人。"若长狄果与漆姓的汪芒氏有渊源关系，那便更是一个久处东方的古老部族了。综观金文和《诗经》诸书，西周征伐的重点主要是戎和夷，平王东迁后，同戎的斗争大体告一段落，而夷之各部在武力驱迫下，也纷纷降服，于是，狄和楚的地位便徒然突出起来。闵僖之世，狄的活动开始大量见之于《春秋》和《左传》，并同齐、秦、楚一起，被人视为"四强"[1]，这确实容易造成一种错觉，似乎戎、狄原本为一，故王国维先生认为"始谓之戎，继号曰狄"[2]。究其实，春秋虽多狄人活动的记录，但戎之事迹，在闵、僖间及其以后也并未泯灭，戎归戎，狄归狄，两者不容混淆。比如王室撤离西土后，秦同诸戎的斗争仍在继续，而在广大的东方，又有山戎、茅戎、姜氏之戎、蛮氏戎、陆浑之戎、杨、拒、泉、皋、伊、洛之戎等，戎之称号何曾为狄所代替。

居于江汉流域的众多部族，古籍统称为"蛮"。《吕氏春秋·召类》篇云："尧战于丹水之浦，以服南蛮。"丹水乃汉江支流，源出关中，经陕南商县转入河南淅川，则陕南、豫西南相连接之处，或即蛮人活动的北界。《史记·楚世家》记载，在周夷王时，楚人先祖"熊渠甚得江汉间民和，乃兴兵伐庸、杨粤，至于鄂……立其长子康为句亶王，中子红为鄂王，少子执疵为越章王，皆在江上楚蛮之地"，说明南至长江沿岸也都住有蛮人。楚为芈姓，其先系祝融之后，但又自称蛮夷，熊渠在分立其三子为王时就曾说："我蛮夷也，不与中国之号谥"。盖本中原先进的古部族，南徙后与土著融合，已成为蛮族中最有势力的一支。除楚之外，这一地区的蛮族尚有卢、罗、戎、庸、巴、濮、群蛮等。其中，卢曾随周武王伐纣。《左传》桓公十三年，楚

---

① 《左传》成公十六年传记范文子语曰："吾先君之亟战也，有故。秦、狄、齐、楚皆强，不尽力，子孙将弱。今三强服矣，敌楚而已。"

② 王国维：《鬼方昆夷猃狁考》，载《观堂集林》卷十三，中华书局1991年版，第583页。

屈瑕伐罗，"罗与卢戎两军之"。杜注："卢戎，南蛮。"① 卢地约在今湖北省南漳县。罗，据《左传》桓公十二年杜注为熊姓。《通志·氏族略》也谓其为"熊姓"，但又说："一曰祝融之后，妘姓。" 如依后说，则当与楚同源，或亦徙自中土，而后融于蛮中者。罗地春秋初尚在今湖北省宜城市西山中，其后又逐步南移。《左传》文公十六年，"楚大饥，戎伐其西南，至于阜山，师于大林。又伐其东南，至于阳丘，以侵訾枝"。杜注："戎，山夷也。"孔颖达疏曰："戎是山间之民，夷为四方总号，故云戎，山夷也。"② 笔者认为，这些被称为山夷的戎，就是居于当时楚国周围的山间蛮夷。阜山在今湖北省房县南一百五十里，大林在荆门市西北，阳丘地望不详，訾枝，据顾栋高《春秋大事表》在今钟祥市境。这一带应是楚与山夷犬牙交错之地。庸亦曾随周武王参加过伐纣战争。据《左传》文公十六年，"庸人率群蛮以叛楚"，大约因庸本身系蛮族，所以方能成为统帅群蛮的首领。其地杜预说在上庸，即今湖北省竹山县。群蛮大约也以竹山为中心，集中散布于鄂西北地区。《左传》昭公九年，詹桓伯曰："及武王克商，蒲姑、商奄吾东土也；巴、濮、楚、邓，吾南土也。"可知西周时巴、濮与楚一样，都是臣服于周的南方邦族。而濮系《尚书·牧誓》八国之一，其势力早期恐怕还要超过楚人。《国语·郑语》记史伯之语曰："夫荆子熊严生子四人：伯霜、仲雪、叔熊、季紃。叔熊逃难于濮而蛮。"则濮亦属蛮族，已十分显然。《郑语》又曰："楚蚡冒于是乎始启濮。"蚡冒之立，在周平王之世，可能进入春秋初期，楚、濮之间便开始了相互争夺的斗争。《左传》文公十六年："麇人率百濮聚于选，将伐楚。"结果为楚所败，自此一蹶不振。濮地依杨伯峻说，当在今湖北省石首市一带，然濮人种落繁多，其散处之地应较广大。《后汉书·南蛮西南夷传》曰："巴郡南郡蛮，本有五姓，巴氏、樊氏、曋氏、相氏、郑氏，皆出于武落钟离山。"《太平寰宇记》卷一四七长阳县条："武落山，一名难留山，在县西

---

① （清）阮元：《十三经注疏》，中华书局1980年影印版，第1757页。
② （清）阮元：《十三经注疏》，中华书局1980年影印版，第1859页。

北七十八里。"则巴人初居似在鄂西长阳县一带。然童书业据《左传》加以考订，以为巴人处楚西北，与秦、庸、邓相近，在丹水、汉水流域。今陕南有大巴山，当即古巴族的根据地。① 参互比较，应以童说较为合理。自西周的熊渠开始，到春秋初的楚武王，中经二百年，楚人逐渐控制了荆蛮地区，蛮人受到楚人的不断压迫，才开始向南向西迁徙，如罗先迁枝江，又迁湖南湘阴，巴人辗转鄂西，再入川东等。《后汉书》所依据的，或者已是较晚的传说了。

夷字甲、金文为侧面人形，习惯上用以指称我国东部及东南的古部族，商末所征之人方、林方等，皆属于夷。《韩非子·说林上》，周公旦"攻九夷而商盖服"，商盖就是商奄。《史记·齐太公世家》："太公之国，莱侯来伐，与之争营丘。"莱侯系指莱夷的首领。《尚书·费誓》：伯禽宅曲阜，"淮夷、徐戎并兴"。徐戎实即徐夷，又称徐方。由此数事观之，夷人居地或本在齐、鲁。明公簋（《集成》4029）、塑方鼎（《集成》2739）、𪒷鼎（《集成》2740）、班簋（《集成》4341）、小臣谜簋（《集成》4238）等，据郭沫若考订，皆为成王时器，铭文都记录有伐东夷的经过，可见周初同东夷的斗争颇为剧烈。经过征服，一部分夷人仍留处本土，而以徐夷为主的各支则向南迁徙。《诗经·大雅·常武》云："率彼淮浦，省此徐土。"说明周宣王时代，徐早已移至淮水附近。与徐相关的，便是群舒。徐字金文作邾，《春秋》僖公三年："徐人取舒。"《玉篇》引作"徐人取郐"，则徐、舒二字均可以邑为形符。徐所从之余，据《说文》为"从八舍，省声。"实际上，余、舍都像地上建筑的房屋。种种迹象表明，徐、舒本为一字，群舒就是群徐。他们虽已与宗邦脱离，但还戴着旧日的帽子，居于蓼者便叫舒蓼，也就是徐蓼；居于庸者，便叫作舒庸，也就是徐庸等。这一群戴着舒名的小部落全是从徐夷分化出来的支派，离开宗邦稍久，所用字体也小有差异，于是群徐就变成了群舒。群舒各有君长，但仍奉徐方为上国。大约淮水以南，大江以北，今安

① 童书业：《春秋左传研究》，中华书局 2006 年版，第 219—220 页。

徽霍邱、寿县、六安、霍山、合肥、舒城、庐江、桐城、怀宁诸县，便是群舒散居之地。而徐的位置，则应在安徽泗县。① 成、康以后，记载周同夷人关系的铜器甚多，如宗周钟（《集成》0260）、录尊（《集成》5419）、伯簋（《集成》4302）、兢卣（《集成》5425）、噩侯驭方鼎（《集成》2810）、敔簋（《集成》4323）、无曩簋（《集成》4227）、兮甲盘（《集成》10174）、师寰簋（《集成》4313）、驹父盨盖（《集成》4464）、禹鼎（《集成》2833）、戜簋（《集成》4322）、翏生盨（《集成》4459）等，皆是。其中大多称夷为南夷、淮夷、南淮夷，与成康之际常称东夷者不同，说明周、夷斗争的中心已有所转移。统观铜器铭文及《诗经·大雅·江汉》、《常武》诸篇，西周之世，淮夷时叛时服，十分倔强。但终究经不住王室及中原大国的武力驱迫，最后大多开始向周称臣纳贡。不过，东夷发祥于泰山丘陵，较早开始营农耕生活，扩大言之，前边讲过的太昊、少昊之后，原本也属于东夷。所以其中就有不少支系，如江、黄、道、柏、六、蓼、英、钟离等，经过自身的发展，也逐步进入了文明，而被列为诸侯。这些夷人建立的国家，规模虽小，却已不应放在蛮、夷、戎、狄中来考察了。

一般来讲，蛮、夷、戎、狄的文化均较落后。《左传》襄公四年，"无终子嘉父使孟乐如晋，因魏庄子纳虎豹之皮以请和诸戎"，魏绛曰："戎、狄荐居，贵货易土，土可贾焉"。荐，草也，《庄子·齐物论》有"麋鹿食荐"，《汉书·终军传》提到"北胡随畜荐居"，可知荐居系逐水草而居。《春秋》僖公三十二年："卫人及狄盟。"杜注："不地者，就狄庐帐盟。"孔疏引刘炫说："戎、狄错居中国，此狄无国都处所，直云及狄盟，盟于狄之处也。以狄俗逐水草，无城郭宫室，故云就庐帐盟。"② 据此推之，戎、狄直至春秋时期，仍以畜牧、狩猎为主，不仅无法居国，而且迁徙无定。蛮、夷农业或开始较早，但除部分部族建立了初级形态的国家之外，其余各支也发展缓慢，兼以

---

① 关于徐与群舒的族属关系，本文采纳徐旭生的观点，见《中国古史的传说时代》，广西师范大学出版社 2003 年版，第 193—195 页。

② （清）阮元：《十三经注疏》，中华书局 1980 年影印版，第 1832 页。

面临强大的外部压力，自身前进的历程常被打断，所以也自然被排斥在国郊之外，而散处于野。《左传》文公十六年，蒍贾曰："百濮离居，将各走其邑"。孔疏引杜氏《释例》云："濮夷无君长总统，各以其邑落自聚。"[1]这些邑落应是指野中的小邑。群舒的情形盖与百濮类同。因此，将蛮、夷、戎、狄视为野中居民的一部分，当无大错。

第三，"流裔之民"。《国语·周语上》，内史过曰："古者，先王既有天下，又崇立上帝、明神而敬事之，于是乎有朝日、夕月以教民事君。诸侯春秋受职于王以临其民，大夫、士日恪位著以儆其官，庶人、工、商各守其业以共其上。犹恐其有坠失也，故为车服、旗章以旌之，为贽币、瑞节以镇之，为班爵、贵贱以列之，为令闻嘉誉以声之。犹有散、迁、懈慢而著在刑辟，流在裔土，于是乎有蛮、夷之国，有斧钺、刀墨之民，而况可以淫纵其身乎？"韦昭注曰："言为之法制，备悉如此，尚有放散、转移、懈慢于事不奉职业者，故加以刑辟，流之荒裔也。"[2]《周语中》记阳人苍葛之言说："且夫阳，岂有裔民哉？夫亦皆天子之父兄甥舅也，若之何其虐之也？"可见依周之故法，居国者皆父兄甥舅，犯罪之人谓之裔民，是要逐出国中，放之于野的。我国许多少数民族直至近代仍保留着所谓的"神判"制度，部族成员一经被神裁决为有罪，便须离开村寨，远徙他乡。而身体有某种残疾者，也常被巫师指为"琵琶鬼"，轻则赶走，重则处死。这同周代的"流于裔土"大致相似，反映各民族在相近的发展阶段上，都会出现同一习俗。不过，西周生产力水平低下，单个人尚不能脱离集体而独立生存，所以，此等"流裔之民"恐怕只是少数，而被流放者在离弃宗国之际，大约也都以家族为单位向外迁徙。《史记·吴太伯世家》云："太伯、仲雍二人，乃奔荆蛮，文身断发，示不可用。"后世儒家视此举为"让贤"，但周人治国，以"亲亲""尊尊"为本，"贤贤"之说至春秋战国之际，才渐渐高唱入云。笔者怀疑，太伯、仲

---

① （清）阮元：《十三经注疏》，中华书局 1980 年影印版，第 1859 页。

② 徐元诰：《国语集解》，中华书局 2002 年版，第 34 页。

雍之奔应与族内斗争有关，若以这种观点考察，周族入于荆蛮的两支，或即为"流裔之民"。《国语·郑语》："夫荆子熊严生子四人：伯霜、仲雪、叔熊、季纠。叔熊逃难于濮而蛮，季纠是立。"《左传》僖公二十六年："夔子不祀祝融与鬻熊，楚人让之，对曰：'我先王熊挚有疾，鬼神弗赦，而自窜于夔，吾是以失楚，又何祀焉？'"叔熊、熊挚盖亦"流之裔土"者乎？然此说仍属推测之词，能否成立，尚待研究。从春秋中后期开始，生产力提高，个体劳动逐渐出现，贵族内部斗争激化，"流裔之民"的数量才慢慢增加了。

蛮、夷、戎、狄既然在文化上落后于诸夏，故大凡发展水平较低的部族便都可能被视为蛮、夷、戎、狄。如卫地的己氏，原本应为昆吾氏的后裔，但春秋时，却称其地为戎州。楚与邾、莒等国出自祝融，也被看作是蛮、夷之邦。史伯述祝融八姓，谓其"或在王室，或在夷狄"，可见古部族与蛮、夷、戎、狄的相互交叉，古人已有察觉。而"流裔之民"流入裔土之后，也往往与土著融合，并多被奉为首领，这样，他们与蛮、夷、戎、狄的界限就更加难以区分。因此，笔者在叙述野中居民成分时，虽然列出三种条目，但三者之间却并不是刀斩斧切、森严壁垒的。读者倘能注意到这种复杂情况，那么，分类上的界划不清之弊，或者就可得到一些谅解。

第三节　国人和野人

现在该来谈谈国人和野人了。

《左传》僖公二十四年，周襄王出，"国人纳之"。僖公二十八年，"卫侯欲与楚，国人不欲，故出其君"。文公十八年，莒纪公之太子仆"因国人以弑纪公"。昭公二十三年，"莒子庚舆虐而好剑"，"国人患之"，"乌存帅国人以逐之"。昭公十三年，右尹子革谓楚灵王曰："请待于郊，以听国人。"王曰："众怒不可犯也。"襄公十九年，"郑子孔之为政也专"，"子展、子西率国人伐之，杀子孔而分其室。"襄公三十一年，郑然明欲毁乡校，子产曰："夫人朝夕退而游焉，以议执政之善否……若之何毁之？"僖公二十二年，宋师败于泓，"国人皆咎公"。哀公元年，"吴之入楚也，使召陈怀公。怀公朝国人而问焉"。成公十三年，郑"子驷帅国人盟于大宫"。从上述史料可以看出，国人能够纳君、出君、逐君、弑君，能够决定执政的命运，具有议政、"咎公"的自由，每遇大事，国君需询之以定可否，贵族在内部斗争中，也要与国人订盟以求得其支持。这便充分说明国人是一个具有特殊政治地位的集团，而并不包括全部的国中居民。当然，《左传》所记都是春秋时期的历史，不过，从周厉王违犯常规，派卫巫监谤，既而引起国人暴动来看，西周的情况大致也是如此。

那么，接下来便需辨别国人究竟包括国中的哪些人。

执役于贵族家内和官府的奴隶，没有任何权利可言，他们不属国人，当是没有疑问的。

一部分被征服者在降顺以后，政治上与以往的敌人取合作态度，故得以居国。从某种意义上讲，他们的家族已被包容在以各国国君为首的家族联合体中，因而，这些被征服者不仅可以"宅尔宅，畋尔田"、"继尔居"，族中的"耆成人"还常被询以政事，其具备才干且恭敬服从者，也可"迪简在王庭"，"有服在大僚"，春秋初期，晋的怀姓九宗甚至参与了国君的废立。可见开始其地位或稍逊于国君之同族，随着时间的推移，居国的被征服者确已成为周的"新民"，与国人的地位没有差别了。鲁国的阳虎"盟国人于亳社"，更为国人中可以包括殷人等提供了确证。

国人的政治权力源于氏族民主制的遗存，族居于国中的农民，既然同贵族还保持着一定的血缘联系，故在原则上，他们也应包括在国人的范畴中。《左传》襄公三十年，郑伯"盟国人于师之梁之外"。"师之梁"为郑城门名，在城外盟国人，说明国人有不少居于农郊。《左传》僖公十五年，秦、晋战于韩原，晋惠公为秦所俘，秦伯问晋大夫瑕吕饴甥曰："晋国和乎？"对曰："不和。小人耻失其君而悼丧其亲，不惮征缮以立圉也。曰：'必报仇，宁事戎、狄。'君子爱其君而知其罪，不惮征缮以待秦命，曰：'必报德，有死无二。'以此不和。"秦伯曰："国谓君何？"吕甥又对曰："小人戚，谓之不免，君子恕，以为必归。小人曰：'我毒秦，秦岂归君？'君子曰：'我知罪矣，秦必归君。'"僖公二十六年，齐孝公伐鲁，君使展喜犒师。齐侯曰："鲁人恐乎？"展喜也曰："小人恐矣，君子则否。"两处文字中的小人应即指国中的农民，其来源主要是士的"隶子弟"。晋在韩原之战后，君子与小人间是否进行过如瑕吕饴甥所说的那种讨论，不得而知，但从小人"悼丧其亲"、关心国君命运，并有自己的政治主张来看，他们显然是国人的一部分。《左传》中还常常提到"舆人"，我们以为舆人就是这种"小人"。在城濮之战中，晋文公曾听"舆人之诵"。《国语·晋语三》，晋惠公"入而背内外之赂"，舆人诵之曰："佞之见佞，果丧其田。诈之见诈，果丧其赂。得国而狃，终逢其咎。丧田不惩，祸乱其兴。"《左传》襄公三十年，子产"从政一年，舆人诵之曰：'取我衣冠而褚之，取我田畴而伍之。孰杀子产，吾其与之。'及三年。又诵之曰：'我有子弟，子产诲之。我有田畴，子产殖之。子产而死，谁其嗣之。'"诵是议政的一种形式。《国语·楚语》："近臣谏，远臣谤，舆人诵，以自诰也。"这种常常用诵的办法来表达其政治见解的舆人，并非奴隶或贱民可比。不过，小人、舆人都是国人中的下层群众，所以他们除在舆尉、舆司马的管辖下参加战争之外，还需承担筑城之类的劳役，虽未丧失国人的地位，但实际上却已与野人相去不远了。应当承认，春秋时，国中的阶级分化十分剧烈，小人、舆人正在下降过程中，有些甚至还流落于野，故我们往往不易将他们与野中的农民区分清楚。但若由此上溯到西周，则小人、舆人身上的国人特征必然会保留得更多。

关于工商，在周代可以区分为两种，一种由战俘或失败者献纳的技艺之人转化而来，他们没有自己的家族，事实上是一些"食于官"的单身奴隶，自然不会被当作国人看待。另外一种则依然聚族而居，只在不脱离农业的前提下，向贵族提供本族传统的手工制品，或到官府的作坊中去服役。据《左传》定公四年，赐予鲁的殷民六族有"条氏、徐氏、萧氏、索氏、长勺氏、尾勺氏",赐予卫的殷民七族有"陶氏、施氏、繁氏、锜氏、樊氏、饥氏、终葵氏"。学者们认为其中的索氏为绳索工,长勺氏、尾勺氏为酒器工,陶氏为陶工,施氏为旌旗工,繁氏为马缨工,锜氏为锉刀工或釜工,樊氏为篱笆工,终葵氏为锥工。[1] 但在迁徙之际,他们却全"帅其宗氏,辑其分族,将其丑类",举族而动,这与前一种单身工奴的情况便完全不同。《左传》哀公十七年,卫庄公"使匠久","石圃因匠氏攻公"。哀公二十五年,卫侯辄又因"使三匠久",贵族公孙弥牟等"因三匠与拳弥以作乱",说明周代确实存在着由擅长手工业的家族定期服工役的制度。承担工商之役的家族,有的与周人早有关系,有的是灭商以后才迁往各国,臣事周族各宗的,其首领,或即文献常见的百工。《左传》定公八年,卫侯欲叛晋,而患诸大夫不欲,于是胁之曰:"晋必索君之子与诸大夫之子为质"。大夫已许诺,而站在卫侯一边的王孙贾曰:"苟卫国有难,工商未尝不为患,使皆行而后可。"皆行,意为使工商之子同大夫之子一起入晋为质。童书业认为,这是卫侯和王孙贾所用的策略,以图激怒国人。[2] 果然行将有日,"公朝国人,使贾问焉,曰:'若卫叛晋,晋五伐我,病何如矣?'皆曰:'五伐我,犹可以能战。'"于是卫乃叛晋。工商不愿以其子为质,故采取不同于大夫的立场而支持卫侯,可见此等工商包括在卫国的国人中。他们的家族并不脱离农业,所服的工商劳役属于国人对贵族应尽的职事,因此不能超过限度,尤其不能耽误农时,役之既久,便会招致反抗,且这种反抗又常与贵族内部的斗争相结合,分明也是国人暴动,并不算什么奴隶起义。如果我们能对文献作一些具体分析,便不会一见工商二字,就全部归之为奴隶了。

居于国中的农民、工商和被征服者,虽然都属于国人,但国人的主体却应是士。《左传》闵公二年,狄伐卫,"国人授甲者皆曰:'使鹤,鹤实有禄位,余焉能战?'"由于禄位不保的披甲之士采取了不合作的态度,故卫国便

---

① 杨伯峻:《春秋左传注》,中华书局 1981 年版,第 1536 页。
② 童书业:《春秋左传研究》,中华书局 2006 年版,第 123 页。

惨遭失败，国破君亡。昭公二十四年，王子朝作乱，"晋侯使士景伯蒞问周故。士伯立于乾祭，而问于介众。晋人乃辞王子朝，不纳其使"。据杜注，乾祭为周王城北门，介，大也。① 这里的"介众"应是指参加王室内战的战士，晋国欲在周敬王和王子朝之间决定取舍，首先要考虑战斗之士的政治倾向。据《国语·晋语三》，秦穆公在韩原之战后掳得晋惠公归国，又就应否杀掉晋君的问题"合大夫而谋"，公孙枝曰："不可，耻大国之士于中原，又杀其君以重之，子思报父之仇，臣思报君之仇，虽微秦国，天下孰弗患？"晋国虽败，但国中士的力量仍使强邻感到畏惧。《左传》宣公十二年，楚围郑，郑人苦战不敌，谋徙其都，国人临于大宫，"守陴者皆哭"。说明危难之际，士可以与国家共存亡。襄公十八年，楚康王曰："国人谓不谷主社稷而不出师，死不从礼。"这些不打仗便按捺不住，而时出怨言，以致使国君不安的国人，主要也是士。古代的士孔武有力，为各国军队的骨干，可以"执干戈以卫社稷"，同时，对上与国君或大夫有较近的血缘关系，从而也享有较多的政治经济权益，对下又是基层的家族长，可以支配其子弟，因此，他们便自然成为国人中举足轻重的一个阶层。《左传》文公十四年，齐公子商人意欲夺取君位，乃"骤施于国，而多聚士"。贵族都知道掌握了士就可以左右国人，所以士在贵族内部的斗争中也往往起着十分关键的作用，而所谓的"询国人""盟国人"等，笔者以为被询和参盟者也主要是作为家长的士，很难每每包括国人全体。

剩下的问题只有大夫是否属于国人了。《左传》文公十六年，宋昭公曰："不能其大夫至于君祖母以及国人，诸侯谁纳我？"这里，大夫与国人并举，显然不包括在国人中。但《左传》僖公十五年，晋瑕吕饴甥使郤乞"朝国人而以君命赏"。瑕吕饴甥自己在对国人演说中却说："君亡之不恤，而群臣是忧，惠之至也，将若君何？"又说："征缮以辅孺子。诸侯闻之，丧君而有君，群臣辑睦，甲兵益多。好我者劝，恶我者惧，庶有益乎？"他把国人称作"群

---

① （清）阮元：《十三经注疏》，中华书局 1980 年影印版，第 2106 页。

臣"，这"群臣"又能向下属征缮以辅新君，其间必然包括大夫，甚至主要是大夫。《左传》宣公九年："郑伯败楚师于柳棼。国人皆喜，唯子良忧。"子良即公子去疾，为郑穆公庶子，五年前曾辞君位而被命名为大夫，然而从《左传》的行文看，他似乎也是国人中的一分子，只是比其他国人要更深谋远虑罢了。上述材料所反映出来的情况确有矛盾之处，考虑到国人的权利来自氏族民主传统，而大夫阶层又是逐渐形成的，估计西周早期或曾有过大夫包含于国人中的情况。后来，随着历史的发展，大夫的特殊地位越来越牢固，不仅独立于国人之外，而且凌驾于国人之上。但由于习惯势力的影响，有时仍把他们视同国人，这便造成了不少混乱，导致我们难以作出较有把握的判断。西周铜器塑盨（《集成》4469）记录了周厉王时的国人暴动，铭文提到参加这次暴动的有"邦人、正人、师氏人"，"邦人"应即《国语·周语上》中"国人谤王"的国人，那么"正人"和"师氏人"的身份如何呢？倘若他们当中有大夫，则西周后期，大夫阶层就已从国人中区别出来了。不过此说尚乏确证，只能提出一点线索，以备将来去追寻。

至于野人，就其原始含义而言，当然是指所有居于野中的人。仅仅因为有人笃信《周礼》，只在距国二百里或三百里的地方去搜求，而另一些人又集中注目于被征服的殷人，所以，把野人的范畴弄得十分狭窄，有时简直就找不到野人了。笔者以为这种做法甚不可取。不过，笔者也想强调，国人对野人的了解同样是逐步扩大的，西周时容当有一部分古部族的后裔或蛮、夷、戎、狄之人，同各诸侯国在政治、经济上尚未发生任何联系，若从这个角度来看，彼时在国人的观念上，野人大概还不是指全部的野中居民，那些因缺乏接触而未被认识的，就会有意无意地被划在圈子外。然而，如同不曾目及的事物并不等于其不存在一样，主观上未被列入野人中的在野的居民，客观上却不能因此而改变其性质，即欲对野人进行全面考察，恐怕还不宜将其完全抛开，但只要在叙述中把前后的演变交代清楚，也就够了。

国、野对立主要是通过征服造成的。但是，一部分被征服者可以居国，甚至属于国人，这样，如纯粹用征服和被征服来区分国人、野人，就显得过于简单。那么，还有什么力量在起作用，使一部分人群聚于国中，而另一部分人却被摒弃在野呢？笔者认为，除了征服，尚需考虑到国人、野人在经济文化上的发展程度不同。戎、狄逐水草而居，保留着浓厚的畜牧、狩猎的经济传统，且披发左衽，"饮食衣服不与华同，挚币不通，言语不达"①。蛮、夷虽营农耕，却多数"无君长总统，各以其邑落自聚"②。即是"亡王之后"，尽管一般在经济上起步较早，也因种种条件所限，而发展缓慢，始终逗留在文明大门之外。摩尔根说："当人们主要依靠渔猎为生时，维持一个小部落的生活就需要一片辽阔的地域。在渔猎之外增加了淀粉食物以后，一个部落所占有的地面按人口比例来说仍然是很大的。"③可见对于经营畜牧，或者既营农耕又"田猎以渔"的人民，很难将其圈定在范围有限的城圈之内。相反，周初被安置于国中的主要是较为先进的殷人及怀姓九宗等，作为征服者的周人，自身既有古老的农业文化传统，当然也容易同他们携手相处，经营共同的经济文化生活。而对野中的后进部族，无论是哪个圣明之君，也都无力去"揠苗助长"。《吕氏春秋·为欲》篇曰："蛮夷反舌殊俗异习之国，其衣服冠带、宫室居处、舟车器械、声色滋味皆异，其为欲使一也，三王不能革，不能革而功成者，顺其天也。"顺天就是顺应客观存在的经济规律，说明国人、野人的划分原是由经济形态规定的，而绝不仅仅出自人力所为。

有人指出，《论语》既说过"先进于礼乐，野人也；后进于礼乐，君子也。如用之，则吾从先进"。那么野人的文化定然要高于国人。他们认为，殷人被征服后处野，是"先进于礼乐"者，而居国的君子反要相形见绌得多。这些学者倡明此说时，以野人只指殷人为前提，首先就犯了片面化的错误，其次，似乎也完全忽略了孔子发此感慨的时代背景。杨伯峻在《论语译注》中对孔子的话作了如下的翻译："先学习礼乐而后做官的是未曾有过爵禄的一般人，先有了官位而后学习礼乐的是卿大夫子弟。如果要我选用人才，我主

①　《左传》襄公十四年。

②　（清）阮元：《十三经注疏》，中华书局 1980 年影印版，第 1859 页。

③　[美] 路易斯·亨利·摩尔根：《古代社会》，商务印书馆 1995 年版，第 108 页。

张选用先学习礼乐的人。"又补充说:"孔子是主张'学而优则仕'的人,对于当时的卿大夫子弟,承袭父兄的庇荫,在做官中去学习的情况可能不满意。"① 联系到春秋后期确曾出现过贵族"不说学"的风气,杨先生的说法不为无据。《左传》昭公七年曾提到"孟僖子病不能相礼",昭公十五年,周景王谓籍谈"数典而忘其祖",昭公十八年,"葬曹平公,往者见周原伯鲁焉,与之语,不说学。归以语闵子马。闵子马曰:'周其乱乎!夫必多有是说而后及其大人。'"可见随着贵族的衰落,"可以无学,无学不害"的思想已很流行。② 在这种礼崩乐坏的时代,孔子主张起用那些仍肯学习的"先进于礼乐"者,不是十分自然的吗? 不过,笔者仍想予以补充的是,礼原本来自氏族社会的传统习俗和道德规范,到孔子的时代,国中阶级分化剧烈,贵族们已把它纷纷抛弃,而野中作为礼之原型的氏族旧规反倒保留得比较多,所以孔子才说"天子失官,学在四夷",又说要"礼失求之于野"。但这只能反映野的发展程度不及于国,怎么能得出相反的结论呢? 当然,征服摧毁了一些旧的文明中心,难免会有具备较高发展水准的人民下降到野,这里边有部分殷人,还有不少的夏人。但文明中心既被摧毁,这些旧族的前进历程就有可能被打断,杞为夏后,并被列为诸侯,尚且即东夷而用夷礼,其他一些琐细的分支,情况当更是如此。所以,从总体上来看,仍是国人在经济文化上处于领先地位。后来,随着历史的发展,野人才慢慢向国人看齐了。

---

① 杨伯峻:《论语译注》,中华书局 2012 年版,第 154 页。

② 《左传》昭公十八年。

第三章 西周国人、野人的基本状况和 相互关系（上）

国人、野人成分既已大致明了，进一步便应弄清西周国人、野人的政治经济状况和相互关系。由于年代久远，材料缺乏，这一最重要的课题也正是历来研究的难点。虽无法在此领域内穷尽每个具体的细枝末节，但粗略勾勒其基本特征的条件却还是具备的。而研究上古史的任务，主要也就是勾画出一些特征性的东西。

第一节 政治关系、地缘关系和血缘关系的并存

伴随着灭殷和东征，周之子弟被分封于各地，这一历史事件的根本意义之一，是在较大程度上造成了周族的迁徙和流动。周人作邑作邦，多非白手起家，而往往凭借着被征服者经营既久的大邑，卫都殷墟，鲁都奄城，晋都于唐，齐都薄姑氏旧居的营丘，便反映了周初建国的一般情况，西周后期，宣王封申伯于谢，此谢邑也应是土著谢人原来聚居的中心。西周地广人稀，周乃西土小邦，自身人口数量有限，他们分处东方时，没有可能和必要将原住民尽行驱之于野，而为了增加国中人口，扩大统治基础，还常要把部分被征服者从他处迁置于国。如前章所述，卫之殷民七族，鲁之殷民六族，晋之怀姓九宗，居于成周的殷献民等，由于"比事臣我宗多逊"，都作为周的

"新民"，而变成了国人的重要构成部分。国中不见于载籍的其他非周族人民更不知凡几。"氏族制度的前提，是一个氏族或部落的成员共同生活在纯粹由他们居住的同一地区中。"① 对西周来说，这一前提在国中确实开始被破坏了，因为此时国中的居民已不仅限于周族一支，不同氏族或部落的人们显然是居处在一起的。

在这一情况下，居于统治地位的周王室和各国公室也不可能仍是单纯负责处理本族事务的氏族机关，而应是带有公共性质的国家政权，不仅如此，为了符合这种国家政权的需要，西周还出现了里的划分和里君的设置。周初铜器令方彝（《集成》9901）铭曰："唯十月月吉癸未，明公朝至于成周，徣（出）令，舍三事令，眔卿事寮，眔诸尹，眔里君，眔百工，眔诸侯：侯、田、男，舍四方令。"这应是里君出现的较早记录。西周晚期铜器齑簋（《集成》4215）铭曰："命女司成周里人诸侯、大亞。"齑为当时贵族，周王授予他的职权中有管理"成周里人"一项，里人或即令方彝中的"里君"，但也可能是指住在成周里中的居民。《逸周书·商誓》篇："王若曰：告尔伊旧何父……及百官里居献民……予亦来修命尔百姓里居君子，其周即命。"此篇所记，为周武王对殷遗民发布的诰命，虽有文字错讹，恐非原诰，却大致能反映西周的一般情况。文中的"百官里居"，郭沫若以为应是"百官里君"，居为君字之误②，"百姓里居君子"，朱右曾以为指百姓中里居的贤民③，裘锡圭则怀疑"里居君子"是"里君"的"误衍之文"④。无论怎样理解，都说明殷遗民已被组织在里中。《尚书·毕命》序曰："康王命作册毕，分居里，成周郊。"孔传云："分别民之居里，异其善恶，成定东周之郊境。"⑤ 序文及传

---

① 恩格斯：《家庭、私有制和国家的起源》，人民出版社 2018 年版，第 187 页。

② 郭沫若：《两周金文辞大系图录考释》（二），《郭沫若全集》考古编第八卷，科学出版社 2002 年版，第 31 页。

③ （清）朱右曾：《逸周书集训校释》，商务印书馆 1937 年版，第 67 页。

④ 裘锡圭：《关于商代的宗法组织与贵族和平民两个阶级的初步研究》，《文史》第十七辑，中华书局 1983 年版，第 12 页。

⑤ （清）阮元：《十三经注疏》，中华书局 1980 年影印版，第 244 页。

自系出于后人之手，但关于成周曾经划里的说法，或有一定根据。提到里君的铜器还有史颂簋（《集成》4229），其铭文曰："隹三年五月丁巳，王在宗周，命史颂省蘇姻友、里君、百姓，帅偶盩于成周。"郭沫若认为蘇即苏国，地处河南温县，此铭记述王命史颂往苏国省视承问，又复携苏之里君百姓，同来遨游于成周。[①] 由是观之，则里的划分与里君的设置同样也存在于诸侯的国中。《说文解字》曰："里，凥（居）也，从田、从土。"系指人所聚居之处，是一个地域概念，因此有学者判断西周时里的居民之间的关系已脱离血缘关系而转为地缘关系[②]，而周之建国置里本身就表明政治和地缘关系已经出现，并开始在国人的社会生活中发挥作用。

但这绝不意味着氏族制度和血缘关系已最终退出了历史舞台[③]，相反，我们几乎在各个方面都仍能看到它们的存在并感到它们的强大影响。以下几点便反映西周的公共权力原本不过是周人氏族制机关的转化和变种，身上还处处带着氏族制度的显著特征。

周字既为地名，又为族名，西周的最高统治者称周王，但王字初形即"象斧钺之锋刃向下者"[④]，表示征伐之权，所以王的本意实为军事首长。同样地，周初诸侯之显耀者例皆称公，古代公与翁通，翁为父称，就是家族之长，显然，统治一国的公室首脑也系由家族之父演变而成。

周人建立统治的理论基础是所谓的"帝王宗教观"，这种"帝王宗教观"的基本特点是带有明显的二元论色彩[⑤]。他们崇拜先王，同时又在先王之外

---

① 郭沫若：《两周金文辞大系图录考释》（二），《郭沫若全集》考古编第八卷，科学出版社2002年版，第161页。

② 裘锡圭：《关于商代的宗族组织与贵族和平民两个阶级的初步研究》，《文史》第十七辑，中华书局1983年版，第20页；郭豫才：《试论西周的公社问题》，《河南师大学报（社会科学版）》1983年第1期。

③ 朱凤瀚在《先秦时代的"里"——关于先秦基层地域组织之发展》一文中也认为里虽是地域组织，但其内部仍保留了血缘关系，见于唐嘉弘主编：《先秦史研究》，云南人民出版社1983年版，第194—212页。

④ 林沄：《说"王"》，《考古》1965年第6期。

⑤ 侯外庐：《我对中国社会史的研究》，《历史研究》1984年第3期。

另创造了一个上帝，再由上帝授命于先王，使先王"克配上帝"。《尚书·大诰》曰："天休于宁王，兴我小邦周，宁王惟卜用，克绥受兹命。"《康诰》曰："惟乃丕显考文王，克明德慎罚……用肇造我区夏，越我一二邦，以修我西土，惟怙冒闻于上帝。帝休。天乃大命文王。"类似的材料还有很多，都是周人"帝王宗教观"的明确表露和反映，把先王与上帝结合在一起，既为王权涂上了一层神秘色彩，又为保留氏族制度遗绪提供了根据。周之基业既然开创于先王，便只有周之子孙才有资格来继承，而先王又是受天之大命，才"锡兹祉福，惠我无疆"的①，所以子孙从先王那里继承到的又是统治天下的权力。在这种观念形态下，氏族组织不经彻底破坏就可变成政权机关。侯外庐把发生在周初的这种现象叫作"维新"②。

《诗经·大雅·文王》："殷士肤敏，裸将于京。"是说殷士壮美而敏疾者，可以在周的宗庙里参加助祭。《尚书·多方》提到，即使殷人，也能"迪简在王庭"，"有服在大僚"。史墙盘（《集成》10175）铭文明确记载了微史家族世代任职于周王朝的情形，有人认为微就是殷商贵族微子启的封地。另据《左传》成公十一年，苏国之君苏忿生也曾仕周为司寇。可见由周的氏族组织"维新"而来的国家政权并不绝对排斥外族，相反，还要吸收其驯顺而富有才干者，让他们担任一定的公职。但既是先王"小心翼翼，昭事上帝"，才"保有厥土""克定厥家"，又赖周之多士"生此王国"，所以在权力分配上，便不能不遵循"周之宗盟，异姓为后"的原则。《左传》昭公二十六年传曰："昔武王克殷，成王靖四方，康王息民，并建母弟，以藩屏周。"昭公二十八年传又曰："昔武王克商，光有天下，其兄弟之国者十五人，姬姓之国者四十人，皆举亲也。"反映周之分封，尤重同姓，有血缘关系者占着绝对的优势。而在王室和公室政权中，垄断各种公职的也主要是王、公的族人。《尚书·酒诰》曾提到"文王告教小子有正有事"的情况，在《洛诰》篇里，周公对成

---

① 《诗经·大雅·烈文》。
② 侯外庐：《中国古代社会史论》，河北教育出版社2002年版，第210页。

王说："笃叙乃正父，罔不若予，不敢废乃命。"又说："予旦以多子越御事笃前人成烈，答其师，作周孚先。"这里的小子、正父、多子即泛指周王的父兄子弟，因为他们是政权的骨干，所以便常被列为"诰教"的主要对象。《洛诰》所记，据曾运乾的看法，应为"营洛致政始末"①，周公在还政成王时，谆谆劝诫，其核心内容只是要他以"笃叙"同宗为治国要务。《诗经·大雅·皇矣》曰："克明克类，克君克长。"类在古代指族类，把明辨族类作为能否胜任国君的基本条件，也说明国家的安危，仍系于同族父兄子弟之手。

西周王室、公室政权实施政治的凭借是由血缘关系引申出来的宗法，另外还有"祖考之遗训"和族中有德之人的告诫②，而不是成文的法典。西周铜器彝铭中屡见"宗君""宗子""宗室""大宗""新宗""多宗""宗妇""元子"③等铭辞，《尚书》也曾提到"我宗""上宗""宗人""宗礼""惇宗将礼"等，说明当时确有嫡庶观念和大小宗的区别。嫡长子世袭继承制和从而形成的大小宗统属关系，便是宗法的核心。在宗法制度下，周王既是政治上的共主，又是天下的大宗。以此类推，诸侯及卿大夫等也在一定范围内集政权、族权于一身，而下级贵族乃至普通国人，则按血缘关系的远近自然分出层级。同时，周人还从同姓不婚的传统出发，用婚姻关系将异姓贵族串联起来，和异姓贵族形成甥舅亲戚关系。④"周之宗盟，异姓为后"⑤，虽然异姓的政治地位较低，但既然可以参加宗盟，便反映经过改造的宗法，也可扩展到他族。依照宗法制的原则，周王"惠于宗公"，"刑于寡妻，至

---

① 曾运乾：《尚书正读》，华东师范大学出版社2012年版，第210页。

② 《尚书·酒诰》篇云："聪听祖考之彝训，越小大德，小子惟一。"曾运乾曰："小大德，同宗中之老成人。"见曾运乾：《尚书正读》，华东师范大学出版社2011年版，第184页。

③ 分别见于《集成》4293、《集成》6014、《集成》3907、《集成》4096、《集成》2711、《集成》2767、《集成》4082、《集成》4537。

④ 此处关于宗法制的叙述，采用的是郭沫若的基本观点，见《中国史稿》，人民出版社1977年版，第261—262页。

⑤ 《左传》隐公十一年。

于兄弟，以御于家邦"①，而众小宗则服从和拱卫王室、公室，成为大宗的屏藩。在这里，血缘关系不是被废除，而是被巧妙地用来维持政治上的安定。周族父系家长制下的族长统治权，顺利地演化成了带家长独裁性质的专制王权。

由血缘关系引申出来的宗法制不仅规定了每个人所处的位置，严格了上下等级关系，而且也要求人们按照与王、公的亲疏，来实现自己的权利和义务。"有君而为之贰，使师保之，勿使过度"②，担任宰辅的贵族并不是简单地以小宗身份服从国君，而是负有监护君权以安社稷的重任，在君主行为失度或社稷安全面临严重威胁时，他便俨然以国君师保的身份出现，行使驳议、立君甚或摄政的权力。国君还必须与众卿集议会商政事，而身为卿大夫的"父兄子弟"则应以各种形式"补察其政"。就是普通国人，也能参与国是，在国君"大询众庶"时，发表自己的政治见解，但更为常见的却是运用舆论褒贬当局，对朝政施加影响。有的学者把西周各等级间以下对上的制约归纳为辅贰制、朝议制和国人参政制，并认为它们分别来自军事民主制时代军事酋长的两头制、部落氏族酋长的议事会和民众大会，是军事民主制各个机关在阶级社会的孑遗和蜕变③，征诸文献，这种意见的确最近实际。

从几段粗略的分析中可以看出，西周王室，公室虽已带上了公共性质，是贵族用以实现阶级压迫的国家政权，但它却直接从周族的氏族机关脱胎而来，并尽量地利用了旧形式。所以血缘关系不仅没有被政治关系所取代，反而是和政治关系并存，国固然不能简单地看作是家的扩大，而国和家长期纠合在一起，国、家不分的事实也无容否定。在西周金文、《尚书》和《诗经》的《雅》《颂》中，贵族有时称周国为周邦、我邦、国家、邦家。更多的时候则仍旧只称家、我家、厥家。王室所设的官职里，像冢宰、膳夫之类的官

---

① 《诗经·大雅·思齐》。

② 《左传》襄公十四年。

③ 徐鸿修：《周代贵族专制政体中的原始民主遗存》，《中国社会科学》1981 年第 2 期。

名原本就是家族内部负责某种事务的职名。得以任职于王室、公室者，也常自称是"克奔走于王家""克奔走于公家"。这都可以用来作为国、家不分的佐证。在政治关系和血缘关系的共同支配下，国人的社会生活自然也要带上一种两重性。国人中的贵族虽已成为日益同社会脱离的各级权力的代表，并开始过着作威作福的剥削生活，但却仍能以家族之父的身份受到尊敬。相应地，加在下层国人身上的劳役和贡纳虽已渐见沉重，但因带有氏族或家族公共活动的形式，所以大抵仍能唤起他们"庶民子来"的热情。《史记·周本纪》记载，"成康之际，天下安宁，刑错四十余年不用"，其全部秘密盖皆出于此。

　　由周人氏族机关"维新"形成的国家政权既不排斥血缘关系，国人当中普遍存在家族组织也就没有什么可奇怪了。班簋（《集成》4341）铭提到"以乃族从父征"，毛公鼎（《集成》2841）提到王命毛公厝"以乃族捍吾王身"，这里的族就是指以毛伯班和毛公厝为家长的大家族。宜侯夨簋（《集成》4320）铭曰："赐在宜王人十有七姓。"王人指周人，显然属于国人，十有七姓也是十七个大家族。① 前引《尚书·洛诰》有"予旦以多子越御事笃前人成烈"。盠驹尊（《集成》6011）铭有"王弗忘厥旧宗小子，蚀皇盠身"。何尊（《集成》6014）有"王诰宗小子于京室"。静簋（《集成》4273）铭曰："王令静司射学宫，小子罪服罪小臣罪夷仆学射。"《诗经·大雅·思齐》曰："肆成人有德，小子有造。"上述材料中的子、小子、宗小子均系周人对本族族长的称谓。《左传》哀公二十七年："晋荀瑶帅师围郑……将门，知伯谓赵孟：'人之。'对曰：'主在此。'知伯曰：'恶而无勇，何以为子？'对曰：'以能忍耻，庶无害于赵宗乎？'"知伯问赵孟"何以为子"，意思就是说你凭什么作赵氏的大族长。可见族长称子为通例。《尚书·酒诰》曰："文王诰教小子有正有事。"曾运乾解释道："小子，盖同姓小宗也。"② 表面看，子与小子

---

①　陈梦家：《西周铜器断代》，中华书局 2004 年版，第 16 页。

②　曾运乾：《尚书正读》，华东师范大学出版社 2012 年版，第 183 页。

有所区别，子为大宗，小子为小宗，但周之大小宗都是相对的，盠驹尊、何尊、静簋中的宗小子、小子均系对周王而言，这并不妨碍他们在近亲各支中仍为大宗。彝铭及文献中常见的称谓还有百姓（百生）。研究上古史的人都知道，用百姓指代一般人民，是晚至战国以后的事情。至于西周时百姓的含义如何，自古都有不同的认识。《礼记·郊特牲》曰："周之始郊，日以至。卜郊，受命于祖庙，作龟于祢宫，尊祖亲考之义也。卜之日，王立于泽，亲听誓命，受教谏之义也。献命库门之内，戒百官也。大庙之命，戒百姓也。"其中百官与百姓对举，且又事关"太庙"，故郑玄曰："百官，公卿以下也。百姓，王之亲也"①。《史记·五帝本纪》集解引郑玄语又曰："百姓，群臣之父子兄弟。"②故郭沫若在《中国古代社会研究》里指出："百姓，古金中均作'百生'，即同族之义。"③其说与郑玄相近。但是在另一些古文献中，"百姓"却指百官，如《国语·楚语下》记观射父之语曰："民之彻官百，王公之子弟之质能言能听彻其官者，而物赐之姓，以监其官，是为百姓。"《诗经·小雅·天保》毛传曰："百姓，百官族姓也。"④《尚书·尧典》孔传谓百姓就是"百官"⑤，因此林沄认为"百姓"之古义即"百官族姓"，并且指出，在早期国家阶段，一些族姓依靠世代掌握的专门技能服务于统治者，形成了"世官"现象，这些世官便是那个时代的"百姓"⑥。上述两说虽有区别，但实质上却可以互相圆通。因为在西周王室、公室政权中，担任公职的主要就是王、公的亲属。不过，这些亲属并不是王及群臣的普通子弟，而是与王、公具有

① （清）阮元：《十三经注疏》，中华书局 1980 年影印版，第 1453 页。

② 《史记·五帝本纪》集解引郑玄语，中华书局 2007 年版，第 16 页。

③ 郭沫若：《中国古代社会研究》，商务印书馆 2011 年版，第 125 页。后裘锡圭与朱凤瀚等学者也认为商周时的"百姓"可理解为对族人的一种称呼，见《关于商代的宗法组织与贵族和平民两个阶级的初步研究》，载《文史》第十七辑，中华书局 1983 年版，第 10 页；《商周家族形态研究》，天津古籍出版社 2004 年版，第 14 页。

④ （清）阮元：《十三经注疏》，中华书局 1980 年影印版，第 412 页。

⑤ （清）阮元：《十三经注疏》，中华书局 1980 年影印版，第 119 页。

⑥ 林沄：《"百姓"古义新解——兼论中国早期国家的社会基础》，《吉林大学社会科学学报》2005 年第 4 期。

大小宗统属关系的各级族长。① 同样是一个观射父，他在讲到传统祭祀的重要性时说："国于是乎蒸尝，家于是乎尝祀，百姓夫妇择其令辰，奉其牺牲，敬其粢盛，洁其粪除，慎其采服，裸其酒醴，帅其子姓，从其时享，虔其宗祝，道其顺辞，以昭祀其先祖，肃肃济济，如或临之。"百姓既可帅其子姓，显然并非是对一般族人的称呼。族长是家族的首脑，作为族长称谓的语词大量出现，便说明周的家族组织并未解体。另外，西周铜器中还常见不同种类的族徽，考古发掘中到处发现划分墓区的族葬墓地等，这都为家族的存在提供了旁证。

需要进一步指出的是，家族组织也同样存在于居国的被征服人民中。据《左传》定公四年，分鲁、卫以殷民六族、殷民七族时，皆"使帅其宗氏，辑其分族，将其丑类，以法则周公，用即命于周"，杨伯峻认为宗氏即"大宗"，指"嫡长房之族"，分族则是"其余小宗之族"②。《尚书·多士》提道："今尔惟时宅尔邑，继尔居，尔厥有干有年于兹洛。尔小子乃兴，从尔迁。"曾运乾认为"小子，同姓小宗也"，"盖诰殷士大夫为大宗者。大宗既往，小宗乃兴。所谓宗以族得民也。周迁殷民，皆以族相从"。③ 可见征服和迁徙并未从根本上触动殷的内部组织，相反，他们的家族也被周人作为现成的统治形式加以利用了。正因为殷民中也有家族组织，所以，明公簋（《集成》

---

① 学者多将甲文及金文中"多生""百生"之生理解为"姓"，实则可释为"甥"（参见张亚初：《两周铭文所见某生考》，《考古与文物》1983 年第 5 期），"百生"实即"百甥"，《左传》庄公六年，楚文王伐申立邓，邓祁侯称楚王为"吾甥也"，"止而享之"，"骓甥、聃甥、养甥请杀楚子"。楚文王为楚武王与邓曼所生之子，因此对邓君而言就是"邓甥"，楚文王与邓国非同姓。同理，骓甥、聃甥、养甥三人当是"骓""聃""养"三族女子嫁于邓国曼姓子弟所生，所以才仕于邓国。襄公十九年，荀偃伐齐归国得病，士匄问何人可继承荀偃为新宗主，荀偃曰："郑甥可。"郑甥即荀偃之子荀吴，其母为郑国女子，故曰"郑甥"。那么，对统治阶级而言，所谓"百生"就是外族女子嫁于本族所生之子，再如《礼记·曲礼》曰："纳女于天子，曰备百姓。"惠栋曰："姓之言生也。天子，皇后以下百二十人，广子姓也。"《国语·吴语》曰："一介嫡女，以咳姓于王宫。"可见西周的"百姓"与后来代表人民的"百姓"明显不同。

② 杨伯峻：《春秋左传注》，中华书局 1981 年版，第 1536 页。

③ 曾运乾：《尚书正读》，华东师范大学出版社 2012 年版，第 231 页。

4029）铭曰："王命明公遣三族伐东国。"铭中的"三族"，童书业即疑其为殷民六族之三。百姓本指王、公亲属中的大小族长，在宗法制度下，王、公各以大宗的身份君临天下或侯国，每个侯国实为一个家族联合体，从广义来说，统治者也可把国中已经顺从的他族宗主都看作是自己的亲属。① 所以，百姓的含义便由指王、公同族的族长，扩大为指国中各族的族长。

现在回过头来再看看代表地域关系的里。《国语·齐语》曰："管子于是乎制国：五家为轨，轨为之长；十轨为里，里有司。"《周礼·大司徒》云："令五家为比，使之相保，五比为闾，使之相受。"这里的闾就是里。《论语·卫灵公》曰："言不笃敬，虽州里行乎哉？"何晏《论语集解》引郑玄说曰："万二千五百家为州，五家为邻，五邻为里。"②《后汉书·百官志》刘昭注引《风俗通》："里者，止也。里有司，司五十家。"③ 这些材料中的里均以个体家庭为基础，或五十家，或二十五家，规模极其有限，究竟是否能行于西周，学者多已疑之，但对文献不加辨析，仍将西周的"里"同晚出材料中的"里"混为一谈者，更不乏其人。前引令方彝铭曰："舍三事令及卿事寮：及诸尹，及里君，及百工。"诸尹为王室显官，里君与之并列，且共同直接受命于王、公，显然不能与后世的"里""宰"等量齐观。故于省吾指出，此铭"可证里君职务之崇要，绝非五十家之司里也"④。笔者赞同这一说法，并进一步认为西周的"里"规模很大，它还没有如《周礼》诸书所说的那样，已变为州、党、乡之下的一级基层组织单位。

李宗侗在其所著《中国古代社会新研》一书中说："百姓者，按照族姓之分类组织，族各有长。里君者，按照乡里之分类组织，里各有君，即所谓里君。"后来学者据此引申，或谓里中所居为被征服者，或谓里君所辖都是

---

① 裘锡圭：《关于商代的宗法组织与贵族和平民两个阶级的初步研究》，载《文史》第十七辑，中华书局1983年版，第11页。

② （清）阮元：《十三经注疏》，中华书局1980年影印版，第2517页。

③ （南朝宋）范晔：《后汉书》，中华书局2006年版，第3625页。

④ 于省吾：《双剑誃诸子新证》，上海书店出版社1999年版，第214页。

被排斥在百姓之外的平民，里内各家平民间的关系纯为地缘关系。似乎族与里，百姓与里君，在空间和内容上都是完全相互独立的。这些意见自然可成为一家之言，却也存在不少值得商榷的地方。且试举数例以证之。《诗经·大雅·韩奕》曰："韩侯娶妻，汾王之甥，蹶父之子。韩侯迎止，于蹶之里。"毛传曰："蹶父，卿士也。"郑笺云："汾王，厉王也。"①"于蹶之里"即于蹶父之里。蹶父既为王卿士，显然属于贵族。从下文"韩姞燕誉"一句，我们知道他本为姞姓，但从他与厉王结亲，并在政治上居于高位来看，似不大可能是出自被征服者家族，而他居住的地方被称作里，又是十分明白的。《诗经·小雅·十月之交》据《小序》为"大夫刺幽王"之诗，作者在诗中哀叹："悠悠我里，亦孔之痗。"毛传及郑笺俱云："里，居也。"②可见这位身为大夫的贵族也同样住在里中。《左传》僖公二十八年，晋人入曹，晋文公"令无入僖负羁之宫，而免其族"。《史记·曹世家》记此事作"晋文公令无入僖负羁之宗族间"。《左传》昭公三年，齐景公"欲更晏子之宅"，晏子辞曰："敢烦里旅？"《国语·鲁语上》，鲁文公"欲弛孟文子之宅"，文子对曰："若罪也，则请纳禄与车服而违署，唯里人所命次"。"公欲弛郈敬子之宅"，敬子对曰："先臣惠伯以命于司里……今命臣更次于外，为有司之以班命事也，无乃违乎！"这里的僖负羁、晏子、孟文子、郈敬子都是当时各国的大夫，当然不属于平民阶层，也不是什么被征服者。他如宋华氏居于新里，郑子产居于东里等，也都为贵族居里提供了根据。而从另一方面来说，平民虽不具备贵族身份，不在百姓之列，但与作为族长的百姓之间却仍有一定的血缘联系，在西周族居十分严重的情况下，他们也是不可能与族截然分开、单独聚为一里的。《礼记·大传》据后世发展了的礼制立论，谓"有百世不迁之宗，有五世则迁之宗"，"五世则迁"只是说随着人口的增长，到第六代时，就应新立宗主，来维系分裂出去的族人，并不是人过五代就失去了家族成员

---

① （清）阮元：《十三经注疏》，中华书局 1980 年影印版，第 572 页。

② （清）阮元：《十三经注疏》，中华书局 1980 年影印版，第 447 页。

的身份。除了新立的宗主之外，还有"百世不迁的"大宗，它之所以不能变动，就因为整个宗族仍需要有一个总的团结中心。宗族虽在不断分化，但新立各宗同大宗之间却没有发生完全隔断。《左传》桓公二年，师服曰："天子建国，诸侯立家，大夫有贰宗，士有隶子弟，庶人、工商，各有分亲，皆有等衰。"襄公十四年，师旷亦曰："是故天子有公，诸侯有卿，卿置侧室，大夫有贰宗，士有朋友，庶人、工、商、皂、隶、牧、圉皆有亲昵，以相辅佐也。"朋友古义指族人，这些话虽出自后人之口，却大致能够说明，即使与贵族关系疏远的平民，也都含在大大小小的家族中。个体家庭要摆脱家族的羁绊而完全独立，还有待于经济的进一步发展和政治上发生更大的冲击。据此看来，断言里中只有平民各小家庭间的地缘关系，和把里与族彻底孤立起来一样，也是不大站得住脚的。

西周的里和族虽是并存的，但又不是相互割裂的。有时一里可含数族，族包括在里之中；有时一个大族就可聚为一里，里、族二为一体。前边提到的蹶父之里，僖负羁之宗族间等，就是后一种情况的代表。就本质而言，地缘关系排斥血缘关系是不可逆转的历史规律，而在实际上，两者之间的嬗替又不可能一蹴而就。西周时期，作为地域组织的里刚刚出现，尽管已浸浸然凌乎家族之上，但它能够给予家族的影响却很有限，国中真正的政治经济实体仍然是族，而不是里。所以王公在发布诰命时，不是单纯针对作为地区行政首长的里君，而是常常里君、百姓并提，有时甚至只面向家族长，而不及里君。在《尚书·吕刑》篇中，王曰："呜呼！念之哉！伯父、伯兄、仲叔、季弟、幼子、童孙皆听朕言，庶有格命。"下文又曰："官伯族姓，朕言多惧。"族姓即指伯父、伯兄、仲叔、季弟、幼子、童孙，他们都是家族长。在《梓材》篇里，王曰："封，以厥庶民暨厥臣达大家。"以，由也。暨，与也。达，通也。此处语倒，"以厥庶民暨厥臣达大家"，就是"由大家达厥庶民暨厥臣"，可见国家的各项举措在很大程度上仍要通过"大家"来落实。里君称君而不称宰，一般说来，可能也是由里中大族族长兼任的。这种做法在地缘关系和血缘关系并存的各民族中都相当流行。如云南西盟佤族数个家族在同一个寨内形成各自聚居区，其中某一家族的族长往往就是村寨头人。[①] 如果把一里看作是一个村寨，则西周的情况便大体与此相同。

　　有的学者常把西周的国视为如同雅典那样的城邦[②]，其实，如仔细分析，两者之间的区别还是显而易见的，单从血缘关系大量保留这一点看，西周的国与雅典式的城邦就不可同日而语。雅典"从有成文历史的时候起，土地已被分割而成了私有财产"，而在野蛮时代的高级阶段末期，已经有了比较发达的商品生产和商品交易，由于地产买卖，农业和手工业、商业和航海业之间分工的进一步发展，贫富分化过程中的欠债、失地的农民大量外流，部落成员脱离本族，很快就都杂居起来了。[③] 而西周，通过封邦建国，国中虽然出现了各族共处的情况，但无论是征服者或被征服者，在迁居于国中时，皆以族相从，作为新因素出现的只是族与族之间简单的比邻关系，并不是单个成员间的错落杂居。雅典早在提修斯时代，就把全体人民，不问氏族、胞族和部落，一概分为贵族、农民和手工业者三个等级。在梭伦以前的一个不能确知的时期，开始设置诺克拉里，即小规模的区。到了梭伦执政时期，又把公民按照地产和收入分为四个等级。在此后的八十年间，一方面发生了工商业富人对旧贵族权力的胜利竞争，另一方面，旧日氏族制度的残余也失去了它的最后地盘，于是这时便出现了克里斯提尼。他完全撇开了以氏族和胞族为基础的四个旧部落，把全阿提卡划为一百个称作德莫的自治区，并由居住在每个德莫内的公民，选举出自己的区长、司库和法官。从此以后，"有决定意义的已不是血缘团体的族籍，而只是常住地区了"[④]，居民在政治上变成了地区的简单附属物。而对于西周王朝而言，不仅没有采取过一系列的改革来破坏氏族，反而经过"维新"，把旧的氏族机关和氏族制度大量移用到阶级社会中，这就不能不给血缘关系的保存留下很大余地。国中虽已出现代表

---

　　①　杨毓才、刘达成：《景颇、佤族的部落酋长制》，《思想战线》1980年第5期。

　　②　日知：《古代城邦史研究》，人民出版社1989年版，第5页。

　　③　恩格斯：《家庭、私有制和国家的起源》，人民出版社2018年版，第121页。

　　④　恩格斯：《家庭、私有制和国家的起源》，人民出版社2018年版，第129页。

地域关系的里，但真正的经济实体仍是家族，居民作为家族成员包含在大大小小的家族中，还不能超越家族，按地区来实现自己的权利和义务，远远谈不上是地区的简单附属物。至于纯粹凭借财富获得势力的工商富人，在西周时期也没有真正的抬头，更不要说同旧贵族展开竞争了，无论在王室或公室中，居于统治地位的，都仍是周的"旧人"。两者的情况是如此悬殊，若强行比附，就会把各自的特点抹杀干净。

然而，有学者担心，强调存在浓厚的血缘关系，就等于承认西周落后于雅典。此种疑虑实在是没有必要的。以感情代替科学分析，往往会使人忽略最起码的事实，并导致迷误，本身就很不可取。再者，雅典的克里斯提尼改革发生在公元前509年，而西周灭殷建国的时间约当公元前1027年①，两者相差五百多年，我们为什么一定要拿中国公元前11世纪的社会发展程度去同公元前6世纪的古希腊相比，并处处强求一律呢？恩格斯指出，"雅典人国家的产生乃是一般国家形成的一种非常典型例子"，它之所以"非常典型"，"一方面，因为它的形成过程非常纯粹，没有受到任何外来的或内部的暴力干涉"，另一方面，它使一个具有很高发展形态的国家，民主共和国，直接从氏族社会中产生，最后，因为"我们是充分知道这个国家形成的一切重要详情"②。然而，在恩格斯逝世之后，希腊地区却发现了以中后期米诺斯文化为代表的克里特国家，和以青铜文化为基础的迈锡尼国家，这些国家的详情不仅恩格斯无法了解，就是现代学者，对他们的研究也还很不充分。但根据派罗斯文书，至少在迈锡尼国家中，也存在受国王控制的公社长老。我们不妨大胆作出如下的设问：雅典的城邦既是"高度发达的国家形态"，那么，它能够作为希腊及世界其他地区早期国家的普遍代表吗？事实上，恩格斯一再说明它非常典型，也可理解为是在强调其独具的特殊性。近代史学家认为，雅典国家的发生约在公元前8世纪，远较传说中的

---

① 关于周武王克商的时间，有不同的推算方法，今暂取陈梦家之说，《西周铜器断代》，中华书局2004年版，第519页。

② 恩格斯：《家庭、私有制和国家的起源》，人民出版社2018年版，第132页。

提修斯王为晚，即从这时算起，他们清除氏族制度的努力也前后经历了三百年，怎么可以想象，西周在封邦建国之初，就能完全摆脱血缘关系，实现真正的按地区划分国民呢？

诚然，摩尔根曾把血缘关系看作是氏族社会的基础，把地域关系看作是政治社会的基础①，恩格斯曾把国家不同于氏族组织的地方归纳为"按地区来划分它的国民"和"公共权力的设立"。② 但他们所说的是从实际中抽象出来的本质区别，所谓氏族，应是指典型的氏族，即发达的母系氏族公社，因为从父系氏族出现的时候起，氏族社会就开始迈出了走向衰落的第一步。所谓国家，自然也应是指发展成熟的典型的国家。而就世界各大文明区国家产生的具体历程来说，无论何处，氏族和国家之间的界线都不是刀斩斧切的。恩格斯说过："随着家长制家庭的出现，我们便进入成文史的领域。"③并举出大量实例来证明家长制公社可以存在于阶级社会中。可见归纳与强调国家和氏族的本质区别，丝毫不排除氏族社会里已经包含有文明的萌芽，更不等于说一跨进文明的门槛，氏族社会的因素就全部荡然无存了。况且，在《反杜林论》中，恩格斯还曾讲过统治及奴役关系产生的两条道路问题，其中第一条道路是，随着"生产力逐渐提高，较稠密的人口使各个公社之间在一些场合产生共同利益，在另一些场合又产生相互抵触的利益"，"建立保护共同利益和防止相互抵触的利益机构"，这种机构进一步演变成了国家。④在此类情况下，"新建立的机构"虽然和每个单个的公社相对立，但显然不以公社的炸毁为前提。如果周人国家的建立也是遵循着这条道路，那么，说西周的国中仍存在家族组织，并没有实现真正的"按地区划分国民"，不也非常顺理成章吗？

国人的情况弄清之后，对于野人，也就容易认识了。在前一章里，笔

---

① 　[美]路易斯·亨利·摩尔根：《古代社会》，商务印书馆1995年版，第61—62页。

② 　恩格斯：《家庭、私有制和国家的起源》，人民出版社2018年版，第189页。

③ 　恩格斯：《家庭、私有制和国家的起源》，人民出版社2018年版，第61页。

④ 　恩格斯：《反杜林论》，人民出版社2015年版，第190页。

者就曾说过，西周时，国是文化先进的中心，野的发展水平较国中落后。这就在大体上可以断定，野人中血缘关系的成分必然更加浓厚。具体而言，戎、狄迁徙无定，过着半游牧半农耕的生活，其部落组织可能尚未被打破。《左传》襄公四年，魏绛曰：“戎狄荐居，贵货易土。”《春秋》僖公三十二年：“卫人及狄盟。”杜注：“不地者，就狄庐帐盟。”①襄公十八年：“春，白狄来。”杜注：“不言朝，不能行朝礼。”②《国语·周语中》，周定王对士会曰：“唯戎、狄则有体荐……其适来班贡，不侯馨香嘉味，故坐诸门外，而使舌人体委与之。”上述材料既可说明戎、狄的生产方式与风俗习惯不同于诸华③，也可看作是其部落生活的真实写照。《左传》文公十一年记长狄鄋瞒部的活动，谓缘斯、侨如、焚如、荣如、简如分别见获于宋、鲁、晋、齐、卫诸国。陶正靖《春秋说》曰：“鄋瞒者，狄之种名，犹后世部落云尔。侨如等则其酋长云尔。”④这种解释正确反映了戎、狄各部的社会结构状况。《左传》成公元年，刘康公伐茅戎，“败绩于徐吾氏”，杜注：“徐吾氏，茅戎之别也。”孔疏曰：“徐吾又是茅戎之内聚落之名。”⑤古代地、氏同名常见，可知戎、狄即在定居之后，也往往按照氏族相聚为邑。蛮、夷多营农耕，个别甚至已建立了国家，文化发展似较戎、狄略高，但存在氏族组织的痕迹仍然依稀可寻。文献多称群舒、百濮、群蛮，旧注便认为他们尚无君长总统，各以种落自聚。《左传》文公十六年，庸人率群蛮以叛楚，楚人佯败，“七遇皆北，唯裨、鯈、鱼人实逐之”。裨、鯈、鱼就是群蛮中的几个部落名称。所谓的“亡王之后”其基本组织单位或已是父系大家族。《左传》庄公十七年传记载，“遂因氏、颌氏、工娄氏、须遂氏飨齐戍，醉而杀之”。杜注：“四族，遂之强宗。”⑥杨伯峻注作“遂之强家”⑦，

---

①　（清）阮元：《十三经注疏》，中华书局 1980 年影印版，第 1832 页。

②　（清）阮元：《十三经注疏》，中华书局 1980 年影印版，第 1964 页。

③　《左传》襄公十四年，姜戎子对范宣子说：“我诸戎饮食衣服，不与华同。”

④　杨伯峻：《春秋左传注》，中华书局 1981 年版，第 581 页。

⑤　（清）阮元：《十三经注疏》，中华书局 1980 年影印版，第 1892 页。

⑥　（清）阮元：《十三经注疏》，中华书局 1980 年影印版，第 1772 页。

⑦　杨伯峻：《春秋左传注》，中华书局 1981 年版，第 205 页。

便分别把氏字理解为宗族或家族。由于材料所限，上述分析都是依据春秋中前期的实例，但春秋尚且如此，西周的情况也就可想而知了。当然，随着迁徙和流动，野中各族之间也会出现部分的杂居，但在这里，既无经济发展的强大推动，又缺乏行政力量的直接干预，只是氏族或家族的简单杂居，还不足以破坏血缘关系。

　　在分析西周的社会组织时，有不少学者都提到了村社，我们不反对使用这一从国外引进的概念，但必须指出，村社本身也有自己的发展过程。马克思在《给维·伊·查苏利奇的复信草稿》中所讲的村社，已是"没有血统关系的自由人的社会联合"，它"属于这一链条中最新的类型"[①]，在此之前，还应存在过村社的较原始的形态。恩格斯在谈到德意志人占领罗马后的居住情况时说："氏族在自己的村落里定居越久，德意志人和罗马人越是逐渐融合，亲属性质的联系就越是让位于地区性质的联系；氏族消失在马尔克公社中了。"[②] 可见在以地区性联系为主的马尔克公社尚未出现时，德意志人在村落中仍旧是族居的。其实，这种一边保持着家族或氏族组织，一边又以各家族共居，组成一个村落的情况，在我国少数民族中更为普遍。如云南基诺族村寨一般包含数个具有血亲和姻亲关系的父系大家族[③]；傈僳族的村落组成则分三种形式：一是以一个氏族内的一个大家族单独组成，二是由同一氏族内的两个或多个大家族联合组成，三是由几个不同氏族的家族混合组成[④]；在傣族中，有时一个村寨就属于一个家族，有时是一个村寨由几个家族和一些零星户组成[⑤]；黔、湘、桂三省毗连地带的侗族村寨以房族组织为细胞，一个村寨由同姓或异姓的几个家族组成。[⑥] 上述各民族中，地缘关系和血缘

---

① 马克思：《给维·伊·查苏利奇的复信草稿》，载《马克思恩格斯全集》第19卷，人民出版社1963年版，第449、444页。

② 恩格斯：《家庭、私有制和国家的起源》，人民出版社2018年版，第169页。

③ 王军：《基诺族》，《思想战线》1979年第6期。

④ 《傈僳族简史》修订本编写组：《傈僳族简史》，民族出版社2008年版，第99页。

⑤ 曹成章：《傣族社会的家族公社及其残存的原因》，《民族研究》1984年第4期。

⑥ 雷广正、李和仁：《侗族地区"洞"、"款"组织的特征和作用》，《民族研究》1980年第5期。

关系并存，村社和家族对人们的实际生活共同发挥重要作用，甚至氏族联系也有某种程度的遗留，家族表现出对村社和氏族的双重依存性，这同马克思所讲的村社相比，显然都有距离。西周的血缘关系仍很浓厚，国中的里和野中的邑居即便可以视作村社，想必也只是一种原始形态。如果一言及村社，便搬出马克思所讲的三条标准来强作比附，只能是削足适履，越讲越不通。

总之，西周的里或村社都是一种地域单位。它们虽已出现，但却没有将血缘关系排除掉，无论国、野，作为政治经济实体的主要仍是父系大家族。而另有部分野人，可能还生活在单纯靠血缘关系维系的氏族公社中。这种现象还要经历较长一段时间才会从根本上得到扭转。

第二节　以家族为单位的集体劳动仍很普遍

在雅典和罗马，由于空间条件以及历史运动的作用，使纯粹自然形成的部落性质遭到破坏，"个人变成土地（分成小块的土地）私有者的条件便越来越具备"，当城邦国家出现之日，"这些私有土地便归个人及其家属分别耕种了"。因此，构成两地古代文明社会基础的是"从事劳动的土地所有者即小块土地耕作者"[①]。这一点常被看作是世界通例，以为个体劳动同文明相连应是不言而喻的。

其实，只要稍作一下全面考察，即可知此种认识未免失之于机械和偏狭。因为除去雅典和罗马之外，人类社会的最初发展还有其他类型。马克思在谈到"大多数亚细亚的基本形态"时，就曾明确指出过两种情形：或者是"许多小公社独立并存，偷生苟且，在公社内部，个人则在分配给他的份地

---

① 马克思：《资本主义生产以前的所有制形态》，载《马克思恩格斯列宁斯大林论资本主义以前诸社会形态》，文物出版社 1979 年版，第 306 页。

上跟他的家属一起独立从事耕作"，或者是由"整体底活动扩展到集体劳动，并使集体劳动形成一种正规的制度"①。恩格斯在《法兰克时代》一文中也提道："在有的地方，如在亚洲雅利安民族和俄罗斯人那里，当国家政权出现的时候，公社的耕地还是共同耕种的。"②可见个体劳动和文明并未结下不解之缘。

　　早在 19 世纪 80 年代以来，随着考古学和民族学的发展，关于家族集体耕作的报道就在与日俱增。当时，恩格斯不仅每每加以关注，而且还颇为详尽地将这些实例补充到《家庭、私有制和国家的起源》一书中。他写道："南方斯拉夫的扎德鲁加"，由"一个父亲所生的数代子孙和他们的妻子"组成，"他们住在一起，共同耕种自己的田地，衣食都出自共同的储存，共同占有剩余产品"③；"在印度，实行共同耕作的家庭公社，在亚历山大大帝时代奈阿尔科斯就已经提到过，它今天也还存在于原来那些地方，即旁遮普和该国的整个西北部。在高加索，科瓦列夫斯基本人就可以证明这种家庭公社的存在。在阿尔及利亚，它还存在于卡比尔人中间"④；"在威尔士被英国人征服以前数世纪，即至迟于 11 世纪所制定的古代威尔士的法律，还表明有整个村落共同耕作的事情……毫无疑问这种农村公社乃是一种氏族或氏族分支"⑤。对于德意志人，马克思、恩格斯先前都曾依据恺撒和塔西佗的描绘作过论述，但到 1890 年，恩格斯也特意在《家庭、私有制和国家的起源》第四版中修订以前的说法，强调"德意志人在罗马时代他们所占据的土地上的居住区，以及后来他们从罗马人那里夺取的土地上的居住区，不是由村组成，而是由大家庭公社组成，这种大家庭公社包括好几代人，耕种着相当的地带"，而"塔西佗著作中谈到更换耕地的那个地方，实际上就应当从农学

---

　　①　马克思：《资本主义生产以前的所有制形态》，载《马克思恩格斯列宁斯大林论资本主义以前诸社会形态》，文物出版社 1979 年版，第 304 页。

　　②　恩格斯：《法兰克时代》，载《马克思恩格斯全集》第 19 卷，人民出版社 1963 年版，第 541 页。

　　③　恩格斯：《家庭、私有制和国家的起源》，人民出版社 2018 年版，第 61—62 页。

　　④　恩格斯：《家庭、私有制和国家的起源》，人民出版社 2018 年版，第 63 页。

　　⑤　恩格斯：《家庭、私有制和国家的起源》，人民出版社 2018 年版，第 146 页。

意义上去理解：公社每年耕种另一个地带，而将上年的耕地休耕，或令其全然抛荒"，"只是经过数世纪之后，当家庭成员的人数过多，以致在当时的生产条件下共同经营已经成为不可能的时候，这种家庭公社才解体，以前公社的耕地和草地，就按人所共知的方式，在此后正在形成的单个农户之间实行分配"①。马克思、恩格斯对上述诸例的重视和科学审慎态度更进而证明集体耕作的存在具有十分值得注意的长期性和普遍性。事实上，在我国各少数民族中，类似的例子同样是屡见不鲜的。在海南岛五指山中心地区，聚居于保亭、乐东、琼中三县毗连地带的黎族人民，直到 1947 年解放前，还保留着以"共同劳动，按户平均分配产品"为特征的"合亩制"。② 在封建土司统治下的云南怒江地区，被独龙族、怒族、傈僳族分别称为"夺木奢""棉白""贝来合"的土地伙有共耕制始终在三个民族的经济生活里占有重要地位。③ 永宁纳西族的母系亲族既是封建领主统治下的一个社会细胞，又在其内部保留了原始共产制经济，有统一的公共仓库，实行集体劳动，共同消费。④ 云南镇康一带的崩龙族土地私有权已确立，但居住上却保留着大家庭的形式，劳动方面也实行比较原始的伙种平分制。⑤ 同样的共耕关系还不同程度地存在于西盟佤族和金平苦聪人中。大量的事实告诉我们，从共耕到个体生产应有一个缓慢的渐变过程，在原始社会内部已是积久成俗、根深蒂固的集体劳动形式，不可能随着阶级社会的出现就立刻销声匿迹。恩格斯曾根据他当时所掌握的材料，在《家庭、私有制和国家的起源》中总结："无论如何，实行土地的共同占有和共同耕作的家长制家庭公社，现在就具有了和以前完全不同的意义。我们对于它在旧大陆各文明民族和其他若干民族中，在从母权制家庭和个体家庭之间所起的重要的过渡作用，已不能有所怀疑

---

① 恩格斯：《家庭、私有制和国家的起源》，人民出版社 2018 年版，第 158 页。

② 《黎族简史》编写组编：《黎族简史》，民族出版社 2009 年版，第 220 页。

③ 许鸿宝：《土地公有向私有转变的中间阶段》，《民族研究》1981 年第 3 期。

④ 严汝娴、宋兆麟：《论纳西族的母系"衣社"》，《民族研究》1981 年第 3 期。

⑤ 杨毓骧：《崩龙族》，《思想战线》1977 年第 4 期。

了。"① 这种认识应当成为考察西周农业劳动组合形式的重要借鉴和参考。

现在便让我们仍回到对西周历史的研究上来。自不待说，由于没有专门的记载，要详细叙述西周的劳动组合形式是不大可能的。然而，只要注意广泛借鉴而不狃于成说，则其大致情况尚能董理清楚。

《诗经·周颂》有《载芟》《良耜》《噫嘻》《臣工》等篇，毛序或谓"春籍田而祈社稷也"，或谓"秋报社稷也"，或谓"春夏祈谷于上帝也"②。祀社歌诗之俗晚近时期仍常见之于少数民族中，如台湾高山族诸罗山庄庆丰年歌曰："黄金为谷白玉棉，家家酿得酒如泉。社中子弟舞欲颠，但愿明年似今年。"③ 虽为奉献于社坛的乐章，歌词却充满着对人间现实的描绘，生活气息十分浓厚，显然是以民歌为基础加工而成。《载芟》等篇的产生当与此相类，故也可径直视为农事诗，看作是西周劳动人民生产生活的写照。

《载芟》曰："载芟载柞，其耕泽泽，千耦其耘，徂隰徂畛。"《噫嘻》曰："噫嘻成王，既昭假尔。率时农夫，播厥百谷。骏发尔私，终三十里，亦服尔耕，十千维耦。"诗文意在叹美周初政教光明，至于天下，又能率民耕田，播种百谷，所以首先展现出来的便是一派生机勃勃的宏大气象。不过，就上古的条件来说，要组合千人或数千人为一整体又殊非易事，故毛氏传《噫嘻》曰："私，民田也……终三十里，言各极其望也。"④ 郑玄笺《载芟》曰："辈作者千耦，言趋时也。或往之隰，或往之畛，父子余夫俱行，强有力者相助，又取佣赁，务毕疾，已当种也。"⑤ 郑氏佣赁之说，系用汉人眼光臆测往古，固不足取，但他认为实际操作系东一群、西一群，"或往之隰，或往之畛"，而不是千耦集于一田的说法，却又实为不易之论。在笔者看来，"千耦""十千""三十里"只是诗人对眼前春耕场面的总体勾勒，还没有涉及具

① 恩格斯：《家庭、私有制和国家的起源》，人民出版社 2018 年版，第 63 页。
② （清）阮元：《十三经注疏》，中华书局 1980 年影印版，第 601、602、591 页。
③ 《高山族简史》编写组、《高山族简史》修订本编写组：《高山族简史》，民族出版社 2009 年版，第 92 页。
④ （清）阮元：《十三经注疏》，中华书局 1980 年影印版，第 592 页。
⑤ （清）阮元：《十三经注疏》，中华书局 1980 年影印版，第 601 页。

体的劳动组合，更不是描写周王亲自率领一个庞大的集体在从事生产活动。

在整个大画面中，"或往之隰，或往之畛"的实际生产单位是一个个的大家族。其具体构成就是《载芟》所说的"侯主侯伯，侯亚侯旅，侯彊侯以"。该诗并无只言片语提到君王及臣下，郭沫若把主、伯、亚、旅说成是王、公、卿大夫等各级贵族，是没有根据的[①]，连汉、唐注疏也认为这些称呼只表示一家之长及其亲属。如毛传曰："主，家长也；伯，长子也；亚，仲叔也；旅，子弟也；彊，强力也；以，用也。"郑笺云："强，有余力者。《周礼》：以强予任民。以谓闲民，今时佣赁也；《春秋》之义：能东西之曰以。成王之时，万民乐治田业，将耕，先始芟柞其草木。"孔疏曰："其耘之时，或往之隰，或往之畛，其所住之人，维为主之家长，维处伯之长子，维次长之叔仲，维众之子弟，维强力之兼士，维所佣赁之人。此等俱往畛隰，芸除草木，尽家之众，皆服作劳。"[②] 这里，除把"以"比作汉之佣赁值得商榷，上文已指出外，余说大体都能切合诗意。郑氏所谓的"《春秋》之义"，见《左传》僖公二十六年，原文为"能左右之曰以"。以西周的社会进步程度而论，虽然不能完全排斥佣赁关系的出现，但失去自由而受人左右者，却更可能是包含于家族中的奴隶。所以，完全有理由说，西周的农业劳动是在家长的领导下，由长子、长子以下的兄弟们、血缘关系稍远的叔伯兄弟、众多的子侄及家内奴隶共同参加，集体进行的。

这种家族共耕的情况，我们还可以在《良耜》诗中得到验证。其诗文曰："畟畟良耜，俶载南亩。播厥百谷……其镈斯赵，以薅荼蓼。荼蓼朽止，黍稷茂止。获之挃挃，积之栗栗，其崇如墉，其比如栉。以开百室，百室盈止，妇子宁止。杀时犉牡，有捄其角。以似以续，续古之人。"毛传曰："畟畟，获声也。栗栗，众多也。墉，城也。"郑笺："百室，一族也。草秽既除而禾稼茂，禾稼茂而谷成熟，谷成熟而积聚多。如墉也，如栉也，以言积之

---

① 郭沫若：《青铜时代》，中国人民大学出版社 2005 年版，第 76 页。

② （清）阮元：《十三经注疏》，中华书局 1980 年影印版，第 601 页。

高大且相比迫也。其始治之，则百家开户纳之，千耦其耘，辈作尚众也。一族同时纳谷，亲亲也。百室者，出必共洫间而作，入必共族中而居，又有祭酺合醵之欢。"① 朱熹《诗集传》也认为"百室"为"一族之人也"。② 可以说该诗系统地描绘了家族集体从耕到获以至祭祖庆丰年的全过程。在诗中，人们依血缘关系共同居处，共同劳作，全族的生计由家长主持，粮食由家族统一管理，虽是分配到各"室"消费，但"室"显然还没有成为独立的生产单位。对于这种情况，郑玄相当精确地概括为"出必共洫间而作，入必共族中而居"。这种共耕聚居的族，实质上就是一个父系大家族，或叫家长制家庭公社。

诚然，西周已是阶级社会，由于阶级分化和剥削关系的发展，公社也变成了奴隶主贵族统治下的一个社会细胞，一个向高级贵族提供兵役、劳役和贡纳的单位。但在其内部，保存家族公有共耕和其他原始残余，却完全是可能的。海南黎族的合亩被称之为"纹茂"，意即家族，到新中国成立前，虽已逐渐有非血缘成员参加，但在保亭的毛道乡，则还普遍存在着由从未分过的同一家族的几代人组成的"大合亩"，最多的三十一户，十五至二十户以上的也不少，亩头黎语称"俄布笼"，直译为"大房头"，正是家族长的意思。③ 在封建土司统治下的贡山独龙人中，其民族解放前也残留着少量家族公社公有共耕制，耕种时由家族公社的父系家长带领所属公社成员参加，收获时将全部粮食集中在一起，由老年妇女按个体家庭户数平均分配，留作储备的粮食则归入公共仓库，指定专人保管，一旦动用，仍旧按户平分。④ 这和《载芟》《良耜》所反映的情况多有所相似，自然不应该看作是一种偶然的巧合。

除却《周颂》，《小雅》中的《信南山》《大田》《甫田》等也是与农业生

---

① （清）阮元：《十三经注疏》，中华书局 1980 年影印版，第 602—603 页。

② （宋）朱熹：《诗集传》，上海古籍出版社 1980 年版，第 234 页。

③ 《黎族简史》编写组编：《黎族简史》，民族出版社 2009 年版，第 232 页。

④ 许鸿宝：《土地公有向私有转变的中间阶段》，《民族研究》1981 年第 3 期。

产有关的农事诗，其时代约当西周后期。诗中虽没有如《载芟》那样明确反映劳动组合的具体情况，但以"大田多稼，既种既戒，既备乃事。以我覃耜，俶载南亩，播厥百谷"等语度之，从选种、修治工具、起土翻草到播种，各道工序似乎都有统一的安排，仍然显示了家族集体劳动的性质，可惜一些学者往往仅据《大田》诗"雨我公田，遂及我私"一句，就认为此时已有个体耕作，其实，有公、私田之分是否就有个体耕作，是很难确定的。在聚居于怒江地区的怒族人民中，除了家族占有的土地之外，还有归全村寨几个家族共同使用的寨公田，而在具体生产过程中，他们则普遍保留着原始形态的家族共耕方式，家族土地对村寨公有土地而言，被看作是私田，却显然不是个体耕种的①，这对我们理解《大田》一诗，应该说便是一个很好的启示。况且，对于《大田》中的公和私，历来还有其他各种解释。比如，唐兰就曾认为，公字本像人首之形，在《诗经》和西周金文中专指贵族，根本不具备公共的含义。还有学者据此指出，韩非所谓"自营为私，背私为公"，只是战国时代私有财产普遍化以后的后起之意，而"雨我公田"之公，系指死而为神的先公，所谓公田，是指收入专供祭祀先公用的田，私田与之相对，不过是供族人取食的土地罢了。侯外庐在《中国古代社会史论》中也提道："公是指大氏族所有者，私是指的小宗长所有者。"②田昌五认为："该诗的作者为'曾孙'，即王孙公子。所谓'私'乃'曾孙'之私，公则指周王或诸侯，就像后来的'公室'和'私门'对称一样。"③他还引《吕氏春秋·务本》篇作为证明，其文曰："诗云：'有渰萋萋，兴雨祈祈，雨我公田，遂及我私。'三王之佐皆能以公及私矣。""三王之佐"都是指大家长，可见战国时人也没有简单地把"私"看成是个体劳动者的私田，作为一家之说，上述看法都是顺理成章的。另外，《诗经》常用语有"大田""甫田"，足见田的面积都不在小，

---

① 《民族问题五种丛书》云南省编辑委员会：《怒族社会历史调查》，云南人民出版社1981年版，第7—10页。

② 侯外庐：《中国古代社会史论》，河北教育出版社2002年版，第81页。

③ 田昌五：《古代社会断代新论》，人民出版社1982年版，第121页。

亩字在春秋以前也只有"南亩""长亩""终亩""亩丘""纵横其亩""南东其亩""尽东其亩"等用例，并不见"一夫百亩"之说，何以仅据一"私"字，就断定西周农业劳动已是个体进行了呢？

接下来稍谈一下家族的人数，以便约略估量西周集体劳动的规模。李亚农据《礼记·大传》中"有百世不迁之宗，有五世则迁之宗"一节，推定西周的家族一般包括五代。假如平均每人生三子，则一个宗主所能团结的人数是三百六十四，加上妻子，应为七百二十八。[1] 斯维至据《良耜》诗"以开百室"估算，认为一族人，至少在数百以上。[2] 民族志的材料表明，父系家族公社作为一种基层的社会亲族集团，一般由三四代或更多世代的同一男性祖先的后裔组成，其中包括他们的妻子、儿女，人数由二三十人到上百人。[3] 古人早婚，若某一家长在十四岁时结婚，到七十五岁时，看到他第五代子孙是完全可能的。战国时的韩非在《韩非子·五蠹》中说："今人有五子不为多，子又有五子，大父未死而有二十五孙。"以此上推西周，五代、百室、数百成员的公社应属寻常，除去老弱馈饷，一个共耕组至少也有百人以上。有学者依据"千耦其耘""十千维耦"两句诗，断定西周的农业集体劳动规模很大，可以组织二千人或二万人参加。还有学者则认为，甲骨文中"𣞣田"（《合集》[4]00001）的𣞣字从三耒，众字作日下三人形，反映殷代流行由三人组成的协作组，西周生产力进一步提高，农业劳动的组合形式便由三人协作变为两人耦耕了。"千耦""十千"只是诗人对整个春耕场面的总体勾勒，并未涉及具体的劳动组合，此点前已言之，即使后一种说法，我认为也是存在问题的。日下三人或田上三耒，只是用三表示复数。对于耦耕的解释，专家们异议颇多，有谓两人共踏一耒者，有谓两人各持一耒并肩而耕者，有谓

---

[1]　李亚农：《周族的氏族制与拓跋族的前封建制》，载《李亚农史论集》（上），上海人民出版社 1962 年版，第 262 页。

[2]　斯维至：《释宗族》，《思想战线》1978 年第 1 期。

[3]　程德祺：《父系宗族公社》，《中央民族学院学报》1981 年第 1 期。

[4]　郭沫若主编：《甲骨文合集》（1—13 册），中华书局 1978—1982 年版。简称《合集》，后面的数字为甲骨文卜辞拓本编码。

一人推之、一人引之者，难免皆失之泥。详审有关资料，便会发现，耦耕并不限于耕地翻土一种工作。"庸次比耦以艾杀此地，斩之蓬蒿藜藿而共处之"，便是斩草除木；"长沮桀溺耦而耕"，子路先问长沮，后问桀溺，桀溺答话后"耰而不辍"，耰又指碎土摩田的工作；"千耦其耘"，朱熹曰："去苗间草也"①。夏纬瑛以为"与实际不合"，推测"可能是平整土地的意思"②。耦耕既不专指翻土，只注目于并肩踏耒或一推一引，岂不过于死板？而一耦的人数又何必仅限于区区两人？在独龙族中，凡是保留家族公社公有共耕制的地方，在耕种时，都由父系家长带领所属全体公社社员参加③，西周在一起耕作的人有"侯主侯伯，侯亚侯旅，侯彊侯以"，分明也包括全家族所有的劳动力。若单从耤、众、耦等字的字面分析，恐怕只能得出一种简单化的结论。其实，"耦"字应如夏纬瑛所说，就是"人力的组合"，耕字泛指一切农事活动，耦耕在西周就是指家族集体协力从事农业劳动。后来，随着家族的分化，它的规模自然也会发生从大到小的变化，但除去春秋末期在长沮、桀溺这样的隐者中出现过一些特例之外，春秋以前，一般都远远超出两人之数。

《诗经》三百零五篇全是国人在不同场合吟诵的乐歌，要从其中窥见野人的情况是不大可能的。所以，《载芟》《良耜》诸诗所反映的劳动组合形式只属于国人。但野中的生产力水平既低于国，则野人的劳动组合最多也只会达到家族共耕制阶段。《逸周书·作雒》云："都鄙不过百室，以便野事。"这里的百室应如《良耜》的"百室"一样，是指一个家族。而在氏族制度保存比较完整的地方，大约还存在着以氏族为单位共同进行的集体劳动。一些把野人的社会组织看作村社的学者，常认为西周时野中已有了土地每年重新分配的个体耕作，这实际上又是用马克思所说的后期农村公社的情况来强作比附。马克思讲的那种公社是"没有血统关系的自由人的社会联合"，因为

---

①　（宋）朱熹：《诗集传》，上海古籍出版社 1980 年版，第 233 页。

②　夏纬瑛：《〈诗经〉中有关农业章句的解释》，农业出版社 1981 年版，第 28 页。

③　许鸿宝：《土地公有向私有转变的中间阶段》，《民族研究》1981 年第 3 期。

家族业已解体，以前公有的耕地和草地才开始在新形成的单个农户之间实行分配。而西周，野里的氏族或家族组织仍很牢固，在下章的叙述中我们还将讲到，由于生产力的制约，这时单个人独立进行劳动也仍是困难的，我们不可以把早期的村社同后期的村社混为一谈，更不能一提及村社，就马上想到定期重分土地。固然，西周的土地已出现了菑、新、畬三种名目，广而言之，这也可看作是一种易田经济，但依照菑、新、畬的顺序更换耕地，恐怕也只能如恩格斯所说，"应当从农学意义上去理解"，即"公社每年耕种另一个地带，而将上年的耕地休耕，或令其全然抛荒"[①]。西周荒地很多，每个家族自可尽力开垦，同时又不懂得施肥养地，一块地种二三年后即令其休息以恢复地力，这与把公社土地在个体农户间定期重分的那种轮换是完全不同的。

孤立地看西周，对当时普遍存在家族集体劳动的说法，就连我们，也是自信不坚的。但要把西周放进先秦社会历史的发展序列中来比较，则又觉得上述分析入情入理。西周之前，殷人的农业劳动是集体进行的。常被引用的卜辞，如"王大令众人曰劦田"等，便是不可移易的证据，而从事这种集体劳动的人，据张政烺考订，就是族长率领下的族众。[②]西周之后，在记录春秋历史的材料中，出现了像冀缺夫妇、荷蓧丈人、长沮、桀溺这样的人，他们仿佛已是经营小块土地的个体生产者，但或为失势贵族，或为远遁避世的隐者，并不具有普遍的代表性，充其量也仅能说明，个体劳动在春秋的中后期才开始步履蹒跚地来到了世间。只有到了战国，反映个体劳动的材料才陡然增加了。《孟子·滕文公上》："夫以百亩之不易为己忧者，农夫也。"《万章下》："耕者之所获，一夫百亩。百亩之粪，上农夫食九人，上次食八人，中食七人，中次食六人，下食五人。"《荀子·王霸》："百亩一守，事业穷，无所移也。"《吕氏春秋·乐成》："魏氏之行田也，以百亩，邺独二百亩，是田恶也。"《汉书·食货志》记李悝语："今一夫挟五口，治田百亩。"显然，"百

---

①　恩格斯：《家庭、私有制和国家的起源》，人民出版社 2018 年版，第 158 页。

②　张政烺：《卜辞裒田及其相关问题》，《考古学报》1973 年第 1 期。

亩一守"已取代家族成了常见的生产单位。正是在此基础上，孟子鼓吹"百亩之田，匹夫耕之，八口之家，足以无讥矣！"荀子主张"农分田而耕，贾分货而贩，百工分事而劝，士大夫分职而听"。《吕氏春秋》的作者悟出了"公作则迟""分地则速"的道理。商鞅规定"民有二男以上不分异者倍其赋"，强制推行小家庭制度。若谓西周已是每个农户占有百亩土地，各自进行个体耕作，则何须荀子等人再去提倡"分田而耕"？而商鞅强制家庭细分的措施岂不完全失去了意义？更重要的是，按着这种观点去讲历史，先秦劳动组合的发展演变脉络也就彻底泯灭了。

第三节　私有制发展不完备

《诗经·大雅·緜》云："乃立冢土，戎丑攸行。"丑可以看作是奴隶。也可以看作是战俘，此处意义如何，尚难遽断。《左传》昭公七年，楚芋尹无宇曰："周文王之法：有亡，荒阅。""有亡"谓奴隶之有逃亡者，荒，大也，阅，犹今言搜索，若谓从周文王的时代起，周人已开始使用奴隶，便不应再有所怀疑。这一事实反映，后来成为西周国人主体的周族，早就有了内部分化。因为"并不是每个人都能使用奴隶服役。为了能使用奴隶，必须掌握两种东西：第一，奴隶劳动所需的工具和对象；第二，维持奴隶困苦生活所需的资料。"这就"先要在生产上达到一定的阶段，并在分配的不平等上达到一定的程度"[①]，如果同一氏族内部的财产差别没有把共同利益变为氏族成员之间的对抗，要强迫人们去从事任何形式的奴隶劳役，都会是不可能的。

从文献材料来追寻，在《大雅·公刘》里，就已出现了"君之宗之"的记载，在《皇矣》和《灵台》两诗中，还提到过"下民"和替王劳作的"庶

---

① 　恩格斯：《反杜林论》，人民出版社 2015 年版，第 170 页。

民"，为君的宗主和下民、庶民相比，地位显然已很悬殊。尔后的灭殷、东征和其他一系列战争，进一步开拓了周人占有财富的源泉。《尚书·牧誓》曰："弗迓克奔，以役西土。"直接从战场上抓获的俘虏，大约一般都摆脱不了遭受奴役的悲惨命运。作册矢令簋（《集成》4300）铭记载，王姜赏令"贝十朋，臣十家，鬲百人"。令鼎（《集成》2803）铭曰："余其舍女臣十家。"伯克壶（《集成》9725）铭曰："伯大师赐伯克仆卅夫。"𪍑簋（《集成》4215）铭曰："易汝夷臣十家。"可知由战俘转化来的奴隶除供王、公自己驱使之外，还常分赐给立有战功或事功的贵族。《尚书·费誓》记鲁侯诫国人之语曰："马牛其风，臣妾捕逃，勿敢越逐，祗复之，我商赉汝。乃越逐，不复。汝则有常刑，无敢寇攘，踰垣墙，窃马牛，诱臣妾，汝则有常刑。"这里反映的是鲁国的情况，说明经过一定阶段的发展，作为基层小家长的士，不少人也已成为奴隶占有者。金文中有关赐贝、俘贝、俘金、俘车、俘牛、俘羊的铭辞屡见不鲜，流入周族各级家长手中的，应还有大量所谓的"器用财贿"。这些自然又都使本已存在的内部分化变得加剧。克殷后，箕子向武王上《洪范》九畴，其中提道："凡厥正人，既富方谷，汝弗能使有好于而家，时人斯其辜。"谷，禄也，既富方谷，犹言既富且贵。箕子的意思是：群臣之长，既富且贵，而无功于国家者，宜屏去之，以免为君敛怨。他的话正告诉我们，在当时的国人中，确实存在着一个率先富贵起来的特权阶层。《洪范》的另一段话强调了加强新兴王权的重要性，其文曰："惟辟作福，惟辟作威，惟辟玉食，臣无有作福作威玉食。臣之有作福作威玉食，其害于而家，凶于而国。"辟即国君，作福指专庆赏，作威指专刑罚，玉食指备珍美。如何限制作福作威的群臣，也被政治家提上了议事日程，足见私有制始终都在影响西周国人的社会生活，认为殷、周两代还没有私有财产的看法是很不妥当的。①

　　但私有制的存在并不意味着它已经完全发展成熟。严格地讲，私有制的完成形态是资本，古代的"奴隶制和农奴制只不过是那以部落制为基础的所

----

　　① 　郭沫若：《奴隶制时代》，中国人民大学出版社 2005 年版，第 45 页。

有制更进一步的发展形态"①，在资本的统治历史地到来之前，原始氏族公有制还会以不同形式不同程度地保留着。农业社会基本的生产资料是土地，而西周土地私有的现象就很不明显。可知彼时完整的公有制虽然已经破坏，但完整的私有制却还没有形成。这恰恰是阶级社会初期应有的正常情况。

分析一下西周的土地制度，对于我们认识公有和私有并存的现象，将会是有益的。通过灭殷和东征，周人实施了大规模的分封。事实上，在整个西周的历史发展中，这种分封始终都在不断地进行。据《左传》定公四年记载，封伯禽于鲁时，曾授以殷民六族，"分之土田陪敦"，使"因商奄之民"，以处"少昊之虚"。封康叔于卫时，赐给殷民七族，由"聃季授土，陶叔授民"，划定的"封畛土略"是"自武父以南及圃田之北境"，又"取于有阎之土以供王职，取于相土之东都以会王之东蒐"。《左传》中的这一段虽是春秋时卫人祝佗的话，但在鲁人追述自己历史的《鲁颂·閟宫》中，也有"乃命鲁公，俾侯于东，赐之山川，土田附庸"等句，两相参照，足资比证，说明"授民授疆土"便是分封的基本内容。宜侯夨簋（《集成》4320）记康王改封虞侯夨于宜，铭文详列"易土厥川三百□，厥□百又廿，厥宅邑卅又五，厥□百又卌，易在宜王人十又七姓，易奠七伯，厥盧□又五十夫，易宜庶人六百又□六夫"。《诗经·大雅·崧高》记宣王封申伯于谢，也曰："王命申伯，式是南邦，因是谢人，以作尔庸。王命召伯，彻申伯土田；王命傅御，迁其私人。"这都反映了西周分封的真实情形。除正式的分封外，周王还随时随地将土地、人民颁赐给贵族和臣下。如遣尊（《集成》5992）："佳十又三月辛卯，王才斥，锡遣采曰赵，锡贝五朋，遣对王休，用作姞宝彝。"大保簋（《集成》4140）："王伐录子耼，叔厥反。王降征令于大保，大保克敬亡遣。王永大保，赐休余土。用兹彝对令。"召卣（《集成》10360）铭曰："休王自事毄（使）赏毕土方五十里。"其例甚多，不胜枚举。周王作为最高统治者，既可以把

---

① 马克思：《资本主义生产以前的所有制形态》，载《马克思恩格斯列宁斯大林论资本主义以前诸社会形态》，文物出版社1979年版，第322—323页。

土地和人民拿来赐予，反映他的权力已经很大，这种对土地和人民的支配权本身就包含着所有权的因素。正是在这个意义上，马克思才说："那处于一切小公社之上的综合单位便成为高级所有者，甚至成为唯一的所有者。"① 如果不加分析，笼而统之地认为西周的土地所有制仍是纯粹的公有制，显然甚不相宜。

但是，从另一方面看，周王既是政治上的共主，又是天下的大宗。而他的前身，则不过是以周族为主体的部落联盟酋长。依照部落制的旧规，氏族占有的土地只能归氏族全体，不属于任何氏族成员个人所有，即使显赫的首领也不例外。奴隶制和农奴制的出现虽说"必然改变一切部落制形态"，但"在亚洲形态之下，它们所能改变的最少"②。周人脱离原始社会未久，自然不能不在许多方面都守其故常。他们施行分封的原则是"亲亲"，这分明就是在本氏族内部分配战利品的一种延续。主持分封的周王，在很大程度上仍是氏族共同体的最高代表人，而不是严格意义的土地私有者，因此，他所能够颁赐的只是对氏族公有土地的部分占有权，而不是他自己的土地所有权。这两个方面的分析告诉我们，西周的土地是刚刚开始由氏族公有向私有过渡，简单地把表面上和观念上的王有说成私有，这与看作纯粹的土地公有一样，都有其片面性。

土地制度方面的公有、私有关系并存，在受封者的身上体现得更为明显。西周正式的分封是"授民授疆土"，但细分起来，贵族得到的土田却应有两种。以鲁国为例，封于伯禽的既有"土田陪敦"，又有"少昊之虚"。"土田陪敦"即《閟宫》诗中的"土田附庸"，郭沫若认为应该读作"附墉土田"或"土田附墉"，其意是"在规整的一带方田之外附有墉垣"③。徐喜辰指出，

---

① 马克思：《资本主义生产以前的所有制形态》，载《马克思恩格斯列宁斯大林论资本主义以前诸社会形态》，文物出版社 1979 年版，第 303 页。

② 马克思：《资本主义生产以前的所有制形态》，载《马克思恩格斯列宁斯大林论资本主义以前诸社会形态》，文物出版社 1979 年版，第 323 页。

③ 郭沫若：《奴隶制时代》，中国人民大学出版社 2005 年版，第 21 页。

土田陪敦"当与后人所谓附郭之田相同"①。两位学者都把它看作是一种特殊的地段，这些见解是足以服人的。但徐喜辰又说这"似乎是当时诸侯的一种私有土地"，则已嫌走得过远。"土田陪敦"只是从封域中划出一块归受封者家族直接占用，它的位置应在郊区，周围或有一定的封树作为标志，要达到真正的私有，却还必须经过一定的发展过程。至于"少昊之虚"，则是土著"商奄之民"的居住地，通过分封，鲁侯在这里确立了自己的统治权力。对于土田的临时性颁赏，情况较为复杂，大致也可区别为两类：一类在颁赐时称土、采、邑、里，如前引遣尊有"赐遣采曰趄"，召卣中王对召公"赏毕土方五十里"，大保簋有"王永大保，赐休余土"等，都是显例。土和采范围较大，可以包括若干邑、里，而且显然是连同居民一起封赐。在这种形式下，通过对原住民施行强制的剥削，受封者就可以得到一定数量的土地收益；另一类土地叫田，颁赐时都以田为单位进行计算。如不娶簋（《集成》4328）铭曰："锡汝……臣五家，田十田。"在敔簋（《集成》4323）中，因敔有战功，于是王"赐田于敨五十田，于早五十田"。多少田，犹如今天所说的多少块地，依照晚出礼书来推断十田、五十田的准确面积是没有道理的。赏田时一般都不附带居民，偶或附赐臣妾，也均另行开列明白，可以看出，在这种赏赐中，受赐者得到的是对土地的占有权和使用权。通过分封和赏赐，贵族直接占有了部分土地，就掌握了榨取家族成员和家内奴隶无酬劳动的基础，而在获取统治权和收益权的场合，他们则能够剥削散处于封地上的氏族或家族公社共同体。这说明在西周的分封制下，已经出现了以对生产者剩余劳动施行无酬占有为表现的私有制关系。"公食贡，大夫食邑，士食田，庶人食力"，公、卿、大夫、士便是无酬剩余劳动的等级分享人。

然而，这种私有制关系的不完整性同样地显而易见。受封贵族享有的只是占有权、使用权或收益权，同真正的所有权尚有很大距离。由于国人中氏族制度及其影响继续存在，土地所有权原则上仍归氏族全体。氏族的土地不

---

① 徐喜辰：《井田制度研究》，吉林人民出版社 1984 年版，第 229 页。

能转移到氏族以外，这在西周便演化成所谓的"田里不鬻"，而作为氏族共同体的最高代表人，周王还可以把已封的土地收回，改赐予他人。《礼记·王制》曰："山川神祇，有不举者为不敬；不敬者，君削以地。"贵族铸造青铜器的目的是为了铭功记德，"铭之义，称美而不称恶"①，因此，一般铜器都是专录赏赐，尽管如此，我们还能从中找到关于"削地"的例证。如十二年大簋（《集成》4298）铭曰："王令蠡夫豕曰趞斝曰：'余既易大乃里。'斝宾豕璋、帛束，斝令豕曰天子：'余弗敢吝。'"在王把趞斝的"里"收回改赐给大时，趞斝的态度表现得十分顺从。这种削地夺田固然可以看作天子是凭借王权在支配对土地的占有，但在相当大的程度上，却仍体现着氏族团体对于违犯族规者的惩罚。《诗经·小雅·北山》有"普天之下，莫非王土；率土之滨，莫非王臣"之句，人们常引以说明西周的土地王有制，其实，从另一个角度来看，未尝不可以认为，它主要反映贵族的思想上还保留着土地属氏族所有的强烈观念。因为诗中的王既是宰制天下的君主，又是周族共同体的化身，而不是具体而微的私人。王把收回的土地拿来改赐，人们在习惯上仍只当作是氏族财产的占有权在氏族内施行转移，并没有落到别个族类的手里，所以开始就不会遇到太大的阻力。直到西周后期，随着占有关系的深化，一些失地者才发出了"人有土田，女反有之，人有人民，女覆夺之"②的哀怨。很显然，由于存在着共同体高级代表人的干预，即使作为占有权和收益权，对受封者来说，也不是很牢固的。

再者，同执行封赏者一样，接受封赏者也都不是孤立存在的个人，他们隶属于不同的家族，而且是各家族的大家长。专制父权和由担任公职而造成的特殊政治地位使他们凌驾于家族之上，但血缘关系的纽带作用却又使他们直接同家族形成一体，难以分开，受封者在获得土地收益权的同时，也就肩负着恤族、收族的责任，而归他占有的那些土地，也是由他以家族代表的身

---

① 《礼记·祭统》。

② 《诗经·大雅·瞻仰》。

份来领取，真正的使用权不仅仅属于自己，而是属于他的家族全体。"诸侯有国以处其子孙，大夫有采以处其子孙"，诸侯、大夫、士是各级家族长，而所谓子孙则泛指贵族的同族或同宗。贵族家长中，一些人已经过着"作福作威玉食"的生活，这同受家长支配的家族下层成员相比，当然不可同日而语。但既是家族成员，即使处于奴隶般的境地，也是这个共同体的"直接肢体"，因此就仍能凭借与共同体的天然联系，占有和使用土地。西周下层国人的苦痛主要是在贵族专制政体的控制下，终日行役，不胜烦苛，而日益变得无法忍受，并不是失去土地，无田可种。《国语·晋语四》讲的"公食贡、大夫食邑，士食田，庶人食力"，也只是反映庶人不在官，一般不担任公职，当大夫、士奔走于王家，奔走于公家，"日恪位著以做其官"时，他们则要"力于农穑"以供其上，专门负责土地经营，并非反映这部分人不能占有生产资料。① 在位者"食邑""食田"，不在位者"食力"，毫无疑问，应是一种剥削，但究其来源，却出自家长对子女、亲属的支配权和族内分工，即"有事弟子服其劳"，而不是出自土地私有制。家族成员仍能使用家族土地，正说明贵族获得的土地收益权和占有权不仅不牢固，而且还不是真正的私人权益。

在铜器铭文中，倗生簋（《集成》4262—65）记有"格伯取良马乘于倗生，厥贾（价）卅田"，曶鼎（《集成》2838）提到匡季用田和奴隶赔偿曶的损失，鬲比盨（《集成》4466）和鬲比簋盖（《集成》4278）都涉及田邑交换，散氏盘（《集成》10176）较为详细地保留了矢"即散用田"的情况，1975 年在陕西岐山董家发现了一批珍贵的西周铜器，其中卫盉（《集成》9456）和五祀卫鼎（《集成》2832）事关"贮田"问题，九年卫鼎（《集成》2831）也谓矩伯曾"捨裘衛林昚里"。有学者认为，这些材料反映西周中后期，土地制

---

① 《国语·晋语四》："公食贡，大夫食邑，士食田，庶人食力。"是作者颂扬晋文公"政平民阜"时所讲的话，但大致也能反映西周的土地占有情况。《说文·广部》云："庶，屋下众也。"庶人原本或指数量众多的野人，到春秋时，国野界线已开始逐渐趋于模糊，于是，庶人一词的含义也变得较为宽泛。在春秋人的口中，它往往既包括野人，也包括国人中的下层劳动群众。

度已经有所改变，对此，笔者表示赞同，但又觉得，有几种现象必须予以注意。首先，贮字应依黄盛璋的意见读为予，不能读为租或贾，所谓"贮田"就是舍田，即给予土地之意①，而不是租田或贾田。②因此，倗生簋、五祀卫鼎所反映的只是土地交换，而不是土地出租或买卖。其次，在卫盉和五祀卫鼎里，裘卫在同矩伯及邦君厉交换时，都曾向执政伯邑父、荣伯、定伯、瘚伯、单伯等贵族报告，并由王室派三有司履勘付裘卫田，鬲比盨和鬲比簋盖所记的田事纠葛，均由王命史官典录其事，大臣虢旅也参与处理。散氏盘中，监督立誓的人也叫旅，郭沫若认为此旅"必即虢旅"③。而曶鼎的赔偿事件，则由丼叔和"东宫"负责经办。倗生簋及九年卫鼎的交换没有交代王官的活动，有人说这反映了政府对土地交换的控制已经松弛，其实，倗生簋还是提到了王和"典格伯田"的"书史"，金文铭辞简略，某些部分原可省却，没有记录的东西并不等于就不存在，裘卫诸器时代不同，不能仅据九年卫鼎一件来断定制度上已有差异。马克思说："土地所有权的前提是，一些人垄断一定量的土地，把它当作排斥其他一切人的、只服从自己私人意志的领域。"④恩格斯也说："完全的、自由的土地所有权，不仅意味着不折不扣和毫无限制地占有土地的可能性，而且也意味着把它出让的可能性。"⑤上述几项交换都须报告政府核准，并有王室代表参加，说明土地还不是"私人意志的专有领域"，贵族在这里出让的可能只是对家族公社土地的占有权和使用权，不能看作是"毫无障碍和毫无限制"的土地交易。在散氏盘里，矢"即散用田"后，曾授图于"豆新宫东廷"，郭沫若说豆乃"矢之属邑"，参与立誓的

---

①　黄盛璋：《卫盉、卫鼎中"贮"和"贮田"及其牵涉的西周田制问题》，《文物》1981年第9期。

②　主张将"贮田"读为"租田"或"贾田"的有林甘泉的《对西周土地关系的几点新认识——读岐山董家村出土铜器铭文》，《文物》1976年第5期；还有唐兰的《用青铜器铭文来研究西周史——综论宝鸡市近年发现的一批青铜器的重要历史价值》，《文物》1976年第6期。

③　郭沫若：《两周金文辞大系图录考释》（二），《郭沫若全集》考古编第八卷，科学出版社2002年版，第279页。

④　马克思：《资本论（纪念版）》第3卷，人民出版社2018年版，第695页。

⑤　恩格斯：《家庭、私有制和国家的起源》，人民出版社2018年版，第186页。

除矢和散的有司外，还有豆人、原人、堆人之类，当与豆人相同，原本都是矢王的属民。而鬲比盨和九年卫鼎的交换又以邑、里为单位，三器所记则可能只涉及统治权和收益权的转移。再次，在交换的当事人中，五祀卫鼎的厉被称为"邦君厉"，同于《尚书》中的"我友邦君"和"友邦家君"。散氏盘的矢称"矢王"，当是同周保持联盟或臣属关系的部族酋长。其他，如格伯、倗生、鬲比、攸卫牧、散、曶、匡季、裘卫、矩伯诸人。都应是当时的大贵族，他们既在政治上处于高位，同时又是氏族或家族共同体的代表人。发生在他们当中的交换，从表面看，似乎是私人活动，而实质上却是两个公社共同体的首领和化身在转让土地。散氏盘中的矢与散均有有司，并出席了授图和立誓仪式，这是因为转让规模较大，连公社的公职人员也需到场参与。由此看来，几篇铭辞只说明公社才可以有土地占有权和收益权的转让，丝毫不反映私人与私人间的交换关系。私有财产的主要标志是私人转让，西周后期的土地制度纵有变化，恐怕也远远没有达到私人转让的发展水平。最后，"贮田"既然不是租田或贾田，则"八十朋"、"二十朋"、一件"瑾章"、两件"赤琥"、一套车具、四匹良马等，都不能看作是租额或田价。在商品经济很微弱的情况下，人们不可能有明确而浓厚的价值观念。而由于未被占据的可用土地仍然存在，土地本身也并没有多大价值可言。在云南，怒江地区原属丽江纳西族木土司管辖，明朝嘉靖、万历年间，傈僳族莽氏族的一支，在头人木必的带领下进入该区，木必通过同木土司的属员比赛箭法，便取得了向怒江上段怒族征收贡物的权力。[①] 布朗族近代已有个体劳动和分散经营，但同家族亲属间借种土地仍不付报酬，后来顶多也只送些微薄的礼品。[②] 在西藏，由于地广人稀，僜人中土地买卖是绝无仅有的。[③] 这对我们认识西周土地占有权的转让，应是一个很好的启示。贵族们为了取得一件玉器或一套

---

① 《傈僳族简史》修订本编写组：《傈僳族简史》，民族出版社 2008 年版，第 16 页。

② 《民族问题五种丛书》云南省编辑委员会编：《布朗族社会历史调查》，云南人民出版社 1982 年版，第 68 页。

③ 林耀华、庄孔韶：《父系家族公社形态研究》青海人民出版社 1984 年版，第 166 页。

车马，动辄出让十田、三十田，正是人口稀少、土地广大的表现，更说明他所出让的并不是私有土地。根据铭文提供的材料去计算田价，尽管也算是一种有益的探索，却终于不免是站在后世的立场上去拟测往古。总之，土地制度和任何事物一样都不会是变动不居的，"贮田"等活动的存在，对于研究西周田制及其变迁，自有十分重要的意义，但认为已经出现了租田或贾田（卖田），却不符合事物的发展规律。终西周之世，在土地制度方面，始终都没有突破公有因素和私有因素并存的基本格局。

还可就籍田问题来谈谈西周土地制度的这种特征。《礼记·祭统》有"天子亲耕于南郊，以共粢盛"，"诸侯耕于东郊，亦以共粢盛"的记载，典籍所说的籍田，主要是指这种分处各国郊区的国中公田 ①，它的前身原本是氏族的公有地。在氏族社会的盛期，氏族全体共耕共食曾普遍流行。后来，由于人口增加，土地被分配给各个大家族分头经营，但在剩下的地段中，却仍要划出一块田由各家族共同耕种，其收获用于储备和公共开支，并借此使氏族成员对共耕共食的旧规经常得到温习。到西周，随着阶级社会的产生，这一切自然都要发生质变。春耕时，王公贵族均皆到场，但却是"王耕一拨，班三之，庶人终于千亩"，实际负担劳作的只有来自各家族的下层劳动群众，而不再是氏族全体，王公的活动单纯成为一种仪式。耕毕，虽仍有"宰夫陈飧"，让大家共餐，但却是"王歆太牢，班尝之，庶人终食"。所谓"终食"，不过是最后吃·点剩下来的东西罢了。籍田之收"廪于籍东南，钟而藏之"，称为"御廪"或"神仓"，名义上用于宗庙祭祀和尝新，真正的享用者却只能是天子、诸侯及其亲属。② 在海南黎族合亩区，由亩头主持的产品分配里，有一项叫"稻公稻母"，又称"头米"，这些稻谷只有亩头一家人可以吃，不能出卖、转让或赠送，群众说："稻公稻母一定要留给亩头吃，否则对来年生产不利"。另有一项叫"留新禾"，收割前，亩头的妻子先割回十至十二把

---

① 徐喜辰：《"籍田"即"国"中"公田"说》，《吉林师范大学学报》1964 年第 2 期。

② 《国语·周语上》。

稻谷煮饭酿酒，亩头夫妻吃一天后，次日再由全合亩的人一起吃。① 黎族的亩头，其地位与西周的王公相差悬殊，不可等同看待，但公有产品悄悄落入个人之手的演变途径却是一致的。由此看来，西周的耕籍已经成为一种剥削，籍田为贵族聚敛私有财富提供了基础。然而，从另外的角度分析，籍田却不仅仍保留着氏族公有共耕形式，而且在救济族人方面，也还发挥着一定的作用。《尚书·康王之诰》是康王即位时对诸侯发布的诰命，在追述祖宗的功德时曾说："昔君文武丕平富，不务咎，底至齐，信用昭明于天下"。可见防止贫富分化加剧，维持血缘亲族团体稳定，以便共同对付敌对部族和半敌对的野人，曾经是西周的治国要略。虢文公在谈及籍田收入的分配时提到要"时布之于农"，认为只有"享祀时至而布施优裕"，才会"财用不乏，民用和同"（《国语·周语上》）。这在西周的早期，并不能仅仅看作是一句空话。所以，公有和私有因素并存的现象，在籍田方面，也有着十分突出的反映。

在西周，除了耕地之外，即使是宅居和园圃，恐怕也不能说已经达到个体私有了。《诗经·小雅·斯干》便是一首记述周人居住情况的珍贵诗篇。其一章曰："秩秩斯干，幽幽南山。如竹苞矣，如松茂矣。兄及弟矣，式相好矣，无相犹矣。"诗文颂扬家族如松如竹般的茂盛，兄弟和睦，无所欺诈，因此不必分家，而宜扩建房屋。其二章总叙建筑的经过，曰："似续妣祖，筑室百堵，西南其户，爰居爰处，爰笑爰语。"可知是全族人继承先祖的家业，共同地参加营造，故其室虽有百间，却布局统一，均向西南洞开门户，而看到了集体劳动成果的族人，也都笑语欢声、和乐地居处在一起。以下又详细描述了族人共同筑室的热烈劳动场面和家族住宅的壮观。他们形象地把自己的杰作比作鸡鸟的双翼，箭的羽翎，说它像鸟儿平展翅膀，像野鸡跃跃欲飞。自豪欣喜之状充溢在字里行间。由此不难想象，虽然诗中已在反复诵歌"君子攸芋""君子攸跻""君子攸宁"，但房子的建造者却仍可把新居看作是与自己有关的东西。共同建造的房屋是家族集体的住所，"君子"无非

---

① 《黎族简史》编写组编：《黎族简史》，民族出版社 2009 年版，第 238 页。

是族中身份较高的成员，一如《楚茨》诗中的"诸父兄弟"、《载芟》诗中的"伯、亚、旅"，而"室家君王"，则是领袖全族的大家长。许多学者仅把《斯干》看成是歌颂贵族建筑宫室的诗，而毫不顾忌族的存在和同贵族"爰居爰处"的族人，这样做未必能够忠实于诗的原意。同样，《小雅·鸿雁》所反映的内容也与《斯干》相似。其二章曰："鸿雁于飞，集于中泽，之子于垣，百堵皆作。虽则劬劳，其究安宅。"究，究竟；安宅，即安居。诗言虽有筑作之劳，然百堵之室既成，大家便终于可以安居了。这是一条族人共同筑室，共同居处的明确记录。在巴尔干和高加索，近代山民家族公社的典型住房是院落式，一个院落便是一个家族。南斯拉夫扎德鲁加的院落中，住着一个祖父的若干男系后裔，一般是 50—60 人，甚至 80 人，在保加利亚，达到 250 人。家族公社各辈已婚男子在院落里占有自己的房间。[1] 中国北方处于黄土地带，最早盛行穴居和半穴居，西周已发展到在地上夯土筑墙。因有建筑材料和建筑方法的限制，所以见不到像南方那样用木板、竹片、芭蕉叶、茅草搭成的干栏式长屋，而是同一个家族建造起多间住室，集中在一起，形成一个群体。最初也许并无院落，但在本质上却与巴尔干及高加索的院落相同。春秋战国间，家族逐渐变小，房屋也进一步规整，"百堵""百室"的住宅群便演化为由"东宫""西宫"等组合而成的庭院。但无论是室还是宫，都只是包含于家族中的已婚男子的住处（室有时又可作为家族的代称），并不是个体家庭私有的宅居。每个室可能已成为一个消费单位，但还不是生产单位或独立的经济实体。那种一看到考古发掘中的小房子，便马上联想到个体家庭和小型独立经济单位的做法，实在是犯了简单化的毛病。鄂伦春人的父系家族叫乌力楞，在居住上，每个乌力楞可分为四五个或五六个仙人柱，如果把仙人柱的存在就视为个体家庭出现的标志，岂不是大错特错？至于园圃，首先应看到它还有个逐渐从农田中分化发展起来的过程。在《大雅·生民》中，瓜瓞与大豆、小米、麻、麦并提，说明瓜瓞同其他农作物并无区别。《小

---

① 　林耀华、庄孔韶：《父系家族公社形态研究》，青海人民出版社 1984 年版，第 28 页。

雅·采芑》曰:"薄言采芑,于彼新田,于此菑亩。"毛传曰:"芑,菜也。"①
朱熹《诗集传》云:"人马皆可食也。"② 可见芑既是饲料,又是蔬菜。但它却
仍生长在新田、菑亩,并未被当作园圃作物来经营。《小雅·信南山》曰:
"中田有庐,疆埸有瓜。"中田就是田中,却不一定是最中间,而瓜这种园圃
作物,彼时还是点种在大田边缘上。《豳风·七月》曰:"九月筑场圃。"毛
传曰:"春夏为圃,秋冬为场。"郑笺云:"场圃同地,自物生之时耕治之,以
种菜茹。至物尽成熟,筑坚以为场。"③ 至此,农圃才开始有了初步分工,但
场与圃却仍无区别,只依季节的变化,发挥不同的功用。而对《豳风》的时
代为何,素来就有争论,依照徐中舒师的说法,这组诗的产生,已经是在春
秋了④,在园圃尚未真正出现的时候,就去谈论园圃的私有,也实在是有些
性急。《齐风·东方未明》提到了"折柳樊圃",孔子在《论语》中提到了"老圃",
春秋之有园圃,大致没有问题,但这时的园圃是否已归个人私有,仍然疑不
能明。我们只知道第一宗关于宅圃买卖的实例,是发生在赵简子的时候⑤,
可见就是一块园地,要发展到真正的私有,也并不是很容易的。

　　以上关于私有制发展不彻底的分析,大体仍只涉及国人,但国中的情况
既已明了,野里的情况便也不难推定。随着生产力的逐步提高,那里的氏族
或家族共同体内部,自然也会出现贫富分化。据《国语·楚语下》记载,观
射父谓颛顼曾"命南正重司天以属神,命火正黎司地以属民",使"绝地天
通",徐旭生认为,这反映当时在高阳氏部落中,已产生了"脱离生产的职
业宗教服务人"⑥,后来,许多部落进步的历程虽然被打断,但野人中的"先

　　① (清)阮元:《十三经注疏》,中华书局1980年影印版,第425页。

　　② (宋)朱熹:《诗集传》,上海古籍出版社1980年版,第116页。

　　③ (清)阮元:《十三经注疏》,中华书局1980年影印版,第391页。

　　④ 徐中舒:《豳风说——兼论〈诗经〉为鲁国师工歌诗之底本》,载《徐中舒历史论文选辑》,
中华书局1998年版,第606页。

　　⑤ 据《韩非子·外储说左上》记载:"王登一日而见二中大夫,予之田宅,中牟之人弃其田耘、
卖宅圃,而随文学者邑之半。"这是先秦文献中宅圃买卖的最早记录。

　　⑥ 徐旭生:《中国古史的传说时代》,广西师范大学出版社2003年版,序第7页。

代之后"，在分化程度上却仍当是先行者。《国语·郑语》记史伯对郑桓公之语曰："谢、郏之间，其冢君侈骄，其民怠沓其君。"如把冢君理解为部族酋长，则谢、郏一带的野人里，内部矛盾也在日益加深。不过，这仅是问题的一个方面，从另一方面看，野中土地广漠无垠，生产者尚有垦荒拓殖的余地，而且由于受到国人的压迫，野人处于被统治地位，很难从外部取得奴隶劳动力，同时，整个农业生产又是以家族为单位集体进行的，所以，野中的分化与国中相比，必然来得更加迟缓，根本无法促使氏族或家族完全走向解体。相反，氏族或家族仍会是"共同占有土地和共同利用土地"的前提，每个单独的人，既然是血缘团体的一个环节，凭着氏族或家族成员的身份，他便不会轻易同生产资料相脱离。团体内部可能已有从对氏族或家族首长的礼敬演化而成的贡纳和剥削，在父系家族比较发达的地方，族长还会把对家族财产的管理权变为支配权，但大致说来，野人同国中的下层劳动群众一样，他们主要的苦痛是落后和贫困，并不是没有土地。

　　现在，让我们再来稍稍谈一下所谓农村公社的"两重性"。马克思在《给维·伊·查苏利奇的复信草稿》中说，农业公社的"耕地是不准转卖的公共财产"，但却"定期在农业公社社员之间进行重分，因此，每一社员用自己的力量来耕种分配给他的地，并把产品留为己有"①。由于"分散的劳动是私有制产生的泉源"，这便在公社内部产生了由公有私耕引起的两重性。然而，村社的土地经营形式并不是单一的。马克思、恩格斯在材料尚不完备的情况下，就已注意到了个中问题的复杂。他们分别指出："在东方……只有公有财产，只有私人占有。至于这种占有方式，就它对公有财产的关系来说，在历史上和地域上却可以发生极大的变化，那要看劳动究竟是由私人占有者孤立地进行呢，还是由公社安排的或由各个公社之上的单位统一规定的。"②公

----

① 马克思：《给维·伊·查苏利奇的复信草稿》，载《马克思恩格斯全集》第19卷，人民出版社1963年版，第449页。

② 马克思：《资本主义生产以前的所有制形态》，载《马克思恩格斯列宁斯大林论资本主义以前诸社会形态》，文物出版社1979年版，第308页。

社财产"如果确实是在劳动中实现出来的话，它可以表现为这样的情形：许多小公社独立并存，偷生苟活，在公社内部，个人则在分配给他的份地上跟他的家属一起独立地从事耕作，或者整体底活动扩展到集体劳动，并使集体劳动形成一种正规的制度"①。"从印度到爱尔兰，大面积的地产经营，最初正是由这种氏族公社或农村公社来进行的，同时，耕地或者以公社为单位共同耕种，或者分为小块，由公社在一定时期内分配给各个家庭去耕种。"②"从印度到爱尔兰"就是从东方到西方，马克思、恩格斯的叙述说明公有共耕同公有私耕一样，曾在广大地区内长期流行。西周的劳动组合，前节已有论证，在笔者看来，无论国、野，彼时的农业生产都以家族为单位集体进行，如果此点大致不误，那么，再用马克思在复信草稿中所说的"两重性"来套西周，就不免会走向削足适履。

也许是为了俯就马克思所说的"两重性"，关于"豆腐干块"式的井田制就是中国古代村社土地制度的说法比较盛行，并常常是与日耳曼人的马尔克相提并论，有学者断言，两者的一致性，已不能再有所怀疑了。其实，恩格斯在《马尔克》一文中所说的土地制度，是欧洲中世纪三圃制下农村公社的土地占有形式，它的具体布局是："村的全部耕地被分成相等的三大块，其中每一块轮换地第一年用于秋播，第二年用于春播，第三年休耕……在分配土地的时候，就要注意到使每一个社员在这三块地上都能得到同样大小的一份"③。单从外观上看，这就同"九夫为井"的"豆腐干块"并不一样，何况在实行家族公有共耕的村社里，土地的琐细分割并无必要。在台湾高山族的番社中，就没有发现过土地定期平分的制度④，云南傈僳族村社由于采取伙有共耕，也没有出现土地的定期分配⑤。西周的井田，只是通过在冲积平

---

① 马克思：《资本主义生产以前的所有制形态》，载《马克思恩格斯列宁斯大林论资本主义以前诸社会形态》，文物出版社 1979 年版，第 304 页。

② 恩格斯：《反杜林论》，人民出版社 2015 年版，第 186 页。

③ 恩格斯：《马尔克》，载《马克思恩格斯全集》第 19 卷，人民出版社 1963 年版，第 358 页。

④ 卢勋、李根蟠：《清代高山族社会经济形态探讨》，《民族研究》1981 年第 6 期。

⑤ 《傈僳族简史》修订本编写组：《傈僳族简史》，民族出版社 2008 年版，第 17 页。

原上挖沟排水，而造成的一种自然的田丘形状，哪里是什么土地制度？

家族内私有因素的产生有两条途径。一条是家长将对家族财产的管理权变为支配权，一条是个体家庭由独立生产发展到经济独立，进而造成各个家庭间的财产不平等。[①] 而在村社发展的初级阶段上，家族仍是真正的经济实体，家长在扩充自己权力的同时，把小家庭的个性压抑了，加之个人战胜自然的能力尚很有限，第一条途径便堵塞着第二条途径，往往成为主要的发展倾向。可见早期村社内部，虽与后期村社一样，都有私有制因素的产生，但具体形式却不尽相同。我们反对用通常所说的"两重性"来套西周，并不等于要否认西周家族中"两重性"的存在。贵族已能利用家长身份和统治地位榨取家族成员和野中小公社的无酬剩余劳动，而家族成员和在野的公社仍有占有和使用土地的权力，这也是两重性的一种表现。具体问题具体分析，才能真正达到认识西周国人野人经济状况的研究目的。当然，从整个历史的发展来看，个体家庭经济的独立成长是压抑不住的，但却必须以生产的进一步提高和个体劳动普遍化为前提。随着社会生产力的更大发展，小家庭占有财富的情况便会增加，而家族财富和集体劳动则日益缩小。经过长期此消彼长的演变，个体家庭终将从公社中独立出来，这种情况的真正出现，要到战国时期了。

第四节 用不断扩大"服"的办法统治国和野

周人以小邦崛起于西土，经过灭商和东征，将势力范围扩展到东至蒲姑、商奄，南至巴、濮、楚、邓，北至肃慎、燕、亳的广大地区。[②] 为了统

---

① 林耀华、庄孔韶：《父系家族公社形态研究》，青海人民出版社1984年版，第66页。

② 《左传》昭公九年，王使詹桓伯辞于晋，曰："我自夏以后稷、魏、骀、芮、岐、毕，吾西土也。及武王克商，蒲姑、商奄，吾东土也；巴、濮、楚、邓，吾南土也；肃慎、燕、亳，吾北土也。"

治广土众民，他们实行了所谓的分封，对新形成的土地占领格局给予承认。周之子弟、姻亲和功臣各据要冲，多在靠近重要河流、适宜农业生产的高爽之区建立据点。而黄帝、尧、舜及夏之后，还有投降了的殷贵族微子启等，也因具有实力并愿意顺从而被列为诸侯。

就这样，依靠同姓贵族，团结异姓贵族，一个以周天子为共主的统一的新王朝建立了。由于它的体量已超过了商代，所以，需要应对的社会公共事务也开始增加。

前边已经言及，西周政权赖以建立的意识形态基础是典型的天命观，也有人称之为帝王宗教观。周人宣称，作为最高主宰的天，随时都在寻找适合于君临天下的有德者①，透过殷末的乱局，正是它发现只有文王"尚克修和我有夏"，才决定"改厥元子"，"申劝宁王德"，"集大命于厥躬"②。这就等于昭诰世人，周代替殷"作民主"是"受命于天"，具有毋庸置疑的合法性。同时，他们还把上下之间"胡不相畏"的原因归之于"不畏于天"③，把"于时保之"、让天命永续的希望寄托在全社会皆"畏天之威"上边④。由此可知，周人虽已将借以吓人的大神由人鬼换成了天帝，但从总体上看，却没有脱离神道设教的窠臼，统治思想实质上仍是"明命鬼神，以为黔首则"⑤"假威鬼神，以欺远方"⑥，其目的则是让"百众以畏，万民以服""听且速也"⑦。明乎此，方能理解周人何以要把祭祀视为政府的第一要务。当时所祭的对象虽较广泛，但重点已集中于天神和祖宗神。有的每日皆祭，有的按月致祭，有的按季致祭，谓之日祭、月祀、时享。⑧据孙诒让研究，单祭天朝日之礼，

---

① 《尚书·多方》："天惟时求民主。"
② 《尚书·召诰》《尚书·君奭》。
③ 《诗经·小雅·雨无正》。
④ 《诗经·周颂·我将》。
⑤ 《礼仪·祭义》。
⑥ 《史记·秦始皇本纪》。
⑦ 《礼记·祭义》。
⑧ 《国语·周语上》。

即"每岁凡十有四举"①，贵族们花费在祭祀上的时间可能会超出我们的想象，而一年的祭祀费用据说也要多于总收入的十分之一。②

周人高度关注的第二件事就是战争。武王克商，"遂征四方，凡憝国九十有九国"，"服国六百五十有二"③，仍认为"未定天保"，"至于周，自夜不寐"④。在他死后，果然就发生了武庚、管、蔡之乱，"周公、召公内弥父兄，外抚诸侯"，"临卫政殷""降辟三叔"，"凡所征熊盈族十有七国"，又作"新邑"于"东国洛"，"俘殷献民，迁于九里"⑤，这才加强了对殷贵族的控制，并把东夷地区变成周的直辖领地。但是，失败者从东方、南方发起的反扑从未停止，而西部则有"猃狁方兴，广伐京师"⑥，其他支系的戎、狄肆行横暴的情况也不绝于书。自成王伐录，至宣王伐淮夷，伐徐方，伐楚，伐条戎、奔戎、申戎、姜氏之戎⑦，等等，周之诸王何曾宁息？其中，康王时，"东夷大反"，王命"伯懋父以殷八师征东夷"⑧；"昭王南巡狩不返，卒于江上"，"丧六师于汉"⑨；厉王时，噩侯驭方导淮夷入侵，至于"阴阳洛"⑩，王命"伐噩侯驭方，毋遗寿幼"⑪；都是搅动天下的大事。西周后期，"猃狁孔棘"，竟使"靡室靡家"、"不遑启居"⑫。如此不懈攻取，努力拼杀，结果却是宣王尽"丧南国之师"，"及幽王乃废灭"⑬，足见周人一边"假威鬼神"，一边"阻兵

---

① （清）孙诒让：《周礼正义》，中华书局 2013 年版，第 1578 页。

② 《礼仪·王制》。

③ 《逸周书·世俘解》。

④ 《史记·周本纪》。

⑤ 《逸周书·作雒解》。

⑥ 多友鼎（《集成》2835）。

⑦ 大保簋（《集成》4140）、《诗经·大雅·江汉》、师寰簋（《集成》4313）、《诗经·大雅·常武》、《诗经·小雅·采芑》、《后汉书·西羌传》、《左传》桓公二年、《后汉书·西羌传》、《国语·周语上》。

⑧ 小臣謎簋（《集成》4238）。

⑨ 《史记·周本纪》《竹书纪年》。

⑩ 敔簋（《集成》4323）。

⑪ 禹鼎（《集成》2833）。

⑫ 《诗经·小雅·采薇》。

⑬ 《国语·周语上》。

而保威","杀伐以要利"①，坚持以祀与戎作为"国之大事"②，实由形势所迫，不得不然。

"夏启有均台之享，商汤有景亳之命，周武有孟津之誓，成有岐阳之蒐，康有酆宫之朝，穆有涂山之会"③，夏、商、西周一脉相承，流行会盟政治，并渐渐凝固为"五年四王，一相朝"。对于此语，古人约有两解，或是指诸侯于五年之间"四聘于王"，一次互聘；或是指五载中天子"一巡狩，诸侯四朝"④。不管是巡狩，是朝王，还是互聘，需要铺排的事物都不简单。天子巡狩，"居则张容，负依而坐，诸侯趋走乎堂下"，出则"三公奉轭、持纳，诸侯持轮、挟舆、先马，大侯编后，大夫次之，小侯、元士次之，庶士介而夹道，庶人隐窜，莫敢视望"⑤。即便是诸侯相朝，也会提前"平易道路""墁馆宫室"，待到"宾至"，则由"关尹以告，行理以节迎之，候人为导，卿出郊劳，门尹除门，宗祝执祀，司里授馆，司徒具徒，司空视涂，司寇诘奸，虞人入材，甸人积薪，火师监燎，水师监濯，膳宰致饔，廪人献饩，司马陈刍，工人展车"，必使"车马有所，宾从有代""宾入如归"⑥。在早期国家阶段，要将此类活动组织好，需要动员不少人力，应该是很不容易的。

在古老的部落社会中，早就存在自然形成的道德规范和与之相应的公益劳动，它靠传统习俗维持，在文献中常被称为"先王之教"。"雨毕而除道，水涸而成梁，草木节解而备藏，陨霜而冬裘具，清风至而修城郭宫室"⑦，什么时候该干什么，看看天上的星星和地上的物候变化，人们就明白了，自己

---

① 《吕氏春秋·诚廉》。

② 《左传》成公十三年。

③ 《左传》昭公四年。

④ 《国语·鲁语上》，韦昭注：贾侍中云："王，谓王事天子也。岁聘以志业，间朝以讲礼，五年之间四聘于王而一相朝。相朝者，将朝天子先相朝也。"唐尚书云："先王，谓尧也。五载一巡守，诸侯四朝。"《左传》庄公二十三年记此制曰："诸侯有王，王有巡守。"似以唐尚书说为是。

⑤ 《荀子·正论》。

⑥ 《左传》襄公三十一年，《国语·周语中》。

⑦ 《国语·周语中》。

就会参与进去，习惯性地干起来。到西周时期，国家政权深入到基层，"先王之教"也向"周制"演变，并被加入了诸如"列树以表道，立鄙食以守路"和在边境上派驻"候望之人"等内容①，从而使政府需要处理的"政事"日益复杂。

更重要的是，作为西周统治者的上层贵族都已脱离生产，解决他们的衣食住行所需便成为当务之急。而且，天子还具有神性，负有沟通天地的责任，单单"势致重"是不够的，还必须使其"形至佚""心至愉""志无所屈""形不为劳"，这样，才能凸显出"至尊无上"。为此，他的衣被要"服五彩，杂间色，重文绣，加饰之以珠玉"，他的食饮要"重大牢而备珍怪、期臭味"，平时即击鼓而食，歌雍而撤，遇有大祭，由于相信"鬼犹求食"，献神的粢盛自然更加丰备，侍立于西厢、预备奉进祭品的人常多至上百。②诸侯及重臣的威势虽逊于天子，但也过着钟鸣鼎食的生活，并同样要把他们主持的祭祖活动搞得既盛大又有排场。他们懂得，只有"以昭事神"，才能"训民事君"③，人们如果习惯了威仪上的差等，"散、迁、懈慢"之类的不顺不敬之举就无由发生了。于是，等级待遇和物质享受都被赋予了宗教和政治内涵，不管怎样浪费、怎样繁缛，执政者都会不厌其烦地坚持做下去。

那么，政府如何组织人力、物力，才能应对如上所列的诸般事物呢？现在，有的学者仍在儒家典籍中爬梳，间或以卜辞或铜器铭文为据，以期恢复周制，认为这些据说已被他们证实了的制度就是当时的应对之策。甚至暗示，周公等人起初确曾做过详明的政治设计。其实，早期历史上的制度多源自传统，圣君贤相的作用仅在于对传统有所剪裁和取舍而已。依笔者浅见，周人在政治上只是利用和发展了传统的服制。因为做到了"通达之属，莫不从服"④，才使得整个国家机器得以正常运转。而由儒家在"礼崩乐坏"之后

① 《国语·周语中》。

② 《荀子·正论》。

③ 《左传》文公十五年。

④ 《荀子·儒效》。

根据残篇断简编织的所谓周制则是主观的和非历史的，已带有规范化和理想化的成分，不能一概采信，目为实录。

服字在甲骨文作"𦥑"，金文作"𦦙"，像用手按跪踞之人，或谓推踞人于盘，强使其捧盘执役，实为迫令做事之会意。故《诗经》郑笺、《礼记》郑注、《山海经》郭璞注、《史记正义》、《楚辞》王逸注及《尔雅·释诂》等，皆谓："服，事也。"[1] 引申为"服事"或"所服之事"。多数的"事"必须调集人力始能完成，但有的也可令人分头从事，最后献纳制成品或各地土产。于是，事在一定情况下就会转化成贡，或者说"服"原本就包括事和贡两部分。

服制的产生与早期人类向巫师提供服务与馈赠相关。事实上，它的根子还深植在家族组织中，或者说，血缘性的大家族更是服制存在的社会基础。周人是一个典型农业部落，发祥于秦岭北麓的黄土地带，那里土质疏松，土壤有"自我加肥"的能力，适合旱作农业的发展，同时却又面临着生产工具落后、自然环境险恶和灾害频发等困难，在这样的条件下从事开发和种植，既需要深谋远虑，需要尊重老人的经验，更需要凭借集体的力量。因此，现成的家族团体便获得了持久的生命力。另外，灾害的普遍性、危害性和不可预测性还会增加人的恐惧心理，累积而成恐惧人格，进而导致对权威的依赖和对族内秩序的崇拜，其结果必然会强化家长的地位，使其由生产及其他活动的组织者、领导者，变成家族财产和家族成员人身的支配者。而家族成员必须屈从他的意志，供其驱使，为之奔走，无偿奉献劳动成果。这种被概括为"有事弟子服其劳"的传统奴役形式，周人最为熟悉，也最为认可，它被当作周初实施统治的蓝本，就成了再自然不过的事情。还需指出的是，在早先"家为巫史"的时代，家族长和巫师往往是合一的，供养巫师和供养家长在本质上并无区别，所以，从一定意义上看，我们毋宁说服制出于一源。

---

① 袁珂：《山海经校注》，上海古籍出版社 1980 年版，第 48 页；（东汉）王逸注，黄灵庚点校：《楚辞章句》，上海古籍出版社 2017 年版，第 78 页。

　　由于受到统治阶级重视，服制在西周很快走向普遍化，由族内推及族外、由国推及于野，实现了全覆盖，形成了"自西自东，自南自北，无思不服"的好局面。所谓"成康之治"，在本质上无非是指大部分地区都接受了服，暂时不需要用刑了。

　　中国文明起源的路径是"先转化，后排挤"，即先把原始时代血缘性的家族保留下来，使之转化为公共权力机构，然后才由地缘关系、政治关系、财产关系逐步排斥和取代血缘关系。① 随着周王室由王族家室向国家政权过渡，依照"有事弟子服其劳"的传统，族人很自然地分担各类职事，"奔走于王家"，甘心接受驱使。故周王凡有大事，便辄呼"伯父、伯兄、仲叔、季弟、幼子、童孙，皆听朕言"②。在灭殷、东征及历次战争中，周之子弟带领本族向外开拓，充当了武装殖民的急先锋，受封后成为一方的屏藩。因能发挥"为王捍卫""为王者斥候"的作用而被称为卫服、侯服，实为替朝廷服军事劳役。③ 除亲率其师"以承天子"和战后"献俘""献器"外，周王还要求他们"不忘旧服"，命令他们"更厥祖考服"，如继续承担某一方面的事务，按时参加祭祀和朝会，并"差国大小"接受分派的"贡职"，提供日祭、月祀、时享之品及天子所需等。④《尚书·洛诰》曰："汝其敬识百辟享，亦识其有不享。享多仪，仪不及物，惟曰不享。""百辟"指诸侯，"物"指"庭实"，又叫"壤奠"，享而有物，说明享本质上已是一种纳贡形式。就这样，原行之于王朝的服制便被带往各地，推广到远方。

　　诸侯为王之子弟，故而"奔走于王家"，服事于王；卿大夫为诸侯之子弟，就得"奔走于公家"，服事于诸侯。依此类推，形成了"王臣公，公臣大夫，大夫臣士"⑤，"士有隶子弟"⑥。从宗法的角度看，可谓之大宗以小宗为

---

①　汪连兴：《荷马时代·殷周社会·早期国家形态》，《社会科学战线》1994 年第 5 期。

②　《尚书·吕刑》。

③　黄怀信、张懋镕、田旭东：《逸周书汇校集注》，上海古籍出版社 2007 年版，第 992 页。

④　徐元诰：《国语集解》，中华书局 2002 年版，第 7 页。

⑤　《左传》昭公七年。

⑥　《左传》桓公二年。

臣，小宗服事大宗。臣本为奴隶之名，在父权家长制之下，子弟受尊长的绝对支配，在父兄面前，与奴无疑，故称之为臣。他们或"日恪位著，以儆其官"，或"执干戈以卫社稷"，分任朝聘丧祭中的各类职事和保境安民的责任，渐渐转化为各国公廷之臣属，而臣之名亦遂有了臣僚之义。由此可知，服制不仅被周人带到了远方，而且成了武装殖民以后在各地建国立家的基本架构和统治模式。汉人服虔解释"士有隶子弟"时说："士卑，自以其子弟为仆隶"①，《礼记·少仪》又提道："问士之子长幼，长，则曰：能耕矣；幼，则曰：能负薪，未能负薪。"郑玄注："士禄薄，子以农事为业。"②据此，有人认为由服制转化而来的僚属系统仅止于士。其实，由于上古尚无足够的公务人员从农业中分化出来，保障政府正常运转的许多具体事务仍要落到士的子弟身上。他们平时经营家族占有的土地，遇到重要的场合，又在家族长的带领和指挥下服役，成为文献所谓的"庶人在官者"。

不单如此，周人更将服制强加于被征服者。古时的中国既地域辽阔，又部族众多，将敌对者尽行屠杀或俘获便很难实现。于是，"服之而已"成了周人开疆拓土的主要政策和手段，也可视作他们成功的秘诀。周人分封，重在"授民授疆土"，所授之土，即新占领的土地；所授之民，则为随迁的被征服者和封地上的土著。其中一部分可以安置在国中，并成为国人，如鲁之殷民六族、卫之殷民七族、晋之怀姓九宗等，但前提是必须"比事臣我宗多逊"③，严格按照规定承担劳役和政事④；而其余大量的则是仍留居于原地，辟处在野，被看作野人。他们更被强制要求"即命于周"，职事于封主⑤，如有"不用我降尔命"者，"我乃其大罚殛之"⑥。如据《诗经·大雅》的《崧高》和《韩奕》两篇可知，土著的谢人要为申伯筑城，北方的燕众除为韩侯筑城

① 刘文淇：《春秋左传旧注疏证》，科学出版社1959年版，第78页。
② （清）阮元：《十三经注疏》，中华书局1980年影印版，第1513页。
③ 《尚书·多士》。
④ 《尚书·多方》。
⑤ 《左传》定公四年。
⑥ 《尚书·多方》。

外，还要为其挖掘沟渠，整治土田，贡献狐狸、赤豹、黄熊的皮张。而像西周铜器中方鼎（《集成》2785）铭文"入使锡于武王作臣"的褊人，兮甲盘（《集成》10174）铭文中既"出其帛""其积"，即丝织品和粮食，又"进人"承担劳役的南淮夷等，都是在军事高压下被新纳入服制范畴的国族。文献谓其"以服事诸夏"①，应该理解为他们都以接受"服"的形式被迫臣事了诸夏。而曾"陷虐我土"，直到西周后期才低下头来的南夷、东夷二十又六邦，则干脆被称为"服子"②，说明当时的基本做法就是沿袭和延伸"有事弟子服其劳"，用"仿族"组织不断对新旧属民进行编联，尽可能地扩大"服"的覆盖面，将国人、野人统统网罗于其中，以便控制更多的劳力和资源。周代出自四夷的诸侯多列为子爵，所谓子者，已是王之假子也。

由于商品经济微弱，社会分工不发育，政府及贵族所需的一切物品和服务都得仰赖于直接的力役和贡纳。举凡"耕籍田""生九谷""毓草木""供车服""筑城郭""缮宫室""作山泽之材""养蕃鸟兽""化治丝枲""牧牛""圉马"，"积薪""守燎"，乃至"膳羞割烹""饭米熬谷""设几布席""进奉酒浆""涤濯器用"，等等，都会成为下层国人和野人无可逃遁的沉重负担。摊派什么职事，要看与统治者有无血缘关系及血缘关系的远近，看臣服的早晚及熟化程度，也会考虑服役各族的经济特色及技术专长。这样一来，所服为何事，即体现着政治地位的高低，地位高的可以支配地位低的，地位低的必须服从地位高的，久而久之，与国中的"王臣公，公臣大夫，大夫臣士"相续，又派生出"士臣皂，皂臣舆，舆臣隶，隶臣僚，僚臣仆，仆臣台，马有圉，牛有牧"，并渐渐固化为贯通国野的社会等级。随着服役事务的日增和复杂化，贵族成为某类差役的指挥者和管理者，所任之事会被视作官职。但若追根溯源，则必须承认，大夫、士"日恪位著，以儆其官""执干戈以卫社稷"是服，"庶人工商各守其业，以共其上"也是服，甚至"诸侯春秋受职于王，

---

① 《左传》僖公二十一年。

② 㝬钟（《集成》00260）。

以临其民"，天子"崇立上帝、明神而敬事之"①，都应从服制的角度去理解，只是他们所服事的对象层级更高而已。"天有十日，人有十等，下所以事上，上所以共神。"② 只有"国有班事、县有序民""上下有服""以待百事"，西周的国家机器才能运转，并形成"都鄙有章"的秩序型社会。儒家用五服或九服概括服制③，试图勾勒西周的政治架构，固然有一定的史料价值，但却整齐划一，存在人为加工痕迹，又处蛮夷戎狄于最外围，与当时各族仍犬牙交错于中土的事实严重不符，代表的是战国人的历史观。更重要的是，他们只讲诸侯之服，并将公、侯、伯、子、男系列化，造成服制与五等爵制及分封制等同的错觉，遮蔽了内外、上下、国野人皆有服的历史真相，这是必须纠正的。

第五节　国野关系的特征

由上节可知，周人曾用不断扩大服的办法控制广土众民。若从空间上观察，西周以"服"为核心的统治和剥削是沿着三条途径发展起来的。

第一条途径产生于天子与诸侯之间。《左传》昭公十三年，叔向曰："明王之制，使诸侯岁聘以志业，间朝以讲礼，再朝而会以示威，再会而盟以显昭明。"《国语·鲁语上》，曹刿也说："先王制诸侯，使五年四王，一相朝。"春秋人因事立言，以服务于当时，所言制度未必尽是，但《尚书·康诰》等篇都有"侯甸男邦，采卫百工，播民和见"的记录，可知朝会之制虽不可详求，而朝会的存在却毋庸置疑。朝会的目的在政治上是"正班爵之义，帅长幼之序，训上下之则"，在经济上是"制财用之节"，据《鲁语》韦昭注，

---

① 《国语·周语上》。

② 《左传》昭公七年。

③ 《国语·周语上》祭公谋父所言及《周礼·职方解》所记，可分别代表五服说和九服说。

"制财用之节"，就是"牧伯差国大小使受职贡"①。子产在与晋人"争承"时说："昔天子班贡，轻重以列。列尊贡重。"②显然，西周诸侯对王室负有纳贡的义务，而且贡品数量也有等差的规定。《尚书·洛诰》曰："汝其敬识百辟享，亦识其有不享。享多仪，仪不及物，惟曰不享。""百辟"指诸侯，"物"指庭实，又叫壤奠。享而有物，说明朝享在本质上已变成纳贡的一种形式。《仪礼·觐礼》："庭实惟国所有。"则诸侯的职贡主要是进献封域土地之所产。《诗经·小雅·大东》："大东小东，杼轴其空。"毛序曰："刺乱也，东国困于役而伤于财，谭大夫作是诗以告病。"③如从是说，谭国职贡中就有丝麻等织物。《左传》僖公四年，管仲责楚以"尔贡苞茅不入，王祭不供，无以缩酒"。楚于周成王时立为诸侯，朝会中职司守燎，其列卑微，所贡相应亦轻，只是些漉酒和祭祀用的菁茅。僖公五年，晋灭虞，而"归其职贡于王"。虞国所贡不知为何物，但晋国不废其职贡，反映纳贡之制十分牢固。《尚书·无逸》提到文王不敢"以庶邦惟正之供"而"盘于游田"④。《国语·郑语》提到先王均"求财于有方"。看来，因诸侯的职贡关乎王室的各种直接需要，它在高级贵族的生活中，大概早已起着举足轻重的作用。西周广建诸侯是为了"树屏"，所以在诸侯的职司中，除纳贡之外，还有最重要的一项，就是随从征伐。《国语·鲁语下》，叔孙穆子曰："天子作师，公帅之，以征不德；元侯作师，卿帅之，以承天子。"金文中，所记征伐甚多，如明公簋（《集成》4029）："王命明公遣三族伐东国。"班簋（《集成》4341）："王命毛公以邦冢君、徒驭、职人伐东国痟戎。"彔尊（《集成》5419）云，王命戍与"成周师氏"戍淮夷等，都是公侯秉命出师的例证。而战争中的俘获，也常需献之于王庭。小盂鼎（《集成》2839）等铜器都记有献俘的场面，《左传》昭公十五

---

① 徐元诰：《国语集解》，中华书局 2002 年版，第 145 页。

② 《左传》昭公十三年。

③ （清）阮元：《十三经注疏》，中华书局 1980 年影印版，第 460 页。

④ 《无逸》的原文为"文王不敢盘于游田，以庶邦惟正之供"，据曾运乾解释，此处为倒语，犹云文王不敢以庶邦惟正之供盘于游田。见《尚书正读》，华东师范大学出版社 2012 年版，第182 页。

年，周景王宴请晋荀跞时"樽以鲁壶"，并谓荀跞曰："伯氏，诸侯皆有以镇抚王室，晋独无有，何也？"诸侯所"镇抚王室"者，想必都是被视为"重器"的战利品。故籍谈代荀跞回答景王时才说："晋居深山，戎狄之与邻，而远于王室。王灵不及，拜戎不暇，其何以献器？"言下之意，谓晋国先世弱小，缺少胜利的战争，即使没有"献器"，也无可深怪。这番对话透露出，只有献俘、献器，才符合周代本来的通例。献给天子的俘虏和器用财贿固然有一部分曾用于颁赐臣下，但大量的无疑是落入了王室的手中。从朝会、纳贡、从征、献器等节分析，诸侯对周王的臣属关系已经确立，再把西周的社会结构看成是一种纯粹的部落联盟或城邦联盟，就相当不够了。而既纳贡又承担军事劳役，正是诸侯之"服"的基本内容。

　　第二条途径可以求之于王国及各诸侯的国中。居国家族的家长们均握有支配子女、亲属和家族财产的权力，所谓的家族财产，除却器用财贿，还指具备奴隶身份的臣妾。这样，在每个家族内部，都包含有家长制的奴役和剥削，便已显而易见。此外，由于政治关系和宗法关系的双重制约，所有的家族又以不同的形式，分别从属于王室或公室。《左传》襄公十年记伯舆属大夫瑕禽之语曰："昔平王东迁，吾七姓从王，牲用备具，王赖之，而赐之骍旄之盟，曰：世世无失职。"瑕禽提到的"职"即"贡职"或"职事"，此七姓为王豢养祭祀所需的牺牲。可见以纳贡或劳役形式出现的剥削，同样存在于国中。周初分封鲁、卫，曾赐予殷民六族、殷民七族，其中擅长手工业者居多，可以推测，向两国公室提供手工制品，或轮番到官府手工作坊中去服役，大概便也成为该等家族世代承袭的职。在《尚书·费誓》中，鲁侯诫国人曰："嗟，人无哗，听命。徂兹，淮夷徐戎并兴。善敹乃甲胄，敿乃干，无敢不吊。备乃弓矢，锻乃戈矛，砺乃锋刃，无敢不善。"又曰："甲戌，我惟征徐戎，峙乃糗粮，无敢不逮。""熊罴之士"执干戈以卫社稷，士之子弟充徒兵或服军事劳役，甲胄、干戈、糗粮等也均由各家族自备，这一切的综合因与军事相关，后世注家皆称之为赋，实际就是西周国人的"服"。《诗经》大、小雅中有不少篇章是征夫们幽怨的悲歌，说明到西周中、后期，以军事劳役为形式的"服"已经成为加在国人身上的一项沉重负担。除军事劳役，由国人承担的"服"还包括更加琐细的"事"。《尚书》一书屡屡提到"御事""百执事""庶士御事""御事小子"，中方鼎（《集成》2751）和中甗（《集成》0949）铭文中的中专职为王张设行屋；员方鼎（《集成》2695）铭文中的员在王狩猎时为王"执犬"。令鼎（《集成》2803）中的祭仲为王驭，令及奋"先马走"，匡卣（《集成》5423）铭文中的匡为王抚象乐；师毁簋（《集成》4324—25）和辅师毁簋（《集成》4286）铭文中的师毁司铺与钟鼓；大鼎（《集成》2807—08）铭文中的大"以厥友"守卫于王宫门外等，都应属于不同的"事"。各家族的家长作为下级贵族，"奔走于王家""奔走于公家"，职司百事，原本是代表家族为王室、公室服役，但随着西周政权机构的成熟和扩大，由贵族所服的役从根本上开始发生了变化。一方面，有的"事"已经脱尽了服役的性质，而成为政府的官职，《尚书》常以"百尹御事""少正御事""有正御事"连言，尹和正都是官长之称，与事之间就有明显区别。另一方面，某些职掌虽仍保留"事"的名义，却大多已不必贵族亲履，贵族在服此"事"时，仅仅充当该项工作的管理人。和身为家长的贵族们不同，各家族普通成员所服的事却很快演化为带有真正剥削性质的劳役。《国语·周语上》，仲山父在讲到"古者不料民而知其少多"时说："于是乎又审之以事，王治农于籍。蒐于农隙，耨获亦于籍，狝于既蒸，狩于毕时，是皆习民数者也。"据此，下层国人至少要任籍田上的劳作和参加四时的蒐狩。事实上，仲山父所举，也仅是各种"事"中的大端。《周语中》，单襄公述周之《秩官》曰："敌国宾至，关尹以告，行理以节逆之，侯人为导，卿出郊劳，门尹除门，宗祝执祀，司里授馆，司徒具徒，司空视涂，司寇诘奸，虞人入材，甸人积薪，火师监燎，水师监濯，膳宰致饔，廪人致饩，司马陈刍，工人展车。"一次迎宾活动就关涉如许之多的"事"，"事"之繁复大体可以想见。文中的侯人、甸人、虞人、廪人、火师、水师等都是主管的小官或负责该项劳役的头目，具体践履其事者身份比较复杂，可能包括奴隶和调集于野的徒役，但也有不少应来自国中各家族。《国语·晋语》还提道："戚施直镈，蘧蒢蒙璆，侏儒扶卢，蒙瞍循声，聋聩司火。"可见在"服"的大网下，即便是残疾人，也无法逃脱劳役的剥削。至于像"童昏、嚚喑、僬侥"之类的"官师之所不材"者，因实在派不上用场，可能就会被逐出国中，"以实裔土"了①。由于家族上下以至于奴隶，都在王室、公室中承担有各种的"事"，楚之芋尹无宇才说："天有十日，人有十等。下所以事上，上所以共神也。故王臣公，公臣大夫，大夫臣士，士臣皂，皂臣舆，舆臣隶，隶臣僚，僚臣仆，仆臣台，马有圉，牛有牧，以待百事。"② 这种把人区别为十等的做法被芋尹无宇看作是周之"古制"，它促成了社会等级的划分，但最初却是指人们在服"事"过程中的上下从属关系。在西周，国是王及诸侯的直接统治区，所以，国中以贡、役、事为内容的"服"，对王室和各国公室来说，便有相当的重要性。

第三条途径才关乎国和野，这是本书论述的重点，因此，笔者打算从不同的角度来谈谈国、野关系上的几种特征。

一、多样性

西周时期国对野的统治关系主要是凭借征服建立起来的。但由于中国幅员辽阔，活动在同一历史舞台上的古代部族多到不可胜数，而周族自身原本又系小邦，据专家估算，其全部人口最初不过区区十万③，这就不能不使他们的征服能力受到局限。所以，征服固不可少，若反过来把征服视为唯一形式，则又显得有些绝对。大约距今380年前，居住在云南高黎贡山以西的俅族（独龙族史称）和该地怒族发生了纳贡关系，关于事情的经过，在两族人民中，就流传着一个耐人寻味的说法：怒族第四代祖先敢哄当与一俅人相遇于山上，各自取出食物，举炊共餐，一方所带的是荞面粑粑，一方所带的是辣子生姜。餐后共同提出交换籽种，并相约先砍一码柴，再分头回家去取，

---

① 《国语·晋语四》。

② 《左传》昭公七年。

③ 童书业：《春秋左传研究》，中华书局2006年版，第277页。

谁先返回，点燃柴堆，谁就做对方的主人。聪明的敢哄当没有回家，只在附近采了些野荞，立即返回聚会地点，于是怒族成了主人，俅人成了怒族的百姓，世代相承向怒族纳贡。① 完全相同的例子在西周史上也许难以找见，而故事本身却带给我们一个十分重要的启示：宋为亡国之余，尚自称"我于周为客"②，许多自然长成的国家，如陈、杞、祝、蓟等，周均加以封号，承认其诸侯地位，对于野中孤立分散的共同体，应该也不会一一假手于武力。《国语·周语上》中祭公谋父谏穆王征犬戎，提道"有刑罚之辟，有攻伐之兵，有征讨之备，有威让之令，有文告之辞"。可见统治野中部族的办法原有多种。照祭公谋父看来，假如"布令陈辞而又不至"，也须"增修于德而无勤民于远"，据说只有如此，才能使"近无不听，远无不服"。这大概正是西周在长期处理国、野关系的过程中，总结出来的一种经验。西周末年，郑桓公徙国于东，与同迁的臣服部族订有盟誓，曰："尔无我叛，我无强贾，毋或匄夺。"③ 而对久居谢、郑之间的野人，则依史伯的建议，也仅只"更君而周训之"，以期"易取"和"长用"④。上述情况都说明，在考虑国、野关系时，单单着眼于征服是不够的。

即使是征服，根据敌对部族的抗拒程度，最后也会导引出不同的处理方式。《左传》宣公十二年，郑伯对楚庄王曰："孤不天，不能事君，使君怀怒以及敝邑，孤之罪也，敢不唯命是听！其俘诸江南，以实海滨，亦唯命；其翦以赐诸侯，使臣妾之，亦唯命。若惠顾前好，徼福于厉、宣、桓、武，不泯其社稷，使改事君，夷于九县，君之惠也，孤之愿也，非所敢望也。敢布腹心，君实图之。"文中说的"俘诸江南"，就是迁邑，意谓俘虏郑伯之族而置诸楚境，亦犹越王勾践欲徙吴王夫差于甬东。"翦以赐诸侯，使臣妾之"

---

① 《民族问题五种丛书》云南省编辑委员会：《怒族社会历史调查》，云南人民出版社1981年版，第52页。

② 《左传》昭公二十五年。

③ 《左传》昭公十六年。

④ 《国语·郑语》。

谓灭亡郑国，而分赐诸侯，使郑国之人，男为人臣，女为人妾。"使改事君，夷于九县"，其基本含义是愿服楚变为臣属，至于楚国县制若何，九县究有哪些，抑或仅是虚数，此皆无关宏旨。郑伯谈到的几种办法，虽据春秋时事立说，但其渊源所自，却应在西周。《尚书·多方》曰："尔乃惟逸惟颇，大远王命，则惟尔多方探天之威，我则致天之罚，离逖尔土。"逸，放也。颇，邪也。探，试也。探天之威，犹云以身试法。"离逖尔土"，就是强使多方中的顽固派脱离原地，邑于他处，以便加以奴役。宜侯夨簋铭记穆王改封虞侯夨于宜时，曾"赐郑七伯，厥盧□又五十夫"。"□又五十夫"应当是"千又五十夫"。"盧"郭沫若定为旷[①]，唐兰以为即庐字，并谓"庐在田野，小人所居，与旅相通，故这种小人也可称为庐或旅"[②]。据此，该铭便可理解成是将原居郑地，而分别由七个首领统帅的野人赐给夨，并由他迁置于宜。一般来说，此种处理办法，还只是迁徙，并不拆散被迁者的氏族或家族组织，故宜侯夨簋铭先言七伯，后言在其统帅下，共有多少劳动力。所谓夫，仅指青壮男丁，加之妇幼老弱，自又远远超过千余。禹鼎（《集成》2833）铭文记王命西六师、殷八师"撲伐鄂侯驭方，勿遗寿幼"。既是"勿遗寿幼"，恐怕就要"剪丧其国"了。小盂鼎（《集成》2839）详述盂在伐鬼方后向王献俘的场面，从中可以看出，战争中俘获来的酋首在审讯后，均被处死，而普通人民则同车马牛羊一起，按品驱入。郭沫若曰："凡所驱俘者，均已品定也。"[③] 小盂鼎的品，可能是按年龄、强弱或技能重新划分的等次。与邢侯簋（《集成》4241）以"三品"指代三族的用法有所不同。在这种情况下，战俘们原有的族，显然已经无从保持。禹鼎中的禹参加了伐噩的战斗，并获"厥君驭方"，驭方在被俘后如何处置，铭文失载，参以小盂鼎，估计也会遭到屠戮。而"勿遗寿幼"，一则应指战场上可以尽情杀伐，一则大概又包含尽

---

① 郭沫若：《夨簋铭考释》，《考古学报》1956 年第 1 期。

② 唐兰：《宜侯夨簋考释》，《考古学报》1956 年第 2 期。

③ 郭沫若：《两周金文辞大系图录考释》（二），载《郭沫若全集》考古编第八卷，科学出版社 2002 年版，第 93 页。

行虏略人口之意，噩侯既死，他的人民同样会遭到按品驱入周邦的厄运。该种被驱入的战俘，没有血缘团体可资凭借，很自然地要转化为单身臣妾，或受王室、公室直接奴役，或被王、公用以颁赐臣下。单身臣妾若经婚配，又可构成新型的家。金文中有关于司某宫臣妾、司我家臣妾和赐臣妾若干家的记录，单身及按家计算的臣妾，大多应是被俘之人或其后裔。至于被征服后仍留处原地，只同王室或各国建立臣服关系的，其例更多。如据宗周钟(《集成》260）所记，南国𠬝子等族曾侵及周，周人“敦伐其至，䵼(扑）伐厥都”，于是𠬝子遣使来迎昭王，“南夷、东夷具见，廿又六邦”。𠬝子及同盟各邦便没有被“剪丧”，也没有“离逖”其土。中方鼎（《集成》2785）铭提到“兹褔人入事易于珷王作臣”，“入事易”依郭沫若说，当读为“纳使锡”，犹言遣使入贡。[①] 说明褔人在被征服后也只是变成了武王的臣属。

国、野关系的建立既不单凭征服，而征服之后又会产生不同的结果，那么，国对野的统治和剥削方式自然也应多种多样，不能等量齐观。臣妾执役于王室、公室，或分隶于各家族，随主人居于国中，已脱离了野人的范畴，暂可置之不论。单以仍旧滞留在野者来说，情况就很复杂。前引中方鼎有“兹褔人入事易于珷王作臣”，“入事易”就是遣使入贡。兮甲盘（《集成》10174）：“王令甲政司成周四方积，至于南淮尸，淮尸舊我帛晦人，毋敢不出其帛、其积、其进人，其贾毋敢不即次即㞢。”“帛晦人”犹言纳贡之人，“其积”杨宽先生证以《载芟》诗“其实积积”和《良耜》诗“积之栗栗”，认为是指积储粮食，“即”则谓必须把粮食送到规定的仓库。[②]《国语·周语上》记载穆王征犬戎，“得四白狼，四白鹿以归”。韦昭注“白狼、白鹿犬戎所贡”[③]。《诗经·大雅·韩奕》记有追、貊等族向韩侯“献其貔皮，赤豹黄罴”。《国语·鲁语下》中仲尼曰：“昔武王克商，通道于九夷、百蛮，使各

① 郭沫若：《两周金文辞大系图录考释》（二），载《郭沫若全集》考古编第八卷，科学出版社2002年版，第50页。

② 杨宽：《西周初期东都成周的建设及其政治作用》，《历史教学问题》1983年第4期。

③ 徐元诰：《国语集解》，中华书局2002年版，第9页。

以其方贿来贡，使无忘职业，于是肃慎氏贡楛矢、石砮。"所有这些，以其形式都应属于贡纳，为"服"的主要内容。只是不同部族的野人，所承担的贡品在数量和种类上却有差异。《诗经·鲁颂·泮水》提到"憬彼淮夷，来献其琛，元龟象齿，大赂南金"，似淮夷传统的贡物不光是粮食，还有各种当地所出的珍异和矿产。总体来看，西周淮夷贡重，与远方的肃慎氏相比，简直不可同日而语。在唐代，羁縻府州的番族酋长定期向朝廷进呈少量方物土产，以作为臣服和隶属的象征①，肃慎氏贡以矢砮，大约也只是一种在政治上服其威德的表示。至于犬戎、追、貊，纳贡或已带有剥削色彩，但其量仍较轻微，可见贡纳自身并不平衡，同一种剥削形式内也可呈现出一定的多样性。从上述材料看，贡物既是各地的土产，又是统治者生活的必需品。此即所谓"制其贡，各以其所"②。云南布朗族村寨，他们每年根据土司的指定，上缴自产的芝麻油、黄蜡、棉花等。③傈僳族在取得对怒江地区的统治权时，因本民族还不会编竹器，就要怒族百姓每年每户交纳簸箕三只，山老鼠干三串，水酒三瓶。④ 这说明在阶级社会的初期，各民族统治者都是通过直接索取各种贡品，来满足自己的具体需求。

除去贡纳之外，野人还需要替贵族服役，而服役的内容和形式也各有不同。前引兮甲盘，淮夷的负担中还有"进人"一项，所谓"进人"，就是提供服役的劳动力。"进人"时必须"即次"，次字可以理解为军次，也可以理解为指定的服役地点。《诗经·大雅·崧高》谓王命申伯"因是谢人，以作尔庸"，《韩奕》谓韩侯"奄有北国，因以为伯，实墉实壑，实亩实籍"。考虑到两诗均是描写诸侯立国时的情景，故庸和壑大概应指征调野人来服筑城和挖沟之类的工程劳役，而亩与籍则可能指为贵族垦辟荒地，以治为农

---

① 林超民：《羁縻府州与唐代民族关系》，《思想战线》1985 年第 5 期。

② 《逸周书·职方解》。

③ 《民族问题五种丛书》云南省编辑委员会编：《布朗族社会历史调查》，云南人民出版社 1982 年版，第 17 页。

④ 《民族问题五种丛书》云南省编辑委员会编：《怒族社会历史调查》，云南人民出版社 1981 年版，第 53 页。

田。师毀篹（《集成》4311）铭曾提到，伯龢父命师毀替他管理"西偏、东偏，仆驭百工、牧臣妾"。西偏、东偏犹言西鄙、东鄙，住在这里的野人要到伯龢父家为其驾车、放牧、从事手工和家内劳动。据《史记·秦本纪》记载，秦在立国之前，"居犬丘，好马及畜，善息养之"，于是，周孝王"召使主马于汧渭之间，马大蕃息"。这还是一种服役，但服役者是氏族全体，且不必离开自己的居地。与此类同的例子又见于同篹（《集成》4270），其铭曰："王命同左右吴大父，司易、林、吴（虞）、牧。"易、林、吴（虞）、牧原是几种劳役的名目，指住在荒远地带的野人，要在自己的邑居附近，专职为王室砍伐林木，采集薪樵，捕捞鱼虾，猎取鸟兽，放牧牛羊。吴大父及同则为这几种劳役的管理人。由上述诸例可以看出，分派野人劳役时，考虑到了他们的经济特色和技术专长，此即"制其职，各以其所能"。不妨拿少数民族的材料来稍稍作一点比较。16 世纪，在云南丽江土司木德、木高统治期间，被称为"四山野夷"的各村寨都要承担抬轿、牵马、推磨、养猪、修建、运料等杂派，仅鸣音乡一个三十多户的傈僳族村落，每年就要为土司割一千捆马草。[1] 在傣族景洪召片领及勐混土司的统治下，布朗山各寨均有服役的义务，章加寨每年派人为召片领盖凉台，曼峨寨派人每年为勐混土司服役六个月，职掌割马草、舂米、喂猪、砍柴等。勐干寨专替土司看守界碑、界桩及土司家的楼梯。而傣族领主还往往把牛、马、猪等牲畜放养在山上，让各寨子代为照管放牧。[2] 云南省梁河县丙盖乡有阿昌族聚居，他们向傣族土司龚绶提供的劳役也固定到各寨，如勐科寨为马伕寨，丙岗是伙夫村，荒田为送柴村，拉乱是洗菜庄等。[3] 所举各族社会性质与西周是否一致，另当别论，仅就服役形式的复杂和具体来看，却不能不说其间有着许多的相似之处。

---

[1]　《傈僳族简史》修订本编写组：《傈僳族简史》，民族出版社 2008 年版，第 14 页。

[2]　《民族问题五种丛书》云南省编辑委员会编：《布朗族社会历史调查》，云南人民出版社 1982 年版，第 117—118 页。

[3]　《民族问题五种丛书》云南省编辑委员会编：《阿昌族社会历史调查》，民族出版社 2009 年版，第 58 页。

最后，说一说有没有野人为贵族代耕农田，以及怎样代耕。事实上，《韩奕》诗的"实亩实籍"即使理解为开荒，也已与农事有关了。在大克鼎（《集成》2836）铭文里，王先赐善夫克田于七个地方，又赐予"丼、微、𤔲人"，丼、微、𤔲均部族称号，人与田一起被赐，却又各自单行开列，那七处田土便不像指三族的居地，较大的可能是，丼、微、𤔲人另有居邑，又要到善夫克所得的田上来服农业劳役，相信孟子井田说的人称引"方里而井，井九百亩，其中为公田，八家皆私百亩，同养公田"诸语①，谓中间的百亩公田就是农人的服役处。笔者认为西周个体劳动尚未实现，"家私百亩"根本无从谈起，而国对野的统治又仅在初步推行，并没有条件深入各个邑内，作出那样的整齐规划。所谓农业劳役，顶多类似于西南少数民族中的"派白工"。即贵族所占之田一般由家族成员及家内奴隶负责正常经营，又根据需要随时调集归其所辖的野人参加劳动。因野人的居住地与服役处的距离不等，故须"砥其远迩"，以平均负担。此种推想虽不敢自必，但又以为制度编织得愈详密，便愈加不像是阶级社会初期应有的东西。

西周时，蛮、夷、戎、狄大都保留着氏族组织，而其他的野人则多已分化为比较细小的家族共同体。审视有关材料，我感到，在接受来自国中剥削时，前者虽有各种服役的任务，但大体仍以贡纳为主，后者也有贡纳，所服劳役却更加烦琐。这正反映国对野的控制有一个逐步深化的过程，而剥削形式的多样性和蛮、夷、戎、狄的特殊性，大约也是后世儒家编织五服或九服的一点根据。

二、集团性

清代赵翼在《檐曝杂记》中记载，流官"凡有征役，必使头目签派，辄顷刻集事，流官号令，不如头目之传呼也，傈人见头目，答语必跪，进食必跪，甚至捧盥水亦跪。头目或有事，但杀一鸡沥血于酒，使各饮之，则生死

---

① 《孟子·滕文公上》。

唯命。余在贵西，尝讯安氏头目争田事。左证皆其属倮人，争奉头目所约，虽加以三木，无改语。至刑讯头目已吐实，诸倮犹相视不敢言。转令头目谕之，乃定谳"。这里的倮人乃彝族旧称，头目指彝家的酋首。从赵翼的记述里可以看出，在不同民族间建立直接的统治关系并不容易，没有一个相当长的过渡阶段便难以集事。而在过渡期中，可行的办法只有承认现状，保留被统治者原有的组织结构，加以改造和利用。

西周的发展水平不会高于清代的彝族。生产力低下，个体劳动尚未普遍化，土地私有更未真正出现，个人像蜜蜂离不开蜂房一样离不开集体，无论是国人，还是被征服的野人，最基本的组织细胞仍是家族，甚或氏族。所以，剥削关系只出现在国中的大小宗之间和分处于国野的两种族团之间，统治者根本无法突破狭隘的血缘界限直接针对个人实施奴役，相反，却要利用现成的血缘团体。应该承认，通过战争，确有一部分战俘转化成了"臣妾"，然而，由于国人的数量远远少于野人，故上述转化终究有限，占有较多"臣妾"的也主要是高级贵族，榨取单身奴隶的现象并不流行。而"言语不达"又在一定程度上阻碍着国人把更多的奴隶纳入自己的家族中。这样，从总体上看，国对野的统治便必然要带有明显的集团性。周人治国，尚且要以"大家"达"厥庶民及厥臣"，其治野，也当是先及于各氏族或家族的族长，然后再及于普通的族众。蛮、夷、戎、狄等是以部族为单位进人、进物，自不待言，即使对于其他野人，贵族的任何一项剥削，离开野中的共同体，恐怕也都无法实行。宜侯矢簋提到，"赐在宜王人十又七姓。赐郑七伯，厥卢□又五十夫"。大盂鼎记载："赐汝邦司四伯，人鬲自御至于庶人六百又五十又九夫；赐夷司王臣十又三伯，人鬲千又五十夫。"人们引用此类材料时，往往只注意驭、人鬲和庶人，而有意无意地忽略了七伯、四伯和十又三伯，从而把所赐之人都看成是单身奴隶。郭沫若讲了伯的身份，却简单地认为他们只是贵族派出的监督人，类似于彝族的"管家娃子"①。其实，伯字的原意

---

①　郭沫若：《十批判书》，人民出版社 2012 年版，第 31 页。

是指长子，引申开来，便是家长、族长，在两器铭文中，均指被赐各族的首领。称七伯、四伯、十又三伯是用首领的数目来代表族的多少，同《左传》定公四年所记封赐鲁、卫、晋时称"殷民六族""殷民七族""怀姓九宗"在本质上并无什么两样。而所云"千又五十夫""六百又五十又九夫"等，则是把各族强壮劳力的数量进一步具体化。那种把伯和夫相互割裂的看法是很不妥当的，相反，赐人以族为单位，并先言及伯，正可作为国人通过首领控制野人的有力例证。同样地，邢侯簋（《集成》4241）有"赐臣三品：州人、重人、庸人"。大克鼎有"赐汝井𠂤人，𨾊赐汝井人奔于量"，师西簋（《集成》4288—91）中王命师西"嗣乃祖啻官邑人虎臣，西门夷、𢿛夷、秦夷、京夷、畀身夷新"，称某人、某夷等于就是称某族，在这里，供统治者奴役的也是几个共同体，而不是一些劳动者个人。在散氏盘（《集成》10176）的铭文中，矢"即散用田"时，参加立誓和授图仪式的不仅有矢、散的有司，而且还有豆人的虞、录，原人的虞，㵲人的有司等。矢、散的有司是奔走于贵族家内的公职人员，而豆人、原人、㵲人的有司等便应是矢、散下属各个共同体的首长。

假如再对我国少数民族的情况作些观察，便更容易发现，在血缘关系浓厚的情况下，对于臣服者的统治和剥削通常都针对集体，并要利用被统治各族中的头目作为代理人。如台湾高山族的番社均有土官，大社还有副土官若干。其产生方式是由社内成员每三年或五年通过比武选出，当地称为"托高会"，土官对内依据习惯法制裁决成员间的纠纷，主持集体活动，对外则代表全社向统治者输饷。① 傣族征收负担的办法不是以自然户（个体家庭）为单位，而是以负担户为单位。这些负担户沿自古规，傣语称作"火很"，意为大的房子或大家住的房子，亦即古代家族公社的住处。可证先前曾有过以家族公社为负担单位的情况。② 在云南瑞丽县西北部，阿昌族居住的户撒、

---

① 卢勋、李根蟠：《清代高山族社会经济形态探讨》，《民族研究》1981 年第 6 期。

② 曹成章：《傣族社会的家族公社及其残存的原因》，《民族研究》1984 年第 4 期。

腊撒各村寨中，基层组织首领叫"作借"，可直译为"好儿子"。他负责维持社会秩序，处理寨内事物，统率村寨百姓完纳钱粮，履行土司规定的一切职责。还有一种叫"乌蒙作"的寨老，协助"作借"工作，并受到人们的极大尊敬，可能是源于更早阶段的氏族长老。① 傈僳族在陆续进入怒江地区的过程中，氏族组织逐渐趋于解体，家族及早期村社却仍起着十分重要的作用，其村社头人往往就是村中强大家族的家长，他们称作"实扒"或"搓吾"，负责排解纠纷，公断事务，领导生产，主持祭祀，指挥械斗，并充当男女结婚的证婚人。在土司统治区，则被指派为大、小伙头，出面与外界联络，替土司催缴贡礼。② 布朗山的布朗族是傣族景洪召片领和勐混土司的属民。每年傣历三月棉花收摘后，布朗族头人就领着背运贡物的群众来给土司上贡。寨中头人的住房必须盖得又大又宽敞，以便接待土司派来的属员，供他们住宿之用。③ 17 世纪，黑龙江流域的鄂伦春人同清廷产生了以贡纳为表现形式的隶属关系，一个"乌力楞"就是一个纳贡单位，每年由家长负责把全"乌力楞"应贡的貂皮和其他贵重皮毛交给政府派出的"安达"，有关各"乌力楞"间的共同事物，则由氏族长负责与"安达"交涉处理。④ 各民族早期阶段的历史，原有惊人的一致性，西周的国野关系，应与上述情况大体相似。

　　只是部分学者笃信《周礼》，动辄引用《遂人》职等条目，以为那里说的"五家为邻，五邻为里。四里为酂，五酂为鄙，五鄙为县，五县为遂"，就是周公所立的定制，野人早就按着"夫家"被编织在一套详密而又完备的行政系统中。其实，彼时的野中，氏族或家族到处存在，个体家庭尚未大量出现，每个人都依血缘关系隶属于固定的团体，其人格完全被淹没在族团中，从根本上就缺乏同外部发生直接联系的独立性，刚取得统治权的周人，

---

① 《民族问题五种丛书》云南省编辑委员会编：《阿昌族社会历史调查》，民族出版社2009年版，第26—27页。

② 《傈僳族简史》修订本编写组：《傈僳族简史》，民族出版社2008年版，第100页。

③ 《民族问题五种丛书》云南省编辑委员会编：《布朗族社会历史调查》，云南人民出版社1982年版，第75页。

④ 秋浦：《鄂伦春社会的发展》，上海人民出版社1978年版，第103—104页。

绝无可能把按地区划分的行政组织一下子贯彻到基层。在云南墨江县境内，有一座叫作茨竹林的瑶寨，直到20世纪60年代，还存在着所谓的目老制度，三个目老均从德高望重的老人和干练的中年人中自然产生，六七十年代曾在茨竹林工作过的区县干部说，当年工作组进入茨竹林后，有事要商量，只有找这三人才能作主，找其他人根本不行。① 人民政府对民族村寨的领导和管理自然不能看作是统治，但传统习俗的强大和行政机构的难以确立却又由此可见其一斑。侯外庐早就指出，周代是"在上的氏族贵族掌握着城市，在下的氏族奴隶住在农村，两种氏族纽带结成一种密切的关系，却又不容易和土地连结，这样形成了城市和农村的特殊的统一"②。侯外庐注意到国野关系是一种族间关系，确实抓住了问题的实质，但他认为被奴役者以族为单位，就是家族奴隶制，则又有些欠妥。因为依照恩格斯的说法，家族奴隶制不是奴隶中存在家族，而是指奴隶包括在家族中。

三、强制性与松散性

首先应该强调，西周国对野的统治在本质上是强制的、残酷的。《尚书·多方》曰："我惟时其教告之，我惟时其战要囚之。至于再，至于三。乃有不用我降尔命，我乃其大罚殛之。""教告之"谓讯以文告，"战要囚之"，谓讨其叛乱，受其要辞而囚之，至于"大罚殛之"，就是要加以诛杀了。《诗经·大雅·皇矣》记文王伐崇时"执讯连连，攸馘安安"，小盂鼎记盂伐鬼方时执酋、获馘、俘人、马、羊、牛，献俘后即"折酋于□"，虢季子白盘（《集成》10173）谓虢季子白"薄伐猃狁"，"折首五百，执讯五十"，禹鼎（《集成》2833—34）铭文记载，王命西六师"撲伐鄂侯驭方，勿遗寿幼"。这都是"大罚殛之"的实例。在兮甲盘铭中，王命甲"征司成周四方积"时，一

---

① 范一：《墨江瑶族社会调查》，《中央民族学院学报》1985年第4期。

② 侯外庐：《中国古代社会史论》，河北教育出版社2002年版，第176页。

再强调，"淮尸舊我帛畮人，毋敢不出其帛、其積、其進人，其賈毋敢不即次即芇，敢不用命，則即刑撲伐"。口气之严厉，反映野人对既定规定的负担，不能有一丝一毫的拖欠。这正表明，失败一方的内部结构虽未改变，但其人身却"作为土地的有机附属物跟土地一起被占领"[①] 了，以周族为主的国人是用超经济的手段，即直接控制人身的办法，将包括贡、役在内的服制加到了他们身上。对于西周管控野人的强制性，古人曾有十分透彻的总结，叫作"阻兵而保威""杀伐以要利"[②]，它所具有的深刻意义，值得我们认真领会。

　　但是，在对倔强者施以武力驱迫的同时，对于驯服者也有宽容的一面。《国语·越语上》中的太宰嚭曰："嚭闻古之伐国者，服之而已。"此即所谓的"灭国不绝祀"。在宗周钟（《集成》260）的铭文里，南夷、淮夷"廿又六邦"随着酋长叚子背叛周室，经过扑伐，叚子遣使来迎昭王，二十六邦的首领都参加了会见，想必便不会再受"大罚殛之"的惩处。乖伯簋（《集成》4331）铭文曰："唯王九年九月甲寅，王命益公征眉敖，益公至告。二月，眉敖至，见，献贠。"似乎王仅以眉敖的称臣纳贡为满足。据《左传》隐公十一年，郑庄公入许，又"使大夫百里奉许叔以居许东偏"，只要求许人"降以相从"，"无滋他族实偪处此"。《左传》襄公二十五年，郑子展、子产帅车七百乘伐陈，"陈侯使司马桓子赂以宗器。陈侯免，拥社，使众男女别而累，以待于朝。子展执絷而见，再拜稽首，承饮而进献。子美入，数俘而出。祝祓社，司徒致民，司马致节，司空致地，乃还"。文中的祝及三司皆指郑官，灭国后复将民人、兵符、土地尽致于陈，即行凯旋，所俘之人，也仅数其数，不将以归。此两事皆沿先代流风遗俗，其在春秋，尚能守其制者，已如凤毛麟角，故君子著之竹帛，以示褒扬。上推西周，"灭国不绝祀"的实行范围必当更为普遍。

　　对于顺从者的宽容态度，加上土地广大，部族众多，必然会使国对野的

---

　　① 马克思：《资本主义生产以前的所有制形态》，载《马克思恩格斯列宁斯大林论资本主义以前诸社会形态》，文物出版社 1979 年版，第 321 页。

　　② 《吕氏春秋·诚廉》。

控制带有某种程度的松散性。在处理同部分戎狄部落的关系时，王室仅以收受少量贡品的方式，来体现政治上的统治和隶属，便是一种松散的羁縻。另外一些在野的共同体，或被迁离原处，分赐给贵族，或连同原有的土地一起颁赐，固然已无任何政治地位可言，但西周统治的基本精神是"和怿先后迷民"和"用康治民"，在野人尚能顺利提供无酬剩余劳动的前提下，似乎并不任意对其滥加残害。而如前文所述，野人中的氏族或家族组织大多都被保留，氏族或家族的首领，也被尽量加以利用。《尚书·多方》曰："自作不和，尔惟和哉。尔室不睦，尔惟和哉……尔邑克明，尔惟克勤乃事。"明，勉也。后两句语倒，意谓尔能勤汝职事，以为民倡，则尔邑皆勉于事矣。可见在通过野人本族首领施行统治时，贵族主要关心的是能否勤力为自己服事，至于各邑内部的事物，他们一般不来多加干预，而仅只依靠共同体自行调处。更重要的是，由于野中普遍存在着氏族或家族，国中的贵族便难以超越族团，直接对单个的劳动者实行人身残害。野人所承担的剥削变得十分沉重，却仍只是在本族首领的带领下服役，或由首领代表全族纳贡，束缚以枷锁或用皮鞭进行严密监督的情况通常不会发生，随便杀死或出卖野人更会遭到较大的障碍。在傣族中，家族成员如未经除族，不管他犯了什么罪，都是不能杀的。西周野中的氏族或家族，在保护其族员方面，也会发挥一定的作用。同时，每个野人作为特定氏族或家族的一个环节，还可占有和使用土地。从本质上看，他们"自身是作为土地的有机附属物跟土地一起被占领的"，因此也"就当作一种生产条件一同被夺取"。然而，此种夺取"既不破坏劳动条件，也不改变基本的社会关系"，每个小公社仍是"彻底自给自足的"[①]，除去少数战俘已经转化成"臣妾"外，众多的野人都没有落入典型奴隶的悲惨境地。所有这些，也可以看作是国对野的统治比较松散的具体反映。或者说国野关系上的强制性和松散性既是并存的，又是相互统一的。

[①]　马克思：《资本主义生产以前的所有制形态》，载《马克思恩格斯列宁斯大林论资本主义以前诸社会形态》，文物出版社 1979 年版，第 321 页。

　　国、野之间的关系是一种统治和剥削关系，应是毫无疑问的，但这种统治和剥削属于什么性质，却是历来争论的焦点。认为西周是典型奴隶制社会的学者，视野人和主要由战俘转化来的臣妾为一体，抹杀了两者之间的区别。魏晋封建论者笼统地把野人和下层国人都称为公社社员，没有看到野人大部分是被征服或因他故降为臣属的族众，国中和野中虽都普遍存在公社，但两种公社社员的地位却应有所不同。西周封建论者强调野人的身份远比奴隶自由，处境较优，并特别注重徭役劳动，认为那同马克思说的劳役地租没什么两样。表面看似乎不无道理，根本上却离事实最远。封建主压迫农民的力量来自土地①，"大地产是中世纪封建社会的真正基础"②，西周完整的土地私有制尚未形成，只靠"普天之下，莫非王土"来说明土地归王所有，也终究显得苍白无力。徭役劳动不是封建社会独具的剥削形式，而且在多数情况下都出现于农奴制之前，对此，学者早有论证。③至于野人的地位稍高于典型奴隶，主要是因为土地广大，部族林立，国人狭窄的生产领域无法安置更多的人来从事劳动，所以便只能容忍野人仍旧保持其氏族或家族共同体。斯巴达建国于美塞尼亚一带时，统治的对象主要限于希洛人和皮里阿西人，尚且不能推行典型的奴隶制，西周各国周围的氏族或家族却多到不可胜数，在这一前提下，生活于族中的野人处境略优，原本不足为奇。由此便把他们定为农奴，实在缺乏根据。

　　若把野人看成"普遍奴隶"，似乎更易于理解。因为在西周，野中的"一切小公社之上"，已经出现了作为"综合单位"的高级所有者，虽然事实上存在着"部落财产和公社财产"，生产也"大部分是在狭小的公社范围以内通过手工业与农业的结合而进行的"，但凭借征服及其他途径建立起来的统

---

　　① 列宁说："任何一个农民都知道地主过去和现在是怎样压迫人民的。那么，地主的力量在哪里呢？在于土地。"见《士兵和土地》，载《列宁全集》第29卷，人民出版社1985年版，第264页。

　　② 马克思：《对民主主义者莱茵区域委员会的审判》，载《马克思恩格斯全集》第6卷，人民出版社1961年版，第290页。

　　③ 吴大琨：《关于西周社会性质问题的讨论》，《历史研究》1956年第3期。

治关系，却使野中"公社的一部分剩余劳动属于上级的集体"①。造成这种结果的根本原因，不是野人被剥夺了土地，而是他们"作为土地的有机附属物跟土地一起被占领"，人身占有程度及方式尽管和典型奴隶制不同，人身占有关系的存在却不能因此而否定。另一方面，大部分野人除受国中贵族的奴役之外，在本公社内，也完全处于家长专制父权的支配之下，加之生产不能独立，个人便淹没在家族中，而不是游离于家族外，人格已经被泯灭，所谓自由，仅是说他们有别于终日靠皮鞭驱赶的典型奴隶，比起有一定私有经济、并从事个体劳动的农奴来，差距还是很远的。

学术界一度曾将战国封建论定为一尊，直到改革开放以后，这种局面才被打破，各种分期说重新登场，学者纷纷著文出书，阐扬自己的观点。由于老一辈史学家多主张西周封建论，所以，渐渐地，这一学派就占了上风，形成一家独大之势，并派生出中国不存在奴隶社会说，以至于有人公开宣称：分期问题已经解决了。然而，笔者在对国、野及服制的研究中发现，无论是对国人还是对野人，早期剥削的实施，本质上均以强制为前提，主要靠的是"明命鬼神以为黔首则""假威鬼神以欺远方""杀伐以要利""阻兵而保威"②，即所谓的祀和戎。在国中，还利用了周族倍加珍视的宗法。这些措施都是通过先占有其人身和控制其思想来获取生产者的劳动成果，而不是凭借对生产资料的垄断，这同封建制下更多地依赖经济手段进行剥削大不一样。应该承认，国、野各类族团的存在，会使普通人受到族的保护，不至于都沦为单身奴隶。但是，他们既处于族长的支配和淫威之下，又"作为土地有机附属物跟土地一起"被更高级的贵族所占领，双重剥削一起压向金字塔的底层，我们还能说劳动者的地位比较优越吗？另外，更为关键的一点是，恩格斯曾经在《反杜林论》中反复申述奴隶制在历史上出现的必然性，强调指出："人类是从野兽开始的，因此，为了摆脱野蛮状态，他们必须使用野蛮的、几乎

---

① 马克思：《资本主义生产以前的所有制形态》，载《马克思恩格斯列宁斯大林论资本主义以前诸社会形态》，文物出版社 1979 年版，第 303 页。

② 《礼记·祭义》《史记·秦始皇本纪》《吕氏春秋·诚廉》。

是野兽般的手段。"① 笔者理解"野兽般的手段"就是超经济的强制，而超经济的强制恰恰是奴隶制的本质。如果说中国没有经过奴隶制阶段，那么，我们的先民是如何摆脱野蛮状态的呢？总之，还不能因中国有某种特殊性就去否定奴隶制普遍存在这个一般规律，进而认为中国从未有过奴隶社会。同时笔者也怀疑，西周封建论者和"无奴论"者是把典籍中蕴含的儒家仁政理想误当作历史事实了。

① 恩格斯：《反杜林论》，人民出版社 2015 年版，第 192 页。

第四章　西周国人、野人的基本状况和相互关系（下）

前一章通过与其他民族的比较，针对西周国人、野人的社会生活状况和相互关系，归纳了几个基本特征。这种看法仍带有假说的性质，要想被接受，还应进一步考察西周的生产力发展水平。因为"根据唯物主义的观点，历史中的决定性因素，归根结底是直接生活的生产和再生产"[1]，"人们所达到的生产力的总和决定着社会状况"[2]，作为历史工作者，必须把"人类的历史"同生产的发展史联系起来探讨和研究。本章意在证明笔者提出的几个特征恰与西周的生产力水平相适应。

第一节　生产工具的总体观察

"动物遗骸的结构对于认识已经绝种的动物的机体有重要的意义，劳动资料的遗骸对于判断已经消亡的经济的社会形态也有同样重要的意义。各种经济时代的区别，不在于生产什么，而在于怎样生产，用什么劳动资料生

---

[1]　恩格斯：《家庭、私有制和国家的起源》，人民出版社 2018 年版，"1884 年第一版序言"第 4 页。

[2]　马克思、恩格斯：《费尔巴哈》，载《马克思恩格斯选集》第 1 卷，人民出版社 1972 年版，第 34 页。

产。"① 马克思在这里所说的"劳动资料"是指"机械性的劳动资料"，即劳动工具。因此，劳动工具是人类生产力发展的测量器，要恰当估计西周的生产力发展水平，首先需要考察当时人们所使用的主要劳动工具。

然而，对于这个关键性的问题，史学界的意见一直是混乱的。有一个时期，主张把铁器时代提到西周去的说法相当流行。持这种观点的学者，列举文献中诸如"取厉取锻""锻乃戈矛""驷驖孔阜"之类的记载，认定锻便是锻铁，并强调正因为铁已是"习见之物"，故诗人才称黑马为"驖"。西周铜器班簋（《集成》4341）铭有"徒驭、或人"，春秋时的叔夷钟（《集成》00272—84）铭有"或徒四千"，在这些学者看来，"或人"和"或徒"便是被驱使从事冶铁手工业的生产者，冶铁的工匠既有四千之多，冶铁作坊的规模自然也相当可观了②。至于地下发掘的带铁刃或含铁质的器物，如河北藁城台西和北京平谷刘家河商代墓葬出土的铁刃铜钺，传为 1931 年浚县出土的两件铁刃西周铜兵器，传为 1931 年小屯出土的、含有少量铁质的殷代铜兵器等，则更被他们视为确凿无疑的证据而屡加征引。其实，锻与厉（砺）只是锤炼磨砺青铜器的石具，实验证明，青铜锻锤后可以增加硬度，唐兰曾说，故宫所藏殷周的青铜工具和兵器大都是经过锻打的。③ 而"驖"和"鐵"则是假借于"㦿"的后起字，比较合理的解释应该是：先有代表黑颜色的"或"字，而后有加上"马"字形符、专门代表黑马的"驖"，再后来，随着铁的应用，才开始出现代表该种金属的"鐵"④；"㦿"是"或"的异体字，与"𢦔"字相同，都指黑色，引申为隶徒或庶人的代称。古文字学者中，有人认为"或人"是一种服兵役的人民⑤，还有人将叔夷钟的"婳"和"或"看作是两个地名⑥，这都比将"或"与铁和制铁强拉在一起的说法更加确切。出土的几件铁刃铜

---

①　马克思：《资本论（纪念版）》第 1 卷，人民出版社 2018 年版，第 210 页。

②　郭沫若：《〈班簋〉的再发现》，载《出土文物二三事》，文物出版社 1972 年版，第 72 页。

③　唐兰：《中国古代社会使用青铜农器问题的初步研究》，《故宫博物院院刊》1960 年。

④　辛树帜：《徐旭生先生来函》，载《禹贡新解》，农业出版社 1964 年版，第 93 页。

⑤　高明：《古文字学讲义》，北京大学历史系考古学专业 1974 年印行，第 365 页。

⑥　黄展岳：《关于中国开始冶铁和使用铁器的问题》，《文物》1976 年第 8 期。

器经用金相学观察，已确定其刃部均为天然陨铁加热锻成，与人工冶炼的铁毕竟还是两回事。而铜器内含有少量铁质，也是由于铜矿不纯、古人炼铜不精所致，这在世界其他地区的早期文明中就曾有发现，如埃及上古时代（即史前及一、二王朝时期）所出的红铜器含铁为 0.2—0.6%，最多的达 2.5%，却从来没有人认为埃及此时已知炼铁。可见，单是依据上述材料，就把西周断为铁器时代是缺乏坚实基础的。近年，已有专论对西周铁器时代说进行了有力的批评。[①] 经过辨析，这种意见的影响似乎已在渐渐地减弱。

目前的考古发现中，年代较早的铁器主要有：河南三门峡上村岭虢国墓地出土玉柄铁剑、铜内铁援戈、铜骹铁叶矛各 1 件，被认为是西周晚期之物。[②]1952 年长沙东郊龙洞坡 826 号墓出了 1 件铁刮刀，年代定为春秋晚期[③]；1959 年常德德山 12 号墓出土铁刮刀 1 件，年代也是春秋晚期[④]；1964 年和 1968 年，在江苏六合程桥属于春秋晚期的两座吴国墓葬中各发现了 1 件铁丸和铁条[⑤]；1973 年楚都纪南城南垣水门遗址第 4 层出土了 1 件属于春秋晚期的铁锸[⑥]；"文化大革命"期间，在河南洛阳市水泥制品厂内属于春秋战国之际的灰坑中，发现了 1 件铁斱和 1 件空首铁镈[⑦]。"文化大革命"之后，在山东、江西、湖北、河南、山西、陕西、甘肃、宁夏及新疆等地相继有春秋时期的铁器出土。[⑧] 其中，陕西宝鸡益门村春秋晚期墓出土的铁器

---

① 比较有代表性的文章当推黄展岳的《关于中国开始冶铁和使用铁器的问题》，《文物》1976 年第 8 期。本书采用了黄先生的观点。后来白云翔著《先秦两汉铁器的考古学研究》（文物出版社 2005 年），作了更全面的论证。

② 韩汝玢、姜涛、王保林：《虢国墓出土铁刃铜器的鉴定与研究》，载《三门峡虢国墓》，文物出版社 1999 年版，第 559—573 页。

③ 顾铁符：《长沙 52·628 号墓在考古学上诸问题》，《文物参考资料》1954 年第 10 期。

④ 湖南省博物馆：《湖南常德德山楚墓发掘报告》，《考古》1963 年第 9 期。

⑤ 江苏省文物管理委员会：《江苏六合程桥东周墓》，《考古》1963 年第 3 期；南京博物院：《江苏六合程桥二号东周墓》，《考古》1974 年第 2 期。

⑥ 湖北省博物馆：《楚都纪南城的勘察与发掘（上）》，《考古学报》1982 年第 3 期。

⑦ 北京大学历史系考古教研室商周组编著：《商周考古》，文物出版社 1979 年版，第 167 页。

⑧ 白云翔：《先秦两汉铁器的考古学研究》，科学出版社 2005 年版，第 22—29 页；张国硕、汤杰娟：《中原地区早期冶铁问题分析》，《中原文物》2017 年第 2 期。

达到 20 余件。[①] 但总体来看，春秋铁器器类简单，形体薄小，且多为块炼铁制品。有鉴于此，我们将铁器出现的时间定在春秋，而主张真正的铁器时代应始自战国。

西周为铁器时代说既讲不通，有的学者便提出了殷和西周曾大量使用青铜农具的观点[②]，试图由此推出西周虽然不是铁器时代，但生产力照样可以达到很高水平的结论。这种看法更值得商榷。众所周知，青铜是指铜与锡或铅的合金。铜、锡、铅这几种金属都属于有色金属，一般来说，有色金属在地球上的储量原本就不多。根据科学测定，铜在地壳中的相对丰度为 0.07%，锡为 0.04%，铅为 0.0016%。尤其是锡和铅，甚至比一些所谓的稀有金属还更加稀少。与此相对照，铁在地壳中的相对丰度高达 4.75%，分别是铜的 679 倍、锡的 1288 倍和铅的 2969 倍。这种情况首先就为我们的研究提出了一个不容忽视的前提，它从根本上决定了青铜不可能如同后来的铁那样，一旦被冶炼，便会较快地普及到各个生产领域中去。恩格斯说："青铜可以制造有用的工具和武器，但是并不能排挤掉石器；这一点只有铁才能做到。"[③] 了解了铜、锡、铅几种元素在地壳中存在的多寡，对进一步领会这一重要论断是有帮助的。

而且，需要探讨的问题还并不止此。铜、锡、铅几种元素的丰度既然都不大，那么，可供开采的矿藏相对来说也必然较少。由于技术条件的限制，古代工匠在进行冶炼时一般主要选用富矿，这就更增加了可用矿藏稀少的严重性。就今天的情况而论，我国同世界相比，已经探明的铜、锡储量虽相当可观，但却仍具有富矿少、贫矿多的特点。经验还表明，包括铜、锡、铅在内的有色金属多半处在高山峻岭地带。由此可以想见，殷周时代的人们在寻找和探测这些矿藏时，遇到的困难要比今天大多少倍。在古籍《山海经》中，记有出铜之山三十处，出锡之山五处，但说系晚出，并不反映殷周时期矿山

[①]　宝鸡市考古工作队：《宝鸡市益门村二号春秋墓发掘简报》，《文物》1978 年第 10 期。

[②]　陈振中：《殷周的铚艾——兼论殷周大量使用青铜农具》，《农业考古》1981 年第 1 期。

[③]　恩格斯：《家庭、私有制和国家的起源》，人民出版社 2018 年版，第 179 页。

发现的实际情形。《管子·地数》篇谓"出铜之山四百六十七山，出铁之山三千六百九山"。数字过于巨大，更显语涉夸张，令人难以置信。有学者引述州县方志的记载，来说明殷都附近，如水冶、济源、沁水、淇县等地古代即产铜锡[1]，但古到何时，是否始于殷周？又苦无凭证，终究不过是种推测。所以，地壳所含的铜、锡、铅类矿藏究竟已有多少能为殷周之民所识认、开发和利用，应该实事求是地作出一个恰当的估价。

同时，大部分有色金属在矿石中含量较小。拿铜来说，含铜大于2%的矿即可算富矿，含铜1%—2%的矿是中矿，含铜小于1%的矿才叫贫矿。并不像铁那样，含量到20—30%以上方有经济价值，含量50%的矿才称为富矿。因此，无论是用硫化铜还是氧化铜矿来生产铜，矿石的开采量都是很大的。今天，利用含铜1%的铜矿生产1吨铜，约需矿石170吨，殷周时代人们利用富矿进行生产，所选采矿石的含铜品质一般较高，即便如此，他们要为采矿付出的劳动仍不可低估。在只有简单的手工工具可资利用的条件下，这种采矿的规模能够获得何等程度的发展，此又需要详加斟酌。

与之相关，还有运输问题也应加以考察。根据考古工作者的发现和对出土青铜器的分析研究，可知早在商代，我国的冶炼工艺已超越由矿石直接混合冶炼青铜的低级阶段，而发展到由纯铜、锡或铅来进行冶炼的较高水平了。这确实是值得我们引以为自豪的。在殷墟的铸铜遗址和属于周代的几处窖藏中，曾经出有铜块和锡块，发掘过的几处作坊附近，也没有发现大量的炼渣和矿石，说明铜的冶炼可能是在矿山附近进行。这样做既避免了大量矿石运输的困难，又减少了对炼渣的处理。如此合理的工艺布局正是古代劳动人民智慧的结晶。然而，迄今发现的铸铜作坊集于国中或大的聚落周围，对于铜、锡本身的运输却是无论如何也免不了的。殷周运输的细节虽不可详求，但彼时的运输能力远非后世所能比拟，则又皎然明著。单凭人力、畜力，或再辅之以原始的车辆，即使只去运送经过初炼的原料，也仍殊非易

---

[1]　容庚：《殷周青铜器通论》，中华书局2012年版，第121—122页。

事。这也不能不使青铜手工业的发展受到一定的影响。

至于铸造，据专家研究，要获得一件青铜器，至少要经过造型、翻范、合范、调剂、精炼、灌注、脱范、粘补、砥砺打磨等数重手续①，生产流程的繁复和技术掌握上的困难，于此已可窥其大概。在纯粹利用手工劳动和从事简单协作的作坊里，青铜制品的生产速度不可能来得很快，同样是一件不言而喻的事情。

综上所述，诸种因素都给殷周时期的青铜生产带来了很大的局限性。这种局限性的集中表现便是青铜器具的生产总量还不高，远远不能适应整个社会的需要，更不可能广泛应用到农业生产当中去。我们常说，殷周是我国青铜器最发达的时期，其主要含义应是指青铜冶炼及铸造技术至此达到了空前的水平，青铜艺术登上了奴隶制时代的高峰，并不是说青铜制品已在整个社会中流行或普及。一些学者根据作坊遗址附近的泥范堆积和贵族墓葬中的青铜随葬品来推定殷周青铜手工业的生产规模，以为残范既多，一墓所得的青铜器也可以千百计，青铜产量之高便毋庸置疑了。殊不知直到西周中期，人们在生产青铜器时，往往还是一模只做一范，一范只用一次，一次只铸一器（镞范除外），西周中期以后，才出现一模翻制数范的新工艺，遗址周围的垃圾又是逐年堆积造成的②，而当时能够随葬青铜器的也只是占人口比重极少数的贵族，与之形成鲜明对照的，则是广大平民的居址或墓葬中完全没有青铜器或极少发现青铜器，我们只有将诸种情况综合起来加以分析，才能得出一个接近事实的恰当结论。少数奴隶主贵族占有大量青铜财富，正是以绝大多数生产者或多或少被排斥于财富消费之外为前提，贵族将其手中的青铜制品陈于一穴，确实蔚为大观，但假如考虑到整个社会的需求，便可知它们是何等的微不足道了。在一个青铜产量相对来说并不甚高的社会里，大量使用青铜农具的情形，应该说是不大可能出现的。

---

① 郭宝均：《中国青铜器时代》，生活·读书·新知三联书店1963年版，第9—14页。

② 北京大学历史系考古教研室商周组编著：《商周考古》，文物出版社1979年版，第169—170页。

有学者强调，垄断整个青铜生产的殷周贵族从自身利益出发，是会关心农具的改进，并将当时已经掌握的青铜冶炼技术首先运用于制造农业工具的。① 可是，与这些学者的推论恰恰相反，目前发现的铜器以数量论，最多的是兵器，并不是农具。对此问题，容庚在所著《殷周青铜器通论》中引述英国考古学家柴尔德的话说："现在，战争必已有了经济上的反响。它对于要求金属的刺激，也许较任何其他东西都厉害。如果是在剥一只兽的皮时，燧石的刀子忽然碎裂了，那不算什么；但当和一个敌人作肉搏斗争时，若发生这种事故，那可就是一件非常严重的事了。最重要的是战争表明了一件事：即坚韧耐久的铜或青铜，比易碎的燧石或石头要好。"② 容庚是赞成柴尔德的分析，认为青铜首先被用以制造武器的。中外学者的这一共同意见，同殷周时代的情况完全相符合。《左传》僖公十八年，郑伯出访于楚，"楚子赐之金。既而悔之，与之盟曰：'无以铸兵。'故以铸三钟"。杜注："古者以铜为兵。"③《国语·齐语》："美金以铸剑戟，试诸狗马；恶金以铸锄夷斤斸，试诸土壤。"恶金是指质量差的青铜，而不是指铁。此类记载表明，优质金属优先被用于战争的做法，直到春秋尚未改变。在殷墟西北岗 1004 号大墓的墓道中，曾发现带柲的青铜戈 69 件和成捆的铜矛 760 件，层层叠放在一起，另外还有 6 至 7 种不同形式的铜盔（胄）数十具，也堆放了一层，而在同一遗址中，考古工作者又在小屯宫殿区属于殷王室的一个窖藏圆穴里，发现了集中存放的 400 把有使用痕迹的石镰刀。对于贵族来说，战争与农事，武器与耕具，孰重孰轻，似乎可谓昭然若揭。

当然，在殷和西周的一些遗址或墓葬中，确曾出土过一定数量的青铜工具。但一则它们多系手工工具，真正可以确定为农器者相当稀少；再则工具与武器在当时本不可分，某些工具甚至主要是被当作武器使用的。《诗经·豳风·破斧》是军队班师时士兵所唱的歌，开头却说："既破我斧，又缺我斨"。

---

① 陈振中：《殷周的铚艾——兼论殷周大量使用青铜农具》，《农业考古》1981 年第 1 期。

② 容庚：《殷周青铜器通论》，中华书局 2012 年版，第 1 页。

③ （清）阮元：《十三经注疏》，中华书局 1980 年影印版，第 1809 页。

斧与斯并列，分明为杀敌的战具，便是个极好的例证。

青铜的另一最大用场要算制造祭器。以重量计，目前发现的青铜礼器的总重量稳居第一。无数璀璨夺目的实物不必说了，用之于祭祀的鼎彝钟铙为青铜时代艺术品之冠，早为人所共见。且引几段文字让我们体察一下祭器在古人心目中的地位。《左传》宣公三年记载："昔夏之方有德也，远方图物，贡金九牧，铸鼎象物。"特命各地贡金以铸作祭器，这远始自夏，殷、周一直相沿不断。曶鼎（《集成》2838）记载："王才遠应，丼叔易曶赤金鋚，曶受休〔命〕于王。曶用兹金作朕文孝弅伯牛鼎，曶其万〔年〕用祀，子子孙孙其永宝。"麦尊（《集成》6015）记载："作册麦易金于辟侯，麦扬，用作宝尊彝。"王公所赐之金似主要也消耗在祭器上。过伯簋（《集成》3907）记载："过伯从王伐反荆，俘金，用乍宗室宝尊彝。"晋姜鼎（《集成》2826）记载："征繁、汤、原，取厥吉金，用作宝尊鼎。"可见那个时代的很多战争，与攫取铸造祭器的原料密切相关。殷周期间，祭器是王权的象征，故朝代更替，有所谓迁鼎之说，楚子觊觎王权，先问鼎之轻重。祭器又是等级和地位的体现，故祭用几鼎几簋，乐悬歌钟几肆，尤为人所注意，有逾其数者，便被视为僭越。从某种意义上看，器备还代表着贵族家的财富，比如，鲁季孙使公鉏"饮己酒，而以具往，尽舍旃"，公鉏氏竟因此而富。据《左传》所记，贵族出亡迁徙，无不具其器用财贿。显然，祭器与农器相较，前者才是贵族注目的中心。在青铜材料仍得之不易的情况下，他们绝不会置祭器于不顾，却首先致力于农具的改进。

殷周贵族这样来支配手中的青铜材料，亦自有故。首先，在殷代，王朝周围，部族林立，战争在人们的社会生活中占有特殊地位。至周灭商，势力扩大到东方，与敌对部族间的冲突也不曾稍减，故齐太公之国，便有莱夷来伐，与之争营丘；伯禽即位，又有淮夷、徐戎并兴。即使到春秋，中原也仍是华夏与蛮夷戎狄错居之地。为此，以周人为主体的诸夏各国，始终以作邑作邦、构筑城堡、防御夷狄侵扰为基本国策，聚族城居，且战且耕的传统绵延数百年，从未须臾放弃。从当时这些国情出发来考虑问题，对于青铜首先被用于甲兵的情况，也就不难理解了。其次，殷周时代的人们，同自然抗争的能力毕竟还很低下，而由此决定的认识水平也同样十分有限，他们既找不到战胜诸种灾难的正确途径，便很自然地会求助于天地众神和祖先的在天之灵。《左传》庄公十年，齐伐鲁，曹刿请见，问庄公"何以战"，庄公曰："牺牲玉帛，弗敢加也，必以信。"庄公五年，虞国宫之奇谏假道，虞公曰："吾享祀丰洁，神必据我。"很清楚，在一般贵族的心目中，国家的安危，战争的胜负，疆土的拓殖，乃至他们的身家性命，无一不是仰仗于神灵的庇佑。当然，从西周后期开始，在一部分思想家中，已经萌生了"重民轻神"的思想，传统观念在一定程度上遭到怀疑，但西周后期以前，仍是神明主宰一切的时代，则是可以肯定的。正是存在这种认识水平的制约，便造成祭祀高于一切、祭器重于一切的局面，青铜资源优先消耗在祭器上，应在情理之中。再次，殷周的奴隶制仍是"以生产直接生活资料为目的的奴隶制度"①，当时社会生产力水平虽然不高，但"社会上依靠他人劳动来生活的那部分人的数量，同直接生产者的数量相比，是微不足道的"②。一小群从家族中分化出来的贵族大家长，仰仗野人的劳役、贡纳和对家族成员、家内奴隶少量无酬剩余劳动的榨取，即可维持其钟鸣鼎食的生活，而改进农具、发展生产，与战争、祭祀相比，远远算不上什么迫不及待的事情。贵族为政的根本原则是"国之大事，在祀与戎"，似乎还没有感到制造青铜农具的必要性和重要性。最后，在有关的文字记载中，奴隶反抗的事例时有出现，"破坏工具"作为一种斗争手段也为他们时常所采用。所以，殷周奴隶制虽未达到发达阶段，但让奴隶"只使用最粗糙、最笨重、因而很难损坏的劳动工具"这一奴隶制生产方式的经济原则③，应该说对于中国同样适用，奴隶主有意不肯用珍贵的青铜制造农具的心理，并不能一概排除。

不过，笔者认为殷周奴隶主贵族首先用青铜制造武器和祭器，而不是用

---

① 马克思：《资本论（纪念版）》第 3 卷，人民出版社 2018 年版，第 370 页。

② 马克思：《资本论（纪念版）》第 1 卷，人民出版社 2018 年版，第 586 页。

③ 马克思：《资本论（纪念版）》第 1 卷注（17），人民出版社 2018 年版，第 229 页。

于制造农业生产工具，并不等于说他们丝毫都不重视农业。农业是全部古代世界一个决定性的生产部门，为了获得更多的生活资料而把农业生产放在相当重要的位置上，这一点，殷周之民与世界其他农业民族是一样的。问题是我们不能用后来的眼光去想象他们重视农业的具体办法和途径。殷周时代，人们既然认为神明是主宰一切的，农业的丰歉自然也不例外。故在殷墟卜辞中，既有殷王亲自"省黍""观籍""相田"等具体活动的记录，更有"求禾""求黍""求麦""求雨"的贞卜和祷告。西周的耕籍既是对农事的实际督促，更是事神祈年的盛典。遇水旱疠疫之灾，需禜祭山川之神；雪霜风雨之不时，则禜祭日月星辰之神[①]，祭祀本身就包含了重视农业，或者说，唯其重视农业，所以才尤重祭祀。如同云南的西盟佤族，他们认为"只有用人头祭谷，谷子才长得好""有些村寨本来多年不砍人头祭谷了，或不砍活人头，而用死人头。但因天旱谷子长得不好，就又砍人头祭谷了"[②]。究其实，殷周的做法与此并无二致，不过一者祭用人头，一者主要使用牲币罢了。当然，在直接劳动者的生产实践中，生产工具和生产技术一直都在不断地改进和提高，但这与统治者的关心并不相干。相反，青铜作为原料，本来可以用于铸造农具，发展生产，而贵族们却守着"国之大事，在祀与戎"的信条，把它造为甲兵和礼乐之器，或消耗于沙场，或陈列于殿堂，或常埋于地下，一概化为无用之物，严重地破坏了生产力。马克思说，古代人把"很大一部分剩余产品用于非生产性支出——用于艺术品，用于宗教和公共的建筑。他们的生产更难说是建立在解放和发展物质生产力的基础上"[③]。这正向我们深刻地指出了奴隶制的历史局限性。这种局限性并非要到奴隶制日薄西山、即将崩溃时才开始出现，而是在它刚代替原始公社制之后不久，就同它的历史进步性相

---

①　《左传》昭公元年记子产语："山川之神，则水旱疠疫之灾于是乎禜之；日月星辰之神，则雪霜风雨之不时于是乎禜之。"

②　田继周、罗之基：《佤族》，民族出版社 1985 年版，第 56 页。

③　马克思：《剩余价值理论》，载《马克思恩格斯全集》第 26 卷第二册，人民出版社 1973 年版，第 603 页。

伴随，一起发生了。

　　总之，铜、锡、铅本身稀少，殷周青铜产量有限，以及贵族阶级不会优先使用青铜制造农具，是笔者考虑问题的三个基本出发点。正是由于这三者的存在，所以，尽管目前的考古发掘中已见到几百件殷周青铜农具，以后当然还会有新的发现，但确认殷周已大量使用青铜农具的观点，仍是不能成立的。况且，就在这几百件青铜农具中，也还有着两个耐人寻味的倾向性。

　　其一，就时间而言，这些青铜农具虽被笼统地称为殷周器物，实际上却是有先后之分的。若详加甄别，便可发现，属于战国时期者占绝大多数，真正可以定为西周以前的寥寥无几。以铲（钱）、锄（镈）为例，据学者统计，合共 209 件[1]，除去传世品和仅见于著录的 28 件，下余 181 件。其中，江苏仪征破山口出土的一件器物被认为是西周铜铲，然此物"形制很大，铲头呈箕状，圆銎，柄亦铜制，铜铲柄部及铲头外壁均有精美纹饰，铲口至系垂直 35.5 厘米"[2]。原报道称之为铲，实与常见铜铲迥异，却酷似殷墟所出的史斗[3]，或山彪镇的铜箕。斗为祭祀和燕飨所用的挹水之器，据郭宝均推测，山彪镇的铜箕"似亦用于鼎彝中，助炊饪或转移食品，不作敛弃灰尘之用"[4]。笔者认为，破山口这件器物本不属于农器，还是比较清楚的。另有陕西临潼零口乡西段村出土铜铲 4 件，时代也被认定在西周。其实，这几件铜铲出自窖藏，同出还有利簋（《集成》3580）、王盉（《集成》9438）、宦车父壶（《集成》9601）和编钟等[5]，分别属于西周初期、晚期和东周初期，窖藏的时代晚于窖藏中最晚的遗物，在没有其他证据的情况下，便不应该将这些铲断为西周之物。在所有出土的铜锄之中，江西南昌李家庄采集的一件，系

　　① 陈振中：《殷周的钱、镈——青铜铲和锄》，《考古》1982 年第 3 期。

　　② 王志敏、韩益之：《介绍江苏仪征过发现的几件西周青铜器》，《文物参考资料》1962 年第 12 期。

　　③ 器型见容庚、张维持：《殷周青铜器通论》，中华书局 2012 年版，图版 145。

　　④ 郭宝均：《山彪镇与琉璃阁》，科学出版社 1959 年版，第 24 页。

　　⑤ 临潼县文化馆：《陕西临潼发现武王征商簋》，《文物》1977 年第 8 期。

仓库工人清理废铜时所得①，定为商代晚期，亦嫌理由不足。南京市江宁县陶吴镇所出的鹤嘴锄，为社员在取土工程中发现，同出有鬲、鼎、匜、斧、戈、矛各一件，堆放排列在一起，原报告较简略，只说从器型纹饰看来，除戈矛外多为西周时期遗物②，仔细体会，觉得所谓器型纹饰，主要是指鼎、鬲和匜，鹤嘴锄的时代是否也为西周，实际并不明确。至于浙江永嘉西岸村、安徽贵池徽家冲和苏州市新苏丝织厂几处窖藏中所发现的铲和锄，原报告或谓属于春秋战国之际，或谓属于春秋末战国初③，似都不如李学勤将其定为战国中叶更为妥当④。这样算来，铲、锄两项相加，确在西周以前的只有12件，占全部发掘品的6.6%，而战国时器却有143件，占79%。还有一些在原报告中只笼统称为春秋战国之物，都未予以计算，其实，它们当中有不少是应直接认定在战国的。

其二，从地域上看，这些青铜农具大多出土于南方，而几个尤其值得注意的发掘点又都散布在东南和西南。比如浙江的永嘉、绍兴；安徽的贵池、淮南、寿县；江苏的苏州、扬州、南京、六合，云南的呈贡、楚雄等地，都有较多的青铜农具被发现。其中，苏州市新苏丝织厂的窖藏一次就出土铜锄17件，另有铜耨1件；云南楚雄万家坝的古墓群，所出铜锄更多达94件⑤，有人把滇池周围及其附近各县出土的从西周晚期到春秋末的青铜农具加以累计，居然达400余件⑥，即使把战国以后的扣除不算，数字也相当可观。

造成这两种倾向的原因或许是复杂的，但以下两点似乎尤为突出，应在研究中加以参考。

其一，春秋中叶至战国末，是我国古代社会发生深刻变动的历史阶段。

---

① 李家和、唐昌朴、彭适凡：《近年江西出土的商代青铜器》，《文物》1977年第9期。

② 李蔚然：《南京发现周代铜器》，《考古》1960年第6期。

③ 徐定水：《浙江永嘉出土的一批青铜器简介》；卢茂村：《安徽贵池发现东周青铜器》；杨锡璋：《苏州城东北发现东周铜器》，均见于《文物》1980年第8期。

④ 李学勤：《从新出青铜器看长江下游文化的发展》，《文物》1980年第8期。

⑤ 云南省博物馆文物工作队：《云南省楚雄县万家坝古墓群发掘简报》，《文物》1978年第10期。

⑥ 王大道：《云南滇池区域青铜时代的金属农业生产工具》，《考古》1977年第2期。

这一变动的政治表现是权力下移和礼崩乐坏，反映到人的意识上，则有"重民轻天"思想应运而生。与之相伴随，在手工业管理体制中一直居于绝对统治地位的工商食官制也开始动摇了。于是，青铜生产乃脱出主要为宗庙祭祀服务的旧轨道，逐渐朝实用化的方向发展，器制轻便适用，样式翻新，质薄形巧，媵器、行器、符节、印玺、度量衡器，以及带钩、铜镜之类的日常生活必需品，如雨后春笋般纷纷涌现。大约正是在这种情况下，一定数量的青铜农具被制作，方才成为现实。

其二，我国的东南与西南地区，为传统的铜、锡产地。《诗经·鲁颂·泮水》曾提到淮夷贡纳"元龟象齿，大赂南金"。曾伯霏簠也曰："克狄淮夷，印燮繁汤（阳），金道锡行。"（《集成》4632）东周时期铜矿冶遗址见于报道的多分布在长江流域，如湖北大冶铜绿山、阳新港下、安徽铜陵、湖南麻阳九曲湾、江西瑞昌铜岭等。[①]1989年，江西新干大洋洲的一座大型商墓中曾经出土过青铜农具[②]，说明当地冶铜的历史可以提到更早。从各种现象来看，淮夷所居的东南，确为周贵族攫取青铜原料的重要所在。《周礼·考工记》记载："粤无镈……粤之无镈也，非无镈也，夫人而能为镈也。"郑注："言其丈夫人人能作是器，不须国工。粤地涂泥，多草薉，而山出金锡，铸冶之业，田器尤多。"[③]《考工记》与郑注所述，全以战国情况为说，文中粤与越通，正指今苏浙一带。这些记载反映，到战国时期，东南铜、锡矿的发现较前更为普遍了。近年来，在江苏句容、丹阳、金坛和浙江永嘉等县共六处出土了埋藏的铜块和锡块，表明作坊分散而规模较小，正是该地区青铜生产的一个显著特点，这与《考工记》所谓的"人自为镈"及战国的时代背景是恰相符合的。至于西南，情况也大体类同。据《汉书·地理志》益州郡条班固自注："喻元：怀山出铜"，"律高：西石空山出锡"，"贲古：北采山出锡，西

---

① 中国社会科学院考古研究所编著：《中国考古学》（两周卷），中国社会科学出版社2004年版，第415页。

② 江西省博物馆编：《新干商代大墓》，文物出版社1997年版，第8页。

③ （清）阮元：《十三经注疏》，中华书局1980年影印版，第905页。

羊山出银铅，南乌山出锡"，"来唯：从陆山出铜"。上述地点大致多在今云南省境内。一直到今天，川滇地区还是我国重要的铜产地，锡产地又集中在云南、广西两省，云南的个旧更是历史悠久的"锡都"，而云南矿山厂也被列为我国开采历史较久，生产较多的三个主要铅矿区之一。① 由以上情况可以看出，青铜农具采用的多寡，还与当地是否盛产铜、锡有密切关系。

假如我们不采取将"时贯殷周，地兼南北"的发掘品、传世品加以累计的办法，而是着重分析中原地区这一时期的典型遗址，便不难发现，殷商和西周直接生产者所普遍采用的仍主要是木、石、骨、蚌器。

比如，二里头遗址发现的农业生产工具即以石器为最多，骨蚌器次之，同时也有木器（在灰坑壁上发现有木耒痕迹），青铜器还没有在农业上使用。② 在郑州二里冈发掘中，石镰是常见的一种工具，共获 121 件，另有骨铲 16 件，蚌刀 9 件，蚌镰 19 件，蚌铲 3 件，以及石斧、石锛、石刀等。③ 殷墟"不少窖穴壁上发现清晰的木耒痕迹，都是双齿的"，"说明木耒是殷代的主要起土工具之一"，而"收割工具主要是镰。石制者居多，蚌制者较少"④，在"宫殿区域内属于王室贵族的一个窖藏圆穴里，曾发现了四百多把有使用痕迹的石镰刀比较集中地堆放着"⑤。河北藁城"台西遗址一百多座商墓中，仅在十四、一〇三两墓中各发现一件铜镬"，而出土的石镰却达到 336 件，蚌镰也有 29 件，骨铲、石铲、蚌铲共 132 件，该省各地商代遗址普遍发现"木耒痕迹"⑥。沣西客省庄居住遗址中，所发现的属于西周的农业生产工具有骨铲 64 件，蚌铲 2 件，石铲 1 件，石刀 66 件，蚌刀 13 件，石镰 2 件，蚌镰 6 件，青铜器只有一件残铜刀。张家坡西周居住遗址与客省

① 地质部地质博物馆编：《中国矿物》，上海科学技术出版社 1980 年版，第 12 页。

② 北京大学历史系考古教研室商周组编著：《商周考古》，文物出版社 1979 年版，第 19—20 页。关于二里头遗址的时代和文化性质尚有争议，不少学者认为其三、四期文化属早商文化。

③ 河南省文化局文物工作队编著：《郑州二里岗》，科学出版社 1959 年版，第 32、34—36 页。

④ 安志敏、江秉性、陈志达：《1958—1959 年殷墟发掘简报》，《考古》1961 年第 2 期。

⑤ 北京大学历史系考古教研室商周组编著：《商周考古》，文物出版社 1979 年版，第 37—38 页。

⑥ 唐云明：《河北商代农业考古概述》，《农业考古》1982 年第 1 期。

庄略同，共得骨铲82件，石铲23件，蚌铲7件，石、蚌质的刀共264件，镰90件。另外，据发掘者推测，"当时的耕具还有耒耜一类的木质农具，但它们没有能够保存下来"①，如将此项也估算在内，整个沣西遗址木、骨、石、蚌质的农具数字就更为可观了。其他如邠县下孟村、侯马"牛村古城"、洛阳中州路等西周或东周遗址中，也均有相当数量的骨铲、蚌刀、蚌镰被发现。

通过前边的分析，似可得出如下结论：殷和西周虽有青铜农具，但木、石、骨、蚌器仍在农业生产中起主要作用。只是到春秋末和战国期间，在一些铜、锡矿藏较为集中的地区，青铜农具的数量才相对地增加了。主要使用木、石、骨、蚌器进行农业生产的西周，整个生产力究竟能够达到何等高度，应该是显而易见的。只是一些学者常将以晚充早、以偏概全的办法也搬用到历史研究中，或用战国、秦汉间编成的《禹贡》《管子》等书来证明西周有铁，或仅举几例，便断定这是划时代的标志，把开始出现与基本推广完全混淆起来，结果是研究愈多，便愈增加混乱，丝毫无助于澄清事实。更加不恰当的研究手段是以手工制造的奢侈品代替生产工具，作为衡量生产力的尺度。马克思在《资本论》第1卷的一处注释中早就指出："在从工艺上比较各个不同的生产时代时，真正的奢侈品在一切商品中意义最小。"②而一些学者却不顾整个生产工具的状况，而单从地下发掘的礼器、饮食器、兵器、车马器着眼，总想透过精美的纹饰、工巧的雕刻、漂亮的松石镶嵌，在西周找出一个生产发展的高水平。的确，没有生产力和农业生产的一定发展，手工制品的进步就缺乏前提，反之，手工制品的进步多少也可反映出生产力发展的一般进程。马克思在说奢侈品对判断"各个不同的生产时代"意义最小时，也就等于承认它还不是毫无意义的东西。但是，这些精美的工艺品却不是生产力发展的标志，而只是富人"消费过度"的结果，是奴隶制度下任意消耗手工奴隶大量无偿劳动所造成的片面繁荣。马克思在讲到奴隶社会时曾

---

① 中国科学院考古研究所：《沣西发掘报告：1955—1957年陕西长安县沣西乡考古发掘资料》，文物出版社1963年版，第85页。

② 马克思：《资本论（纪念版）》第1卷，人民出版社2018年版，第210页。

经说:"古代人盛行本来意义上的财宝贮藏,这说明他们有许多剩余产品闲置不用……他们为私人消费而创造的财富相对来说是少的,只是因为集中在少数人手中,而且这少数人不知道拿它做什么用,才显得多了。"① 在考察西周的生产力发展水平时,对于经典作家的明确论断,怎可以束之高阁? 史学工作者只有把实事求是的科学学风贯彻到底,史学研究才能出现新气象。

第二节　复杂的地理环境

斯大林说过:"地理环境不可能成为社会发展的主要的原因,决定的原因,因为在几万年间几乎保持不变的现象,绝不能成为在几百年间就发生根本变化的现象发展的主要原因。"② 这段话在理论上的意义不能完全被抹杀,但却存在加以补充和纠正的必要性。首先,某些学者把地理环境视为社会发展的外因,他们过于强调地理环境的决定性作用,是为了鼓吹外因决定论。马克思却把地理环境同社会生产力联系在一起,他说:"如果把不同的人的天然特性和他们的生产技能上的区别撇开不谈,那末劳动生产力主要应当取决于:(1)劳动的自然条件……(2)劳动的社会力量的日益改进……"③ 恩格斯也认为:"我们视为社会历史的决定性基础的经济关系,是指一定社会的人们用以生产生活资料和彼此交换产品……此外,包括在经济关系中的还有这些关系赖以发展的地理基础"④,既然"地理基础"也是包括在"经济关系"

① 马克思:《剩余价值理论》,载《马克思恩格斯全集》第26卷第二册,人民出版社1973年版,第603页。

② 斯大林:《斯大林文选（1934—1952）》（上）,人民出版社1962年版,第193页。

③ 马克思:《工资、价格和利润》,载《马克思恩格斯全集》第16卷,人民出版社1964年版,第140页。

④ 恩格斯:《恩格斯致符·博尔吉乌斯》,载《马克思恩格斯选集》第4卷,人民出版社1972年版,第505页。

中的内部因素之一，那么，它对社会发展的决定性作用便不能被忽略。其次，人类支配自然的能力是逐步增强的，越在人类社会的早期，地理环境对社会发展进程的制约就越大。斯大林从整个历史长河出发进行概括和总结，对地理环境在不同阶段所起的不同作用缺乏具体分析，今天显然不能因此满足。最后，构成地理环境的某些要素确实长期不变，但也有一些因素却可能在几百年内就发生重大变动，像气候、植被等生态条件便是如此，而这种变化都要给社会发展带来影响，一概把地理环境说成是"几万年间几乎保持不变的现象"，也不够妥当。近年来，由于受布罗代尔"长时段"理论的影响，重视地理环境研究的人大大增加，斯大林式的教条主义已经被突破了。

笔者不赞成把对地理环境的研究引向外因决定论，但同时又认为地理环境确实是一个内在的经济条件，它在人类社会的初期，也是构成生产力的重要因素，只是随着生产实践的发展，人类的主观能动性不断增强，地理环境在生产力中的决定意义才相对减弱，降为一个经常的、必要的因素，而继续发挥作用。西周去古未远，在讨论其生产力发展水平时，不应把地理环境撇在一边。

周人兴于周原，壮大于丰镐，灭殷和东征之后，沿大河推进，足迹又广布于辽阔的东方。笔者即以西周统治所及的主要地区——黄河中下游作为观察的重点。

周原及丰镐地处关中，这里已是黄土高原的东南部。远在距今 20 万年前的第四纪后期，北方蒙新高原上大部分都是岩石的侵蚀面和扇形的冲积砾石层，气候干冷，植物稀少，比之今日要强劲得多的风力，首先将较轻的碎屑物质向东南吹送，继而使当地只剩下不能携带的石砾。直至受到秦岭及其余脉的阻挡，风才渐渐停止。这样，从蒙新高原开始，自西北向东南，便造成了石漠、沙漠、黄土依次排列的景观。由于黄土的形成是风力搬运的结果，故其各处质地也不同，呈现从北而南逐渐变细的现象。其中所含的砂粒由北而南逐渐减少，而粉粒和黏粒却与之相反，由北而南逐渐增加。[1] 而

---

[1]　郑威：《黄土和黄土高原》，《地理知识》1955 年第 11 期。

且，黄土是因为较轻才被远送到秦岭北麓的，而轻的原因除了细，就是腐殖质含量高，土壤具有自我加肥能力。据专家考察，从目前残留在关中各处的土壤剖面来看，有的地方腐殖质层竟在 2 米以上。① 因此，一般说来，周人发祥地的黄土有较好的成土母质，地层表面团粒结构细微，组织疏松，使用原始的生产工具从事耕作，较为省力而易见功效。同时，古代黄河中游的地面，曾被茂密的植物覆盖，在很大程度上克服了黄土易受侵蚀的缺点。这就更使西周农业的发展获得了比较理想的条件。周人用"周原膴膴""畇畇原隰"等诗句赞美他们的居地，《禹贡》辨九州之土，以雍州黄壤为上上，周秦两汉渭河平原素有陆海、近蜀②、土膏、沃野之称，此类评价正反映了这里地理环境的优越性。

东方地区情况较为复杂，但同样不乏适宜垦殖的环境。比如其西部由冀北往山西全境以至豫西，仍是广泛覆盖着黄土的丘陵、高原和山地，地理条件与关中类似；中部华北平原的西侧，为山麓冲积扇褐土区，坡度平缓，排水情况良好，地下水埋藏较深，土壤少有盐化现象；东部为山东丘陵，虽有泰山拔地而起，但在泰山四周，主要地形为山麓平原和宽广的河谷，也可以视为土地肥美的宜农区。正因为东方也有一些条件良好的地区广泛分布，所以周人封殖的诸侯国才获得了迅速发展，其中，如由水力二次搬运黄土而形成的伊洛平原、汾浍平原、王屋、析城、太行诸山之南的"南阳地"等，以及泰山地区的"汶阳之田"，更在各国的发展中具有举足轻重的地位。

然而，任何事物都有两面性，周人的发展环境也并不是得天独厚。当时的地理环境远非上述所说的那样简单。请看以下几个方面：

首先，关于地形。《周礼·大司徒》职云："以土宜之法辨十有二土之名物"。夏纬瑛解释道："十有二土者，以地势而言。"③ 礼书虽系晚出，但由此也能推知，西周的地理形势原有五光十色的多样性。具体说来，关中地形较

① 朱显谟：《有关黄河中游土壤侵蚀区划问题》，《土壤学报》1958 年第 1 期。
② （南朝宋）范晔：《后汉书》，中华书局 2006 年版，第 1338 页。
③ 夏纬瑛：《〈周礼〉书中有关农业条文的解释》，农业出版社 1979 年版，第 88 页。

为单纯，却绝非单一。黄土最初堆积的时候，将原来的地形覆盖了大半，填塞了谷地，停积在山坡上，使先前的地面起伏变得平缓，形成了高平的塬和塬下近水的隰地。但也有一些高矗的岩石山岭还兀然突出在平缓的黄土地上，宛如土海中的岛屿。其著者如甘肃的陇山，被周人称为"北山"的岐山，称为"南山"的终南山，及梁山、黄龙、太华、尧山等，都属于这样的山地地貌。另外关中又有泾、渭、汧、洛诸大川和漆、沮、浐、灞、沣、滈、潏、涝等小水，由于两旁高崖崩坠，拥堵水流的原因，这里的河谷还曾扩展而为泽薮。如《周礼·职方》所记的弦蒲薮即在汧水的上游，见于《诗经·小雅·六月》的焦获泽，系指泾水流至瓠口山中的一段。《职方》另记有杨纡泽，并以之属冀州，据专家考订，它的名字应为阳华，位置大约在今华阴市一带[1]，也应包括在关中的范围之内。东方除西部仍为黄土堆积外，其中部和东部则主要是由地壳褶皱下陷后为冲积物填充而成的沉积区。自北而南，较大的河流有滦河、永定河、滹沱河、滏阳河、漳河、卫河及黄河，黄河以南，又有济、颍、淮、泗诸流。各河流与其他小水交互形成幅度不等的冲积扇，其中，以黄河沉积的规模最大，形成了广漠低平的冲积平原。一方面，在冲积平原上，仍不乏孤立突起的丘或陵；另一方面，由于古代河水的漫流，更在山麓冲积扇和冲积平原的结合部以及诸河道之间，形成许多以交接洼地或蝶形洼地为特征的湖泽。见于《左传》者有蒙泽、荥泽、柯泽、孟诸泽、董泽、修泽、琐泽、鸡泽、阿泽、棘泽、济泽、沛泽、圉泽、皋泽、吴泽、豚泽、剌泽、逢泽、笠泽、空泽、崔符之泽等，不下二十几个。据谭其骧先生统计，仅鸿沟颍汝以东，泗济以西，长淮以北，大河以南，就有较大的湖泊约一百四十个[2]，而《禹贡》所记的大野、大陆诸泽，则更烟波浩渺，浊水充斥数百里。所以，今天看来平衍无阻的华北平原，在古代却是有着起伏地形的复杂万端的泽水之区。

---

[1]　史念海：《河山集》，生活·读书·新知三联书店 1963 年版，第 32—33 页。

[2]　谭其骧：《黄河与运河的变迁》，《地理知识》1955 年第 8 期。

其次，来看土壤。《禹贡》别九州之壤，以雍州黄壤为上上，徐州赤埴坟为上中，青州白坟为上下，豫州下土坟垆为中上，冀州白壤为中中，兖州黑坟为中下，梁州青黎为下上，荆州涂泥为下中，扬州涂泥为下下。《周礼·草人》也将土质分为骍刚、赤缇、坟壤、渴泽、咸潟、勃壤、埴垆、强㯺、轻爂九种，并提出了相应的改良措施。《管子·地员》《吕氏春秋·辨土》更从局部地区着眼，区分了土壤的不同性能。可见不仅全国各地区的土壤有优劣高下之分，即使在同一州内，不同地理条件下所生成的土壤也是千差万别的。《吕氏春秋》编于战国后期，《禹贡》《周礼》《管子》的成书年代虽有争议，大致也应在战国或更晚。书中所记的辨土知识多系战国时期的产物，但所反映的土壤类型则古已有之。这就说明，西周并非到处都是适宜农耕的土地。举例来说，在黄淮诸流的冲积平原上，当时河道纵横，湖泽星罗棋布，岗丘与洼地相互间错，排水不畅，地下水埋藏浅而矿化程度高，因而便常使土壤有严重的盐化现象，而最东部的海滨低地，因受海水浸渍，更有大量的滨海盐土生成。《禹贡》称冀州之土为"白壤"，又谓青州"海滨广斥"，正反映两河之间和渤海的南岸都有大片的盐渍区。即在古代视为内陆的渭河平原上，由于河流的旁渗等原因，盐碱土的存在也颇有所记。战国末期修成郑国渠，灌溉"泽卤之地四万余顷"[1]，西汉"白渠开而斥卤膏壤"[2]，龙首渠的灌溉区有卤地万余顷，这些泽卤之地的生成都当为时甚早，它们很难说会给农业生产带来何种便利。那种认为凡大河流域必然土地肥美的说法显然不够确切。

再次，说说植被。今日的北方，天然植被很少见之于平原，所谓山区，也大多是濯濯童山。不过，这只是晚近才有的现象，而绝非周时旧观。在较早的文献中，反映周代植被浓密的材料随手可拈。"肃肃兔罝，施于中林""林有朴樕，野有死鹿""鴥彼晨风，郁彼北林""胡为乎株林""瞻彼中林，侯

---

[1]　《史记·河渠书》。
[2]　《抱朴子·外篇·诘鲍》。

薪侯蒸""瞻彼中林，牲牲其鹿""有鹜在梁，有鹤在林""诞寘之平林，会伐平林"等。① 这些赞美或提到林的诗句，就分明向我们描绘了一幅森林广布的画图。《左传》中涉及林的文字也颇常见，如"败徐于娄林""师于大林""会于櫶林""遇于北林""次于棫林"等，比比皆是。娄林、櫶林之类后世注家多只视为地名，其实，正是因为古代曾有林的真实存在，后来才有以林名地的发生。比如櫶林、北林皆在郑地，杜预以为櫶林在荥阳宛陵县东南，而北林在荥阳中牟县西南，《左传》宣公十二年，晋楚战于邲，赵彤"弃车走林"，邲地亦近荥阳，虽不能确指赵彤所走之林即为櫶林或北林，但櫶林、北林彼时均非徒有虚名，则可以肯定。见于《左传》记载的其他以某类植物为名的地方，如棘、垂棘、大棘、曲棘、赤棘、棘围、棘蒲、棘泽、桑山、桑田、桑隧、桃园、酸枣、旅松、桐丘、栎、棣等②，则更数不胜数。桑、桃、松、桐皆为人所熟知，棘是野生的小枣树，棣即李，栎亦木之一种。《诗经》中如"樵彼桑薪""吹彼棘薪""山有苞棣""椅桐梓漆""施于松柏""桃之夭夭，灼灼其华"之类的句子甚多，《左传》也有像"宁风之棘上""桃弧棘矢""松柏之下"这样的用语，参互比证，可知这些植物周代不仅确实存在，而且还有相当广泛的分布。至于对蓬蒿藜藿、萑蒲薪蒸的称述，也同样不只见于一处。故史念海肯定："历史时期黄河中游的天然植被大致是分成森林、草原及荒漠三个地带。森林地带包括黄土高原东南部、豫西山地丘陵、秦岭、中条、霍山、吕梁山地、渭河、汾河、伊洛河下游诸平原。草原地带包括黄土高原西北部。荒漠地带包括内蒙古西部和宁夏等地。森林地带中兼有若干草原，而草原地带中间有森林茂盛的山地。"③ 史先生此论专指黄河中游，而从《禹贡》谓兖州"厥草惟繇，厥木惟条"，《左传》谓楚之先祖"筚路蓝缕，

---

① 见《诗经·周南·兔罝》《召南·野有死麕》《秦风·晨风》《陈风·株林》《小雅·正月》《小雅·白华》《大雅·桑柔》《大雅·生民》等篇。

② 上述地名分别见于《左传》襄公二十六年、成公五年、宣公二年、昭公二十五年、成公元年、昭公十三年、哀公元年、襄公二十四年、昭公十六年、僖公二年、成公六年、宣公二年、襄公三十年、襄公十七年、庄公二十八年、桓公十四年、襄公九年。

③ 史念海：《河山集 二集》，生活·读书·新知三联书店 1981 年版，第 232—233 页。

以启山林"来看，黄河中下游以外的地区，也是一幅草木畅茂的自然景观。

最后，来看当时的野生动物。天然植被的茂盛为野生动物的生存提供了条件，在周代的密林茂草和广漠旷野之间，便常有野兽出没。《孟子·滕文公上》："周公相武王诛纣伐奄……驱虎豹犀象而远之。"《左传》宣公二年，华元使骖乘谓役人曰："犀兕尚多，弃甲则那。"定公四年，楚昭王"使执燧象，以奔吴师"。《国语·晋语八》，叔向云："昔我先君唐叔，射兕于徒林。"《竹书纪年》记载，周夷王"六年，王猎于社林，获犀牛一以归"。《吕氏春秋·至忠篇》曰："荆庄哀王猎于云梦，射随兕，中之。"文中提到的大象、犀牛如今在北方早已绝迹，即使在南方的热带雨林中也不能常常看到，但在周代，北方的广大区域都还有它们的栖息地。《诗经·小雅·何草不黄》："匪兕匪虎，率彼旷野。"《渐渐之石》："有豕白蹄，烝涉波矣。"《召南·驺虞》："彼茁者葭，壹发五豝。"《豳风·狼跋》："狼跋其胡，载疐其尾。"《左传》襄公十四年，戎子驹支曰："赐我南鄙之田，狐狸所居，豺狼所嗥。"宣公四年，斗伯比生，"邔夫人使弃诸梦中，虎乳之"。这里又提到了虎、豹、豺、狼、狐狸、野猪，此类于人们为害较甚的野兽，今日北方虽有存留，但大都活动于深山区，而在周代，它们似乎可以在平野上自由往来，狼奔豕突。食草动物中比较典型的是麋鹿类。《诗经》中的"野有死麕，白茅包之""林有朴樕，野有死鹿""呦呦鹿鸣，食野之苹""瞻彼中林，牲牲其鹿"等诗句，均可视作它们大量存在的真实记录。禽鸟类中值得一提的是雉，该种俗称野鸡的禽类今日也是非入山不见，但从"有兔爰爰，雉离于罗""有弥济盈，有鷕雉鸣""雉之朝雊，尚求其雌"等诗句来看，周代它们分明近在人们身边。上述情况和目前的生态环境比较，显然是差别很大的。野生动物的大量存在，同样反映了古代地理条件的复杂性。

以上仅是对少数几种地理条件的概要分析，我们不妨再看看古书对几个地点的描绘，可以获得一点更为明晰的印象。

《诗经·小雅·吉日》："升彼大阜，从其群丑"，"兽之所同，麀鹿麌麌。漆沮之从，天子之所"，"瞻彼中原，其祁孔有。儦儦俟俟，或群或友"，"既张我弓，既挟我矢。发彼小豝，殪此大兕"。从，逐也；群丑，指野兽；麀，牝鹿；麋麋，群鹿相聚貌；祁，大也，指大兽；有，犹多也；中原，即原中。原来王畿左近漆沮岸边的原上，竟是众兽聚处的所在。

《诗经·大雅·韩奕》曰："奕奕梁山，维禹甸之"，"孔乐韩土，川泽讦讦，鲂鱮甫甫，麀鹿虞虞，有熊有罴，有猫有虎。"诗中的韩国据说在今河北省固安县一带。猫，此处指一种毛色浅的虎，诗文清楚地反映，所谓的"孔乐韩土"地貌多山林川泽，而林间泽畔，则更有熊虎麀鹿成群出没。

至于楚先祖辟居的荆山，晋国赐戎子驹支的南鄙之田，云梦、孟诸各泽水之区的情况等，向为学者所熟知，无须一一道及。总之，只要仔细依照文献复原，便不难发现，西周人生活于其中的自然界，并没有完全改变其原始面貌。取得了这种认识，才能同尧时的"兽蹄鸟迹之道交于中国"、夏时的"民有寝庙，兽有茂草，各有攸处，德用不扰"相连属，而不至出现脱节。

作为生产力的内部因素，复杂的地理环境所产生的影响也是双重的。

一定数量易于垦殖的土地，是农业发展的基础。在散布于东西方的宜农地带里，西周的劳动人民"相其阴阳，观其流泉""度其隰原"，选择靠近水源、又不至为洪水冲没的高爽向阳之区从事种植，采用耐旱、对土壤肥力要求不高，而且适应性较强的黍、稷之类作为主要栽培作物，虽然生产工具落后，但通过辛勤的劳动，竟也生产了"千斯仓""万斯箱"的粮食。"土壤自然肥力越大，气候越好，维持和再生产生产者所必要的劳动时间就越少"，"生产者在为自己从事的劳动之外来为别人提供的剩余劳动就可以越多"。①由于这一经济规律在一定程度上起了作用，故在铁器时代还未到来的情况下，就出现了西周奴隶制国家，并创造了闻名于世的古代东方文明。此点是首先应该提到的。

同时，对另外一些因素，也绝对不能忽略。举例来说，周代的诸类地形中，除去一些宜于垦殖的区域间错分布外，不利开发使用者仍占多数。《诗

① 马克思：《资本论（纪念版）》第 1 卷，人民出版社 2018 年版，第 586 页。

经·小雅·信南山》："畇畇原隰，曾孙田之。"《大雅·公刘》："度其隰原，彻田为粮。"《王风·丘中有麻》也反复吟唱"丘中有麻""丘中有麦"，说明最初的农耕地只限于原隰和平缓的岗丘。春秋时，土地垦辟的范围已有所扩大，但根据《国语·周语下》所记，贵族强调"古之长民者，不堕山，不崇薮，不防川，不窦泽"，向山林川泽的进军，仍被传统势力视为异端。《国语·周语上》记召穆公语曰："民之有口，犹土之有山川也，财用于是乎出；犹其有原隰衍沃也，衣食于是乎生。"可知周代只有原隰才被当作真正的衣食之源，而山泽的功用则始终与之不同。只是到了战国，才有商君在秦，以"十年不征"，招徕三晋之民，开陵坂草莱之地，此后在《吕氏春秋》中，开始提到要"善相丘陵坂险原隰"，而人口较多的三晋，也出现过"人之复阴阳泽水者过半"的情况。不过，即使在战国，"方千里者五"的秦地，也还是"谷土不能处二，田数不满百万"[①]。可知高山峻原的易致干旱，平原低地的水流不畅，川边泽畔的卑下潮湿等，在西周一定都是农业进一步发展的严重障碍。

土壤方面，大量盐碱地的存在也同样不利于农业生产，而时常使人们感到烦苦。从很早时候起，劳动人民在同大自然的斗争中，就开始摸索治碱的经验，田间水沟的挖掘主要是为了排水，或也与泄碱有关。但总的来看，对大片严重盐化的土壤，人们基本无能为力。《史记·货殖列传》记载："太公望封于营丘，地泻卤，少五谷而人民寡。"《管子·轻重乙》称齐地有"渲菜、咸卤、斥泽、山间堁垒不为用之壤"。《左传》成公六年，晋人谋去故绛，诸大夫皆曰："必居郇、瑕氏之地"，韩献子坚决反对，谓"郇、瑕氏土薄水浅，其恶易觏，易觏则民愁，民愁则垫隘，于是乎有沈溺重腿之疾，不如新田"，晋人于是乃"迁于新田"。因土薄水浅、泻卤易生而恶居其地，正是造成部分地区"少五谷""人民寡"，并留下大量"不为用之壤"的重要原因。这种情况反映古代生产有避难就易的特点，也说明土壤条件局限了农业的发展，

---

① 《商君书·徕民》。

与今日农业生产的情况不能比拟。

天然植被良好对于保持水土等具有十分重大的作用，但对需要垦辟土地、发展农业的周人来说，却是一种不容忽视的困难。《诗经》中常有"山有蕨薇，隰有杞桋""山有枢，隰有榆""山有栲，隰有杻""山有漆，隰有栗""阪有桑，隰有杨""山有苞栎，隰有六駮""山有苞棣，隰有树檖"之类的句子，均以山坂和隰地对举。《大雅·公刘》曰："于胥斯原，既庶既繁。"高亨曰："庶、繁，指草木茂盛。"① 可见尽管周人喜耕的原隰上边以草灌和蒿类植物为主，但与山坂一样，初始也有较为广泛的林木分布。因此，欲事农耕，就先得除草除木。《大雅·皇矣》："作之屏之，其菑其翳。修之平之，其灌其栵。启之辟之，其柽其椐。攘之剔之，其檿其柘。"《周颂·载芟》："载芟载柞，其耕泽泽，千耦其耘，徂隰徂畛。"《大雅·生民》："诞寘之平林，会伐平林"，"茀厥丰草，种之黄茂"。《小雅·楚茨》："楚楚者茨，言抽其棘。自昔何为？我蓺黍稷。"这些都是周人经常进行除草除木劳动的真实写照。《尚书·金滕》云："秋大熟，未获，天大雷电以风。禾尽偃，大木斯拔，邦人大恐……二公命邦人凡大木所偃，尽起筑之。"说明所谓的农田确系在林莽辟除后的空地上发展起来，而在作物生长的过程中，又时常要受到近旁林木的威胁。一位游历家曾说："南美土人用石斧砍伐一棵树要费两天的劳动，如果用普通的金属斧，一点钟就行了。但为了耕种，地面上往往需要伐去树木。"西周时，金属工具尚未推广，垦辟土地的工作费力大而功效低，自又不言而喻。有人强调火的作用，认为"一把火过后，就是一片良田"，证以上述所引文献，便知这不过是一种臆测，实际上不经砍伐、挖根和晾晒是不能烧的，具体情况远非今天想来那么简单。

野兽繁多虽为狩猎经济的存续提供了条件，但却时常危及人们的生命安全，而且损害农田。《春秋》庄公十七年："冬多麋。"杜注："麋多则害五稼。"②

---

① 高亨：《诗经今注》，上海古籍出版社 1980 年版，第 415 页。

② （清）阮元：《十三经注疏》，中华书局 1980 年影印版，第 1772 页。

《诗经·豳风·东山》曰："町疃鹿场，熠耀宵行。"战士远征不归，田园竟废为鹿场，麋鹿为害于五稼，不可谓不甚。至于猛兽为虐，则更不消提起，故周有春蒐、夏苗、秋狝、冬狩之制，夏田称之为苗，注家即多以为与"为苗除害"有关。①《周礼》有"雍氏"一职，"掌沟渎浍池之禁，凡害于国稼者。春令为阱擭沟渎之利于民者，秋令塞阱杜擭"。郑玄指出："害于国稼者"即"水潦"与"禽兽"。②《礼记·月令》于孟夏之月也云："驱兽无害五谷。"周时为防野兽之害，不知要花费人们多大的精力！

新中国成立后，在一段时间内存在不加分析地批评地理环境决定论的情况，造成了学者们在研究中有意无意回避地理环境因素的倾向，而其他文章但凡涉及这一问题时，又大多只简单地强调黄土地带、土地疏松、宜于农耕等有利因素。在一些学者那里，似乎青铜农具加上优越的地理环境，即可造就高生产力，他们进而支持西周是一个发达的奴隶制或封建制时代的观点。仅从上面论述中，我们即可看出，地理环境既为人类提供直接的生产资料和生活资料，同时也障碍人们向生产的深度和广度进军。在生产工具仍很原始的西周，其阻碍作用便显得更为突出。所以，如果冷静思考，就应该承认，当时虽有农牧经济的初步发展，但整个社会的劳动生产率仍不可能达到很高水平。

第三节　人的数量和质量

用以生产物质资料的生产工具是构成社会生产力的重要内容，地理环境也可视为影响生产力的内部经济条件，而生产力中最积极、最活跃的因素却

---

① （清）刘文淇：《春秋左氏传旧注疏证》，科学出版社 1959 年版，第 30 页。

② （清）阮元：《十三经注疏》，中华书局 1980 年影印版，第 885 页。

是人类自身。具体说来，人的因素又包括两个方面，一是劳动者的体力，一是劳动者的智力。与体力相联系的，是一定限度的人口的增殖，与智力相联系的，是科学技术水平的提高。在古代，所谓科学技术水平，很大程度上是指生产经验和劳动技能等。对这两者简单地加以概括，可以归结为人的数量和质量。

前边已提到，西周的人口数量是很少的。徐旭生在其所著《中国古史的传说时代》中指出，当尧、舜、禹时代，人民的居住地仅限于河流及湖泊附近。《帝王世纪》称禹时已有人口千三百五十五万三千九百二十三人，数字绝不可靠，彼时人口不能超过百万。以后逐渐开始向着广大地区从事垦辟，但由于工具粗陋，进展也不快，因此，人口的繁殖还受着相当的限制。人民在平坦易居的地方建设都邑，将附近辟为耕田，方圆数十里或百里就可成一国，此国与彼国的中间大约还有不少荒芜的林野。[①] 童书业也说："西周时人口较春秋为少。武王伐商，'革车三百辆，虎贲三千人'，以甲骨文用兵不过万人较之，'商、周之不敌'，则周军自不过数千人，虽尚有留守本土者，即以五倍计，亦不过一万五千人。以一家五口出一兵计，则周邦人口不能过十万，彼时全'中国'人口，扫数计之，恐亦不过一、二百万而已。西周时经济发展，至末年，人口当有增加，然'宣王既丧南国之师，乃料民于太原'，民而可料，则周'国人'之数尚不能过多也。"[②]《诗经·大雅·文王》有"商之孙子，其丽不亿"之语。丽，数也；不亿，不至于亿。古者十万为亿，诗人夸饰言之，尚仅以十万形容商人之多，由此看来，灭国后臣服于周的商族人数量也极有限，而徐、童二先生的推算均较符合实际。周初分封，使部分被征服者居于国，就是为了解决人口不足、统治基础薄弱问题。从金文来分析，西周时的许多战争，也以保护或掠夺人口为目的，并不注重对土地的占领。如小盂鼎（《集成》2839）铭文中的盂在伐鬼方的战斗中"俘人

① 徐旭生：《中国古史的传说时代》，广西师范大学出版社 2003 年版，第 146 页。
② 童书业：《春秋左传研究》，中华书局 2006 年版，第 277 页。

万三千八十一人"，虢季子白盘（《集成》10173）中的虢季子白"搏伐猃狁"，
"折首五十"；敔簋（《集成》4323）中的敔从南淮夷手中夺回被掳走的四百人，
暂寄于荣伯之所，施以衣履后，"复付厥君"，簋（《集成》4322）中的
"俘人百又四人"，多友鼎（《集成》2835）中的多友在伐猃狁时"折首执讯"，
并夺回了被猃狁所俘的民众，等等，都是极明显的例证。一定数量的人口才
能提供社会所必需的劳动力，西周人口稀少，对生产的发展是不利的。只有
适当的人口比例，才能构成最佳的生产力要素。

　　至于生产经验和劳动技能，则是随着生产工具的发展而发展的。认为西
周生产力水平较高的学者，一方面强调生产工具的进步性，一方面又往往错
误估计当时的技术水平。比较典型的例子是所谓农田水利的设施。有的文章
和教科书提出，西周已有周密的渠道系统，水利灌溉十分讲究。事实上，被
视为灌溉渠道的沟洫，充其量不过是用以排水的小沟。殷人居东，多滨河筑
邑，生活上虽有取水之便，但同时也常有遭受水患的危险，殷都屡迁，避水
可能就是其原因之一。殷墟卜辞所记水祸不少，约略可分为两类，一是河水
来入为患，一是久雨积水成灾，所谓"宁雨"之祭，就是为了止雨而向天祈
祷，可见当时即使有沟洫的修筑，防护水灾的技术也必不十分发达。[1] 西周
封邦建国，人们活动的范围较商为广，对于沟洫的需要或许更加迫切。然程
瑶田在《沟洫疆理小记》中写道："《周礼·小司徒》注沟洫除水害，余亦以
为备潦，非备旱也。岁岁治之，务使水之来也，其涸可立而待，若以之备
旱，则宜潴之，不宜沟之，宜蓄之，不宜泄之。令之递广而递深也，是沟之
法，非潴之法，是泄之，非蓄之也。"他这样分析沟洫的作用，是非常令人
信服的。《孟子·离娄下》曰："七、八月间雨集，沟浍皆盈，其涸也可立而
待也。"《吕氏春秋·孟秋纪》则云："完堤防，谨壅塞，以备水潦。"战国时
沟浍仍主要发挥着"备潦"的功能，怎么可以一言及沟洫，就非同灌溉挂上
钩呢？殷人经常"卜雨"，有些是卜出行时会不会遭雨，大部分是卜农事所

---

① 陈梦家：《殷虚卜辞综述》，中华书局 1988 年版，第 524 页。

需的雨量，分明当时的农业经营是靠天雨，并非凭借人力。[1] 周人经营的农作物以耐旱的黍、稷为主，同样反映他们缺乏抗旱的能力。《诗经·小雅·白华》："滮池北流，浸彼稻田。"显然是利用自然水源种稻，只能看作在个别情况下出现的一种特例。《春秋》经中每有旱灾，即举行"大雩"仪式，《左传》襄公十九年提到"百谷之仰膏雨"，僖公十九年提到"卫大旱，卜有事于山川"，三十一年又提到"夏，大旱，公欲焚巫尪"，都仍将消除灾害的希望寄托于天。臧文仲虽然反对"焚巫尪"的行为，但也只是主张用"修城郭，贬食，省用，务穑，劝分"来备旱，并未言及兴修水利。到了今天，真正实现河网灌溉的农田也不普遍，若谓西周已有完备的灌溉系统，岂不令人费解？由于铁制农具的缺乏，就是用以排水的沟洫，在春秋以前也不可能以很大的规模在各地得到普及。《左传》襄公三十年："子产使都鄙有章，上下有服，田有封洫，庐井有伍……从政一年，舆人诵之，曰：'取我衣冠而储之，取我田畴而伍之。孰杀子产，吾其与之'。及三年，又诵之，曰：'我有子弟，子产诲之；我有田畴，子产殖之，子产而死，谁其嗣之？'"这段话包含的内容比较复杂，子产的措施可能有制度方面的改革，但也说明在他当政时，郑国精细的排水沟洫尚未普遍行用，故农人不知其利而加以反对，及待三年的实践，明白了它的好处，才转为拥护和赞成。论者多把《考工记》中的沟洫视为西周制度，其实，那样整齐而规模宏大的排水设施，也只有在铁器普遍化的战国时代才能设计出来。夏纬瑛指出："精细的农田排水的沟洫制度，在春秋时还是新鲜事物，至战国之时，已认为是一件好事，而将其法载之于书册了。"[2] 这样去理解《考工记》，应该说才比较切合实际。

接下来可以谈一下牛耕。有学者仅据甲骨文中的一个"犁"（或作 犁）字，就断定殷代已用牛从事耕种，比及西周，牛耕的使用范围自然更加广泛了。[3] 可惜的是，"犁"做别的解释远较释"犁"更为恰当。古时所谓服牛，

---

[1] 陈梦家：《殷虚卜辞综述》，中华书局 1988 年版，第 524 页。

[2] 夏纬瑛：《〈周礼〉书中有关农业条文的解释》，农业出版社 1979 年版，第 117 页。

[3] 郭沫若：《奴隶制时代》，中国人民大学出版社 2005 年版，第 15 页。

仅指驾车而言。殷和西周尚不知冶铁，既无可供牛力牵引的铁制犁具，牛耕的使用便根本无从谈起。《吕氏春秋·慎大览》等俱载周武王故事，谓灭殷之后，曾"税（脱）马于华山，税（脱）牛于桃林，马弗复乘，牛弗复服"。伪古文《尚书·武成篇》亦有此语。孔疏云："华山之旁，尤乏水草，非长养牛马之地，欲使自生自死。"① 可见那时民间不但没有牛耕的习惯，即便是服牛乘马，也多用于战时乘载，平时并不普遍。不然，何以战事已过，便对牛马如此放任呢？周必大泰和《曾氏农器谱序》列举五事，来说明牛耕起于春秋，一为《山海经·海内经》有后稷之孙叔均始作牛耕之说；二为《论语·雍也》中，孔子有"犁牛之子骍且角，虽欲勿用，山川其舍诸"等语；三为孔子弟子字伯牛；四为《礼记·月令》于季冬出土牛示农耕早晚；五为贾谊《新书》、刘向《新序》俱载邹穆公之言曰："百姓饱牛而耕，暴背而耘"。近人讲牛耕者，多据此发挥。但徐中舒师早在《耒耜考》中就对周氏的观点进行了详细驳斥，认为《山海经·海内经》及《新语》《新序》均出自汉人之手，作者是用当时的眼光追述古事，不免附着浓厚的汉人色彩，只可看作是汉代实有牛耕的证据，于考察春秋史实无补。《月令》原文仅有"出土牛，以送寒气"，并无"示农耕早晚"之言，把"出土牛"与"示农耕早晚"相连的是东汉的高诱，高氏所云亦为汉时习惯；《论语》中的"犁牛"指杂文或不纯色之牛，与农耕无关。冉耕字伯牛，出于《史记·仲尼弟子列传》，春秋时典籍只云冉伯牛，并不传其名，而据王引之《春秋名字解诂》，冉耕当为冉牼，写作耕字，为古字假借所致。② 从考古材料来看，春秋时铁器类型简单，铁犁基本没有发现，参互比证，应该说徐师的看法是平实的。战国铁犁在河南辉县固围村和河北易县燕下都等地出土过几件，由此看来，贾思勰《齐民要术》谓牛耕始于赵过，似嫌太晚。但这些铁犁均呈"V"字形，辉县铁犁重 465 克，其大小为斜边长 17.9 厘米，中央尖部宽 6 厘米，两侧

---

① （清）阮元：《十三经注疏》，中华书局 1980 年影印版，第 184 页。

② 徐中舒：《耒耜考》，《农业考古》1983 年第 1 期。

宽 4 厘米，铁刃顶端上下两面都起脊线，角度大至 120 度左右，两角的铁叶不及 10 厘米。有人认为这种"V"字形铁器既小且轻，而且它的夹木双叶强度有限，只能纳入很薄的木板，经不住牛拉，因此主张定为"一金式"的耜；也有人认为这种"V"字形铁犁铧角度过大，如果像汉代步犁一样装置，似乎不易破土划沟。① 各种意见虽然目前还无法统一，但是，要说战国时期铁犁还很原始，犁耕使用也不广泛，则大致没有问题。这同把牛耕的时代提早到西周甚至殷代的认识相比，似乎更有道理。

应当提及的还有农作制。据《诗经》，西周的耕地有菑、新、畬三种名称，不少人认为这就是欧洲中世纪被称为休闲制的二田制或三田制。其实，在二田或三田制下，每年休闲的土地都要照常犁耕，有的甚至犁耕三次，而西周的土地被放弃之后，却根本不加犁耕；在二田或三田制下，土地休闲时间只有一年，而西周，土地被放弃之后却往往撂荒多年，直待上边复又生满野草和小树，才会被重新开发利用。《诗经·周颂·载芟》所记，就是垦耕撂荒地的情景，劳动者在这里既要除草，又要除木，可知撂荒期并未耕作，而且撂荒的时间颇久。正因为西周的农作制与欧洲的休闲制有种种明显的差异，故农史专家友于主张把这种耕作制叫作田莱制，认为土地"田一岁曰菑，二岁曰新，三岁曰畬"，由于不懂得施肥养地，一般经过三年耕种，便因地力用尽而放弃，被放弃的土地称为莱，其低下者也叫污。② 清人徐灏《说文解字注笺》曰："田久污莱，必先除其草木，然后可耕"，正可同友于的说法相印证。另外一些农史研究者虽然没有使用田莱制这一名称，但认为西周的农作制始终没有超出熟荒农作制，却已形成共识。③ 可惜农史研究中的成果，并未受到人们的一致重视。其他的一些说法，如认为殷代已知施肥，西

---

① 方壮猷：《战国以来中国步犁发展问题试探》，《考古》1964 年第 7 期；达人：《有关战国时代牛耕的几个问题》，《文史哲》1963 年第 1 期。

② 友于：《由西周到前汉的耕作制度沿革》，载中国农业科学院、南京农学院中国农业遗产研究室编辑：《农史研究集刊》第二册，科学出版社 1960 年版，第 1—17 页。

③ 郭文韬：《中国古代的农作制》，《中国农史》1982 年第 1 期。

周"对垦耕和耨耘技术已相当讲究，而且达到了相当高的水平"之类，在我看来，也多与当时的实际不合，因限于篇幅，便不再一一述及了。总之，从人的数量和质量来分析，仍可看出，西周的生产力水平是相当低下的。

马克思说："我们越往前追溯历史，个人，也就是进行生产的个人，就显得越不独立，越从属于一个更大的整体。"① 西周的生产力既然仍很落后，便只有利用现成的家族团体，依赖族内较大规模的协作，才能造成一定的劳动强度，借以提高劳动生产率。徐中舒师指出："古代的原始农业，都是在氏族中或父系家长制下共同协力进行的，一夫一妻的小家庭力量太薄弱了，不足以单独征服自然，与自然灾害作斗争。如斩伐榛檞，开辟田园，挖掘沟洫，排水蓄水，挖掘陷阱，防止人畜践踏，这都不是一手一足所能为力。就是春秋战国时代，一夫百亩、分田而耕的小农经济已经普遍存在，而合耦共耕的耕作制度，也没有完全绝迹。"② 参以少数民族的材料，便极易看出徐师这一论断的科学性。新中国成立前，黎族合亩地区除了耙仍是木质或竹制外，其余犁、锄头、铲、钩刀、手捻小刀、四齿手耙、斧头都是铁质。③ 怒江地区独龙族处在铁、木并用阶段，小木锄"戈拉"是他们的主要生产工具，后来在小木锄的尖端镶上一道铁边，制成"恰卡"，最后输入了怒锄，则完全是铁制品。该地区傈僳族和怒族除有部分木制工具外，主要依靠铁砍刀和小铁锄"怒戈尔"进行操作。④ 只是以上各族本身不会炼铁，铁制工具依赖外部输入，因来源有限而束缚了生产力的发展，故始终保留着不同形式的共耕制。西周生产工具的进步并未超越上述各族，自然环境中的不利因素又具有强大的制约作用，当时的人们长期以家族为单位从事集体劳动，岂不正在

---

① 马克思：《政治经济学批判导言》，载《马克思恩格斯全集》第12卷，人民出版社1962年版，第734页。

② 徐中舒：《论商于中、楚黔中和唐宋以后的洞——对中国古代村社共同体的初步研究》，《思想战线》1978年第2期。

③ 《黎族简史》编写组：《黎族简史》，民族出版社2009年版，第225页。

④ 李文潮：《试论解放前我国存在原始公社残余的少数民族地区私有制的产生》，《中央民族学院学报》1981年第1期。

情理之中？

"分散的劳动是私有制产生的源泉"，反之，家族集体劳动则必然要延缓个体私有的发展进程。在我国各少数民族中，但凡一家一户尚不能独立从事耕作的地方，便到处可以看见大片的家族公有土地。西周私有制形态极不完整，"完全的、自由的土地所有权"没有出现，其基本原因概出于此。

"一定历史时代和一定地区内的人们生活于其下的社会制度，受着两种生产的制约：一方面受劳动的发展阶段的制约，另一方面受家庭的发展阶段的制约。劳动越不发展，劳动产品的数量，从而社会的财富越受限制，社会制度就越在较大程度上受血族关系的支配。"[1] 落后的生产力使西周的人们"像单个蜜蜂离不开蜂房一样"，无法脱离家族的脐带，不仅旧的土地公有制未被深深埋葬，就连生产也是以家族为单位集体进行的，这样，家族就不可能迅速地瓦解为小农的乡村。《尚书·酒诰》有"肇牵牛车远服贾，用孝养厥父母"等语，似乎交换早已存在。但这句话本身就说明，只有较远的地方，由于自然条件不同，需要迁有于无，才有交易活动[2]，交换不发生于公社内部，"而是在它的尽头，在它的边界上，在它和其他公社接触的少数地点出现的"[3]，因而也便不会构成影响公社内部结构的有力手段。西周时期，家族作为真正的经济实体，始终与地缘组织并存，应与土地公有共耕和交换不发达密切相关。

西周国、野之间的关系是一种统治和被统治、剥削和被剥削关系。但由于国、野普遍存在着家族甚或氏族，所以此种关系又具体体现为两种组团的特殊结合。统治者可以日益加重对于野人的榨取，从而使他们变得十分贫困，却无法超越家族或氏族组织，将单个的劳动力大量地置于典型奴隶的悲惨境地。这正是西周社会有别于古希腊、古罗马的一个奥秘，也是我们考察

---

① 恩格斯：《家庭、私有制和国家的起源》，人民出版社 2018 年版，第 4 页。

② 李埏：《试论中国古代农村公社的延续和解体》，《思想战线》1979 年第 3 期。

③ 马克思：《政治经济学批判》，载《马克思恩格斯全集》第 13 卷，人民出版社 1962 年版，第 39 页。

周代国、野问题所应注意的一个关键。

　　了解了西周的生产力发展水平，便为前边的分析找到了一个坚实的立足点。血缘关系与政治关系、地缘关系并存，家族集体劳动普遍流行，私有制发展不完整，用不断扩大"服"的办法控制国和野，以及国、野关系上的多样性、集团性、强制性和松散性，是由当时的生产条件所规范出来的合理形态，而这种形态被打破，则有赖于生产力的进一步发展和由此引起的更为深刻的历史变动。

第五章　春秋时期国野状况的变化

春秋是以一个大变动的时代载入史册的。但凡社会变动，往往是一变百变，牵一发而动全身。因此，有关国、野方面的问题，诸如国、野的面貌，国人、野人的成分及生活状况，国、野之间的关系等，也均不能守其故常，而要在变动不居的大潮中日益刷新。

第一节　生产发展状况概观

尽管古代社会发展缓慢，却从来不曾停滞。春秋和西周相比，首先是生产面貌已经不可同日而语，而且越到后期，进步和变化便显得越加突出。

春秋时的农业生产工具仍以木器、骨器、石器、蚌器为主，但青铜农具的数量也显然开始增多。从考古材料来看，河南省三门峡市上村岭虢国墓中，曾发现属于西周晚期或春秋初期的青铜耒。[①] 浚县辛村西周末至东周初的卫墓中出土有青铜生产工具。[②] 山西侯马上马村东周墓葬出过青铜锛和铲。[③] 陕西临潼零口乡西段村的一个窖藏里，放置有铜铲 4 件，铜铲

---

①　北京大学历史系考古教研室商周组编著：《商周考古》，文物出版社 1979 年版，第 167 页；郭宝均：《上村岭虢国墓地》，科学出版社 1959 年版，第 19 页。

②　郭宝均：《浚县辛村》，科学出版社 1964 年版，第 46—47 页。

③　王克林：《山西侯马上马村东周墓葬》，《考古》1963 年第 5 期。

刀 3 件，另有铜斧 10 件，铜凿 1 件，铜角刀 1 件，铜削 4 件，同穴所藏青铜器主要是利簋、王盉、㝬车父壶、陈侯簋和甬钟若干，分别属于西周初、晚期和东周初期，窖藏的时代应晚于窖藏中最晚的藏品，据此，包括青铜农具在内的这批工具极可能属于春秋之物。① 在河南淅川下寺发掘的楚令尹子庚墓中出土的青铜生产工具较为集中，合共 26 件。其中铜镬 4 件，平面作长方形，刃稍宽，呈弧状，后有方銎；铜镰 2 件，形如今天北方的镰刀，弓背，有銎，镰身正面铸有沟槽，可使镰刃在磨损后仍能保持锯齿状。② 这种有齿纹的青铜镰，除传世者外，在长江下游各省屡有发现，时代多应定在战国，但江苏六合程桥二号墓所出 1 件却时当春秋末年。该墓所出青铜生产工具还有锛、铲、锄等共 8 件，均有锋利刃口，说明都是实用品。③ 刃部无齿的青铜镰，江苏仪征破山口出土过 1 件，收录于《江苏省出土文物选集》，李学勤认为它不晚于春秋前期。④ 另外，1956 年修建韶山灌区时，在湖南湘乡市境内也发现过一件东周早期的青铜铲。⑤

青铜渐渐被用来制造农具，自然是青铜手工业生产有所发展的直接结果。湖北大冶山铜绿山的古矿冶遗址可分前后两期，前期即为春秋遗存。这里发现的井巷框架和水槽装置等，反映人们在采掘过程中已较好地解决了通风、排水、提升等技术。在铜绿山发掘时，考古工作者仿照春秋古炉的形制结构，采取当地原料，进行了一次仿古炼铜模拟实验。结果表明，这种炉形可以用木炭还原法进行熔炼，炼出的红铜不必像"杀鸡取卵"似的毁炉取铜，而能连续加料、连续排渣和连续放铜，已是一种具有较高功效的竖炉。山西侯马、河南新郑等地发现的春秋铸铜遗址都有相当的规模，遗址所代表的铸

① 临潼县文化馆：《陕西临潼发现武王征商簋》，《文物》1977 年第 8 期。
② 张剑、赵世刚：《河南省淅川县下寺春秋楚墓》，《文物》1980 年第 10 期。
③ 南京博物院：《江苏六合程桥二号东周墓》，《考古》1974 年第 2 期。
④ 李学勤：《东周与秦代文明》，上海人民出版社 2016 年版，第 220 页。
⑤ 周世荣：《湖南韶山灌区湘乡东周墓清理简报》，《文物》1977 年第 3 期。

造技术也较前更好。① 青铜生产各个环节的进步无疑都为青铜使用范围的扩大提供了可能，但青铜农具的增加与春秋社会的变化也不无关系。春秋后期，礼崩乐坏的局面日益加剧，青铜生产乃脱出主要为宗庙祭祀服务的旧轨道，逐步显露出朝实用化演变的新倾向，大至建筑构件，小至带钩、铜镜之类的生活用品，如雨后春笋，纷纷涌现。正是同这种变化相伴随，制造一定数量的青铜农具方才成为现实。

青铜农具的出现为农业生产输入了新血液，而更重要的是和青铜农具一样，春秋青铜工具的使用也进一步广泛，这又为木质农具的加工带来了便利。未经精细加工的木质农具比磨制的石器锋利程度要差，所以，从历史上看，用石耕、石镰、石刀等来代替原始农业所使用的木棍是一个发展。然而，木器一旦可以凭借金属工具来作良好的加工，则又远远胜过石制品，而且可以大大提高制造的速度，增加农具的数量。《国语·周语中》讲到只有"民无悬耜"，才能使"野无奥草"，大约由于取材容易，故木制的耒耜可能已成为春秋时最为常用的生产工具。这种耒耜即使没有安装金属的刃口，也一定修治得十分精良。木制农具的改进和普遍流行，对农业面貌的改观应该起过不可忽略的重大作用。

标志春秋时期社会经济发展最高水平的是冶铁的出现与发展。每项新技术的诞生都是此前生产经验积累的结晶。从目前的考古资料来看，正是在春秋时期，我国劳动人民不仅学会了冶铁，而且不断改进冶炼办法，制造出了合用的铁制工具。江苏六合程桥、湖南长沙、河南洛阳水泥制品厂等地春秋晚期的墓葬或遗址中，曾发现过人工冶炼的铁块、铁条、匕首、铁盂、铁斨和空首铁镈，这些铁制品多数仍属于"块炼铁"，是由铁矿石在较低温度（约1000℃）的固体状态下用木炭还原法炼成，它的含碳量低，结构疏松，质地柔软，只有经过锻打，提高其性能以后，才能制造可用的器物。但在春秋时

---

① 中国社会科学院考古研究所编著：《新中国的考古发现和研究》，文物出版社 1984 年版，第336—337 页。

期的铁器中，也有个别含碳达到 2%以上的生铁制品。经金相学检验，程桥一号墓出土的铁块具备生铁所特有的莱氏组织痕迹；洛阳水泥制品厂出土的铁斯也可见莱氏组织，系用白口铁所铸。生铁的冶炼方法是高温液态还原法，炉温高达 1146℃，铁矿石在炼炉内可以熔化为液态的铁水，从而使含碳量提高，硬度也随之增强。它的出现，在历史上有着十分重要的意义。因为生铁克服了"块炼铁"的弱点，不需要反复锻打，从炼炉中出来的铁水，就能用以直接浇铸，这便有效提高了生产效率，使大量生产和铸造复杂的器型成为可能。铜绿山的发掘说明，春秋时人们已熟练掌握了使用竖炉的冶铜技术，此点自然为冶炼生铁提供了参考，可以推测，当时的冶铁业也已采用鼓风竖炉，在原料、耐火材料和冶炼技术方面都有相应的发展。生铁质地坚硬却性脆易折，春秋时已出现了热处理技术，借此来增加产品的韧性，洛阳水泥制品厂出土的铁斯，就曾在较低温度下做过短时间的退火处理。同坑出土的空首铁镈经检验证明，是白口铁经长时间柔化处理而得到的展性铸铁。经过处理的铁器，其锐利程度和使用寿命得到进一步提高，能够在生产中发挥越来越大的作用。各国的冶铁技术发展史上，一般都曾经历过低温炼铁和高温炼铁两个阶段，先发明锻铁，后出现铸铁，两者的出现往往相隔很长时间，以欧洲为例，从发明"块炼铁"到使用生铁整整用了 2500 年。我国使用"块炼铁"虽比西方稍晚，但生铁制品的出现却比西方最早使用生铁的时间还早 1800 多年。这是我国冶金史上的一大特点。[1] 它表明我国古代冶铁业的发展走了一条独特的道路，而这条道路正是从春秋后期开始的。

随着生产工具的进步，生产技术也必然发生一定程度的改观。《诗经·齐风·甫田》："无田甫田，维莠骄骄。"毛传曰："甫，大也。大田过度而无人功，终不能获。"[2] 朱熹《诗集传》也云："田甫田而力不给，则草盛矣。"[3] 这

---

[1]　中国社会科学院考古研究所编著：《新中国的考古发现和研究》，文物出版社 1984 年版，第 333 页。

[2]　（清）阮元：《十三经注疏》，中华书局 1980 年影印版，第 353 页。

[3]　（宋）朱熹：《诗集传》，上海古籍出版社 1980 年版，第 61 页。

说明春秋时已很注意通过中耕管理来提高单位面积的产量，原始粗放的广种薄收开始逐步为人们所放弃。《左传》隐公六年引周任之言曰："为国家者，见恶，如农夫之务去草焉，芟夷而蕴崇之，绝其本根，勿使能殖，则善者信矣。"芟、夷连用，系指除草，蕴崇有积聚之意，应指堆积所除之草使之发酵，既可防止草根重新滋生，又能用以肥田。昭公元年，晋赵文子曰："武将信以为本，循而行之。譬如农夫，是穮是蓘。虽有饥馑，必有丰年。"这里的穮也是除草，蓘则指培土以附苗根。襄公二十五年，子产曰："政如农功，日夜思之，思其始而成其终，朝夕而行之。"子产所说的农功大约即包括除草、施肥、培土等中耕措施。而从"日夜思之""朝夕行之"两语来看，农人勤于治田之状已跃然纸上矣！正因为中耕在有些地方已成习惯，故单襄公过陈，才感叹陈国"垦田若蓺""田在草间"，并谓陈"弃先王之法制"[1]，其国必危。

与加强中耕管理相对应，更多的土地得到了恰当的整理和规划。《左传》襄公十年记郑国的子驷在任执政时曾"为田洫"，田洫就是田间排水的沟洫。襄公三十年，子产又使"田有封洫"，这一改革首先也应从农学意义上来理解。襄公二十五年，"楚蔿掩为司马，子木使庀赋，数甲兵。甲午，蔿掩书土田、度山林、鸠薮泽、辨京陵、表淳卤、数疆潦、规偃猪，町原防，牧隰皋，井衍沃，量入修赋"。这是依据不同情况制定纳赋的标准，但由此却可看出，在长期的生产过程中，楚国的土地已被区分整治为各种不同的类型。在加工过的地段上，农田排水设施虽然还没有《考工记》所描绘的那么整齐，推行的范围可能也有一定限度，但比西周已经有所发展，则又是显而易见的。

在整理土地的同时，较大规模的水利工程也崭露头角。《春秋》襄公十六年曰："公会晋侯、宋公、卫侯、郑伯、曹伯、莒子、邾子、薛伯、杞伯、小邾子于湨梁。"湨梁，即湨水之堤梁，《尔雅·释地》曰："梁莫大于

---

① 《国语·周语中》。

溟梁"当系指此，说明一些重要的河流上，已经有了堤防的修筑。《春秋》庄公九年，鲁国"浚洙"，洙水今为泗水支流，所谓浚，就是对自然水道加以疏通。《国语·吴语》谓吴王夫差曾"阙为深沟，通于商、鲁之间，北属之沂，西属之济，以会晋公午于黄池"。夫差所掘的深沟被称为邗沟，可以看作是我国的第一条人工运河。上述水利工程都不是直接应用于农业，却初步显示了当时的人们开发自然的威力。

生产力的发展会引起国、野自然面貌的变化，这应是不言而喻的。周平王东迁之初，郑国到处还是"蓬蒿藜藋"，经过郑人与同盟各族"庸次比耦以艾杀此地"，很快就变成了一个农业、手工业都比较发达的国家。楚之先祖活动于江汉地区时，还停留在"辟在荆山，筚路蓝缕，以处草莽，跋涉山林"的阶段，随着耕地的开发和农业经营水平的提高，他们不仅在经济方面迅速赶上中原各地，而且在政治上也成为强大的霸主。大约营建于春秋后期或春秋战国之交的楚都纪南城城垣至今仍突出于地表上，东西 4.5 公里，南北 3.5 公里，墙上部宽达 12—14 米，有五座城门，两座水门，城内夯土台基已探明的就达 100 多处，城东北部和西南部，分别发现制陶和铸造遗迹。[①] 规模如此宏大，内涵又十分丰富，当年显然是一个人口集中、文化繁荣的所在。野与国基础不同，但进步之迹也灿然可寻。晋国的"南鄙之田"原本是"狐狸所居，豺狼所嗥"的地方，晋惠公将其赐予姜戎氏之后，诸戎协力"除剪其荆棘，驱其狐狸豺狼"，开发为可耕的农田，后来魏国据有此处时，已是一派农业兴旺的新气象。《左传》哀公十二年记："宋、郑之间有隙地焉，曰弥作、顷丘、玉畅、嵒、戈、锡，子产与宋人为成曰：勿有是。"及"宋平、元之族自萧奔郑"，郑人筑城于此以居之，土地便逐渐被开垦起来，隙地也成了两国的争夺对象。在黄河漫流的河北中部平原上，商及西周的文化遗址和见于历史记载的城邑聚落，仅限于太行山麓以东至今雄县、广宗、曲周一

---

① 中国社会科学院考古研究所编著：《新中国的考古发现和研究》，文物出版社 1984 年版，第 276 页。

线，与之相对，鲁中山地西北，徒骇河以西，也同样看不到人类的活动。两条线之间，隔着宽达两百多公里的空白区。而到春秋时代，邯郸以南、太行山以东的大平原西部和泰山以西的大平原东部，各自出现了不少新的聚居点，相互间的距离已不过七八十里。① 秦人始居西陲，"好马及畜，善养息之"，只能看作是一个处于野中的游牧部族，至周孝王使其"主马于汧渭之间"时，也未脱离以游牧为主的生活习俗，而在秦襄公时，他们却开始建筑都邑，自然长成为具有初级文明的国家。正因为秦人通过自身的进步，事实上脱离了野人的范畴，故周室东迁之后，秦便正式被列为诸侯。活动于晋国周围的赤、白二狄春秋初还"贵货易土"，逐水草而居，顶多只达到半农半牧的发展阶段，而春秋后期，由狄人建立的鼓、肥、鲜虞等，却显然开始营城居的农业生活。在产生于西周时期的《诗经》诸篇里，诗人写下了"瞻彼旱麓，榛楛济济""匪兕匪虎，率彼旷野""我行其野，蔽芾其樗"之类的诗句，使我们深切感触，野差不多就是荒漠广远的同义语。而在作于春秋时期的《鄘风·载驰》中，许穆夫人却已吟诵"我行其野，芄芄其麦"了。这意味着野中的部分区域在生产上逐渐接近了国中的发展水平。

然而，同时也必须看到，春秋时期生产力的发展仍很有限。青铜农具在数量上不及战国，且使用范围不广。冶铁技术刚刚发明不久，目前出土的春秋铁器数量既少，又形体薄小，器类简单，分明没有应用于各个生产领域中，更不可能取代木、骨、石、蚌器。《管子·海王篇》曰："今铁官之数曰：一女必有一针一刀，若其事立。耕者必有一耒一耜一铫，若其事立。不尔而成事者，天下无有。"有的学者引以说明春秋铁器使用已很普遍，其实，《海王篇》写成于汉代，大致可以反映战国秦汉时期的生产状况，采取以晚充早的办法，无助于恰当地解决所观察的问题。与整个生产工具的发展状况一样，对土地的开发及国、野面貌的变化，也不能作过高的估计。例如，从

---

① 谭其骧：《西汉以前的黄河下游河道》，载《谭其骧全集》第一卷，人民出版社2015年版，第434页。

《左传》来看，春秋郑国境内有榵林、棫林、北林、柯泽、荥泽、棘泽、圃田泽、萑苻之泽，城外有能淹人至死的"周氏之汪"，鄢陵一带有足以陷车之淖，圃田与郏地都有成群麋鹿可猎，鲁襄公二十六年，楚伍举与蔡声子遇于郑郊，"班荆相与食"，杜注曰："布荆藉地而坐。"① 可知即在其农郊，也仍有丛木存留。《韩非子·内储说上》曰："鲁人烧积泽，天北风，火南倚，恐烧国，哀公惧，自将众趣救火。左右无人，尽逐兽而火不救。"据此，则东方大国的近旁，同样还有某些荒僻之区。宋、郑之间的隙地虽一度筑为城邑，并为两国所注目，但郑人击败宋国后，不仅不事坚守，反"以六邑为虚"，足见野中广漠无垠，土地远未尽辟。在评估春秋生产力发展水平时，既看到进步，又不一味夸张，将有助于我们正确认识这一时期的各种社会现象。

第二节　辟土服远浪潮和各国都的建立

《左传》成公八年，申公巫臣曰："夫狡焉思启封疆以利社稷者，何国蔑有？唯然，故多大国矣。"《国语·晋语四》，子犯谓晋文公曰："继文之业，定武之功，启土安疆，于此乎在矣，君其务之。"用武力歼灭小国和在野的部族，西周固已有之，但以开辟封疆为目的的"辟土服远"浪潮却始自春秋。

首先，因为春秋的社会生产力有了一定程度的发展，劳动力的价值进一步得到提高，野中某些地区具备了建立城郭、经营农业的条件，从而刺激了贵族占据更大领地，剥削更多劳动者的贪欲。

其次，由于国中人口不断增加，迫切需要向外移殖。《诗经·周南·螽斯》："螽斯羽，诜诜兮。宜尔子孙，振振兮；螽斯羽，薨薨兮，宜尔子孙，

---

① （清）阮元：《十三经注疏》，中华书局 1980 年影印版，第 1991 年。

绳绳兮；螽斯羽，揖揖兮，宜尔子孙，蛰蛰兮。"序谓此诗言"后妃子孙众多也"①。其实，作者只是借螽斯这种蝗类比喻贵族家人繁衍之快，并不一定仅只针对着后妃。人口既多，原本的城郭便显得过于狭小。春秋时，不少国家修筑了"新里"②，文献中在郊之外又开始提到了遂，这都使我们清晰感觉到国人的居住范围在日益扩大。但带有根本性的解决办法，却是向着远离国城的地方施行拓殖。《谷梁传》襄公二十九年曰："古者天子封诸侯，其地足以容其民，其民足以满城以自守也。"反之，当其地已不足以容其民时，"辟土服远"自然就要应运而生。

春秋是霸政时代，主要的霸主国也就是"辟土服远"的先锋。

周僖王四年，"王使虢公命曲沃伯以一军为晋侯"③，那时晋国还是局促于今山西西南部汾、浍流域的一个小邦。但自武、献以下，情况便变得日益不同起来。《左传》襄公二十九年，女叔侯曰："虞、虢、焦、滑、霍、扬、韩、魏，皆姬姓也，晋是以大。若非侵小，将何所取?"据《春秋》经及《左传》所记，霍、魏灭于鲁闵公元年，虢、虞灭于鲁僖公五年，焦在僖公三十年已为晋邑，滑在僖公三十三年为秦所灭，旋即入晋。除女叔侯所言者外，晋攻灭的姬姓或异姓封国还有耿、梁、荀、贾等。此类兼国活动对晋的发展确实起了十分重要的作用。

然而，晋国真正大规模地向外拓殖，却是靠夺取原为戎、狄活动区的大片土地来实现的。《国语·晋语一》谓晋献公曾"灭骊子"，克翟柤，又使太子伐东山皋落狄，晋与戎、狄的几次初步接触均获胜利，但"戎、狄之民实环之"的基本格局彼时却没有完全被打破。《左传》庄公二十八年，献公使"重耳、夷吾主蒲与屈"，蒲在今山西隰县西北，北屈、南屈均在今山西吉县境内，可知西边自此之外皆非晋有，而晋都以东更是赤狄各部的势力范围，故齐桓公盟诸侯，晋无由参与，至晋文公谋定襄王，还要"行赂于草中

---

① （清）阮元：《十三经注疏》，中华书局 1980 年影印版，第 279 页。

② 《左传》僖公十八年、昭公二十一年均提到"新里"。

③ 《左传》庄公十六年。

之戎与丽土之戎，以启东道"①。《左传》僖公八年，晋"败狄于采桑"，本宜扩大战果，里克却说："惧之而已，无速狄众。"速，招也。僖公十五年，晋为秦败于韩，翌年，狄趁机"侵晋，取狐、厨、受铎，涉汾及昆都"。僖公二十八年，"晋侯作三行以御狄"，僖公三十一年，又"蒐于清原，作五军以御狄"，宣公六年，"赤狄伐晋，围怀及邢丘，晋侯欲伐之"，中行桓子以狄"恶贯未盈"而加劝阻。宣公七年"赤狄侵晋"，又"取向阴之禾"。上述诸例说明，自晋献公至晋成公，戎、狄对晋威胁很大，晋在军事上尚不占绝对优势。但也正是在成景之际，局面开始有了转机。《左传》僖公三十二年"狄有乱"，三十三年，"晋败狄于箕……获白狄子"，以后，狄族便发生了分裂，赤狄仍不断侵晋，而白狄却于宣公八年"及晋平"，至宣公十一年，晋景公又使"郤成子求成于众狄"，"众狄疾赤狄之役，遂服于晋"，是年秋，晋景公亲履狄地，与众狄首领会于攒函，双方结为联盟，从而使以潞氏为首的赤狄陷于孤立。《左传》宣公十五年，即攒函之会后第五年，晋卿荀林父便"败赤狄于曲梁"，旋即灭潞，杀其"为政者"酆舒。其秋，晋侯亲"治兵于稷，以略狄土"，并"使赵同献狄俘于周"。同年，晋获长狄侨如之弟焚如，长狄鄋瞒一支遂亡。翌年，又使"士会师师灭赤狄甲氏及留吁、铎辰"。赤狄潞氏在今山西潞城东北，甲氏、铎辰在长治境内，留吁在长治、屯留附近，长狄活动于山西临汾、长治至山东西境一带，而荀林父与赤狄交战的曲梁在今河北鸡泽。赤狄、长狄被灭，晋自然迅速向东拓进，自晋东南至于冀南、豫北，大片狄土及为狄所攘夺的邢、卫故地，如河内、朝歌、百泉、邯郸、范等，渐渐入为晋邑。至此，晋已与东方齐、鲁、卫诸国比境而邻，开始连成一片，故士会灭赤狄甲氏等之后五年，即《左传》成公二年，晋郤克伐齐于鞍，便长驱卷甲而入，无须假道于人了。《左传》成公三年，"晋郤克，卫孙良夫伐廧咎如，讨赤狄之余"，狄的势力更进一步遭到扫荡。当是时，楚新胜晋于邲，服郑伐宋，其势强横，晋置之不顾，而郤缺、士会、荀林父等专

---

① 《国语·晋语四》。

致力于狄，其意盖以为争无益之虚名，不如拓土之实际也。

此后，晋又用类似的办法对付北戎，同样获益匪浅。《左传》襄公四年："无终子嘉父使孟乐如晋，因魏庄子纳虎豹之皮，以请和诸戎。"无终为山戎的一支，嘉父乃其首领之名。起初，晋悼公以为"戎狄无亲而贪，不如伐之"，颇有拒绝之心。于是，魏绛乃陈"和戎五利"，曰："戎狄荐居，贵货易土，土可贾焉，一也；边鄙不耸，民狎其野，稼人成功，二也；戎狄事晋，四邻振动，诸侯威怀，三也；以德绥戎，师徒不动，甲兵不顿，四也；鉴于后羿，而用德度，远至迩安，五也。"其大意为：戎狄逐水草而居，"和戎"可以用财货换取他们的土地，使边境不再有惊惧，人民安心生产；可以使四边的邻国振动，诸侯因我们的威严而慑服；可以使将士不辛劳，武器不损坏；同时，有鉴于后羿的教训，而利用道德法度来统治，还能使远国前来，近国安心。晋悼公大为折服，遂派魏绛"盟诸戎"，并维持和戎政策数十年①。这使晋国长期保有一个和平安定的后方，得以专事诸夏，为晋卿知罃制定的"三分四军""以敝楚人"的战略计划提供了可靠保证。至《左传》襄公二十七年，晋、楚与诸侯盟于宋，实行第二次"弭兵"，中原战局开始缓和，晋便随即放弃了"和戎"政策。宋盟后第五年，荀吴与魏舒等"毁车以为行"，北上"败无终及群狄于太原"，接着，荀吴又率军攻灭白狄所建的肥国和鼓国。北戎无终部活动的太原，本在今山西太原东，肥在今河北藁城，鼓在河北晋州，通过这一系列的战争，晋国的势力又扩展到今山西及河北的北中部。几乎与此同时，晋又出兵灭掉居于河南伊川、嵩县一带的陆浑之戎②，《左传》昭公二十九年，"晋赵鞅、荀寅帅师城汝滨"，其后，楚亦灭地处今河南临汝一带的戎蛮氏，汝水南北遂为晋楚之分界。

楚国的拓土活动大致分几个方面向外发展。首先应该提到的便是它北上攘夺汉东诸国和土著部族的土地。周平王东迁之初，王室一蹶不振，而真正

---

① 《左传》襄公四年，魏绛盟诸戎，至昭公元年，"晋中行穆子败无终及群狄于太原"，前后共二十八年。

② 《左传》昭公十七年。

的霸国尚未出现，"中原无主"的局面，无疑为楚提供了北进的机会。《左传》桓公二年："蔡侯、郑伯会于邓，始惧楚也。"此为楚武王三十一年，地近前沿的姬姓国似已感到了楚的咄咄逼人。但蔡、郑盟会的作用还未来得及显现，楚军就开始渡过了汉水。《左传》桓公六年："楚武王侵随。"桓公八年："楚子合诸侯于沈鹿，黄、随不会。使薳章让黄，楚子伐随……战于速杞，随师败绩。"于是楚、随乃盟而罢兵。桓公九年，楚又使斗廉帅师围邓之鄾邑，邓养甥、聃甥率军救之，结果是"邓师大败，鄾人宵溃"。桓公十一年，"楚屈瑕将盟贰、轸，郧人军于蒲骚，将与随、绞、州、蓼伐楚师"。随为汉东大国，前此曾再败于楚，在这个抗楚联盟中或扮演着十分重要的角色。但郧人"日虞四邑之至"，且"恃其城，莫有斗志"，先为楚所败，其他四邑尚未参战，联合即告解体。桓公十二年，"楚伐绞"，大概就是对参盟者进行惩罚。绞在战败以后，与楚签订了屈辱的城下之盟。桓公十三年，"楚屈瑕伐罗"，"罗与卢戎两军之"，使楚遭到了一次挫折。不过，从总体来看，楚人逾汉作战的整个成果并未丧失，其后，贰、轸、郧、绞、州、蓼、罗及卢戎等国族或迁或亡，或成为楚的附庸，他们散处的今湖北省十堰市郧阳区、广水市、应城市、安陆市、宜城市及河南省唐河县一带，都被置于楚的控制之下。《左传》庄公四年，楚武王使令尹斗祁、莫敖屈重"除道梁溠，营军临随，随人惧，行成"，随国显然已经孤掌难鸣。到僖公二十年，随再度叛楚，"楚斗谷于菟帅师伐随，取成而还"。大约正是在此时，随正式变成了楚的臣属，故《左传》定公四年，楚昭王奔随，随人辞吴使曰："以随之辟小而密迩于楚，楚实存之。世有盟誓，至于今未改。"沿汉诸国族初步被制服后，楚即进一步北进，于鲁庄公十四年灭息，十六年灭邓。《左传》庄公六年载，"楚文王伐申"，哀公十七年又云："楚文王实县申、息。"则申国被灭应该也在鲁庄公期间。至此，楚人大体占领了今河南省的南部。接着又开始侵夺陈、蔡，与中原霸主争郑。早在鲁庄公十年，楚就曾"败蔡师于莘，以蔡侯献舞归"，《左传》庄公十四年曰："楚子以蔡侯灭息，遂伐蔡。秋七月，楚入蔡。"蔡人以后便常从楚。到《左传》昭公十一年，楚灵王"贪而无信，于蔡为憾",乃诱执蔡灵侯而灭蔡,使楚公子弃疾为蔡公。后二年,楚平王即位,虽复封陈、蔡,但据《汉书·地理志》汝南郡新蔡县班固自注,此时蔡都已由上蔡迁至新蔡,其旧地当有不少落入了楚国手中。《左传》定公三年,楚令尹子常为向蔡索取玉佩和裘,而将蔡昭侯扣留在楚国三年,及蔡侯归,过汉,执玉而沈,曰:"余所有济汉而南者,有若大川。"随即结晋联吴以抗楚,次年,配合吴师大败楚人于柏举,吴人入郢,楚几不国,蔡自此一变而为楚之仇敌。《左传》哀公元年:"楚子围蔡,报柏举也。里而栽,广丈,高倍。夫屯昼夜九日,如子西之素。蔡人男女以辨,使疆于江汝之间而还。蔡于是乎请迁于吴。"鲁哀公二年,蔡迁州来,其地已在今安徽凤台县一带,又称下蔡,而河南境内的上蔡、新蔡大致尽归楚有。《左传》哀公四年,楚"叶公诸梁致蔡于负函",所致是蔡旧地的属民,而不是蔡国公室。《左传》宣公十一年,楚庄王以讨夏氏之乱为名伐陈,"因县陈",后听从申叔时的建议:"乃复封陈,乡取一人焉以归,谓之夏州。"至《左传》昭公八年,楚灵王再度"灭陈","使穿封戌为陈公"。楚平王兴灭继绝,使陈侯归于陈,陈得以苟延到春秋末,至《春秋》哀公十七年,"楚公孙朝帅师灭陈",陈的历史也终告结束。战国时,秦将白起拔郢,"楚襄王兵败,遂不复战,东北保于陈城",说明陈都睢阳后来一直是楚人据有的一个大邑。为楚所灭的汉东小国还有唐、赖、顿等。楚在春秋时,先是"方城以为城",后又扩土到方城之外,中原大国恃为屏障的郑、宋,事实上已在其宇下了。

楚人"辟土服远"的另一个方面,就是进攻汉南即今湖北省西部的群蛮、百濮。《左传》文公十六年,"楚大饥,戎伐其西南,至于阜山,师于大林。又伐其东南,至于阳丘,以侵訾枝。庸人率群蛮以叛楚,麇人率百濮聚于选,将伐楚,于是申息之北门不启,楚人谋徙于坂高"。阜山在今湖北省房县南一百五十里,大林在荆门市西北,訾枝在枝江市境,庸在竹山县一带,麇在十堰市郧阳区(或云在当阳市南),而群蛮、百濮则广泛散处于汉南江北。这次以庸、麇为首的联合,从西北、西南、东南三面威胁楚都,形势十分紧张。于是,楚人采取蒍贾的建议,利用"百濮离居,将各走其邑"的弱点，先出师以惧百濮，"旬有五日，百濮乃罢"。继之便大举伐庸，"及庸方城"，"楚子乘驲，会师于临品，分为二队，子越自石溪，子贝自仞以伐庸，秦人、巴人从楚师"，群蛮迫于兵威，先及楚盟，庸遂遭灭亡，从而使楚渡过了难关，对汉南地区的控制也进一步巩固。此前，楚还先后攻灭过地处今湖北当阳市境内的权和秭归县境内的夔，这样，它向外发展的后顾之忧基本上得以解除。

在东方，楚人征服的主要对象是群舒和淮水流域的其他东夷小邦。《左传》桓公八年："楚子合诸侯于沈鹿，黄、随不会。使薳章让黄。"黄为嬴姓，地在今河南省潢川县西。这是楚与东夷诸国的初次接触，虽已有龃龉，却并未诉诸武力。到鲁庄公十九年，楚子"伐黄，败黄师于踖陵"，就开始兵戎相见了。楚成王即位后，楚人力征经营，北上以争中原，齐桓公乃南收江、黄诸国，又与徐通婚，借以逼楚。《春秋》僖公二年："齐侯、宋公、江人、黄人盟于贯。"江、黄皆属东夷。僖公三年："徐人取舒。"依经、传文例，"取，言易也"，大约齐通过徐把群舒也拉进了同盟圈中。这便在楚的东方形成了一个大的威胁，使楚在所必争。故《左传》僖公五年，楚即派斗谷于菟灭黄之姻国弦，"弦子奔黄"。僖公十一年，"楚人伐黄"，次年灭之。据《史记·楚世家》，楚成王二十六年又灭英，时当鲁僖公十四年，英地在今安徽省金寨县境内，为东夷所建之偃姓国。《左传》僖公十五年，"楚人伐徐"，于是齐乃与中原诸侯"盟于牡丘"，使鲁之孟穆伯"帅师及诸侯之师救徐"。此后两年，齐、徐与楚之间均有战争，角逐相当激烈。继之，齐桓公去世，楚急于同宋襄公、晋文公争霸，东方战事方得以少歇。城濮之战既过，楚人向北不易发展，便再度移兵而东。《左传》文公三年，"楚师围江"，次年灭之。文公五年，灭六、蓼。文公十二年，"执舒子平及宗子，遂围巢"，三者都属于东夷系统。文公十四年，"伐舒蓼"，宣公八年，再伐，"灭之，楚子疆之，及滑汭，盟吴、越而还"。至此，楚已大体迫使群舒脱离了徐的控制，并开始整理疆界，与吴壤地相接，俨然邻国了。楚共王时，申公巫臣奔晋，立誓要使子反、子重"疲于奔命以死",于是"乃通吴于晋","教之叛楚"①,吴、楚界上的邦族又成为双方的争夺对象,由于吴的崛起,春秋后期,楚除了又曾灭舒庸、舒鸠及胡、道诸国外,在东方便不再有太大的发展。

还应该提及的,就是楚在汉北又曾数度朝今河南省西部拓进。在今淅川县境,原有一小国名鄀。《左传》哀公十七年:"观丁父,鄀俘也,武王以为军率。"据此,则鄀早在楚武王时,就被击败,而变为楚的附庸,故鲁僖公二十五年,"秦、晋伐鄀",楚便使"斗克、屈御寇以申、息之师戍商密"。商密为当时鄀都的所在地。"秦人过析,隈入而系舆人,以围商密,昏而傅焉,宵,坎血加书",伪装成与子仪、子边订盟的样子。析是鄀的别邑,子仪、子边是斗克、屈御寇的字,于是,商密人惧,曰:"秦取析矣,戍人反矣!"乃降秦师,秦师因申公子仪、息公子边以归。至鲁文公五年,鄀既"叛楚即秦,又贰于楚,夏,秦人入鄀"。楚乃迁鄀人于今湖北宜城市东南。《左传》宣公三年:"楚子伐陆浑之戎,遂至于雒……定王使王孙满劳楚子,楚子问鼎之大小轻重焉。"陆浑戎活动于今河南嵩县、伊川一带,雒即洛水,渡河而北,便抵周都,故《史记·楚世家》称这次行动为"观兵于周郊",所谓观兵,只是示威和掳掠,并未实有其地。在今河南汝阳县东南、临汝县西南一带,活动着戎人的一支,曰戎蛮氏。《左传》昭公十六年,楚曾"使然丹诱戎蛮子嘉杀之,遂取蛮氏,既而复立其子焉"。到鲁哀公四年,楚再度谋取北方,乃先袭破蛮氏附近的两个小邑霍和梁,既而便由"单浮余围蛮氏,蛮氏溃,蛮子赤奔晋阴地"。阴地在今河南卢氏县东北。为此,楚司马"起丰、析与狄戎,以临上雒。左师军于菟和,右师军于苍野,使谓阴地之命大夫士蔑曰:'晋、楚有盟,好恶同之,若将不废,寡君之愿也。不然,将通于少习以听命'"。上雒即今陕西商县,菟和、苍野均在其境内,少习山在商县东南一百八十五里,山下即武关。打通少习山,可以西联秦,东取阴地,北渡黄河,以逼晋都。晋人惧之,乃使士蔑执蛮子赤以予之,楚又诱其

---

① 《左传》成公七年。

遗民，尽俘之以归。通过这次战争，豫西阴地、汝水以南，乃至陕西商雒地区之大部分，都进入了楚的势力范围。

齐国在春秋时向外发展的步骤大致是先扫清外围，然后向东夺取莱夷的大片土地。纪国在今山东省寿光市境内，与齐都临淄相距不过百余里，因此便最先成为齐的侵夺目标。《左传》桓公五年，"齐侯、郑伯朝于纪，欲以袭之，纪人知之"。纪与鲁为姻国，故于此年，即同鲁在成相会，"咨谋齐难"，纪侯又朝于鲁，"请王命以求成于齐，公告不能"。足知王室对大国的辟土扩张已无可奈何。至鲁庄公元年，齐即逼迁纪国之鄎邑入齐为附庸，"纪于是乎始判"，一国两属。是年冬，鲁庄公次于滑，将会郑伯以谋纪，"郑伯辞以难"，越明年，鲁惠公之女纪伯姬卒，纪侯失恃，不得已乃"大去其国"，以国尽属纪季，齐的服纪计划基本实现。至鲁庄公三十年，"齐人降鄣"，已是兼并纪之远邑，在做扫尾工作了。地处今济南市东南的谭国扼齐之要冲，因此，齐桓公即位第二年，即《左传》庄公十年，便以谭国曾对其无礼为由，兴师灭谭，"谭子奔莒"。鲁庄公十三年，齐又出兵向南，灭掉活动于今肥城、宁阳之间的遂，而派人戍之。至鲁庄公十七年，"遂因氏、颔氏、工娄氏、须遂氏飨齐戍，醉而杀之，齐人歼焉"，但遂由此恢复其独立地位的可能性并不大，视以后《春秋》经传之记载，再也不见遂之事迹，估计齐曾施以严厉的报复，并重新据有其地。《左传》襄公十九年，"殖绰、工偻会夜缒纳师"，此工偻会或即遂工娄氏之后裔而仕于齐者。另外，在今宁阳县西北，曾有一铸国，后亦灭于齐。《春秋》闵公二年："齐人迁阳"，阳人所居，约在今山东沂水县西南，其民被迁，其地自然皆入于齐，这样，齐人就又在临淄东南方向上，获得了大片直接统治区。

外围既经清除，近邻鲁国又不易轻取，稍后，齐之霸权衰歇，除同鲁、卫时有疆场之争外，拓土的主要方向便转到了东方。据《春秋》经及《左传》所记，鲁宣公七年、九年，齐都曾伐莱。莱人原为东夷部落，散布范围甚广，大致今烟台地区，到处都是他们的邑聚，其中心所在的莱城，或谓即今龙口市东南之故黄城，或谓当在平度市境。齐国若能据有莱地，其统治范围便可迅速扩大。但鲁宣公十年，齐遭惠公大丧，后又与晋战于鞍，无暇东顾，伐莱之举便暂时中辍。至鲁襄公二年，齐灵公重新伐莱，莱人使正舆子行赂于齐侯宠臣夙沙卫，齐师方还。同年，齐姜薨，"齐侯使诸姜宗妇来送葬，召莱子，莱子不会"，于是齐又使晏弱"城东阳以逼之"，鲁襄公五年再城东阳，遂围莱，于莱城外筑土山攻城。鲁襄公六年三月乙未，齐之叛臣王湫帅莱师及正舆子、棠人攻齐师，"齐师大败之"。丁未，齐人"入莱"，"莱共公浮柔奔棠，正舆子、王湫奔莒，莒人杀之。四月，陈无宇献莱宗器于襄宫。晏弱围棠，十一月丙辰而灭之"。后"迁莱于郳"，使"高厚、崔杼定其田"，莱夷地区终于全部归齐所有，齐的势力一下子扩展到胶东。

秦于襄公时始立国于西垂，父子惨淡经营，伐戎至岐，尽取岐周之地而有之，势力渐强，后世曾东向灭芮、梁、郜，与晋争河东。《左传》僖公三十三年，秦穆公派孟明视、西乞术、白乙丙帅师袭郑，郑人有备，乃灭滑而还，为晋败之于崤，"匹马只轮无反者"[1]。自此，秦往中原地区发展的道路受堵，乃"用由余谋，伐戎王，益国十二，开地千里，遂霸西戎"[2]。另外，名为霸国，实则谋霸未成的宋也曾与郑、卫争地，迁宿以为己邑，又随诸侯灭偪阳而据有其处等。只是它地处中原，后来长期成为晋、楚争夺的对象，其辟土服远的规模远不及以上四国罢了。

除霸主国外，其他一些中等国家向外拓土的活动也颇有可记，如鲁灭项，并郕，伐宋取郜，分曹地取济西之田，伐莒、邾，取郓，取鄟，取须句，入极，取根牟，取剸，取邿，伐颛臾，逐渐吃掉了周围的附庸之国。郑曾连续不断地侵许，逼许南迁，尽取旧许之地而有之。卫曾灭邢，陈曾灭顿，蔡曾灭沈等，均为显例。

"辟土服远"打破了以往小邦林立的局面，使胜利者获得了大片土地，单靠扩大原来的国城，已无法全部包容于其中。因此，与对外发展相伴随，

---

[1] 《公羊传》、《谷梁传》僖公三十一年。《谷梁传》将"只轮"作"倚轮"。
[2] 《史记·秦本纪》。

春秋时期强大的诸侯纷纷构筑城邑，一方面借以分散国中人口，一方面又利用新增加的点来控制更大的面。《春秋》书城筑者达二十九次，多属于鲁，他国及不见于记载的筑城事件更不知凡几。这些城有的曾是被灭故国的都邑，但大多却以野中人民的聚居点为基础而发展起来，一向荒僻的地方，如今也筑起座座城郭，野的面貌开始焕然一新了。为了战争的需要，各国在其国城附近，还筑有所谓的"郊保"。《左传》襄公八年，郑王子伯骈曰："焚我郊保，冯陵我城郭。"襄公九年，宋灾，乐喜"令遂正纳郊保"。襄公十八年，"郑子展欲去诸大夫，将叛晋而起楚师以去之"，子展、子西"知子孔之谋，完守入保"。哀公十一年，"公叔务人见保者而泣"，《礼记·檀弓下》作"公叔禺人遇负杖入保者息"。普通农人平时居邑，有事入保，保即带有防御设施的小城堡，犹如近代的土寨。由此可知，郊区的情形也在逐日变化，已非西周旧观。

新筑的城邑，有一部分归国君直接掌握，称为公邑，如《左传》襄公二十九年，季武子趁鲁君入楚未还而"取卞"，卞原来大约就是公邑。昭公十二年，南蒯谋出季氏，曰："我以费为公臣。"若此举成功，费便也成为公邑。但多数新筑的城邑被用以颁赐大夫，使他们能够"处其子孙"。赐予大夫的城称为都，《诗经·小雅·十月之交》曾提道："皇父孔圣，作都于向。"据此，卿大夫建都可能始于西周，只是最初仅限于王臣，各国土地狭小，不存在作都的条件。即便偶有发展，也常仿照天子封建，使子弟另立一国，如鲁之分沈，便是如此。只有到了春秋，各诸侯国卿大夫建都方才成为普遍现象。因为都是卿大夫家族的居地，所以设有家族宗庙。《左传》庄公二十八年："凡邑，有宗庙先君之主曰都，无曰邑。"这里讲的是都与公邑的区别，无关乎城之大小。

都城之外，还散布着许许多多的小邑。《左传》襄公二十八年："与晏子邶殿其鄙六十。"邶殿是都，六十个小邑则属于鄙。西周时期国与都、鄙与野的区别并不严格，国郊之外，一般称野，有时也可称鄙。到春秋，都鄙便渐渐专指各国卿大夫的采地。都是辟土服远的产物，往往伴着军事行动而建筑在边界上，如鲁国城朗是为了灭极，城郓是为了逼莒；齐国城东阳是为了攻莱；楚国城犨、栎、郏是为了侵郑，城钟离、巢、州来是为了防吴，城陈、蔡、不羹及城父是为了以通北方。鲁之名都费、成、郈、防皆处齐鲁之间。《左传》昭公十一年，申无宇向楚灵王阐述"五大不在边"的道理，所举的例子是"郑京、栎实杀曼伯，宋萧、亳实杀子游，齐渠丘实杀无知，卫蒲、戚实出献公"，则京、栎、萧、亳、渠丘、蒲、戚最初无一不在边地。这样，都外的鄙也就被赋予"边邑""边鄙""界上邑"之类的含义。后来，领土进一步扩大，情况也发生了变化，如晋之蒲、屈在献公时尚可以说是与狄、秦邻界，经过惠、文、襄、灵、成、景几代发展，早已成了内地，但视鄙为边的旧观念却未曾改除，在《周礼》所勾画的蓝图里，把都鄙放在国的最外围，大约即受此影响，以此为素地。

春秋"辟土服远"的规模尽管很大，但各国之间的疆土并未开辟净尽，所谓"壤地相接"只发生在一些主要的点上，处于中原的宋、郑之间尚有隙地，边远地区的情况自不待言。各诸侯国完全连成一片的景观，直至战国中期以后才得以真正实现。

第三节　"富族"的成长和所有制关系的变化

"辟土服远"主要凭借战争，而与战争相伴随的又是掳掠。《左传》襄公十二年："季武子救台，遂入郓，取其钟以为公盘。"昭公二十三年："吴太子诸樊入郳，取楚夫人与其宝器以归。"这是掳掠器用财贿。《左传》昭公十三年，晋荀吴伐鲜虞，"大获而归"。昭公十八年，邾人袭鄅，"尽俘以归"。这是掳掠劳动力。有时文献只言"众师昼掠""师宵掠"等，未曾指明所掠为何，大约是既掠财物，又掠民人。因为掳掠极其常见，所以鲁襄公二十五年，齐崔杼率师伐鲁北鄙时，"其来也不寇"，反而令人惊讶，孟公绰便据此推断说："崔子将有大志，不在病我，必速归。"《左传》襄公十一年，以郑服故，会于萧鱼，晋侯特意下令"禁侵掠"，从反面也能看出，当敌国未服之时，原是可以任意劫掠的。西周也有掳掠，但春秋却有发展。这不仅表现在规模的扩大和频度的增加上，而且表现在人们对于掳掠的刻意追求上。《左传》成公六年，晋伯宗、夏阳说合诸侯以侵宋，师于卫之鍼邑，卫以同盟故而不设备，夏阳说即欲趁机袭之，曰："虽不可入，多俘而归，有罪不及死。"为了"多俘"，竟至不择手段，谋袭同盟。定公八年，鲁侵齐，战于阳州，"苫越生子，将待事而名之。阳州之役获焉"，即"名之曰阳州"，对于俘获的重视，真是到了无以复加的程度。大战以后，每每都有献捷、献俘，此类举措固然是对周王或霸主的一种礼敬与纳贡，但作为战胜者来说，却未必没有夸耀于人的用意。有些献捷，明明不符合"先王之礼"①，他们却照献不误，其中可能隐含着以多俘为荣的心理状态。反之，如"所获不如所亡"，又常为人所讥诮，鲁襄公二十六年，楚康王伐郑，"获九人焉"，也许当时已成为笑柄，故《左传》也特录于书中。还有一种变相的掳掠，那便是接受贿赂。《左传》成公二年，齐为晋败之于鞍，"齐侯使宾媚人赂之以纪甗、玉磬与地"，同年，楚侵鲁及阳桥，"孟孙请往赂之以执斫、执针、织纴，皆百人"，这虽然不是直接抢夺，却与抢夺名异实同。有时贿赂的规模可以很大，如《左传》襄公二十五年，齐"赂晋侯以宗器、乐器。自六正，五吏，三十帅，三军之大夫，百官之正长，师旅及处守者皆有赂"，几乎能够说是倾其所有了。从此条材料来看，接受战败国贿赂的不只是国君，而且还包括各种有关人员。在有些情况下，国君也常将自己收受的贿赂颁赐予宰臣，最明显的例子是鲁襄公十一年，"郑人赂晋侯以师悝、师触、师蠲，广车、軘车淳十五乘，甲兵备，凡兵车百乘，歌钟二肆，及其镈、磬，女乐二八。晋侯以乐之半赐魏绛"，魏绛因"和戎"有功，便以臣下的身份参加了分肥。而襄公二十四年，子产致书范宣子曰："夫诸侯之贿聚于公室则诸侯贰，若吾子赖之，则晋国

---

① 《左传》成公二年，晋侯使巩朔献齐捷于周，王弗见，认为这种做法"奸先王之礼"。

贰。"大约卿大夫中的执政，分肥获利的机会更多。通过掳掠和贿赂，财富大量向国中贵族手里集中，春秋时，各国贵族的家内，都有不少的帑与贿，贿即指器用财贿，帑中包括臣妾。这无疑对部分家族开始暴富起到了不可忽视的作用。

但促使国中贵族富有的根本途径不是直接的贿赂和掠夺，而是通过战争和封赐来获得大片采邑。西周的战争重在保护人口和掠夺人口，春秋除延续旧有传统外，已开始重视土地。鲁僖公三十一年，晋侯主持瓜分曹国的土田，臧文仲听重馆人之谋，"获地于诸侯为多。反，既覆命，为之请曰：'地之多也，重馆人之力也……今一言而辟境，其章大矣，请赏之。乃出而爵之'"①。显然，能否辟境已成了给予爵赏的一个标准。《左传》哀公十一年，吴王将伐齐，子胥谏曰："得志于齐，犹获石田也，无所用之。"哀公十三年，王又"欲伐宋，杀其大夫而囚其妇人，太宰嚭曰：'可胜也，而弗能居也'"。这都反映战争的目的和指导思想的确有了变化。正是为了获取能居之地，各国才掀起了"辟土服远"的浪潮，而与此同时，就是诸侯卿大夫普遍建都立家。西周时，各国封域狭小，诸侯的臣下一般只在国郊占有部分土地，驱使家族成员和家内奴隶为其耕种。现在他们却从有限的地盘里脱颖而出，朝着四方发展，这便不仅会增加直接占有的土地数量，而且有了归其控制的广大采邑，可以通过榨取都鄙人民的无酬剩余劳动，来获得更加丰厚的收益。《左传》襄公二十八年，齐侯"与晏子邶殿其鄙六十，弗受。子尾曰：'富，人之所欲也。何独弗欲？'对曰：'庆氏之邑足欲，故亡。吾邑不足欲也，益之以邶殿，乃足欲，足欲，亡无日矣。在外，不得宰吾一邑，不受邶殿，非恶富也，恐失富也。且夫富，如布帛之有幅焉，为之制度，使无迁也'"。襄公二十二年，郑公孙黑肱"归邑于公"，也云："吾闻之，生于乱世，贵而能贫，民无求焉，可以后亡。敬共事君与二三子，生在敬戒，不在富也。"两位都是深谙戒惧之道的贤人，故有辞邑、归邑的举措，但他们那些发自内心的话

_____

① 《国语·鲁语上》。

语，却明确地道出了一个事实，即同富联系在一起的主要是邑，邑又包括贵族本人或部分家众所居的都及都外的鄙。《左传》闵公元年，晋侯"赐毕万魏"，卜偃曰："毕万之后必大。"昭公十年，齐与陈桓子"莒之旁邑，辞。穆孟姬为之请高唐，陈氏始大"。正是以魏、高唐之类的大邑为基础，才在春秋各国的卿大夫中，造就了一批所谓的富族。

《左传》庄公二十三年："晋桓、庄之族偪，献公患之。士蒍曰：'去富子，则群公子可谋也已。'"士蒍所说的"富子"就是桓、庄后裔中最富强的家族首领。可见富族早在春秋前期就已涌现出来，而越往后发展，他们的势力又变得越加显赫。晋国的郤氏"其富半公室，其家半三军"；鲁国的季氏"富于周公"；秦景公的母弟后子"如二君于景"，出奔于晋时，尚"有车千乘"，他宴请晋侯，"造舟于河，十里舍车，自雍及绛，归取酬币，终事八返"；齐庆封其邑"足欲"，及败，"献车于季武子，美泽可以鉴"，"奔吴，吴句余予之朱方，聚其族焉而居之，富于其旧"①。这便是各国"富族"中的几家典型。"富族"的成长不仅对公室构成一种强大的威胁，而且使许多普通的家族受到压抑和侵夺。所以，就如一对孪生兄弟一样，"敝族"和"富族"如影随形，共同来到了世间。《左传》襄公十年，王叔陈生与伯舆讼焉。王叔之宰与伯舆之大夫瑕禽坐狱于王廷，士匄听之。王叔之宰曰："筚门圭窦之人而皆陵其上，其难为上矣。"瑕禽曰："昔平王东迁，吾七姓从王，牲用备具，王赖之，而赐之骍旄之盟，曰：'世世无失职。'若筚门闺窦，其能来东底乎？且王何赖焉？今自王叔之相也，政以贿成而刑放于宠。官之师旅，不胜其富，吾能无筚门闺窦乎？"这里，瑕禽详细叙述了一个古老家族由盛到衰的全过程，并最后把衰落的原因归结到"官之师旅，不胜其富"上。师旅一为军旅之义，一为群有司之名，瑕禽所指当系后者。正是一批在位的贵族大肆聚敛，才使他族在相互排斥中黯然失色，并每况愈下。不过，所谓"筚门圭窦"，只是一种轻蔑的比喻，据杜注，伯舆仍为王之卿士，他的家族虽

---

① 见于《国语·晋语八》、《论语·先进》、《左传》昭公元年及襄公二十八年。

已式微，却并没有落到穷困无告的地步。而《左传》昭公十年说，齐之陈桓子在战败栾、高之后，曾对"公子、公孙之无禄者，私分之邑"，对"国之贫约孤寡者私与之粟"，这些无禄的公族及贫约、孤寡的家族成员，其生活状况就要更加悲惨。《诗经·秦风·权舆》云："于我乎，夏屋渠渠，今也每食无余，于嗟乎，不承权舆。于我乎，每食四簋，今也每食不饱，于嗟乎，不承权舆。"这分明是位没落贵族所发出的叹息。富族和敝族是如此相形见绌，便使我们感到，"辟土服远"曾使族间的分化加剧了。

财富像一种腐蚀剂，它终究要无孔不入地向家族内部进行渗透。春秋时，贵族家长对家族财产的管理权早已变成了支配权。卿大夫阶层普遍过着钟鸣鼎食的生活，自不待言，即使地位稍低的士，也不仅完全脱离了农业劳动，而且还常把本须待他们亲履的"事"，也加到归其所"隶"的子弟身上。《诗经·邶风·北门》的作者反复诵叹"王事适我，政事一埤益我"，"王事敦我，政事一埤益我"，又对"室人交遍谪我""室人交遍摧我"而倍感愤懑，显然就是一个被种种繁苛的政事压得喘不过气来的家族下层成员，或即后世文献所谓的"庶人在官者"。至于同贵族血缘关系疏远的一般国人，所要遭受的奴役和剥削那便更其沉重。从《豳风·七月》里即可看出，他们既要依照节令以理农桑，又要服藏冰之类的劳役，参加四时的蒐狩，向公子贡献鲜明的织物，终年辛劳，无日休息，可以得到的唯一安慰，大概就是还能到宗庙里参加祭祀，举起兕觥，饮几杯薄酒了。[①] 正因为族间贫富悬殊，族内又劳逸不均，故在《魏风·伐檀》一诗里，诗人便公然骂道："不稼不穑，胡取禾三百廛兮？不狩不猎，胡瞻尔庭有县貆兮，彼君子兮，不素餐兮。""素餐"等于是说"白吃"，既已由"白吃"的"君子"构成了一个不劳而获的阶层，国中的普通劳动者就必然要朝"终窭且贫"的方向转化，变得一天不如一天。依照宗法制的传统，大宗家长原有收族的责任，但随着时间的推移，某些贵

---

① 依徐中舒师的意见，《诗经·豳风·七月》是春秋时期的鲁国诗，夏纬瑛运用农学知识对此进行了补充论证，其说完全可信，见《〈诗经〉中有关农业章句的解释》，农业出版社 1981 年版，第 34—35 页。

族已不能切实履行。《魏风·硕鼠》曰："硕鼠硕鼠，无食我黍，三岁贯女，莫我肯顾，逝将去女，适彼乐土。"由于长期得不到眷顾，一些贫困的国人便只好脱离家族，远适他乡。财富的集中，"富族"和"敝族"的出现，及族内贫富悬殊的加剧，都说明春秋国中的私有制关系较西周已有进一步的发展。但从总体上看，这种私有制关系仍然很不完备，其发展程度尚有很大的局限性。

首先，社会舆论对于"富族"基本上仍持批评态度。鲁之展庄叔谓齐庆封"车甚泽，人必瘁"，楚之斗子文谓"取富"是"勤民以自封"，齐晏婴谓富应如"布帛之有幅"，主张不超过一定的限度，周之刘康公把"敬恪恭俭"看作是为臣之本，认为"以俭足用则远于忧"，晋叔向对韩宣子指出："患货之不足，将吊不暇，何贺之有？"① 这正代表了当时人们对"富族"的一般看法。而各国公室在特定条件下，也做过一些打击"富族"的工作。前边提到的晋献公"去富子"便属此类，郤昭子"其身尸于朝，其宗灭于绛"，显然与郤氏"恃其富宠，以泰于国"有关。栾桓子"骄泰奢侈，贪欲无艺，略则行志，假贷居贿"②，己身虽幸免于难，至其子栾怀子，却受到报应，被逐而奔于楚。《左传》定公十三年说："卫侯始恶于公叔戌，以其富也。"至十四年春，乃"逐公叔戌与其党"。哀公五年又提道："郑驷秦富而侈，嬖大夫也，而常陈卿之车服于其庭。郑人恶而杀之。"都说明传统势力曾对富族加以限制和排斥。相反，尚俭之家却要受到人们的普遍赞扬，乃至没世不忘。楚国的斗子文就是因为"三舍令尹，无一日之积"③，而被看作能"恤民"的典型，至楚庄王灭若敖氏，尚念子文之德，而存其后，使子孙处于郧，代代为楚良臣。鲁之季文子卒，"宰庀家器为葬备，无衣帛之妾，无食粟之马，无藏金玉，无重器备"。时人也以为忠俭，君子评论说："相三君矣，而无私积，可不谓忠乎？"所谓"先恤民而后己之富"的原则，自然已经很难落实，

---

① 引文分别见于《左传》襄公二十八年、《国语·楚语下》、《周语中》、《晋语八》。

② 《国语·晋语八》。

③ 《国语·楚语下》。

不履行收族义务者，也曾出现，但凭借已有的财富，仍能身体力行，去做一些恤民工作的，同样不乏其人。《左传》襄公二十九年："郑子展卒，子皮即位。于是郑饥而未及麦。民病。子皮以子展之命饩国人粟，户一钟。""宋司城子罕闻之，曰：'邻于善，民之望也。'"适值宋亦有灾，便"请于平公，出公粟以贷；使大夫皆贷"，而"司城氏贷而不书"，即不记数目，不求归还，并"为大夫之无者贷"，竟至使"宋无饥人"。这位子罕曾有一句名言，叫作"我以不贪为宝"，他和郑国子皮的行为绝对不能简单地说成是为了收买民心。春秋时期，每有新君即位，或国家欲兴大役，常要先来一番刷新政治的改革，在这些改革内容里，大体都少不了施舍、已责、分贫、振穷、省用、劝分、匡乏困、救灾患等条目，说明国君及执政者均重视对贫困国人加以救济，而"劝分"一项，则是号召有储积的贵族都来分以施人。秦之孟明"增修国政，重施于民"，赵衰即认为他是"念德不怠"，齐桓公"不藏贿，不从欲，施舍不倦"，受到叔向的极力称道，而楚子干"无施于民"，叔向便断定他再无得国的希望了。[①] 由此看来，能施与否，实在是贵族为政的一个关键。文王、武王创立周国时重视"丕平富""厎至齐"，到春秋，则仍采取施舍、恤民等措施，尽量缩小国中贫富之间的差距，正反映在私有制因素逐日成长壮大的同时，氏族公有的传统和维护这些传统的努力，也还没有放弃。

其次，贵族手中掌握的土地收益权和占有权虽不断扩大，但土地公有制的格局却并未打破。

卿大夫的采邑一方面是"辟土服远"的直接结果，一方面却又必须经过上级贵族的封赐。《左传》闵公元年谓晋献公"赐赵夙耿，赐毕万魏"。昭公三十二年谓鲁季友"受费以为上卿"。《国语·晋语八》谓范武子"居太傅……是以受随、范。及文子成晋、荆之盟，丰兄弟之国，使无间隙，是以受郇、栎。"这同西周时伯禽封鲁，康叔封卫，冉季为司空封于冉，陶叔为

---

① 《左传》文公二年、昭公十三年。

司徒封于曹，"苏忿生以温为司寇，与檀伯达封于河"等①，大体一致。显然是周人分封制的继续。所不同的是随着王室东迁，由天子主持的分封已经开始衰歇，大国诸侯由过去的受封者一变成为封主，而大夫受封以后，也只能建立隶属于诸侯的都，而不能自立一国。《左传》桓公二年，晋国师服所说的"天子建国，诸侯立家"，是站在当时的立场上对整个分封制加以概括和总结。其实，分封也应有前后的发展阶段，西周以"天子建国"为主，到春秋时，"诸侯立家"才大量出现。

同采邑联系在一起的是"政"，《左传》襄公二十九年，吴季札聘于齐，说（悦）晏平仲，谓之曰："子速纳邑与政。无邑无政，乃免于难"。可见政与邑密不可分。所谓"政"，就是"奔走于公家"，担任一定的公职，在本质上是一种"服"。从这个意义上说，赐邑是对贵族"为政"的一种报偿，因此，邑也常叫作禄。赵夙受耿，毕万受魏，季友受费，范氏先后受随、范、郇、栎，就是他们担任大夫或卿职应受之禄。《左传》成公十六年，曹"子臧尽致其邑与卿而不出"，所致之邑亦即他为卿时所享之禄。而昭公十年，陈桓子对"公子、公孙之无禄者，私分之邑"，则是对贵族失去的禄加以恢复。襄公二十七年，卫献公"与免余邑六十"，辞曰："唯卿备百邑，臣六十矣。下有上禄，乱也。臣弗敢闻。"这里是以都外的小邑作计算单位，从免余的话来看，当时可能对赐邑的标准已有了某些粗略的规定。

除了正式通过分封来建都立家之外，诸侯还常对臣下进行临时性的赏赐。《左传》襄公二十六年，"郑伯赏入陈之功……享子展，赐之先路三命之服，先八邑；赐子产次路再命之服，先六邑"。襄公二十七年，"宋左师请赏"，"公与之邑六十"。襄公二十八年，齐侯与晏子、北郭佐邑各六十，又与子雅、子尾邑。此类均为对已立家的贵族加赐新邑。前边提到的卫献公"与免余邑六十"，大约也属于这种情况。赏赐虽多因战功或事功而发，但也与职位相关。故子产辞赏邑时，既强调"入陈"为"子展之功"，又强调"臣

---

① 杨伯峻：《春秋左传注》，中华书局1981年版，第854、1536—1541页。

之位在四","臣不敢及赏礼"。可见赏赐固与分封有别,却仍能看作是对"制禄"的一种补充。

赐邑的用意既然主要是为卿大夫制禄,那么,邑的有无就一定会随着贵族政治地位的变动而发生转移。《左传》襄公二十三年,鲁国的臧纥失位,乃"致防而奔齐",襄公二十九年,齐国的高竖失位,也"致卢而出奔晋",防和卢就是臧氏和高氏的采邑。成公十一年,单襄公谓郤至曰:"襄王劳文公而赐之温,狐氏、阳氏先处之,而后及子。"可见温邑到郤至时已经数易其主。阳氏的宗主阳处父被杀,狐氏的宗主狐射姑奔狄,他们的采邑便落入了别人的手里。《论语·宪问》谓管仲曾夺伯氏"骈邑三百",《左传》昭公十六年,子产因屠击、祝款、竖柎等有罪而"夺其官邑",我们不能确知管仲、子产所夺是否为伯氏、屠击等人的全部采邑,但夺邑曾是一种重要的惩罚手段则毋庸置疑。此类有关致邑、夺邑的记录,说明贵族通过封赐所获得的只是对都鄙人民的统治权和收益权,而不是土地所有权。因为如马克思所言,"土地所有权的前提是,一些人垄断一定量的土地,把它当作排斥其他一切人的、只服从自己私人意志的领域"①,而致邑、夺邑却显然是他人的支配和干预。时议认为,"臣之禄,君实有之,义则进,否则奉身而退",不得"专禄以周旋"②,反映各采邑的土地、人民原则上仍属于高级的共同体和共同体的代表人,即使作为统治权和收益权,受封者对它的掌握也是不牢固的。《左传》襄公三十年,"子产为政,有事伯石,赂与之邑",子大叔对此提出异议,子产曰:"何爱于邑,邑将焉往?"这正是贵族不能专有其邑的一个显例。当然,我们也应看到,随着历史的发展,卿大夫对于采邑的控制已在不断加强。臧纥"致防",高竖"致卢",都以使其族"有后"为条件,宗主虽然更易,采邑却仍留在本族中。《左传》昭公七年,"晋人来治杞田,季孙将以成与之",成宰谢息为孟孙坚守,季孙曰:"不如与之。间晋而取诸

---

① 马克思:《资本论(纪念版)》第3卷,人民出版社2018年版,第695页。
② 《左传》襄公二十六年。

杞。吾与子桃，成反，谁敢有之？是得二成也。鲁无忧，而孟孙益邑，子何病焉？"季孙的话便透露出，对孟氏的采邑，他人已不大可能插足其间，至若《左传》襄公二十六年，卫"孙林父以戚如晋"，襄公二十一年，"邾庶其以漆、闾丘来奔"等，事实上已是"专禄以周旋"了。而大族强家不待封赐，擅取公邑以自益者，也开始渐次出现，如襄公二十九年，季武子以"守卞者将叛"为借口取卞，襄公明知其"欲之而言叛"，却只能忍气吞声。但上述做法仅说明贵族在都鄙里的统治权和收益权日趋巩固和扩大，与真正的私人土地所有制的形成还不是一回事。

贵族受封之后，可以榨取都鄙人民的无酬剩余劳动，这种权利，就是前边讲到的土地收益权。不过，在正常情况下，受封者所取得的收益权却并不完整。《左传》襄公二十二年，"臧文仲如晋，雨，过御叔，御叔在其邑"，"而傲使人"，于是，鲁国便"令倍其赋"，可知采邑收入的一部分要向公室纳贡或支付军政公费，也即要与公室分成。据《周礼·司勋》郑玄注，分成的标准是三分之一上缴，受邑者食三分之二。①但犯一小过即"倍其赋"的例子本身，已说明彼时标准并不固定，甚至还带有一定的主观随意性。《左传》昭公二十年："卫公孟絷狎齐豹，夺之司寇与鄄。有役则反之，无则取之。"鄄原为齐豹之邑。大约战时军赋支出繁重，又须亲履其事，而平时本人则获利较多，所以公孟絷才依仗权势，采取了这个巧取豪夺的妙法。另外，和西周一样，受邑的卿大夫也是各个家族的家长，他们不仅有责任在采邑中安置自己的同姓子弟，而且还应对众小宗加以救济。《左传》僖公二十三年，重耳曰："保君父之命而享其生禄，于是乎得人。"成公十七年，郤至曰："受君之禄，是以聚党。"所谓的人和党内容比较复杂，但其核心则是贵族远近各支的家族成员及部分姻亲。由此看来，禄或邑既是对贵族奔走于公家的报偿，也是供他们施行收族、团聚宗人的经济凭借。表面上，封赐的对象都以孤立的个人身份出现，而实际上，个人却都是作为家族的代表在领受采邑。

①　（清）阮元：《十三经注疏》，中华书局 1980 年影印版，第 841 页。

所以，有时宗主虽然被逐或被杀，只要未被灭族，家族就仍能通过"改立宗"的办法保有其邑。这又反映，贵族由分封得到的收益权，除去不完整性以外，也还不是纯粹的个人权益。毫无疑问，采邑收入的大部分已归家长享用，分配逐渐演变为施舍和救济，家长个人的意志也势必体现得更加充分。但无论如何，用以分配的部分却仍然存在，家族公有制分明还拖着一条长长的尾巴而没有被斩断。

春秋时期，还有一类土地是归各级贵族和国人直接占有的，《国语·晋语八》谓"大国之卿，一旅之田，上大夫，一卒之田"，事实上，春秋卿大夫之都多数可成县，大者甚或数县，能出"长毂"数百，何至仅限于一卒或一旅？可知这里所说的不是采邑，而是指家族的自占地。同书谈到韩宣子忧贫的故事，叔向对其劝诫说："昔栾武子无一卒之田，其官不备其宗器……以免于难。今吾子有栾武子之贫，吾以为能其德矣，是以贺。若不忧德之不建，而患货之不足，将吊不暇，何贺之有？"彼时"韩赋七邑，皆成县也"，宣子有七县而忧贫，所忧显然是器用财贿尚少和自占土地不足。所谓自占土地最初当散布于国郊，后来随着都的建立，作为一种特殊的地段，也会出现于都鄙，由于这种土地上不附着被征服者，经同一家族长期使用后，便容易向私有土地转化。但终春秋之世，这种转化可能都还没有最后完成。《左传》襄公二十三年，"齐侯将为臧纥田"，说明家族自占地的来源仍然出自封赐。襄公十年，郑"子驷为田洫，司氏、堵氏、侯氏、子师氏皆丧田焉。故五族聚群不逞之人因公子之徒以作乱"，诸族所丧之田，就是由他们长期使用的部分土田。虽已出现了激烈的反抗，但既然可以被削夺，就反映贵族手里只握有对土地的占有权和使用权，而没有所有权。襄公三十年，子产使"田有封洫"，"大人之忠俭者，从而与之；泰侈者因而毙之"，大约也是取有余以补不足，对各族占有土地的数量进行调整。以往，学术界常以争田现象来说明土地私有，其实，争田应分两种情况来区别看待。《左传》成公十一年，"晋郤至与周争鄇田"，昭公十四年，"晋邢侯与雍子争鄐田"，《国语·晋语八》，范宣子与和大夫争田，最后听从訾祐的建议，"乃益和田而与之和"，这都是争采邑之疆界，即争夺土地的收益权。《左传》文公八年，"齐懿公之为公子也，而与邴歜之父争田"，成公十七年，"郤锜夺夷阳五田"、"郤犨与长鱼矫争田"等，在笔者看来，应属于家族间争夺土地占有权。当然，长期占有离私有已经相去不远，但私有财产的主要标志是私人的转让和买卖，而不是争夺。氏族或家族间争夺所占土地的事实可追溯到很早，而土地买卖却要到战国、秦汉时期才渐次发生。

在探讨土地占有权时，笔者还想再谈谈国人中族的存在。西周生产力低下，故国中各家族获得的土地占有权不仅属于家族全体，而且普遍采用家族共耕的形式来经营，一个家族就像一个"生产队"，家族成员和家内奴隶就是主要劳动力，即使部分家长已经脱离劳动，也有其子弟代为充当管理人，农忙时，可以采取"派白工"的形式，调集野人助耕。春秋生产力有所发展，大规模的集体劳动便失去必要，但像郤缺那样的"夫耕妇馌"却仍属特例，从集体劳动发展到个体劳动应有一个较长的过渡时期。《诗经·豳风·七月》被徐中舒师定为春秋时期的鲁诗，全篇都用家族之父的口吻写出，诗中所描述的各项生产是一个家族的集体活动。如"三之日于耜，四之日举趾"，是说从修理农具到踏耒而耕，仍有统一的调度和安排。"同我妇子，馌彼南亩"，则是反映老人率领族中的妇女儿童一起把饭送到田间的场景，由此可以肯定，参加耕作的农夫绝非一人。对"九月筑场圃，十月纳禾稼，黍稷重穋，禾麻菽麦"诸句，郑玄笺云："纳，内也。治于场而内之囷仓也。"[1] 似乎农业的收获也还是集中打收、集中存放的。只是春秋时代家族集体劳动的规模可能已经变得较为狭窄，个体劳动虽属特例，但它毕竟是步履蹒跚地来到了世间，这就意味着过去非多数人不能胜任的农田作业，现在靠少数人合作，即足可奏其功效了。海南黎族中的合亩除保亭毛道乡外，一般都比较小，大的也不过十来户，二十至三十户的极少，也有些二三户组成的合亩往往就是"父子亩"或"兄弟亩"[2]，怒江傈

---

① （清）阮元：《十三经注疏》，中华书局 1980 年影印版，第 391 页。

② 《黎族简史》编写组编：《黎族简史》，民族出版社 2009 年版，第 223—224 页。

傈族的共耕制中，兄弟叔侄共同耕种的情况非常多。以此与春秋时期的家族集体劳动相比，也许大致处在同一水平上。集体劳动的规模逐渐变小，就必然要求将家族共同占有的土地在各个小家族间实行分配，但分配的原则在笔者看来应是"亲亲"。只要父系大家族及其影响仍然存在，土地的占有就不会真正达到平均。在云南布朗山的布朗人中，每年砍种时分配土地，是由家族成员按土地继承关系和长幼辈分依次挑选，后来随着人口的增多，便出现了个别人占不到地或占不到好地的情况。① 周代宗法家族中尊奉嫡长子继承制，"宗邑必在宗主"，宗族占有的土地自然也首先满足宗主一支的需要。正因为土地的分配并不是平均的，所以春秋后期，国中也产生过一些所谓的"无田"之人。《左传》哀公元年："吴之入楚也，使召陈怀公。怀公朝国人而问焉，曰：'欲与楚者右，欲与吴者左。'陈人从田，无田从党。"这些"无田"者应该就是因血缘关系疏远而占不到土地的下层国人。布朗族中占不到地的人可以向族人借地耕种，而不付报酬。陈人中的无田者大约也仍能受到大宗或家族的照拂，故在大询之时，便从其族党而立，附和他们的意见。不过，从《左传》《国语》等书来看，在春秋时期，已经占不到土地的人毕竟只是少数，一般国人作为家族公社的直接肢体，凭借天然的血缘关系，仍然具有使用家族土地的资格。所以笔者感到，春秋的土地占有权同西周一样依旧属于全家族，并不归某一私人。只是占有形式已由家族整体占有变成了各小家族有等差的分割占有。《周颂》中的农事诗常言"大田""甫田"，《国风》中则开始强调"无田甫田"，或者便是生产规模和占有形式有所变化的客观反映。劳动组合由大集体变为小集体，显然应是一个进步，但个体劳动并未大量涌现，又阻碍着个体家庭的独立和小土地所有制的形成，在这种情况下，即使出现个别无田之人，无田者失去的也只可能是土地占有权，而不是所有权。

---

① 《民族问题五种丛书》云南省编辑委员会编：《布朗族社会历史调查》，云南人民出版社1982年版，第8页。

　　由于土地尚未私有，春秋时虽然出现了"富族"，但这些"富族"只是贵族中的一部分，富与贵仍联系在一起，却缺乏坚实的经济基础。他们致富的手段除掠夺和受贿外，主要是凭借贵族身份和政治权势，通过榨取采邑人民的无酬剩余劳动来"聚货"，而不是经营工商或私人农庄，所以，一旦失邑失位，便往往轻易离弃宗国，远适他邦。而每当出亡之际，所能挟之而去的也只有帑与器用财贿。如《左传》文公六年，"贾季奔狄"，臾骈"尽具其帑，与其器用财贿，亲帅捍之，送致诸竟"。文公七年，"先蔑奔秦……荀伯尽送其帑，及其器用财贿于秦"。分明家族成员、家内奴隶及宗器、车马、玉帛、宝玩之类，才是可由他们自由支配的私有物。其中，有的贵族在异国重新领受田邑，尚可聚族而居，重新致富，甚至"富于其旧"，有的却只能"委质为臣"，或者"降在皂隶"。可见春秋的"富族"，根本不同于古希腊、古罗马的新兴奴隶主。这种"富族"的贵族性和经济上的脆弱性，也反映了当时私有制发展的不充分。

　　国中私有制的发展状况已如上言，野人中的所有制关系究竟如何，也需要作一简单的交代。《左传》宣公十一年，"众狄疾赤狄之役"，说明在狄人各部间已经产生了剥削。《国语·晋语一》：士蔿谓"狄柤之君好专利而不忌"，"其上贪以忍，其下偷以幸"，"君臣上下各厌其私，以纵其回。民各有心而无所据依"。首领既厌私专利，其普通成员必然要被侵夺，从而失去生活的凭借，这反映即使同一族内也有明显的贫富变化，而与之相伴随，人民与其长上便只能是越加离心离德了。蛮、夷、戎、狄尚且如此，野人中的"亡王之后"和"流裔之人"等，其族内分化程度必然更甚，据《左传》昭公三年，叔向同晏婴谈到各国政治衰败的情况时，说他的国家已是"庶民罢敝""道殣相望"，在《国语·楚语下》中，斗且也说楚国"四境盈垒，道殣相望，盗贼司目，民无所放"，因饥饿而死于路途者，当包含有野人，甚或主要是指野人。造成"道殣相望"的原因从根本上说，是由于战争和来自国、都的剥削过于沉重，但与野人内部贫富悬殊的出现也不无关系。劳动组合由大到小的变化进程同样存在于野内部分地区，由此引起的土地和各类资源的分配，必然会造成各个父系小家族财产占有的不平等，而家长对于家族财富的支配权又在不断扩大，这都会对野中私有制关系的发展产生若干影响。但从另一方面来看，劳动单位即使在野中较先进地区，也只是由大家族变为小家族，并未实现个体私耕，所以，以个体劳动为基础的小土地私有制，就不可能得到确立。而晏婴一言及人民的苦病，便先提到"三老冻馁"，说明多数共同体的首领仍与普通成员一样穷困无告，共同体内部的分化似乎还不足以将其彻底炸毁。

第四节　夺位分室与血缘关系同地缘关系的递嬗

春秋之世，各国内乱频仍。若仔细分析，早期大致以公室内部夺取君位继承权为主，越到后来，卿大夫家族间的斗争便越占更大的比重。造成这种现象的原因主要是"富族"的奢侈日益刺激了人们的贪欲；从春秋中期开始，公室逐步衰落，权力落入了卿大夫之手，"执政"或类似于"执政"的位置也成为各国贵族觊觎的目标；而随着辟土活动的发展，周围易取的繁庶之区瓜分殆尽，"越国以鄙远"又为种种条件所限，图谋继续扩大采邑者便自然要把目光移向域内。从《左传》看，楚灭若敖氏、养氏、郤氏、费氏、鄢氏及巫臣之族；郑杀子驷、子孔、伯有；宋逐武、穆之族，又有桓族六官之乱和华、向之乱；鲁逐东门氏，出叔孙侨如及臧纥；齐灭崔氏，逐庆氏、二惠、国夏、高张，杀鲍牧、监止；晋灭郤氏、栾氏、祁氏、羊舌氏、范氏、中行氏、智氏等，约略为各国族斗之大端。诱发事件的导火索不尽相同，但究其根源，却无一不与上边的三种情况密切相关。

家族斗争的直接结果是夺位和分室。夺位即剥夺卿大夫所担任的公职，使之不得立于朝，失去"奔走于公家"的资格，此意易明，无须再言。关于分室，近来却颇有争议，在此略加辨析。

　　室，《说文解字》曰："实也。从宀从至，至所至也。"《释名·释宫室》曰："实也。人物实满其中也。"其实，此处的"至"仅为声符，而"宀"在金文中作"∩"，正像屋宇之形，室之本义应指房舍屋宇。但自父系社会确立以来，妇女的活动就渐渐被局限于屋宇之内，故原本专指房舍的室字也可用以指代丈夫之妻。《礼记·曲礼上》："三十曰壮，有室。"郑玄注："有室，有妻也。妻称室。"①《左传》桓公十八年："女有家，男有室，无相渎也。"即谓男各有妻，女各有夫，宜界限谨严，不得轻易而亵渎之。桓公六年，郑太子忽曰："今以君命奔齐之急，而受室以归，是以师昏也。"这里的室仍作名词训妻，"受室"就是受妻。然而，由妻可称室出发，室字也常被用作动词。《左传》宣公十四年，卫人杀孔达以说于晋，而"复室其子"，杜注曰："复以其女妻之"。孔疏也谓："言卫侯以女妻之也。"②与之相类，昭公十九年，费无极谓楚平王曰："建可室也。"定公九年，"敝无存之父将室之"，哀公十二年，卫大叔疾出奔，"卫人立遗，使室孔姞"等，诸句中的室字均为娶妻之意。私有制的发展使贵族的财富不断增加。室既为人、物所实之处，则各类财富便均可囊括于其中。于是，室的含义也大大丰富起来。《国语·晋语六》："纳其室以分妇人。"韦昭注："室，妻妾货贿也。"《楚语上》："施二帅而分其室。"韦注又曰："室，家资也。"③《左传》文公元年，楚"穆王立，以其为太子之室与潘崇"，孔疏曰："商臣今既为王，以其为太子之时所居室内财物仆妾尽以与潘崇，非与其所居之室也"④。文公十四年，鲁叔孙穆伯"尽室以复适莒"，成公二年，"巫臣尽室以行"，襄公二十二年，申丰"尽室将行"，所谓尽室，皆尽挟其家私也。不过，家资、家财只是一个总的概念，区分起来，却应有两个内容。其一为活的财产，即人，包括妻妾、子女和家内奴隶，通常被称为帑；其二为器用财贿，泛指财货和贵族祭祀、宴享、戎事及

---

① （清）阮元：《十三经注疏》，中华书局 1980 年影印版，第 1232 页。

② （清）阮元：《十三经注疏》，中华书局 1980 年影印版，第 1886 页。

③ 徐元诰：《国语集解》，中华书局 2002 年版，第 394、490 页。

④ （清）阮元：《十三经注疏》，中华书局 1980 年影印版，第 1837 页。

日常生活起居所需的各种器具。另外，春秋卿大夫之家都领有大片采邑，邑中野人地位卑下，却仍有庐舍以避燥湿。室之本意既指房舍，故采邑农人也可以室为计。《左传》成公十七年，"施氏之臣有百室之邑"，一室即一处人家，百室便是百家。不过，这里的家应指刚从父系家族中独立起来的家长制大家庭，还不是个体的五口之家，室在此也仅是大家庭的一种代称，不可拘泥地认为就是一间房室。西周的封赐除称赐土、邑、采之外，常言赐予某人，某人犹言某族。春秋在多数情况下仍称赐邑，有时也言赐室，这确实是一种变化。但言邑、言室都是将邑室居人所耕之地一并赏之，本质上仍属于划分采邑。《左传》宣公十五年，"晋侯赏桓子狄臣千室，亦赏士伯瓜衍之县"，"千室"与"县"并举，只是文例上的变通，并非谓赏士伯成县之邑，而赏荀林父千室奴隶。由于采邑中人已可以室为计，所以与赐邑、赐室一样，致邑、致室也是相通的。如《左传》成公十三年，曹子臧不义为君而"致其邑"，襄公十四年，吴季札"愿附于子臧，以无失节"，乃"弃其室而耕"，季札所弃之室亦邑也，绝非栋室屋宇之谓。昭公十年，齐灭栾、高氏，"陈、鲍分其室"，"陈桓子尽致诸公而请老于莒"，致所分之室而请受莒邑，可知所致之室即原属栾、高采邑中的众室。昭公十二年，南蒯谓子仲曰："吾出季氏，而归其室于公，子更其位，我以费为公臣。""归其室于公"与"以费为公臣"为一事，南蒯互言之，其意则无别。赐邑、致邑既可称作赐室、致室，那么，瓜分采邑自然也可称作分室。笔者认为，采邑虽不是贵族家室中的私产，但《左传》《国语》所言的"分室"却至少应有三个内容，即掠夺妾、器用财贿、采邑众室中的农业劳动者及他们所耕种的土地。以齐国而论，《左传》襄公二十七年，"灭崔氏，杀成与彊，而尽俘其家"，所俘即为崔氏之家人、仆妾和器用财贿。襄公二十八年，逐庆氏，召群公子，"具其器用，而反邑焉"，又遍赐子雅、子尾、晏婴、北郭佐邑。昭公十年，逐栾、高而"分其室"，"桓子尽致诸公而请老于莒"，"公与桓子莒之旁邑"，"穆孟姬为之请高唐"，又召子山、子商等"而反其邑"，且"皆益其禄"，每次斗争后都大规模地重新规划采邑，虽传无明文，但分室也包括瓜分失败者采地上的众室，则是显而易见的。

朝位是卿大夫庇族的政治资本，帑和器用财贿是他们可以自由支配的私有财产，采邑作为与位相连的禄，既是贵族致富的重要基础，又是收族聚党的经济凭借。《左传》文公十六年，公孙寿余曰："弃官则族无所庇。"僖公二十三年，重耳曰："保君父之命而享其生禄，于是乎得人。"《国语·周语中》，刘康公曰："用足则族可以庇。"夺位和分室使官、禄、用三者俱失，这不仅对失势的卿大夫本人是一个沉重打击，而且使全族也都在政治、经济上失去依恃。所以，与夺位、分室相伴随，必然会出现血缘关系的松弛和人口的流动。

免遭杀戮的上层贵族，往往离弃宗国，避入他邦，重新入仕，受邑立家，加入异姓大夫的行列中。如庄公二十二年，陈公子完奔齐，齐桓公"使为工正"；成公十六年，鲁叔孙侨如奔齐，齐灵公"使立于高、国之间"，又奔卫，"亦问于卿"；襄公二十九年，齐高竖奔晋，"晋人城縣而寘旃"；僖公二十六年，齐"桓公之子七人，为七大夫于楚"；闵公二年，虞舟之侨奔晋，后被立为"戎右"；成公十五年晋伯州犁奔楚为太宰，及"楚之杀郤宛也，伯氏之族出，伯州犁之孙嚭"又为吴大宰等，都是至为明显的例证。《左传》襄公二十六年，蔡声子在叙述"楚才晋用"的情况时说："析公奔晋，晋人寘诸戎车之殿……雍子奔晋，晋人与之鄐……子灵奔晋，晋人与之邢……伯贲之子贲皇奔晋，晋人与之苗。"皆使为谋主。晋自骊姬之乱，"诅无蓄群公子"，国内公族势力较弱，故对外来者接纳最力。晋文公即位之后，曾公开提出要使"异姓之能"掌其远官[1]，将重用"异姓之能"正式作为一条基本国策，说明他国贵族羁寓于晋者颇多。蔡声子所举诸人或在重大战役中起过关键性作用，或为晋捍御北狄、联吴制楚等，都已成为晋国政治舞台上的活跃分子。

大约正是为了适应羁臣不断增加的政治局面，春秋时还出现了所谓"卿

---

[1] 《国语·晋语四》。

违，从大夫之位，罪人以其罪降"的制度性规定。① 但是，由于存在许多复杂的具体因素，并不是每个出奔在外的人都能按照这种规定顺利地获得入仕的机会，于是，就有一些贵族，以"委质为臣"的形式，投入了私家。比较典型的有"晋孙谈之子周适周，事单襄公"；齐鲍国入鲁"为施孝叔臣"；鲁阳虎奔晋，适赵氏等。② 范、中行氏将伐公，齐高彊曰："三折肱知为良医，唯伐君为不可，民弗与也"。《吕氏春秋·当染》篇又有"中行寅染于籍秦、高彊"之文，高彊奔晋之后，未见授予禄位的记载，似乎也是作了中行氏的家臣。而不曾背弃宗国却又脱离本族、仕于他家者，亦复有之，《国语·晋语七》提到的辛俞就是因为"无大援于晋国，而世隶于栾氏"，齐国的陈豹也因"远于陈氏"而为子我臣，他如卫之宗鲁事公孟为骖乘，子伯季子"初为孔氏臣"，后又"登于公"等③，大约都是从族中游离出来的宗人。春秋时，卿大夫之家均有家臣，数量不等，起初可能多为近亲子弟，后来便不断增添了一些来自他国或他族的异姓，这样，在同一家族内部，也出现了所谓"亲羁并用"的局面。《左传》哀公十四年，宋司马皇野"命其徒攻桓氏，其父兄故臣曰：'不可。'其新臣曰：'从吾君之命'"。新臣与故臣并提，可能便是与皇氏没有亲属关系的"宾旅"。至此，家族已不再是一个纯粹的血缘团体，而"委质为臣"的形式也为战国养士之风的盛行开了先河。

《国语·周语上》记周内史论古之先王治理天下的大法，说对那些"散、迁、懈慢而著在刑辟"者，要"流在裔土"。所谓"流在裔土"，就是从国中驱逐出去，放之于野。春秋各国内部的政治斗争既愈演愈烈，则这种流放的规模也必然有所扩大。因此，失势贵族除了仕于他国、他家者外，也有一部分要向野中移徙。《左传》襄公二十八年，齐逐庆氏，"释卢蒲嫳于北竟"。卢蒲嫳本是庆封之党，释，放也，释于北境，就是将他放逐到齐的北部边鄙。昭公三年，"齐侯田于莒，卢蒲嫳见，泣，请曰：'余发如此种种，余奚

---

① 《左传》昭公七年。

② 见《国语·周语下》、《左传》成公十七年、《左传》定公九年。

③ 见《左传》哀公十四年、昭公二十年、哀公十六年。

能为?'"盖自言衰老,不能复为齐害,乞请复归,结果,又被齐执政者子雅放之于北燕,说明一旦被放逐,便失去了国人身份,不经特别允许,是不能重新恢复的。《国语·晋语五》曰:"臼季使,舍于冀野。冀缺薅,其妻馌之。敬,相待如宾。从而问之,冀芮之子也,与之归,使复命,而进之曰:'臣得贤人,敢以告。'文公曰:'其父有罪,可乎?'"从这段话来看,冀缺原是因为牵连在其父冀芮图谋弑君的事变中才被流放于此,只能亲执耕稼了。《左传》哀公五年,齐景公疾,"使国惠子、高昭子立荼,置群公子于莱"。杜注:"莱,齐东鄙邑。"① 这大概也属于一种流放,目的是限制公子的活动,以防回国中夺权,故齐景公卒,群公子皆出奔,莱人歌之曰:"景公死乎不与埋,三军之事乎不与谋,师乎师乎,何党之乎?"对"群公子失所",野鄙之人还表示了一定的同情。《左传》襄公二十七年,"崔氏之乱,申鲜虞来奔,仆赁于野",昭公二十年,伍员入吴,"言伐楚之利",受到公子光的阻挠,乃"耕于鄙",此两例不是流放,却正反映窘迫无所的贵族也会自动迁移到野中。但在由国迁野的人群里,贵族所占的比例想必不会很大,其主要成分应当是"夺位""分室"后失去庇荫的家族下层成员。他们本来就是普通劳动者或近似于普通劳动者,自然缺乏立于异国之朝和充任他族臣宰的资格,所以,万一本族在政争中失败,除了被虏作奴隶外,几乎只有一条道路可走,那就是到广阔的鄙野中去谋求生存。《左传》成公五年,"梁山崩,晋侯以传召伯宗",道遇牵重车而行者,他不仅知道引起地震山崩的原因,而且懂得该行何礼以应之,"问其所",方知他原本为"绛人也"。《吕氏春秋·异宝》篇谓伍员出奔,"至江上,欲涉,见一丈人,刺小船,方将渔,从而请焉,丈人度之绝江,问其名族,则不肯告"。这些人身处鄙野,却颇有见识,或者与《论语》中的长沮、桀溺、荷蓧丈人等相类,都是来自国中的"流裔之人"?《左传》定公十四年:"卫侯为夫人南子召宋朝。会于洮,大子蒯聩献盂于齐,过宋野,野人歌之曰:'既定尔娄猪,盍归吾艾豭?'"娄猪指求子之母猪,

---

① (清)阮元:《十三经注疏》,中华书局1980年影印版,第2159页。

喻南子；豭指公猪；艾有年轻美貌之意，喻宋朝。歌词固失之于粗俗，但只有深悉贵族隐私者才编得出来。据此推测，这些野人也有从国人演变而成的可能性。国人各阶层开始向野中移徙，使野人的数量日益增加了。不过，必须指出，带来这一变化的原因并不单单是出自家族斗争和夺位、分室，譬如，生产力的提高使野中部分地区的生产条件逐渐与国中接近，劳动组合的规模已经朝着小型化的方向演进等，都可看作是造成移徙的重要前提。

正因为存在这样一些不可忽视的经济前提，所以，在国人下降于野的同时，部分野人也有入居于国的趋向。秦穆公的名臣由余，依《史记正义》说原为戎人。①《左传》襄公十九年提到"殖绰、工偻会夜缒纳师"，此工偻会疑即遂工娄氏之后裔仕于齐者。孔子的弟子中有"鄙人"，《史记集解》引徐广说，谓子路亦"卞之野人"②，此皆通过游学或仕宦而跻身于国中者，虽属凤毛麟角，但确实代表了一种新现象。《左传》哀公十七年，卫"庄公登城以望，见戎州。问之，以告。公曰：'我姬姓也，何戎之有焉？'"于是乃命"翦之"。《吕氏春秋·慎小》篇叙庄公之语为："我姬姓也，戎人安敢居国？"说明还有一些野人是以集团迁徙的形式，移居到了国郊。另外，部分在野的部族，经过自身的长期发展，在春秋时，陆续地建立了国家，开始营城居农业生活，大者如秦，小者如鼓、肥、鲜虞，都属于这种情况。这样，他们便也脱离了野人的范畴，自然转化成国人了。

人的迁徙和流动为国、野输入了新血液，西周本已存在的地缘关系和地域组织势必要获得进一步发展。《左传》庄公十年："齐师伐我。公将战，曹刿请见。"其"乡人"曾加劝止。襄公十五年，宋人得玉而献诸子罕者曰："小人怀璧，不可以越乡。"襄公三十一年，"郑人游于乡校，以论执政"。这些材料说明国中在里之外又出现了乡。襄公九年，"宋灾……二师令四乡正敬享"，宋国仅划为四乡，可见每乡统辖范围甚大。大约正是在春秋时期，里

---

① （汉）司马迁：《史记》，中华书局 2007 年版，第 193 页。

② （汉）司马迁：《史记》，中华书局 2007 年版，第 2191 页。

才屈居于乡下，变成了一级基层组织。里的首长在《左传》《国语》中被称为司里、里人、里旅，不再称里君，可能更接近于一种行政职务，而他们的地位却显然较低，已经不能像西周那样被包括在“卿事僚”当中，与诸尹相互并列了。既然各国乃至各大家族中都会有新人加入，来作新臣，那么，国中也一定会迁进一些外来者。《左传》昭公二十一年，宋华氏“以南里叛”，“翟偻新居于新里，既战，说甲于公而归，华妵居于公里，亦如之”。翟偻新非华氏族，却居于华氏盘踞的新里，而作为华氏族人的华妵，反倒是公里之中的居民，这充分反映，各族杂居的程度已在逐步加深。《国语·鲁语上》中孟文子曰：“若罪也，则请纳禄与车服而违署，唯里人所命次。”《左传》昭公三年，“景公欲更晏子之宅”，晏子辞谢时也说：“敢烦里旅？”[①]据此，似每有新人迁来，依照传统都由里人为其划定宅居。晏子辞宅时又讲道：“二、三子先卜邻矣，违卜不详。”邻需待卜而后定，同里之人的关系自然不是纯粹的血缘关系。孔子在《论语》中除提到宗族之外，还提到了乡人、乡党、邻里乡党[②]，在《里仁》篇里，他设问道：“里仁为美。择不处仁，焉得知？”此语虽然主要是在强调仁的作用，但也开始涉及了择邻问题。应当承认，国中的“邻居关系”在春秋后期确有一定程度的发展，尽管远不能将血缘关系全部取代，却也露出了排斥血缘关系的明显势头。

都系宗邑，为卿大夫处其子弟之所，故其中居民的核心部分当属国人。《左传》隐公元年，武姜为公叔段“请京，使居之，谓之京城大叔”。桓公三年追述晋事，谓晋昭公“封桓叔于曲沃，靖侯之孙栾宾傅之”，很显然，公叔段及桓叔之族均皆在其都中。襄公十四年，孙林父欲攻卫献公，乃“并帑于戚而入”，说明孙氏家众原分居两处，一在其都戚邑，一在卫国，待要发动叛乱，才先于戚地集结，而后率入帝丘。襄公十四年，献公被逐，“卫人立公孙剽，孙林父、宁殖相之”，而孙林父本人却仍居于戚，只使其子孙襄

① 杨伯峻认为“里旅即《周语中》、《鲁语上》之司里，亦即《鲁语上》之里人”，见《春秋左传注》，中华书局1981年版，第1238页。

② 见《论语·雍也》《乡党》《子路》诸篇。

留中"居守"，其家众复归于戚者必当不少。襄公十七年，齐"高厚围臧纥于防"，臧纥此时为鲁司寇，正巧住在都中，故而被围。襄公二十二年，"臧武仲如晋，雨，过御叔，御叔在其邑"，既云"在其邑"，可知有时并不在邑。大约当时担任卿大夫之职者，皆如孙林父，国中原有旧家，都中又营新宫，其父兄子弟或此或彼，分于两处，本人则双方兼顾，立于朝而为公臣，居于都而为家君。但贵族年老致仕或因他故不担任公职者，则以居都为多。如《左传》成公十五年曰："申叔时老矣，在申。"襄公二十一年，范宣子逐栾盈而因叔向，"于是祁奚老矣，闻之，乘驲而见宣子"，为叔向讲情，驲为传车，须乘驲而往，方能取其快速，可见祁奚告老后并不居国。襄公二十七年，崔杼因其子"崔成有疾而废之"，"成请老于崔，崔子许之"，据此，似不得立为宗主的子弟便常在都中得到安置。隐公十一年，鲁隐公欲授政于桓公，曰："使营菟裘，吾将老焉。"反映他原也打算让位后到都中去终了此生。从上述诸例可以看出，都在春秋是卿大夫家族的根据地，建都立家原本就是要将部分国人从国中移殖出去，都中住有国人毫不足怪，但一些学者常把都、鄙视为一体，又不加分析地把都、鄙之人统统看作野人，这种观点与当时的实际情况是出入很大的。

不过，都之所在一般都是被灭故国或野人聚处的大邑，在"辟土服远"过程中，虽然发生过像齐人"迁阳"，迁"邢、鄪、郚"，"迁莱于郳"，及晋"出阳民"这样的情况[1]，但相比之下，使被征服者留居原处的仍占多数，如《左传》昭公十二年记载，楚"大城陈、蔡、不羹，皆赋千乘"，设若三地人民皆已驱出，何以能够集结如此强大的兵力？同样地，楚视申、息为北方屏蔽，主要也是指靠两国原有的居民。春秋时，地广人稀的局面尚未彻底扭转，各国已注意争夺土地，并非便不再争夺人口，占领缺乏奴役对象的无人区，对统治者来说没有多大意义。所以，尽管可以说都中居民的核心是领受采邑者的家众，但整个成分却很复杂，在数量上占着优势的可能又是各色各

---

① 《左传》闵公二年、庄公元年、襄公六年，《国语·周语中》。

样的原住民，其中既有失国的国人，如申、息之民等，也会有部分发展程度较高的野人。另外，各国还常将战俘或小国贡献的人口迁置于都，借以增加都中的劳动力。如《左传》襄公元年，诸侯"围宋彭城"，"晋人以宋五大夫在彭城者归，置诸瓠丘"。襄公十年，晋灭偪阳，而将偪阳人"纳诸霍人"。哀公七年，鲁人伐邾，"以邾子益来，献于亳社，囚诸负瑕"，因为邾原都于绎，故负瑕自此便开始了有了绎民。定公十三年，晋赵鞅谓邯郸午曰："归我卫贡五百家，吾舍诸晋阳。"晋阳为赵鞅采邑，邯郸为赵氏别封，这五百家卫贡无论徙与不徙，都是住在都里。都内居民既然来自各种不同渠道，那么，都便不是纯粹由某一氏族或部落共同生活的场所，而是一种各部族错落杂居的新区域。虽然还不能确定都中是否也有乡、里的划分，但都的出现本身，便表明地缘组织和杂居现象在不断地增加和发展着。

　　野、鄙经济文化落后于国、都，血缘关系的保留相对来说也更为浓厚，但春秋的种种历史变故难免要波及于野，故野中的血缘组织同样会受到不同程度的触动。《左传》宣公十五年，"晋侯赏桓子狄臣千室"，反映赤狄各部在被灭亡的过程中，其部族组织已趋解体。如前所言，这种室大致仍是父系大家庭的代称，而不是个体家庭，但称室而不称族、氏或某人，便足以表明其内部结构有了变化。类似的部落或氏族的解体过程可能还普遍地存在于蛮、夷、戎、狄各部中。而在野、鄙部分较为先进的地区，春秋后期则开始出现了书社。《说文解字》示部云："社，地主也。"可知它原是祭祀土谷之神的所在，后以句龙、后稷等对发明农业有功的传说人物配食，因而亦兼祀人鬼。进入阶级社会后，国中的社被称为社稷，变成了政权的象征，统治者在此举行出军或禳灾大典，也常开展各种传统娱乐活动，"聚男女而相游观"[1]。社日大约就是普通国人的"沙特恩节"，"旧时的自由的性关系"在这时都可能短暂地得以恢复[2]，故鲁庄公欲"如齐观社"，曹刿便以"非礼"为

---

　　①　（清）沈钦韩：《春秋左氏传补注》，中华书局1985年版，第21页。

　　②　恩格斯：《家庭、私有制和国家的起源》，人民出版社2018年版，第52页。

由而力加谏止①。《左传》昭公十一年，孟僖子出盟邾庄公，道遇泉丘人之女奔之，"其僚从之，盟于清丘之社"，说明野中也自有社，而且孟僖子或许就是因为参观了野人的社事活动，才得以被泉丘女子结识的。《战国策·秦策》高诱注又曰："邑皆有社。"邑和丘都是野中村居的通名，其间或有大小之别，但最初恐怕并不存在所谓"四邑为丘"之类的编制。邑、丘不是国君的居地，这里的社自然不代表国家政权，它大约仅类似于后世的土地庙，人们于其中进行祭祀，为地方求福禳灾，同时又把它当作公共生活的中心。西周时，无论一个家族自居一邑，或是几个家族聚为一邑，家族都是真正的经济实体，因此，国对野的剥削例皆通过家长，由他们代表全族纳贡或派子弟服役，无须统计人口。到春秋，农业劳动组合逐渐由大变小，规模庞大的父系大家族也陆续分解为一个个规模有限的父权制大家庭。同时，由于国人的下降或野中的人口流动，还会有一些"外来户"作为新氓迁入邑中，这样，村社关系便不断排斥家族关系，在丘、邑的公共生活中发挥更大的作用。居民的家族组织既已相对变得较为琐细，而且成分也比以前更为复杂，那么，为了合理摊派负担，用适当的形式加以登记便成为必要了。于是，原来只作为祭祀和活动中心的社，现在又增加了一种新职能，即同邑之人均须书其户籍于版图，置于社中，从而便有了所谓的书社。《左传》哀公十五年，齐与卫地，"自济以西，禚、媚、杏以南，书社五百"。昭公二十五年，鲁昭公逊于齐，齐侯曰："自莒疆以西，请致千社。"后一例的千社，当也是书社。社为旧称，书社则是根据新职能而兴起的新名。前者古已有之，后者产生于春秋末。两者既有联系，又有区别，不宜将其混为一谈。《商君书·赏刑》篇说武王伐纣，"裂土封诸侯，士卒坐阵者，里有书社"。《吕氏春秋·慎大览》也曰："武王胜殷……三日之内，与谋之士，封为诸侯，诸大夫赏以书社。"有人据此谓周初已有书社，其实，这只是战国人用当时语汇追述往事，靠这些材料把书社的出现大大提前，是不够恰当的。相反，把以

---

① 《左传》庄公二十三年。

"书名于社"为特点的书社看作春秋后期的新事物，则更能真实反映野中地缘关系逐步发展的历史进程。

私有制的成长使族间及族内矛盾日益扩大，而血缘关系的松弛和地缘关系的发展又是不可抹杀的现实，沉浮于动荡不安中的贵族，有的对"宗族枝叶先落"的幕幕悲剧不停发出哀叹，有的先自在思想上就把至高无上的亲亲原则看得淡漠起来。宗主原是宗族之本，而宋之华亥却欲"丧其宗室"，华臣也"唯其宗室是暴"，乐大心又"卑其大夫而贱其宗"，齐之卢蒲癸甚至公然宣称："赋诗断章，吾取所求焉，恶识宗？"反之，宗主也是宗人的保障，可郑之游吉在回答子产的问话时却说："吉不能亢身，焉能亢宗？"①这些现象虽不十分普遍，但血缘团体的裂痕既已被撕开，就再也难以弥合了。

然而，以上所述都只是问题的一个方面，从另一方面看，贵族相互的倾轧和残杀，对血缘关系固有破坏作用，但这种作用又带有很大的局限性。一些家族在政治上衰落了，另一些家族则补充替代，终春秋之世，地缘关系同血缘关系的递嬗并未最终完成，后者在人们社会生活中的支配地位也未从根本上动摇。

就上层来说，"保姓受氏，以守宗坊"的大族"无国无之"②，如鲁之三桓，郑之七穆，宋之戴、桓诸族，齐之国、高、崔、庆、二惠、陈、鲍，晋之栾、郤、狐、先及后来的六卿等，在春秋时，均曾十分隆盛。各族宗主担任要职，事实上垄断着各国的朝政。鲁国于宣公十一年逐东门氏，自是以后，便由三桓代为正卿，至襄公十三年，"三分公室"，季孙氏渐渐强大，势力又超过其他两家。郑国于鲁宣公四年尽立穆公之族为大夫，始开七穆秉政的先声，前后由子驷、子孔、子展、伯有、子产、游吉等依次任执政，而其他大族的族长则各自担任一定的公职。宋国戴、桓二公的后裔自鲁庄公十二年起，便更迭掌权，后鱼石等五官奔楚，桓族稍衰，鲁昭公之世，戴族华氏

---

① 《左传》昭公三年、昭公六年、襄公十七年、昭公二十五年、襄公二十五年、襄公二十八年、昭公元年。

② 《左传》襄公十四年。

与桓族向氏又比而作乱，偕以出亡，自此乐氏独盛，至宋景公宠向魋而招乱，于是向氏再度出亡，而戴族皇氏转强，由皇、乐、灵三族六卿"降听政"，二百年间，权力不断转移，却始终未出戴、桓两巨族。齐国在鲁成公、襄公期间，公族崔、庆最盛，崔、庆败亡，二惠代兴，鲁昭公十年以后，异姓大夫中的陈、鲍势大，及至哀公八年，鲍牧被杀，继之国夏奔莒，高张被诛，监止亦亡，则成陈氏独强之局。晋以中军帅为执政，赵、郤、栾、范、中行、韩、魏、智等族之主都曾任其职，及赵文子卒，"政在侈家"①，后经长期斗争，权力终集于韩、赵、魏三族。各国相比，晋、齐较重异姓，鲁、郑、宋等尤重公族。尽管存在着某些差别，而且有一些贵族在倾轧中陆续被消灭了，但作为血缘团体的大族在政治上异常活跃，则又是共同特征。就此点而论，春秋所谓国，仍不过是数个家族的集合体。这在当时人的话里就有十分明确的反映。如晋将有骊姬之乱，史苏曰："亡无日矣！"郭偃曰："大家、邻国将师保之……亡犹未也！"②所谓"大家"就是指卿大夫之家族，依郭偃的看法，"大家"和"邻国"像师、保一样，都是政权存在的必备前提。《左传》襄公八年，"楚子囊伐郑，讨其侵蔡也，子驷、子国、子耳欲从楚，子孔、子蟜、子展欲待晋。"子驷曰："谋之多族，民之多违，事滋无成。民急矣，姑从楚，以纾吾民。"可见虽有执政之设，但在正常情况下，国家的大政方针却是由"多族"协商决定的。襄公三十年，郑子皮授子产政。辞曰："国小而偪，族大多宠，不可为也。"子皮曰："虎帅以听，谁敢犯子？"子皮之族为郑国之望，故口出此语。由此也可以看出，执政是大族的代表，而大族又是执政的后盾，有了大族的支持，他人便无异言，政局也可以得到稳定。子产为执政后，"有事伯石，赂与之邑"，子大叔不解，子产曰："安定国家，必大焉先，姑先安大，以待其所归。"说明当时最有名的政治家也懂得，只有安抚住大族，才能使国家无事，一旦大族有变，就会酿成祸乱。后

---

① 《左传》襄公三十一年。

② 《国语·晋语一》。

来孟子讲"为政不难，不得罪于巨室"①，既是针对战国情况而发，也是整个春秋历史的经验总结。总之，春秋政治仍是贵族政治，强家大族是各国政权的支柱。这一点同西周没有本质的区别，所以，能否谙悉各国的"族姓班位"，便被视为当时为政之要。

《左传》昭公十六年，子产论及贵族孔张家的情况，说他"立于朝而祀于家，有禄于国，有赋于军"，这正是对春秋贵族政治经济地位的极好概括。若仔细分析，当时各国的大族一般都仍保有像孔张这样的立家基础。《左传》成公三年，知䓨对楚子曰："若不获命，而使嗣宗职，次及于事，而帅偏师以脩封疆，虽遇执事，其弗敢违。"彼时知䓨父荀首为晋下军大夫，所谓宗职无疑就是指其父所任的军职。成公九年，晋侯见楚囚钟仪，"问其族，对曰：'泠人也。'公曰：'能乐乎？'对曰：'先人之职官也，敢有二事？'使与之琴，操南音。"泠人就是伶人，可知钟仪之族世为掌乐之官。昭公十三年，楚平王即位，召观从，曰："唯尔所欲。"对曰："臣之先佐开卜。"乃使为卜尹，则楚之观氏又世为卜官。襄公二十九年，郑伯有使公孙黑如楚，公孙黑辞，伯有曰："世行也。"意谓公孙黑之家代代任行人之职，不当有所推托。卫宏《汉旧仪》云："周千八百诸侯，其长伯为君，次仲、叔、季为卿大夫，其支庶为士庶子，皆世官位。"诸例说明，"皆世官位"的世族世官制度在春秋时并未破坏，大族家长凭借血统和家族代表的身份就可在朝中获得固定的职位。执政一职的产生有的依诸族班位顺次更代②，有的在贵族内部举善援能③，而更多的情况下，则是唯强是视，相互争夺，很难总结出统一的规律，但除执政外，只要未被灭族，其他世职却大致相对稳定。甚而出亡者重新入仕，也要以原来的"族姓班位"作为依据，如《左传》昭公七年，原在郑任马师之职、位居亚大夫的罕朔奔晋，就按"卿违，从大夫之位，罪人以其降罪"的制度被安排作嬖大夫。禄和位紧密相连，凡仍"立于朝"者，就

---

① 《孟子·离娄上》。

② 《左传》襄公二十九年。

③ 《国语·晋语四》。

能"有禄于国",即占有大片采邑。而且,随着"辟土服远"的发展,春秋贵族的邑一般都是不断增加的。采地中设有宗庙先君之主的大邑称为都,又叫宗邑。继承世职的卿大夫在此祭祀始受封的"别子",并利用主祭权统驭家族成员,这便是所谓的"祀于家"。有位有邑可以在政治、经济上履行庇族、收族之责,而频繁的祭祀活动又能不断唤起家族成员对于共同祖先的追忆,从而加强尊重血缘联系的观念,故直接同大宗宗子生活在一起的亲属范围虽不可悬测,但每个卿大夫都能团聚大批宗人,则是肯定的。正是依赖着这些同宗子弟,各族又组成了自己的武装作为家兵。《左传》襄公二十八年,二惠将攻庆氏,"使析归父告晏平仲,平仲曰:'婴之众不足用也。'""告北郭子车,子车曰:'人各有以事君,非佐之所能也。'"冲突发生后,"庆氏以其甲环公宫,陈氏、鲍氏之圉人为优,庆氏之马善惊,士皆释甲束马而饮酒,且观优,至于鱼里,栾、高、陈、鲍之徒介庆氏之甲"。可见不仅参加冲突的庆氏和栾、高、陈、鲍诸家各有甲士,即若晏氏、北郭氏等,其所掌握的武装也值得争取利用。襄公十九年,郑讨子孔,子孔"以其甲及子革、子良氏之甲守"。襄公三十年,子皙以"驷氏之甲"伐伯有,"伯有奔雍梁……闻子皮之甲不与攻己也,喜",似此可以说明族有甲兵的例子不胜枚举。襄公十年,郑有尉止之乱,"子产闻盗","成列而后出,兵车十七乘",仓促之际,尚能聚合起十七乘兵车,反映家兵训练有素,且有相当的实力。宣公四年,"楚子与若敖氏战于皋浒",若敖氏的家兵竟能与楚王相抗衡,自然数量更大。宣公十七年,郤克"请伐齐,晋侯弗许,请以其私属,又弗许"。欲以一族之兵车往讨大国,郤氏之强似又胜于若敖氏一等,《国语·晋语》谓郤氏"其富半公室,其家半三军",这里的家大约就指郤氏可以组成私家武装的家众,所以才与三军相比,来形容其数量之多。大族家兵对内保护本族利益,一遇对外战争,则配以其他国人和徒兵,变为国家军队的骨干。《左传》僖公二十八年,晋、楚战于城濮,"唯西广、东宫与若敖之六卒"实从楚帅子玉,子玉出自若敖氏,所谓"若敖氏之六卒"实即他所带领的族军。襄公二十五年,舒鸠人叛楚,楚令尹子木伐之,吴人救之,楚之子彊、息桓、子捷、子骄、子盂"以其私卒先击吴师"，此"私卒"也应是五族从军的家兵。成公十六年，在鄢陵之战中，"栾、范以其族夹公行"，杜注："二族强，故在公左右"。刘文琪疏证据韦昭、刘炫说谓族系"部属"，非指亲族。但在邲之战中，晋知罃为楚所囚，《左传》先说"知庄子以其族反之"，又曰"下军之士多从之"①，知庄子时为下军大夫，既然族即谓其部属，何必又另言"下军之士"，可知部属所包含的范围较大，族则仅指家兵，它既是部属的基本组成成分，又与部属断然有别。后来，随着战争的发展，采邑中的人民也被征当兵，卿大夫手中的军队更进一步扩大了。《左传》昭公五年，蒍启疆曰："韩赋七邑，皆成县也。羊舌四族，皆强家也。晋人若丧韩起、杨肸，五卿、八大夫辅韩须、杨石，因其十家九县，长毂九百，其余四十县，遗守四千，奋其武怒，以报其大耻。"则韩氏一宗即可集兵车七百乘，已如城濮之赋矣！卿大夫以家族武装充任国家军队的核心，这就叫作"有赋于军"。各国的贵族之家既有血缘关系为纽带，又是一个握有政权、财权、军权的政治实体，若无生产的进一步发展和重大的历史变故，要使他们大规模走向瓦解，真是谈何容易。

依照宗法制的规定，"别子为祖，继别为宗，继祢者为小宗。有百世不迁之宗，有五世则迁之宗"②。别子是指受采邑的公子，"百世不迁"一是说别子的嫡长子世代继承其禄位，永为大宗，主持对于始封别子的祭祀；再是说同一始祖的分族应永奉大宗宗子为族长，并受其庇护和扶助。"五世则迁"意谓别子的诸子中，除嫡子长继世为大宗外，其余众子又得各自立宗，由此所衍之宗称为小宗，而小宗一般只有开宗者及其子、孙、曾孙、玄孙数代组成。至玄孙的下一代，因人口增多，就应重新立宗。上述宗法经过后世整理，注家的解释也不尽相同，但抛开具体的细节争论，却能使人明了，古代的家族一方面是在不断分化，一方面又始终有一个团聚全族的中心，而从宗

---

① 《左传》宣公十二年。

② 《礼记·大传》。

族中分化出来的通常是一个个新的血缘团体，并不是单独的个人。这就说明，血缘关系不仅存在于上层贵族中，即使作为下层贵族的士，甚至已失去贵族地位的普通国人，也都可能仍被组织在家族或父权家长制的大家庭中。鲁襄公十年，郑国的尉止与司氏、堵氏、侯氏、子师氏作乱，"杀子驷、子国、子耳"。《春秋》经记此事曰："盗杀公子骓、公子发、公孙辄。"《左传》曰："书曰盗，言无大夫焉。"杜注："尉止等五人皆士也。"①此条材料正可作为士有家族的明确例证，而且，从叛乱的情况看，五族的势力还颇为强大。一般下层国人的家族结构虽难以详求，但通过一些零星的材料，也粗略可以得其仿佛。《诗经·邶风·凯风》提到"有子七人，母氏劳苦"；《郑风·将仲子》里的女子恋着情人，却既"畏我父母"，又"畏我诸兄"；《魏风·陟岵》中的役人登上土丘，不仅是为瞻望其父母，也为瞻望其兄长。《吕氏春秋·异用》篇曰："孔子之弟子，从远方来者，孔子荷杖而问之曰：'子之公，不有恙乎？'搏杖而揖之，问曰：'子之父母，不有恙乎？'置杖而问曰：'子之兄弟不有恙乎？'杖步而倍之，问曰：'子之妻子，不有恙乎？'"大约兄弟无分，或祖、父、子、孙数代共居的现象仍很流行。只要个体劳动尚不普遍，所谓的五口之家即使已经出现，也不可能在数量上有大幅度上升。《仪礼·丧服传》曰："昆弟之义无分……有东宫，有西宫，有南宫，有北宫，异居而同财。有余则归之宗，不足则资之宗。"也许就是针对春秋战国之交的情况而言的。至于野人的家庭组织，笔者认为也不会超出下层国人家庭的发展水平。据此看来，晋师服谓连"庶人、工、商"也"各有分亲，皆有等衰"，正是对血缘团体普遍存在的正确反映，并不是无根之谈。

一方面是血缘组织的大量存在，并依然构成各国政权的基础，另一方面又有部分家族在残酷的斗争中日益陵替和衰落。如何对待这种十分矛盾的现象，实在是一个严峻的政治课题。一些宗法传统较为深厚的国家，采取更立宗主的办法来处置失败的卿大夫，以期尽量地减少灭族。如鲁庄公三十二

---

① （清）阮元：《十三经注疏》，中华书局1980年影印版，第1948页。

年杀叔牙而立叔孙氏；于闵公二年杀庆父而立孟孙氏；于宣公十八年逐东门氏，不久即以仲婴齐继其后，曰仲氏；成公十六年"冬十月，出叔孙侨如"，十二月便"召叔孙豹而立之"；襄公二十三年，臧纥奔齐，乃立臧为为臧氏家主，故鲁国之内乱无论达到何种程度，其强家大族却多能与国家相始终。齐国的大族在斗争中被逐、被灭者较多，但对国、高二氏似乎也特别优容，如国佐被逐，乃立国弱，高止被放，乃立高酀，至《左传》哀公十七年，陈氏已达于鼎盛，陈瓘仍曰："国子实执齐柄"。而《史记·仲尼弟子列传》则曰："田常作乱于齐，惮高、国、鲍、晏。"可知高、国诸族，虽屡经挫折，却照旧还在长期苟延。除此而外，通过"兴灭继绝"，使一些破败的旧族得以恢复，也是春秋较为通行的治国方略。《左传》庄公十六年，公叔段之孙公父定叔出奔卫，郑人三年而复之，曰："不可使共叔无后于郑。"成公八年，"晋讨赵同、赵括……以其田与祁奚"，韩厥言于晋侯曰："成季之勋，宣孟之忠，而无后，为善者其惧矣！"于是，晋景公"乃立赵武而反其田焉"。《国语·晋语八》，晋平公令于国人曰："自文公以来有功于先君而子孙不立者，将授立之，得之者赏。"这就是所谓的"昭旧族""振废滞"，它对于某些大族的死灰复燃确曾起过极为关键的作用。甚至对于族间和族内分化，各国统治者也不断采取措施，试图将其限制在一定范围内。《国语·晋语四》谓晋文公即位，先"弃责薄敛，施舍分寡，救乏振滞，匡困资无"。《左传》成公十八年提到晋悼公曾"施舍，已责，逮鳏寡"，又"匡乏困、救灾患、禁淫慝、薄赋敛、宥罪戾"，昭公十四年，"楚子使然丹简上国之兵于宗丘，且抚其民"，"抚民"的内容主要也是"分贫、振穷、长孤幼、养老疾、收介特、救灾患、宥孤寡"。"薄敛"即减轻赋敛，"已责"当理解为废除债务，施舍则类似于后世的赈济，此三者为"匡困资无""长孤幼、养老疾、收介特"的前提，因而也是各项措施的核心。《左传》襄公九年，晋侯"谋所以息民，魏绛请施舍，输积聚以贷。自公以下，苟有积者，尽出之"。这条材料告诉我们，上述政策虽由国君制定，实际上又由国家组织或强令各族共同执行。因此，它既可看作是运用行政力量来保护贫困的国人，又可看作是国家对大宗收族之责的一种督促。从总的历史发展方向来衡量，家族瓦解的趋势是人力所无法挽回的，然而，在一定时期内，各国的传统做法和统治阶级的政策却可相对延缓其进程。而这些做法和政策所以能够施行，又说明家族的存在仍有不容忽视的必要性。

以"亲亲"为核心的血缘观念虽在某些人的心目中已经动摇，但文献每述及此，均详记舆论对这种倾向的批评。就广大贵族来说，"亲亲为大""神不歆非类，民不祀非族""非我族类，其心必异"等，始终是他们奉若神明的信条；"内姓选于亲，外姓选于旧""亲不在外，羁不在内""昭旧族，爱亲戚"常被誉为善政；而"弃同即异"，则又被斥为"离德"；"贱妨贵、少陵长、远间亲、新间旧、小加大、淫破义"时人谓之六逆；"异姓乱族"，《周书》列为十败之一。有敢无视血亲关系原则者，几乎等于冒天下之大不韪，故《左传》有"单献公弃亲用羁"，"襄、顷之族杀献公而立成公"，"周巩简公弃其子弟而好用远人"，而"巩氏之群子弟贼简公"。[①] 此二人之杀身取祸，足证血族原则仍高于一切，通常是不好轻易背离的。

血缘关系的破坏既远不充分，地缘关系和地域组织的发展也只能保持在一定的限度内。春秋人口流动的规模虽较西周有所扩大，但阖族迁徙的现象却十分严重，如《左传》僖公五年，虞"宫之奇以其族行"；襄公二十八年，庆封奔吴，"聚其族焉而居之"；定公四年，"楚之杀郤宛也，伯氏之族出"；贾子《新书·杂事》篇曰："陈灵公杀泄治，而邓元去陈，以族徙"。此类血缘团体移居各地，只能促进族间比邻关系的发展，还不能使各族成员相互交叉，达到充分错落杂居。而一些失掉血缘联系的流人，由于从事独立生产的能力尚不完全具备，故常须投托他族，寻求新的庇护，一旦得不到眷顾，便极易萌发对亲属的怀念之情，甚至还会回到旧的家族团体中去。《诗经·王风·葛藟》曰："终远兄弟，谓他人父；谓他人父，亦莫我顾"，"终

---

① 引文分别见于《礼记·中庸》、《左传》僖公十年、成公四年、宣公十二年、昭公十一年，《国语·晋语四》，《左传》襄公二十九年、隐公三年，《逸周书·丰保解》，《左传》昭公七年、定公二年。

远兄弟，谓他人母；谓他人母，亦莫我有"，"终远兄弟，谓他人昆；谓他人昆，亦莫我闻"。《唐风·杕杜》亦曰："岂无他人，不如我同父"，"岂无他人，不如我同姓"。《小雅·黄鸟》更反复诵歌："此邦之人，不我肯穀。言旋言归，复我邦族"，"此邦之人，不可与明。言旋言归，复我诸兄"，"此邦之人，不可与处。言旋言归，复我诸父"，这些诗句，都是脱离宗族、适彼异乡者发出的叹息。从幽怨的歌词和他们要求"复我族邦"的急切心情来看，单个人失去与血缘团体的联系，仍是难以生活下去的。因此，笔者认为，春秋虽然出现了新的地域组织和邻里关系，但总体看来，却不足以将血缘关系全部排除，在各种地域组织里，族居仍当是主要的。乡字据杨宽考证取义于"共食"，指"共同饮食的氏族聚落"①。到春秋时，全乡共食自然已不可能，却有定期举行的乡饮酒礼来代替，这便曲折地反映出同乡的基本居民或亲或疏，原本多有一定的血缘关系。春秋后期出现了"乡党"一词，党字有人解释为母党或妻党，如此说成立，则乡中即便有他族介居其间，各族的关系也多属于姻亲。《国语·周语中》，阳人苍葛曰："且夫阳，岂有裔民哉，夫亦皆天子之父兄甥舅也。"父兄指族人，甥舅指姻党，"乡党"最初可能就是对两者的综合，以后随着外来户的增多，才渐渐有了变化。《左传》一书中，国中地名、里名常有称氏或冠以某族者。如周氏之汪、党氏之沟、五父之衢、孟氏之衢、周氏之衢、士孙之里等皆是。说明一族自成一里或在里中聚为一区的情况仍很多。《左传》僖公二十八年，晋人入曹，晋文公"令无入僖负羁之宫而免其族"，司马迁著《史记·曹世家》便直接写作"晋文公令无入僖负羁之宗族间"。昭公二十一年，宋"华氏居卢门，以南里叛"，近于卢门的南里、新里一带，大约便是华氏的族居之地，其中固然杂入了像翟偻新这样的外族，想必数量也不会很多，故战事一起，他便只好脱甲而归了。正因为乡、里之中存在着家族，家族在一定程度上仍是统治的基础，所以《墨子·尚同下》便讲到"古者天子"要立"三公、

---

① 杨宽：《古史新探》，上海人民出版社 2016 年版，第 293—294 页。

诸侯、卿之宰、乡长、家君",而且认为"欲一同天下之义",必须先使家人"总其身之义,以尚同于家君",然后"又使家君总其家之义,以尚同于国君"。墨翟为活跃于战国初年的学者,其书所反映的情况,或正符合于春秋战国之交的历史实际。在新建的许多都里,受封的卿大夫与其子弟保持着血缘联系,自不待言,即使对被征服的人民,他们的家族组织也不可能被完全拆散。如晋纳偪阳人于霍人时,就先"使周内史选其族嗣",虽废偪阳子,却不绝祀灭族。野中发展不平衡,有些较先进的地区出现了书社,村社关系在人们生活中的作用开始加强了,但由于个体劳动和个体家庭尚未大量产生,故村社关系和家族关系并存的现象也并没有消除。而在另外一些地区,家族或氏族关系甚至还占着很大的优势。遂人有因氏、颌氏、工娄氏、须遂氏四强宗,向为人所熟知,《左传》襄公二十五年,"楚灭舒鸠",至定公二年,却又有"吴子使舒鸠氏诱楚人",估计群舒被灭后,其氏族组织均未曾破坏。通过以上的分析,笔者感到:无视春秋地缘关系的发展固不可取,如果过高估计其发展程度,也同样无助于正确地认识问题和解决问题。

第五节　春秋时期的国野关系

"辟土服远"使一些大国占领了许多新的土地,如果仍把胜利者原居的国、郊视作国,那么,野的范围就相应地扩大了。但从另一个方面来说,春秋时国对野的控制也在加强,国、野关系上的松散性、集团性和多样性特征都不同程度地被削弱,并逐步趋向于消失。这样,野也由与国、郊不同的非直接统治区,开始向直接统治区转变了。

分三个方面来论述这一问题。

第一,先看看松散的国、野关系是怎样让位于直接统治的。西周各封国领域狭小，因此，除周王亲令之外，地方诸侯少有派人离国远戍者。至春秋，晋、楚诸大邦由"土不过同"都变得有土"数圻"，像鲁这样的中等国也由"方百里"扩展为"方百里者五"①，在新情况下，远戍对于诸侯，也成为势在必行了。比较典型的有，《左传》庄公八年，"齐侯使连称、管至父戍葵丘"；庄公十三年，"齐人灭遂而戍之"；僖公元年，邾人戍于虚丘；僖公二十五年，"楚斗克、屈御寇以申、息之师戍商密"；僖公二十六年，鲁"以楚师伐齐，取谷"，"楚申公叔侯戍之"；成公十八年，楚与同盟国伐取宋之彭城，"以三百乘戍之"；襄公十年，晋以"诸侯之师城虎牢而戍之"，又"城梧及制，士鲂、魏绛戍之"；襄公二十六年，郑的城麇由大夫"皇颉戍之"；昭公七年，晋为孙林父"戍茅氏"等。《诗经》有《郑风·清人》一篇，据《序》意，也是记述郑大夫高克帅清邑之人远戍于河上的歌。这些戍守一部分是为了适应争霸战争和抵御外寇的需要，另一部分则显然发挥着就近监督和镇压野人的功用，所以，在一开始，便不为戍地人民所欢迎。《左传》庄公十七年，"遂因氏、颌氏、工娄氏、须遂氏飨齐戍，醉而杀之，齐人歼焉"，说明戍者与被戍者的对立曾经十分严重。但是，由于野人力量薄弱，又大都生活在孤立分散的村社共同体内，对外往往谁强服谁，能像遂人一样，在强宗大族领导下，进行有效反抗的并不多。故随着历史的发展，戍守这种形式不仅普遍被容忍，而且部分戍卒还可能转化成都邑之士，在当地逐渐定居。《国语·晋语四》记载晋文公围阳樊，苍葛呼曰："阳人有夏、商之嗣典，有周室之师旅，樊仲之官守焉，其非官守，则皆王之父兄甥舅也。"从苍葛的话可以看出，西周派出的"师旅"后来就变成了阳邑的居民。同样的变化过程也会出现于春秋，当是完全可以想见的。

　　与远戍同时出现的，便是诸侯国大量在野中筑城。以《春秋》经及《左传》录之较详者为例，鲁国曾城郎、城中丘、城祝丘、筑郿、城诸及防，城小谷、城部、城诸、城郓、城平阳、城费、城防、城成郛、城武城、城莒

父、城霄、城毗、城邾瑕等。① 楚国曾城顿、城沂、城犨、城钟离、城巢、城州来、城栎、城陈、城蔡、城不羹、城郏、城城父、城州屈、郭巢、郭卷、城夷、城廪等。② 他国普遍筑城的情况当与此相类，经、传或详于此，或略于彼，乃取决于行文体例和叙事的需要，《史记·乐毅传》谓"乐毅留徇齐五岁，下齐七十余城"，这些城虽不尽建于春秋，但由此推测，至少齐、晋等大邦春秋时建城也是很多的。前文已经讲过，春秋新筑的大城有的被颁赐予卿大夫，有的则归公室直接掌握。赐予卿大夫的叫作都，仍留在公室手中的便是公邑。《左传》成公二年，齐侯伐鲁北鄙，围龙，"顷公之嬖人卢蒲就魁门焉，龙人囚之，齐侯曰：'勿杀，吾与而盟，无入而封'"。鲁之龙邑既有城又有"封"，说明都或公邑均为统治中心，除却城郭以内，还负责管理一定的区域。在《论语·先进》篇里，孔子问及子路、冉求等人的志向，子路率尔而对曰："千乘之国，摄乎大国之间，加之以师旅，因之以饥馑；由也为之，比及三年，可使有勇，且知方也"。冉求对曰："方六七十、如五六十，求也为之，比及三年，可使足民。如其礼乐，以俟君子。""方六七十""如五六十"与"千乘之国"相对，实际就是都或公邑所能统辖的大致范围。《左传》隐公元年，郑共叔段居京，先"命西鄙、北鄙贰于己"，"又收贰以为己邑"；襄公二十六年，卫孙林父叛在戚，晋人"取卫西鄙懿氏六十以与孙氏"，这些邑显然不在京、戚城内，应指普通野人的聚落，其中的居民便是都或公邑所能榨取的劳动力。大规模地筑城使各国的统治据点陡然增多，而每一个点又分别控制着一定的面，这样，野人便被进一步置于国中贵族的权力之下了。

春秋期间，在某些国家里，已经开始设置了县。但这个问题较为复杂，

---

① 分别见于《左传》隐公元年、隐公七年，《春秋》桓公五年、庄公二十八年、庄公二十九年、庄公三十二年、文公七年、文公十二年、宣公八年、襄公七年、襄公十三年、襄公十五年、襄公十九年、定公十四年、哀公五年、哀公六年。

② 分别见于《左传》僖公二十三年、宣公十一年、昭公元年、昭公四年、昭公十一年、昭公十二年、昭公十九年、昭公二十五年、昭公三十年、定公五年。

所以不妨略谈一下县的字义。《说文解字》曰："縣，系也。从系持县。"徐铉进一步解释说："此本是縣挂之縣，借为州县之县，今俗加心别作懸，义无所取。"若从字形分析，则"县"像一人头系于绳索，显然含有以强力施加统治之意，它在最初，极可能仅指被新征服的一片地区，后来才逐渐演变为侯国下属的行政单位。

《史记·秦本纪》曰："武公十年，伐邦、冀戎，初县之。"秦武公十年时当鲁庄公六年，有人据此谓秦是春秋第一个设县的国家。其实，结合县的本义来看"县之"二字，《史记》的这一记载既可以理解为秦已将邦、冀戎的地区改建为县，也可理解为仅是对这些地区实行了占领和吞并。《秦本纪》在谈到商鞅变法时说，孝公十二年，始"并诸小乡聚，集为大县"，参互比证，应该说只有后一种解释才是正确的。与秦不同的有楚国。依杨宽的统计，它在春秋时设的县共十七个，按出现的先后排列，这些县的名字为权、那处、申、息、商、期思、沈、析、郧、陈、蔡、东不羹、西不羹、白、武城、叶和寝。其中七个是被灭亡的小国，六个是利用小国旧都改建而成，另有四个则是原来边疆上的别都。[①] 楚县的首长称县公，地位很高，仅次于令尹和司马，他们直接受命于楚王，代王驻守各地。多数大县还以被灭国家的国人为兵源，组织有强大的军队，由县公统帅，参加对外战争。所以，楚县的大量设立，不仅意味着国君统治野人的权力得到了延伸，而且更在郢都外围增置了不少军事据点，这些据点对楚北上争霸和扩张，曾起到了不可忽视的作用。另一个设县较多的是晋国，《左传》僖公三十三年，晋襄公"以再命命先茅之县赏胥臣"，反映晋国县的出现至少当在此年之前，从时间上说，同样也是很早的。昭公五年，薳启疆对楚灵王曰："韩赋七邑，皆成县也。"意谓韩氏一宗共据有七个采邑，这些采邑之大，皆能与县相比。由此可知，晋县的规模似已有大致的标准，昭公三年，韩宣子曰："晋之别县不唯州。"对于发展过大的县，可能还不断进行调整。《周礼·小司徒》职有"九

---

①　杨宽：《春秋时代楚国县制的性质问题》，《中国史研究》1981 年第 4 期。

夫为井，四井为邑，四邑为丘，四丘为甸，四甸为县"的说法，显得过于整齐，自是后儒理想化的东西，不应据以判断晋县的大小，但蓬启疆在上边提到的那次谈话里，曾明确地用"十家九县""长毂九百"来强调韩氏、羊舌氏的实力，如果说晋县的范围均以能出百辆兵车为度，或可得其仿佛。《左传》襄公三十年，晋悼夫人食舆人之城杞者，"绛县人或年长矣，无子而往，与于食"，赵武"召而谢过焉"，并命此老为"绛县师"。彼时绛为晋都，国都也可划县，则绛中之县必为公室所直接统辖。昭公二十八年："魏献子为政，分祁氏之田以为七县，分羊舌氏之田以为三县。"大族被灭，采邑收归国有，在此基础上分设的诸县也应直属于国君和执政。这次划县时，魏献子分任司马弥牟等十人为县大夫，十人之中，贾辛、司马乌为"有力于王室"者，知徐吾、赵朝、韩固、魏戊为"余子之不失职，能守业者"，《左传》明谓献子任人的原则是赏功和"举贤"，这已与按照亲亲关系分封采邑很不相同了。更耐人寻味的是，被任为梗阳大夫的魏戊原是献子的儿子，虽然"戊之为人也，远不忘君，近不逼同，居利思义，在约思纯，有守心而无淫行"，在个人品格上，简直无可挑剔，但献子仍是有些惴惴不安，唯恐时议谓自己党于其亲，后经成鱄用"夫举无他，唯善所在，亲疏一也"的道理加以劝慰，这才转觉心胸开朗起来。可见晋国贵族思想观念的变化也是深刻的。而关于祁奚"外举不避仇，内举不失亲"的故事，就发生在此前一段时间内。通过举贤赏功被选拔为县大夫的人，虽仍是贵胄子弟，却非必国君宗亲，而且地位较低。魏戊到县后，梗阳人有狱而不能断，乃上诸执政献子，又反映他们已带有国家地方行政官吏的性质。种种迹象表明，只有晋国的县才与战国郡县制下的县更为接近。

言及此，再回过头来再看一下楚县，最值得注意的两点是，楚人以国为县，大小无定；且县公也多为王室重臣和军事统帅，似不能简单地视同一级基层行政长官。这同晋县相比，显然不可同日而语。不过，秦、楚、晋的区别，或许正可代表春秋时野中统治机构逐步设立的一般进程，如果说秦置县于"邦、冀戎"仅意味着占领的话，那么，晋、楚两国却已经对占领区作改造工作了，只是楚的改造还很粗糙，而晋国却要彻底得多。由占领到初步将占领区编制为县，需要有一个过渡阶段，正是在这种过渡中，国对野的统治不断加强。当然，在肯定晋县较为进步的同时，也应看到它还没有最终摆脱分封制的羁绊，前引《左传》僖公三十三年，晋襄公曾以"先茅之县赏胥臣"，宣公十五年，晋景公又"赏士伯以瓜衍之县"，这些县被封赏后，便又变成了卿大夫之家的采邑，而部分县大夫长期据有所守之县，也有可能造成世袭，使县朝采邑的方面转化。但新旧制度交互参差，正是过渡期中应有的正常现象。从总的情况来衡量，仍应承认，晋国县的设置代表着春秋地方组织的发展方向。

为了加强控制，各国统治者还常对野人或被征服的国人实行迁徙。如晋曾迁姜戎氏于其南鄙，迁偪阳人于霍人，齐曾迁莱于郳，鲁曾迁邾众于负瑕，楚曾迁权于那处，迁都于今湖北宜城境内，迁赖于鄢，迁阴地之戎于下阴，迁潜于南岗，又曾迁许、胡、沈、道、房及茄人、訾人，致蔡地旧民于负函，"致方城之外于缯关"等，都是显例。① 迁徙后的野人或被置于各国宇下，或同征服者建立了牢固的依附关系，自然更加便于驱策和榨取。《左传》僖公三十三年，晋欲邀击秦师于崤，乃"遽兴姜戎"，据戎子驹支自言，崤战以来，"晋之百役"便"相继于时"，诸戎从晋执政，始终不二②，看来，由迁晋南鄙发其端，姜戎各支早已成为晋的"不侵不叛之臣"。《左传》定公十年，齐、鲁会于夹谷，齐侯"使莱人以兵劫鲁侯"，孔丘以"夷不乱华，俘不干盟"斥之，齐侯闻之，遽辟莱人。夹谷本为莱人流落之处，故齐侯就近召而用之。这一故事同样说明，经过灭国和迁徙，齐侯对于莱人也能滥施淫威了。

远戍和建都置县是把统治权力打出去，而迁徙则是把统治对象拿进来。如同两只拳头，左右开弓，弄得野人无法招架。不消多少回合，松散的羁縻

---

① 分别见于《左传》襄公十四年、襄公十年、襄公六年、哀公七年、庄公十八年、僖公二十五年、文公五年、昭公四年、昭公十九年、昭公三十一年、昭公十一年及二十五年。

② 《左传》襄公十四年。

就会向各种形式的直接统治演变，这种趋势几乎是不可逆转的。

第二，与直接统治的建立相伴随，国、野关系上的集团性色彩，也会日渐淡薄。

1. 在战争和迁徙过程中，蛮夷戎狄的部落或氏族有不少进一步被打散，再利用其现成的血缘组织便失去必要。如晋灭赤狄之后，除白狄的几个分支建立了鲜虞、鼓、肥诸小国外，狄人的氏号就逐渐少见于史籍，从《左传》宣公十五年"晋侯赏桓子狄臣千室"，又"赏士伯瓜衍之县"来看，狄人的氏族成员大约多半已"散为民户"，被编织在晋国贵族的采邑或各县中。在今河南临汝县西南、汝南县东南，住着戎族的一支，史称戎蛮或蛮氏。《左传》成公六年，"晋伯宗、夏阳说、卫孙良夫、宁相、郑人、伊雒之戎、蛮氏侵宋"。这时它虽附属于晋，但部落组织似乎还是完整的。昭公十六年，"楚子闻蛮氏乱也与蛮子之无质也，使然丹诱戎蛮子嘉杀之，遂取蛮氏。既而复立其子焉"。一方面，楚人为了征服，不可避免地要假手于武力；另一方面，征服之后，又允许蛮氏拥立新的首领，说明离开蛮氏自身的氏族共同体，仍难以实行统治和剥削。然而，到春秋末期，情况就变得大大不同起来。《左传》哀公四年，楚再度"围蛮氏，蛮氏溃。蛮子赤奔阴地"，晋阴地大夫士蔑执之以畀楚师，楚司马假意为蛮氏"致邑立宗"，却仅"诱其遗民，而尽俘以归"。这种处理办法已完全抛开了氏族共同体，而以蛮氏之民作为直接的剥削对象了。同样地，鲁昭公十七年，晋灭陆浑之戎，"陆浑子奔楚，其众奔甘鹿，周大获"，在奔逃中被获的戎人，自然也会失去氏族联系，而变为奴隶或被贵族直接奴役的庶民。春秋期间，国人对野中部族的攻略和屠杀是残酷的，但只有"恶"的行为，才能使陈旧、衰落，但仍为习惯所崇拜的血缘团体遭到破坏和凌辱。从历史的眼光来看，对于此点，自然应该予以肯定。

2. 再来谈谈建都设邑与置县以后所引起的权利转移。卿大夫居都并为公室守邑，就有可能使部分土著首领被置代。如《左传》僖公二十二年，鲁"取须句，反其君焉"，须句名曰附庸之国，实即隶属于鲁的一个大族，此时鲁犹"灭国不绝祀"，故君子以为合于周礼。至文公七年，邾文公之子叛在鲁，鲁再"取须句"，"置文公子焉"，这样，须句首领的权力便就此而告终止。《史记·楚世家》："惠王二年，子西召故平王太子建之子胜于吴，以为巢大夫，号为白公。"依《水经·沔水注》，巢为群舒之一，此前虽迭属吴、楚，但不见置官的记载，可能仍由原来的酋长充当代理人，到白公胜为巢大夫，土著代理人即使仍然存在，也会变得无足轻重。不过，这种置代形式，还只是权利转移的第一步。随着历史的发展，不仅在设县的地方出现了县公、县大夫、县师、舆尉等①，而且在都邑里也出现了以邑宰为主的管理系统。起初担任邑宰的多为贵族的同宗子弟，为的是卿大夫均有朝位，需要"奔走于公家"，他们便以家长代表的身份居于都，来代行剥削野人的权利。后来，卿大夫的采地规模扩大，一家竟可占有数个大都，如"韩赋七邑"，前边已经提到，而晋国的另一个大族范氏，也先后受有随、范、郇、栎，鲁国的季氏既有费以为宗邑，又曾从公室手里夺取了卞，与之相应，卿大夫手下的邑宰便必然由一人而增至数人。同时，一邑当中，也开始分设不同的职掌，邑宰之外，又出现了司徒、司马、马正、工师、贾正等。② 由于春秋时人的流动已经发生，并日益严重，故邑宰等职的选派渐渐不以同族为限，而不断地加入了一些羁臣或游士。孔子的弟子任宰官者甚多，其中有些甚至出身于社会下层。《左传》哀公五年，范氏之臣王生荐其仇张柳朔"使为柏人"，张柳朔也显然不是范氏的族人。襄公三十一年，"子皮欲使尹何为邑，子产曰：'少，未知可否？'子皮曰：'愿，吾爱之，不吾叛也。使夫往而学焉，夫亦愈知治矣。'"子产反驳说："侨闻学而后入政，未闻以政学者也。"由此可知，邑宰"为邑"就是为政，即对所在的地区加以行政管理。这同县大夫之类在本质上已无大别，只是服务的对象不同，一者要尽职于公室，一者仅对据有采邑的家长负责罢了。县大夫和邑宰的委任既不尽出于"亲亲"，而其职掌又带

---

① 《左传》襄公三十年、二十八年。

② 分别见于《左传》昭公十四年、昭公二十年、定公十年、定公二十五年。

有地方行政的性质，所以这些人便共同构成了后来国家官吏的前身。县、邑直接受命于公室或私家选派的管理人，鄙、野中村社或家族首长的重要性就会相应削弱，以前的统治和剥削不通过村社或家族首长便难以集事，现在在不少场合都改由宰官发号施令，村社或家族的部分职能开始让位于行政职能，自然会使国、野关系上的集团性更加模糊不清。

3.由于生产力不断提高，春秋时的农业劳动组合已由大集体过渡为小集体，同时还零星地出现一些个体劳动者，这就必然使父权制的大家庭代替家族，成为一个具有相对独立性的生产和生活单位。而以整个家族或包含几个家族的村社作为纳贡、服役单位也会与新的形势不相适应。于是，在野中一些先进的地区，便开始出现了书社，所谓书社，就是将家长的名字书于版图，置于社中，以便按照户数的多少及各户的情况来平均其负担。《国语·晋语九》曰："赵简子使尹铎为晋阳。请曰：'以为茧丝乎？抑为保障乎？'简子曰：'保障哉！'尹铎损其户数。"茧丝以喻赋税，损其户数，则每户的负担就可减轻，所以后来智伯围赵襄子于晋阳，引水以灌之，"沈灶产蛙，民无叛意"。这充分说明赵氏在其采邑中，已是按户计征，而户数的多少，则完全可以由邑宰掌握。《左传》宣公十五年，鲁国"初税亩"，论者多将其当作实物地租出现的标志，实际就是国家按照每户实耕地的多少征收国税。它所体现的变化除了废止部分白工劳役改作敛取实物外，主要是超越族团，将剥削直接落实到户。当然，春秋时的户，大都还不是个体的小家庭，但按户出负担的形式既已出现，这就向前迈进了一大步，国、野关系由两种族团形成的特殊结合开始朝政府统治"编户齐民"的方向过渡了。

第三，国、野关系上的松散性和集团性与所谓的多样性是紧密相连的，前两者既然都在走向消失，剥削的形式和内容也势必逐步趋于划一。春秋时，野人的负担大体可分为税、赋、役三大类，相互的界划虽不十分清晰，但粗略的线条却能分辨得出。

关于税，前边已有提及。《左传》宣公十五年，鲁国"初税亩"，是实行税制的明确记载，它征收的对象，可能既包括国人，也包括公邑及都鄙的野人。国人与公邑之税上缴于公室，都鄙之税则归领有采邑的卿大夫。哀公二年，"周人与范氏田，公孙尨税焉"，说明税制的采用并不限于鲁。尹铎为赵简子守晋阳而"损其户数"，韦昭注《国语》也谓"损其户，则民优而税少"①，至少像晋这样的中原国家，征税的办法已是相当流行了。另外，文献中还经常提到"政"，此字在许多地方实应读作"征"，《左传》哀公十一年："公叔务人见保者而泣，曰：'事充，政重。上不能谋，下不能死，何以治民？'"杜注谓"事充"即"徭役繁"，"征重"即"赋税多"②。《礼记·檀弓下》记此事时，将公叔务人语改作："使之虽病也，任之虽重也。"郑玄注同样认为"使之"指"徭役"，"任之"是指"赋税"。准此，《左传》僖公十五年有"秦始征河东"，昭公十八年有子产"使野司寇各保其征"，昭公二十年，晏子提到过"县鄙之人，入从其政"，而齐景公听从晏子的劝告后，曾"使有司宽政"，诸句中的"征"或"政"都应包括征税，甚至主要指征税。征税的形式按鲁国的制度推测，可能是以各个大家庭实际所耕种的土地数量为计算标准，所以叫作"税亩"。但各国国情不同，具体差异的存在当属难免。在云南省泸水市，白族六库土司对辖区内的傈僳族和由内地迁来的汉族人民最初只征门户钱，后来才改作山银，按各户所占土地摊派，这对我们理解初期的税制，或有一定的启示。③ 至于税率，自从孟子讲过夏、殷、周"皆什一也"之后，似乎就不能再有所怀疑了。其实，孟子言及的各种制度，都是依据战国中原国家的现状所提出的政治理想，托之殷周乃至尧舜，无非是要为自己的方案增加分量，怎能完全依为信史？详审《左传》一书，笔者觉得春秋时整个剥削形式虽在走向划一，但统一的税率并未形成。如果说什一之税已成定制，公叔务人何以会有"政重"之叹，而齐景公"使有司宽政"也就无从解释。

① 徐元诰：《国语集解》，中华书局 2002 年版，第 448 页。
② （清）阮元：《十三经注疏》，中华书局 1980 年影印版，第 2166 页。
③ 《中国少数民族社会历史调查资料丛刊》修订编辑委员会编：《白族社会历史调查》（一），民族出版社 2009 年版，第 108 页。

《汉书·食货志》指出，周法"有赋有税，税谓公田什一及工商衡虞之入也，赋共车马甲兵士徒之役"。《刑法志》也云："税以足食，赋以足兵。"《周礼·大司马》郑注认为："赋，给军用者也。"[①]可见古代之赋，原本专谓军赋。故《左传》中，赋往往就是军队的代称。如隐公四年，卫州吁使告于宋曰："君若伐郑以除君害，吾为主，敝邑以赋与陈、蔡从。"成公二年，鞍之战，齐侯使请战曰："不腆敝赋，诘朝请见。"昭公十三年，刘献公谓叔向曰："天子之老，请帅王赋，元戎十乘，以先启行。"襄公七年有"郱赋六百乘"等。其例甚多，不胜枚举。西周时，"执干戈以卫社稷"，是国人的权利和义务，野人被视作异类，因而不得问津。至春秋，战争日繁，且规模不断扩大，而由于都、县的设立，野人也朝着国家编户的方向迈进了一步，于是，征赋的范围便打破了国的界限，开始向外扩展。鲁僖公十五年，晋惠公于韩原之战中被秦所获，为了复仇，晋国乃"作爰田""作州兵"。《左传》《国语》均记此事，将两段文字合读，笔者感到最值得注意的有四点：

1. 所谓"作爰田"，实质性的内容是指赏田。《左传》曰："朝国人而以君命赏"，"晋于是乎作爰田"，《国语》曰："赏以悦众，众皆哭，焉作辕田"。这都是极为明显的证据。王毓铨认为"作辕（爰）田"就是赏赐车马田或官府田，其说最近情理。[②]

2. 赏的对象是"群臣"，即晋国的卿大夫，顶多包括一些地位较高的士，而不是普通国人。这从瑕吕饴甥称他们为"二三子"和"群臣"，并假托惠公之意，要他们改立新君，就能看得十分清楚。

3. 给予赏田的目的是"征缮"，《国语》谓韩原战后，晋之"兵甲尽矣"。在《左传》里，被赏者问瑕吕饴甥："何为而可？"瑕吕饴甥对曰："征缮以辅孺子。诸侯闻之，丧君有君，群臣辑睦，甲兵益多。好我者劝，恶我者惧，庶有益乎？"可知赏田是手段，瑕吕饴甥的全部计划是要通过受赏的群臣来

---

① （清）阮元：《十三经注疏》，中华书局 1980 年影印版，第 835 页。

② 王毓铨：《爰田（辕田）解》，《历史研究》1957 年第 4 期。

进行"征缮"，以期恢复和扩大晋国的军队，晋自献公时"诅无畜群公子"，公族势力削弱，故国之大事，就必须依赖作为大族族长的群臣。

4.被赏的"群臣"受了瑕吕饴甥的鼓动后"皆说（悦）"，"于是乎作州兵"。《说文解字》："水中可居曰州。"《释名·释州国》："州，聚也。"州之本义乃人民聚居之处，与丘与邑，无甚分别。故《左传》哀公十七年，卫称戎人所居为"戎州"，宣公十一年，楚灭中原华夏族的陈国，"乡取一人焉以归"，使聚居于一处，也"谓之夏州"。所谓"作州兵"，就是要群臣对群聚于采邑中的野人征兵。大都及鄙野皆任军赋，晋国才换来了"甲兵益多"的局面，不仅使国势复振，并且为向外争霸打下了基础。在以后的战争中，晋之族军十分活跃，春秋后期，韩氏一宗所赋七邑居然可以出七百乘兵车，羊舌氏也能出二百乘，其他的县、都尚有兵车四千乘，没有野人作兵源，组成这样庞大的队伍是完全不可想象的。所以，晋国这次改革的根本是把征赋的范围扩大到野，其他细节都无足轻重。上述这种解释或失之于简单，但笔者始终坚信，只要不用后儒成说去掺和历史，上古的许多制度原本是不太复杂的。

以晋"作州兵"为例，《左传》成公元年，鲁"为齐难故，作丘甲"，襄公二十五年，楚司马蒍掩先"书土田"，然后"量入修赋"，昭公四年，"郑子产作丘赋"等，都是破除旧制，开始对野人征赋。蒍掩"修赋"时，既"赋车籍马"，又"赋车兵、徒兵、甲楯之数"，大约出车马、甲楯和车兵、徒兵就是赋的基本内容。至于具体计赋的办法和数量，古往今来的学者曾为之绞尽脑汁，但不把战国后出现的东西与春秋事实分开，就是讨论一万年，恐怕也难弄得清楚。春秋时，野人出赋与出税一样，都刚刚开始，文献既无确证，便当付诸阙如，若强为之说，只能徒增混乱，贻误后人。

除了记录制度变化的几条材料外，关于野人已需出赋的实例还是很多的。如《左传》襄公十一年，鲁"作三军"，"季氏使其乘之人以其役邑入者无征"，"其乘之人"指季氏的属大夫和士，"役邑"指各自统治的采邑，季氏令其下属带着"役邑"加入他所掌握的军队，就是要把兵役负担进一步摊派到邑中野人的头上。定公八年，阳虎欲去三桓，乃"戒都车"，曰："癸巳至"，成宰公敛处父知之，也"与孟孙以壬辰为期"，及乱，"公敛处父帅成人自上东门入"。都车，即都邑之兵车。由此可见，季氏和孟氏的都中之人都可编为军队，这些军队的成分或比较复杂，但包括采地野人在内却可以肯定。据《左传》定公十年，管理叔孙氏郈邑的臣宰有马正一职，大约正是都邑军队的负责人。定公十一年，齐、鲁将战，叔孙州仇"退而蒐乘"，"蒐乘"或即调集都中的军队，犹如阳虎之"戒都车"。在此次战争中，冉求帅左师，又"以武城人三百为已徒卒"，这些徒卒便应是来自武城的野人。襄公三十年，郑丰卷有憾于子产，乃"退而征役"，所谓征役，也是征采邑之人当兵，以便发动叛乱。成公七年，申公巫臣谓楚以申、吕之赋捍御北方，昭公十二年，楚灵王曰："今我大城陈、蔡、不羹，皆赋千乘。"则被征服的各国人民均皆有赋。昭公十四年，"楚子使然丹简上国之兵于宗丘"，又"使屈罢简东国之兵于召陵"，依杜注，上国指楚"国都之西"，东国指"国都之东"[1]，更说明楚的征兵范围早已不是以国中为限。《国语·吴语》，越大夫种曰："夫吴之边鄙远者，罢而未至，吴王将耻不战，必不须至之会也，而以中国之师与我战。""中国"即国中，可见吴除国中之师外，另有远在边鄙者，此亦野人有赋之确证。向野人征赋的做法普遍流行，使各国的兵力迅速增强，这为战国兵制的改革和进行更大规模的兼并战争提供了前提。

役的情况较为复杂，可以大概分为军事劳役、城筑及其他杂派。军事劳役或带有赋的性质，但似乎又与蔿掩修赋时所说的"徒兵"有别，故暂将其看作役的一种。《左传》昭公十三年，晋师"次于卫地，叔鲋求货于卫，淫刍荛者"。所谓"淫刍荛者"，即故意放纵晋军中的砍柴刈草之人，可见当时行军，均带有负责采樵及饲马的徒役。宣公十二年，士会谓楚"军行，右辕，左追蓐"，杜注"追蓐"为"追求草蓐为宿备"[2]，如此说成立，则侍奉将帅及甲士住宿，也为役徒之任。襄公十八年，楚伐郑，"涉于鱼齿之下，甚雨

---

① （清）阮元：《十三经注疏》，中华书局 1980 年影印版，第 2076 页。

② （清）阮元：《十三经注疏》，中华书局 1980 年影印版，第 1879 页。

及之，楚师多冻，役徒几尽"。"役徒"与"楚师"并提，显然是两种不同身份的人。而"楚师"虽"冻"却不及"役徒"受害之甚，又说明役徒地位甚低，缺乏起码的御寒条件。桓公十二年，楚伐绞，莫敖屈瑕"请无捍采樵者以诱之"，于是，"绞人争出，驱楚役徒于山中"，阵前公然拿役徒作诱饵，反映军帅并不顾惜他们的生命。这些"役徒"应该都是征自野中的农民。

城筑包括筑城与修建宫室台榭，此类工程在春秋时极为普遍，所以，城筑之役也便成为广大野人的一种灾难。《国语·楚语上》记载，楚灵王"为章华之台"，"举国留之（治之），数年乃成"。结果使"年谷败焉"，服役者的生活自然要受到很大影响。至于远役于他国，那种离乡背井的辛酸和筑作之苦，就更加难以名状。《左传》僖公十六年，齐桓公合同盟国城缯，"役人病"，"病"有困弊之意，大约役使是十分过度的，这时便有人"夜登丘而呼曰：'齐有乱'"，役者一哄而散，"不果城而还"。城筑是带有强制性的劳役，故常在贵族直接监督下进行。如《左传》僖公二年，"宋城，华元为植，巡功"，襄公十七年，"宋皇国父为太宰，为平公筑台"，子罕"亲执扑，以行筑者，而抶其不勉者"。然而，事物的发展往往与统治者的意愿相反，强制和监督越甚，引起的反抗就会越烈。襄公二十三年，陈入城，督役者因板坠而杀人。于是，"役人相命，各杀其长"，遂杀陈的大贵族庆寅、庆虎，这件事的发生就连他国贵族也感到十分震惊。因为役事日趋繁杂，春秋时便出现了专司其事的职官。襄公七年，"南遗为费宰，叔孙昭伯为遂正，欲善季氏，而求媚于南遗。谓遗：'请城费。吾多与而役。'故季氏城费"。鲁国的遂正大概就专门负责征调和分派役徒。宣公十一年，楚"令尹蒍艾猎城沂，使封人虑事，以授司徒"，杜注曰："封人，其时主筑城者……司徒掌役"[1]。他国封人不主筑城，司徒的职责也不单是掌役，或楚之官制与中原地区有所不同。除公室征役以大兴筑作外，卿大夫家自行征役者亦复有之，定公八年，"孟氏选圉人之壮者三百人以为公期筑室于门外"，便是一例。服城筑劳役的

---

① （清）阮元：《十三经注疏》，中华书局 1980 年影印版，第 1875 页。

多数为调集于各地的野人，但也不排除包含下层国人的可能性。如华元监督筑城时，役人抓住他在大棘之战中被俘的不光彩历史，作歌加以讽刺，华元无法应付，只好以"众口我寡"为辞而灰灰溜走，这些役人似乎就有较高的身份。而《左传》襄公二十九年，晋悼夫人"食舆人之城杞者"，其中的绛老，后来被提拔为绛县师，就更不像是野人了。但这里只讲国、野关系，细节的区别，可暂置不论。

杂派是指各种临时性的摊派，《左传》昭公十二年，郑简公卒，郑国派"除徒"为葬埋清除道路。哀公十四年，鲁孟懿子卒，"成人奔丧"，"听共"。昭公十八年，郑"为火故，大为社"，"乃简兵大蒐"，又派"除徒"开辟阅兵的场地。可见在贵族的丧、祭活动中，都有野人被征调来负担各种劳役。哀公十四年还提到，孟孺子洩曾强使成人为其养马，并由此引起了成的叛乱，说明杂派名目繁多，常使邑人不堪忍受。另外，野中村社的一些公益劳动，在贵族的统治逐步深入之后，也会逐渐带上役的性质。如"除道""成梁"，在路旁建立庐舍，预备柴草饮食，以便旅人等（即所谓的"立鄙食以守路"），原都是由来已久的自然传统，现在却主要变成了接待过往贵族的责任。云南省梁河县芒展寨的阿昌族人民，每遇傣族龚姓土司下寨，不仅要清扫道路，全村人还要设香案到道口迎接，姑娘们也被召在路旁唱些娱耳的山歌。[①] 相比之下，《国语·周语中》谓单襄公过陈时，"道茀不可行，侯不在疆，司空不视涂，泽不陂，川不梁"，这就显得冷清多了。因此，他一回到朝廷，便攻击陈政治不好，并断定其必然亡国。从单襄公的大段议论来看，在正常情况下，对于过境贵族，各国是都应组织野人，做好各种接待和供应工作的。

税、赋、役被各国普遍采用，说明国对野的剥削形式正朝同一个方向接近，到战国时，这三者就分别演变为常说的粟米之征、布帛之征和力役

---

① 《中国少数民族社会历史调查资料丛刊》修订编辑委员会编：《阿昌族社会历史调查》，民族出版社 2009 年版，第 58 页。

之征。至于税率和服役标准的固定统一，恐怕要到更晚一些时候才能真正实现。

在第三章中谈到，周人用不断扩大"服"的办法来实现对国和野的统治，因此，服制可视为西周最基本的剥削形式。由于上古尚无那么多非农专业人士和国家公务人员，商品经济又不发达，贵族生活及国家行政所需的一切，无一不仰赖于国、野各族团直接提供的力役和贡纳。摊派"服"的原则是"制其职，各以其所能；制其贡，各以其所有"①。某族被指定专供某物或专服某役后，即成为世职，子孙相承，不得变更。久之，竟以"服"为氏。服制并无任何量的限度和比例的规定，除"不违农时"这条底线外，完全听凭统治者的主观意愿，必须随叫随到，分工和身份、地位的长期固化会使野人丧失全部的自由和主动精神。服制并非只有五种或九种，而是人皆有服，覆盖全社会。国人甘愿接受服，是迫于血缘宗法的约束，野人也逐步地"安习其服"，则是因为他们的人身"作为土地的有机附属物跟土地一起被占领"了②，纯粹属于超经济的强制。"上下有服""都鄙有章"一直是西周贵族追求的最高理想。但发展到春秋，这种理想却渐渐难以实现了。

其一，随着王室东迁和权力下移，周王和诸侯已经丧失了凭借武力"以大使小、以重使轻、以众使寡"的条件。其二，通过"辟土服远"，强大的侯国由"土不过同"变为"有土数圻"，要求方圆数千里内的劳动者仍按"服"的要求亲履其事，不仅本人会因路途过于遥远而不堪其苦，即便是统治者，也会感到很不合算。其三，以前通过族长落实各项摊派，春秋却出现了血缘关系的断裂和人口的流动，其结果必然会使服制所依托的组织架构遭到破坏。其四，与上述诸种情况相伴随，劳动者对指定服役的反抗则成为服制解体的导火索。如鲁国成邑因拒绝替孟孙氏养马而集体叛离③；卫国因"使匠

---

① 《逸周书·职方解》。

② 马克思：《资本主义生产以前的所有制形态》，载《马克思恩格斯列宁斯大林论资本主义以前诸社会形态》，文物出版社1979年版，第321页。

③ 《左传》哀公十四、十五年。

久"和"使三匠久"发生过两次匠氏暴动①；连王城以内也有百工起义②；至于靠"派白工"让野人助耕的各类田庄，则更"维莠骄骄""维莠桀桀"③，变得一派荒凉。晏婴曾经描绘齐国的情况说："民三其力，二入于公，而衣食其一。公聚朽蠹，而三老冻馁"，"布常无艺，征敛无度"，"私欲养求，不给则应。民人苦病，夫妇皆诅"④，这正是服制因贵族的贪婪而走向末路后野人生存状态的真实写照。精英阶层普遍意识到，"上下有服""都鄙有章"已成不可重觅的旧梦，千疮百孔的服制再也无法修补了。

既然"民散久矣"，继续维持服制已经无利可图，迫不得已，各国只好进行改革。这些改革除上文已提到的"作爰田""作州兵""初税亩""作丘甲""量入修赋""作丘赋"外，还有齐国的"相地而衰征"、鲁国的"以田赋"和后来秦国的"初租禾"。对于各国举措的性质众说不一，但应该承认，改革的核心都是用按亩征税代替固定的劳役贡纳和用按乡里或乘丘出兵赋代替由族兵组成的"卫服"。其本质则是变直接占有人本身到利用所掌握的生产资料间接地控制人。从此，税后产品可归己有，若无大役，即可自主支配劳动时间，这便使剥削第一次有了量和比例的规定，使人身第一次有了自由度。同时，对野人征赋，等于给了他们保卫国家的权利，承认了他们的公民身份。自春秋末到战国，野人同下层国人的地位越来越接近，最终共同演变为常被称为"庶人"的国家编户齐民。虽然变革尚很初步，但一定自由的获得和身份地位的提升却使野人从漫长的固定死板僵化状态中解放出来，极大地刺激了生产积极性。所以，与其说春秋战国经济腾飞的原因是井田制的垮台，不如说是服制的瓦解。战国人孟子曾把他仅知其大略贡、助、彻分别配给夏、商、周三代，实际情况却应该是：先有服制中的贡和役，后在保留部分劳役的同时，又出现了税和赋。中国古代以这三项内容为主的赋税制度是

---

① 《左传》哀公十七、二十五年。

② 《左传》昭公二十二年。

③ 《诗经·齐风·甫田》。

④ 《左传》昭公三年、昭公二十年。

在西周服制衰亡的前提下发展起来的。

最后，还应指出，整个春秋期间，尽管野人已向正式国民转化，但国、野关系上的松散性、集团性与多样性特征，也只是在逐渐减弱和趋于消失，并不是说已经彻底清除了。粗略来看，都的设立较为普遍，但没有建都的地方也仍不少。县制可能仅限于晋、楚等国，管理机构均极简单。楚县多以被灭小国为基础，原来的社会结构依旧保持，所以一遇风云变幻，便能轻易复国①，《左传》宣公十二年，郑伯把"夷于九县"看作是一种最为宽大的灭国形式，虽属外交辞令，却能说明楚县与实行直接统治的地方行政组织还有差距。县大夫及邑宰的出现，意味着野中的行政管理系统已开始建立。但管理人员的触角却无法深入到每个角落，基层劳动人民依旧生活在村社或家族中。晏子提到的"三老"，就是野中村社的"长老"，《左传》等书中的"馆人"也应该是村社首领的别称。在云南的少数民族中，土司或土司的属员下寨，均住村社头人家，而头人的住房则由全寨人共同修建，盖得又大又宽敞。②这对我们理解馆人一词的含义或有帮助，而韦昭注《国语》谓馆人是"守馆之隶"③，实为望文生义。村社首领既然存在，县大夫、邑宰的行政权就不能十分完整。而在村社之中，家族间的血缘联系也未斩断，从大家族中刚刚独立出来的经济实体仍是父权制的大家庭，还不是个体的五口之家。这样，行政管理人员在行使职权时，便难以将村社和家族完全撇开。《左传》昭公二十八年："梗阳人有狱，魏戊不能断，以狱上，其大宗赂以女乐。"大约政府的职责只在于处理族间纠纷和征税督役，行政关系、村社关系与家族关系三者并存且相互消长。如前节所言，部分落后地区，则还存在着一些氏族。由于各国各地发展不平衡，剥削形式和剥削内容也不可能达到完全统一。这种既有很大发展，又有局限性的情况，正是春秋过渡时期的基本特征。

---

①　《左传》昭公十二年、十三年。

②　《民族问题五种丛书》云南省编辑委员会编：《布朗族社会历史调查》，云南人民出版社 1982年版，第 75 页。

③　徐元诰：《国语集解》，中华书局 2002 年版，第 153 页。

第六节 "领土国家"的初步形成和国字含义的变化

西周期间，诸侯国范围狭小，大者也不过方圆百里。国郊之外，虽有野人居住，并多与各国建立了不同形式的领属关系，但这种关系尚很松散，严格说来，野并非国的直接统治区。故彼时所谓国，实为散布于茫茫土海中的一些统治据点，相互间无由连接，也没有严格的国界可言。

至春秋，诸侯纷纷"思启封疆"，往昔"四封不备一同"者，现在也都有土"数圻"，各国之间逐渐出现一些连接点和结合部。于是，边界、国境诸问题也自然而然地出现了。《左传》隐公十一年，"息侯伐郑，郑伯与战于竟"，"战于竟"就是战于两国的边界之上；文公十八年，莒纪公之太子仆"因国人以弑纪公，以其宝玉来奔"，"季文子使司寇出诸竟，曰：'今日必达'"，"出诸竟"就是赶出鲁国边界。他如襄公八年子产谓郑"牺牲玉帛，待于二竟"；襄公二十六年，卫献公复国，"大夫逆于竟者，执其手而与之言"，昭公元年，"楚公子围将聘于郑"，"未出竟，闻王有疾而还"；哀公十一年，齐侵鲁，冉求欲使"一子守，二子从公御诸竟"，等等，许多实例都可证明诸侯国的边界已经形成。《左传》哀公二十七年，鲁与邾"封于骀上"。如将"封"理解为封树，则边界上应该有了某种标志。

既然有了边界，同时就会有种种相应的设施。《左传》成公二年，齐师败于鞌，齐侯"自徐关入"；襄公十四年，卫孙林父将叛，蘧伯玉欲免祸，"遂行，从近关出"；昭公五年，鲁叔孙氏之竖牛"奔齐"，孟丙、仲壬之子报其父仇，乃"杀诸塞关之外"，可见为了便于防守等，各国已在界上建立了关塞。《左传》文公二年记仲尼语，谓臧文仲有"不仁者三"，其中之一就是"废六关"，杜注云："塞关、阳关之属凡六，关所以禁绝末游，而废之"[1]。直以

---

[1] （清）阮元：《十三经注疏》，中华书局 1980 年影印版，第 1839 页。

"废"作"废"弃解。然《孔子家语》"废"字作置，王肃注曰："六关，关名，鲁本无此关，文仲置之以税行者，故为不仁"①。此与杜注正好相反，清惠栋《春秋左传补注》及洪亮吉《左传诂》均主后说，释"废"为置立②，也许更加符合历史背景和传文本意。倘果如此，我们就可以认为，在臧文仲的时代，置关尚属新鲜事物，故倡谋之人要受到社会守旧舆论的批评。不过，王肃以"废"为置，说虽可取，但以"六关"为一关名，却并无根据。窃以为"六"在此处仍宜按照杜注看作数字解，或臧文仲一下子置关过多，才被视为"不仁"之举欤？又据《左传》文公十三年，晋侯曾"使詹嘉处瑕，以守桃林之塞"，詹嘉于成元年传又称瑕嘉，则瑕当为詹嘉的采邑，大约各国新建的重要关塞，多派大夫守之，并划附近之地，以供其建都食禄。春秋时，封人一职习见，如郑"颍考叔为颍谷封人"，又有"祭封人仲足"，"宋高哀为萧封人"，又有"吕封人华豹"等③，这些封人当与晋之詹瑕类似，既是有土食邑的大夫，也是典守封疆的官吏。除以大夫居都兼负守关之责外，各国还设有"疆场之司"，或称"疆吏""边吏""边人"等。《左传》襄公十一年，郑"使疆场之司恶于宋"，此为命边境官吏向宋挑衅。但在正常情况下，疆场之司的任务却主要是窥伺邻国动静和抵御外寇。据《国语·鲁语上》："晋人杀厉公。"鲁国的"边人"马上向鲁成公报告了消息。《左传》昭公十八年，郑发生了特大火灾，"子产授兵登陴"，晋之"边吏"疑心有变，立即便来"让郑"。这都是他们履行职责的真实记录。桓公十七年，齐人侵鲁疆，疆吏来告，公曰："疆场之事，慎守其一，而备其不虞，姑尽所备焉。事至而战，又何谒焉？"说明疆场之司的职掌已很明确，而且还有一定的战斗能力。

单是边界、关塞及疆场之司的出现，便反映春秋各国的直接辖区已开始扩大，而能够说明这一现象的例子还有很多。如《左传》昭公二十年，卫有齐豹之乱，灵公入于死鸟，恰逢"齐侯使公孙青聘于卫，既出，闻卫乱，使

---

① （魏）王肃注：《孔子家语》，上海古籍出版社1990年版，第51页。

② （清）洪亮吉：《左传诂》，中华书局1987年版，第355页。

③ 分别见于《左传》隐公元年、隐公十一年、文公十四年、昭公二十一年。

请所聘"，齐侯曰："犹在竟内，则卫君也"。公孙青"遂从诸死鸟"，卒行聘事。宣公二年，"赵穿杀灵公于桃园，宣子未出山而复。太史书曰：'赵盾弑其君。'以示于朝。宣子曰：'不然。'对曰：'子为正卿，亡不越竟，反不讨贼，非子而谁？'"从这两个故事中就可看出，春秋的国君或执政者都是四境之内的统治者，不出边界，便仍有为君的名分或为臣的责任。也许正由于此，鲁襄公十四年，卫献公出奔时，"及竟"，方"使祝宗告亡"于宗庙，而鲁国也在卫献公越境至齐后，才派使者对他"不抚社稷"表示慰问。先前我们常常看到，一旦国都被敌人攻破，此国随即便告灭亡，但定公四年，吴王阖闾攻楚入郢时，楚昭王奔随，吴人索之，随却答复吴使者说："若鸠楚竟，敢不听命？"可见随人更重视楚王是否在境内仍有主权，这与过去以一城一地定成败，显然有所不同。《左传》昭公二十三年，楚沈尹戌反对城郢，曰："古者天子守在四夷，天子卑，守在诸侯。诸侯守在四邻，诸侯卑，守在四竟。"沈尹戌之言的意思是：古代君王只需怀柔各族，就可保其领袖地位，后来才有建侯树屏，但侯国之间，尚无疆场之争，守国之要，仅在结好同盟，春秋形势却今非昔比，当务之急是"慎守四境"。沈尹戌为楚国边镇的军事统帅，他特别强调"守竟"的重要，而以为城郢"无益"，说明在其心目中，楚国已不单指郢城及其郊区，而且还包括广大的疆域。因为各国都有疆场、边界，国君在四境之内享有主权，所以春秋时使臣出聘或军队远征，便须向他国"假道"。《左传》宣公十四年，"楚子使申舟聘于齐，曰：'无假道于宋'"，华元即认为"过我而不假道"，是"鄙我也"，于是乃杀楚使。上述种种情况告诉我们，春秋时期，国在实际内涵上已朝新的方向转化了。

内涵的变化势必影响到"国"字的含义。记录春秋史实的典籍中，常以"大国"与"小国"相对。《左传》成公八年，申公巫臣曰："夫狡焉思启封疆以利社稷者，何国蔑有？唯然，故多大国矣！"襄公二十五年，子产曰："今大国多数圻矣。若无侵小，何以至焉？"另外，卫为周初大封，但成公三年，孙良夫聘鲁，臧宣叔竟说："卫在晋，不得为次国。"言下之意，只能以小国待之。鲁之地位原本与卫相等，在对外联系中，却也常以"小国"自称。

可知这时国之大小均视疆域为断，根本无关乎爵秩的高低，而"大国""小国"之"国"，已指四境之内，不再仅指国君所居的那座大城。准此，《左传》《国语》诸书提到的晋国、楚国、齐国等名称，及"二国""三国""四国""邻国"等用语中的"国"字，也均非国城与郊区之谓，还应当包括一定的领土。"国"字的这种用法，与西周相比，确实已经完全不同了。更值得引起我们注意的是，春秋人在不少地方开始使用"国家"一词。西周时，国归国，家归家，故曰："天子建国，诸侯立家。"国指诸侯所居，家指卿大夫采地。而现在，人们却习惯地将两者联系在一起，合称为国家。如《左传》成公二年，申公巫臣奔晋，"子反请以重币锢之"，楚共王曰："彼若能利国家，虽重币，晋将可乎？"成公十三年，吕相绝秦书曰："扰乱我同盟，倾覆我国家。"襄公十三年，君子称赞范宣子能"让"，故"晋国以平"，又进而强调，如上下"不让"，"国家之敝，恒必由之"。襄公二十四年，"范宣子为政，诸侯之币重"，子产乃"寓书于子西，以告宣子"，曰："子为晋国，四邻诸侯，不闻令德，而闻重币，侨也惑之。侨闻君子长国家者，非无贿之患，而无令名之难"。诸条材料里的"国家"就是指晋国。襄公十一年，郑人服晋，晋与诸侯同盟于亳，其载书最后曰："或间兹命，司慎、司盟、名山、名川、群神、群祀、先王、先公、七姓十二国之祖，明神殛之，俾失其民，坠命亡氏，踣其国家。"此处的国家则是指参盟的晋、齐、鲁、宋、郑、卫等十二国。很显然，随着历史的发展，国家已变成了一个通名，并可与国互用。这又从另一个角度说明，春秋的国系指国和家的集合体，它既含国君所居的国城，又含卿大夫之家的都邑。

这种有边界、有大片主权范围的国，当然已不是孤立的统治据点，赵伯雄借用日本学者宫崎市定书中的概念，把它叫作"领土国家"[①]，笔者深表赞同。但在此又想指出，春秋时的"领土国家"还很不成熟，在许多方面，都仍不免带有明显的过渡性特征。

---

① 赵伯雄：《周代大夫阶层的历史发展》，《内蒙古大学学报》1983 年第 2 期。

首先，刚刚产生的边界尚不固定，大国的封疆"日伸月长"，相反，则有更多的小国是在"日蹙月削"。国和国连成一片的现象逐步增加，而无人占领的隙地也仍有残留。在这种情况下，人们对边界的认同便不可能一下子变得十分严格。如《左传》昭公元年，晋、楚与诸侯之大夫会于虢，"季武子伐莒，取郓，莒人告于会"，楚请戮鲁使叔孙豹，赵文子就曾说："疆埸之邑，一彼一此，何常之有？……封疆之削，何国蔑有？主齐盟者，谁能辩焉？"并"固请于楚"，乃免叔孙豹。赵武在鲁、莒的"疆事"上持偏袒态度，自然出于多种原因，但也说明他对莒国欲在边界内行使主权的要求并不重视。各国设置"疆埸之司"是为了防守边界，然而，《国语·周语中》记单襄公过陈时，却见陈国"侯不在疆"，《左传》昭公十三年，晋征会讨贰，治兵于邾南，合诸侯于平丘，"鲜虞人闻晋师之悉起也"，即"不警边，且不修备"，这又反映边界的守卫工作尚很松弛。《左传》襄公十七年，卫"孙蒯田于曹隧，饮马于重丘"。杜注谓其"越境而猎"，哀公八年，鲁武城人又有"因于吴竟田焉"者，大概不少地方的边界是开放的，故而人们还能自由往来。了解了此点之后，再来看假道问题，便会发现，这一制度也同样还处在萌芽状态。楚庄王"使申舟聘于齐，曰：'无假道于宋'"，"亦使公子冯聘于晋，不假道于卫"，这固然是少数霸主、权臣凭借淫威，故意无视小国主权，但多少与传统旧习未经改除有关，因为在早些时候，各国均无边可守，原本就是无须假道于人的。

其次，各国不仅边界尚不固定，而且在四境之内，也还存在着一些附属小邦。颛臾在鲁"邦域之中"，可证之于《论语·季氏》，许、蔡等曾分别迁于楚、吴境内，《左传》均有明文。另外，有些小国或部族虽曾被灭，内部组织却未曾触动，他们与大国间的关系也仍是一种松散的主从关系。如《左传》定公二年记有"桐叛楚"一事，桐为古国，其服于楚甚早，但至春秋末，仍是时叛时服。哀公十九年："楚沈诸梁伐东夷，三夷男女及楚师盟于敖。"这种盟的形式常被楚用以约束被灭的国族。襄公二十五年，"楚灭舒鸠"，至定公二年，又有"吴子使舒鸠氏诱楚人"；《史记·楚世家》谓楚成王二十六年曾经灭英，楚成王二十六年时当鲁僖公十四年，但《左传》僖公十七年，齐人、徐人又"伐英氏"，估计楚灭舒鸠、英氏等，大致仅是"服之而已"。国中有国，也很清楚地反映所谓"领土国家"在这时并未完全成型。

最后，更为重要的是，国中尚包含着为数较多的都。一方面，都作为采邑是由国君颁赐给卿大夫的禄，卿大夫"有都以卫国也"，不得"专禄以周旋"①。《左传》襄公二十二年，"御叔在其邑"，而不礼于出使晋国的臧武仲，鲁即"令倍其赋"，昭公二十年，卫公孟絷强夺齐豹的采邑鄄，"有役则反之，无则取之"，说明都还需向公室交纳一定的赋税，并承担国家分派的兵役和劳役。襄公三十年，"子产使都鄙有章，上下有服……大人之忠俭者，从而与之，泰侈者因而毙之"，又反映国家也在都中行使一定的管理权，执政可以对居都的"大人"施以赏罚。从上述情况看，都显然不是独立的国家，相反，它在某些地方倒更近似于诸侯国治下的一级行政机关。

但另一方面，都为卿大夫"处其子孙"之所，因而又被称为家，在一定程度上，它又是各个大家族的中心。

关于卿大夫家族的存在，前文已有过论述，这里想就其内部结构再稍作补充，以期帮助我们更好地认识都家的特征。春秋时，宗法制度仍起作用，故各大家族都有自己的宗主。《左传》昭公十九年，郑驷偃卒，其子幼少，"其父兄立子瑕"，"子产憎其为人也，且以为不顺"，但却"弗止"，当晋国派人质问时，还以"私族于谋，而立长亲"、晋大夫不可"专制其位"为由，予以坚拒，足见宗主的废立取决于"私族"的意志，即使不合于宗法，国家也不多加干预。

宗主之下，还有室老、宗人、祝史等，随着家族和采邑的扩大，又出现了属大夫和"为邑"的邑宰，这样，家族本身就形成了一套自成体系的管理系统。充任各种职务者或依照家族传统和规定在族内自然产生，或由宗主自己指定，而并非国家委任。《左传》襄公三十一年，"子皮欲使尹何为邑。子

---

① 《左传》昭公二十六年、襄公二十六年。

产曰：'少，未知可否。'子皮曰：'愿，吾爱之，不吾叛也。'"由子皮的话可以知道，当时任宰治家邑纯属家事，人选的标准一般也仅以是否忠于宗主为断。

除了管理人员，家族还有自己的"典刑"、《国语·晋语九》，邮无正谓赵武"少衅于难"，"失赵氏之典刑"，又谓赵简子嗣位时"有文之典刑，有景之教训"，言下之意，是说赵简子的条件要比其祖父优越得多。这充分反映典刑对于家族的成立具有极大的重要性。《楚语上》，申叔时曰："教之训典，使知族类。"大约典的内容主要包括族姓、谱系及族的光荣历史。至于刑可能是指前代族长的行为风范，也可能是指本族长期形成的习俗和族规。

《国语·鲁语下》，公父文伯之母曰："自卿以下，合官职于外朝，合家事于内朝。"韦注曰："家，大夫也。内朝，家朝也。"① 说明卿大夫的家族还有自己的朝廷。家朝原本应该与祖庙合一，一般也当设在作为宗邑的都中。后来由于卿大夫长期居国为政，也可能会转移到他在国中的家里，公父文伯之母在说"合家事于内朝"之后，又说"寝门之内，妇人治其业"，或者寝门之外，便是家朝所在。家朝虽不一定在都，但却仍是统治和遥控都邑的司令部。

宗主代表家族"奔走于公家"，按照世官制的规定，立于公朝，担任卿或大夫，便是公室之臣，但反过来，在统治都家时，他却又是专制自恣的家君。《左传》隐公四年，卫石碏使家宰獳羊肩杀其子石厚；成公三年，晋知罃谓楚王曰："若从君之惠而免之，以赐君之外臣首，首其请于寡君，而以戮于宗，亦死且不朽。"成公五年，晋赵同放赵婴于齐；昭公五年，鲁叔孙昭子令杀竖牛。此类记录均可证宗主能够自由支配家族成员的命运。昭公二十五年，鲁臧昭伯欲杀其从弟臧会，昭公二十八年，晋祁盈欲杀祁胜，两事曾分别受到执政季平子和晋侯的干涉，这固然可以看作是国家权力扩大，家族"私有讨"已受限制的表现，但所能见到的例子毕竟不够普遍，而且其

---

① 徐元诰：《国语集解》，中华书局 2002 年版，第 193 页。

中都有一些特殊原因在起作用。

　　家族成员的命运既然受着族长的主宰，则个人的人格也便淹没在家族之中。家长"立于朝而祀于家，有禄于国，有赋于军"①，全族即可受到庇荫。与此同时，家长及家族主要成员对外的行为也均由全族代为负责。故楚国的令尹子文以为弗杀子越椒则"必灭若敖氏"；晋智宣子立智瑶为后，智果以为"智宗必灭"；叔向之母闻杨食我之声曰："终灭羊舌氏之宗者，必是子也"；而郑襄公欲去穆族而舍子良，子良竟不敢独受其惠，曰："穆氏宜存，则固愿也，若将亡之，则亦皆亡，去疾何为？"②说明个人不敢超越于宗族之上。族存与存，族亡与亡，这势必增加家族的内向团聚力，造成家族成员的心目中只有家主而没有国君。

　　随着人口流动，各家族以"策名委质"的形式吸收了一些异姓来作臣宰。但"策名委质"就是对新家族的彻底投靠，所以这些臣宰同本族子弟一样，同宗主间具有强烈的依附关系。"委质而策死"，"无有二心"，为当时社会的普遍观念③，晋之辛俞在栾氏失败后仍死心蹋地随其出亡，并声称："三世事家，君之，再世以下，主之……自臣之祖，以无大援于晋国，世隶于栾氏，于今三世矣，臣故不敢不君"④。更说明异姓家臣也是只听命于宗主而不听命于国君的。

　　宗主对其子弟尚可生杀予夺，对于采邑中被统治的人民自然更其如此。《左传》哀公十四年，"孟孺子洩将围马于成，成宰公孙宿不受"，孟孺子即怒而袭成。"成有司使，孺子鞭之"，"孟懿子卒，成人奔丧，弗内；袒，免，哭于衢，听共，弗许"，结果使成人惧而不敢归成。这里的"成人"应是成邑村社中的首领或由孟氏指定的基层代理人。孟孺子对待成人的态度有助于我们充分认识卿大夫在其都中的专横跋扈之状。然而，由于都鄙野人眼界狭

---

　　①　《左传》昭公十六年。

　　②　《左传》宣公四年，《国语·晋语》。

　　③　《国语·晋语九》。

　　④　《国语·晋语八》。

小，长期统治又可能形成一种牢固的结合，故甚至作为被统治的都鄙人民，也会把有都食邑的卿大夫看作唯一的主人而为其效力。晋之栾氏曾邑于曲沃，栾盈被逐奔齐后，于襄公二十三年又潜归谋乱，因曲沃大夫胥午而觞曲沃人，曲沃人曰："得主而为之死，犹不死也！"且"皆叹，有泣者"，栾盈乃"偏拜之"，遂率曲沃之甲入绛。可见栾氏在曲沃的影响已相当深远。

都家的情况既如上述，那么我们完全有理由说，都虽然不是独立的国家，但它却具有十分强烈的独立性。都鄙人民冲不破家族的局限而变成国家编户，以国君为代表的行政权力就不可能一下子顺利地贯彻到底。正因为如此，晋之狐突才说："大都耦国，乱之本也。"① 而范无宇也列举"卫蒲、戚实出献公，宋萧、蒙实弑昭公，鲁弁、费实弱襄公，齐渠丘实杀无知，晋曲沃实纳齐师，秦徵、衙实难桓、景"等实例，来向楚灵王说明都大不利于国的道理。② 都既是国君统治人民的一种渠道，但又往往成为卿大夫据以背叛公室的基地，从后一点看，都的大量存在，仍是领土国家还不成熟的一种表现。

领土国家既未成熟，传统习惯又难以改除，故《左传》《国语》诸书中，国字的含义虽已有了变化，但沿袭西周旧用法的仍属不少。较易判断的如《左传》隐公元年，祭仲曰："大都不过叁国之一；中，五之一；小，九之一。"僖公三十二年，"杞子自郑使告于秦曰：'郑人使我掌其北门之管，若潜师以来，国可得也。'"文公十六年："有蛇自泉宫出，入于国。"昭公三年，晏子曰："国之诸市，屦贱踊贵。"昭公十八年，郑火，子产乃使"郊人助祝史，除于国北，禳火于玄冥、回禄"，并"三日哭，国不市"；《国语·吴语》越王勾践"命有司大令于国曰：'苟任戎者，皆造于国门之外'"。等等。这里的国字显然是指国都城内。《左传》隐公五年，郑人以王师会邾人伐宋，"入其郛"，宋遣使向鲁告急。"公闻其入郛也，将救之，问于使者曰：'师何

---

① 《左传》闵公二年。
② 《国语·楚语上》。

及?'对曰:'未及国。'公怒,乃止。"依隐公的认识,入郛就已"及国"了,则此处国字又指郛内,即都城外郭之中。另外,《左传》僖公二十八年,晋"杀舟之侨以徇于国"。僖公三十三年,晋先轸曰:"武夫力而拘诸原,妇人暂而免诸国。"襄公二十年,陈公子黄将出奔,"呼于国曰:'庆氏无道,求专陈国'"。昭公十三年,楚公子比等入郢夺权,灵王尚在外,"国每夜骇曰:'王入矣'"。昭公十八年,郑未发生火灾前,里析告子产曰:"国迁,其可乎?"昭公二十七年,"楚尽灭郤氏之族党","晋陈之族呼于国曰:'鄢氏、费氏……蒙王与令尹以自利也'"。郤氏被杀后,"国言未已",于是,"子常杀费无极与鄢将师,尽灭其族,以说于国"。哀公二十六年,宋司城茷使宣言于国曰:"今君无疾而死……大尹之罪也。"六卿"皆归授甲,使徇于国曰:'大尹惑蛊其君,以陵虐公室;与我者,救君者也!'众曰:'与之'"。乃"使国人施于大尹",等等。诸句中的国均笼统指代国都,可能包括郊区。与此相关,国和家固然出现了合并为一词的倾向,但分而言之者仍占相当多数。如《左传》文公四年,君子曰:"弃信而坏其主,在国必乱,在家必亡。"襄公二十四年,子产谓范宣子曰:"诸侯贰则晋国坏,晋国贰则子之家坏。"襄公三十一年,子皮告子产:"他日我曰:子为郑国,我为吾家,以庇焉,其可也。今而后知不足,自今请,虽吾家,听子而行。"《论语·颜渊》篇,孔子曰:"己所不欲,勿施于人。在邦无怨,在家无怨。"均系以国或邦与家相对,分明属于两个概念。清儒焦循曰:"合天下言之,则每一封为一国;而就一国言之,则郊以内为国,外为野;就郊以内言之,又城内为国,城外为郊。"[1]自从孙诒让录入《周礼正义》后[2],言国、野者多引用之,几成定论。我们并不怀疑焦氏分析的精到,但却认为其说仅适用于春秋,因为前于此,"领土国家"尚未出现,所谓国,全部是一些统治据点,"每一封为一国"的概念便无从谈起,后于此,则"领土国家"又进一步成熟,"郊以内为国"或"城

---

① (清)焦循:《孟子正义》,中华书局1987年版,第110页。

② (清)孙诒让:《周礼正义》,中华书局2013年版,第96页。

内为国"的用法事实上已成残余，只有在过渡阶段中，新、旧概念才可能是并存的。

春秋人在许多场合仍以国都为国，也说明国与野、国人与野人的差别仍然存在。简单说来，野中的自然面貌虽在改观，但荒僻的程度仍较国中为甚，国在经济文化上的领先地位始终没有动摇。都、县的设立使鄙、野走上了向直接统治区过渡的道路。然而，这种过渡在整个春秋时期并未完成。野人获得了部分政治权利，普通国人的地位又在下降，在许多都中，土著与由国中迁来的贵族家人共居，接触日益频繁，应该说国人同野人间的距离趋于缩小了。但长期形成的壁垒，绝难在猝然间归于消失。从《左传》《国语》来看，国人可以纳君、出君、逐君、弑君，不仅关心国事，而且还能通过不同方式表达自己的意见，贵族在内部斗争中，也要与国人订盟，以求得其支持，对某些贫困化的成员，公室或私家还常给予"施舍"。而野人，虽然已任军赋，却一般仅充徒兵并负担军事劳役，这显然无法使其身份得到彻底改变，在通常情况下，他们照旧是国中贵族任加奴役的对象。鲁国孟氏对成人的态度前边已经述及，《左传》昭公十三年，南蒯以费叛入齐，季平子怒，"令见费人执之，以为囚俘"；《国语·晋语四》：晋公子重耳"过五鹿，乞食于野人。野人举块以与之，公子怒，将鞭之"，都是野人地位低下的显著例证。有鉴于此，把春秋看作是国、野都正在发生变动的时期，则可能是合适的。

研究"民"与"庶人"身份的部分学者，喜欢把殷、西周、春秋、战国等不同时代的材料拉在一起，以证成其说，由此带来了无穷的争论。如果考虑春秋是一个过渡时期，并承认在整个过渡阶段，不同阶层的人已有某种程度的交叉，这样，在"民"与"庶民"究竟属于国人抑或属于野人的问题上，是否就会少出现一些分歧呢？

第六章　战国时期国野界线的消失

顾炎武《日知录·周末风俗》条云:"春秋时犹尊礼重信,而七国则绝不言礼与信矣;春秋时犹宗周王,而七国则绝不言王矣;春秋时犹严祭祀,重聘享,而七国则无其事矣;春秋时犹宴会赋诗,而七国则不闻矣;春秋时犹有赴告策书,而七国则无有矣。邦无定交,士无定主……不待始皇之并天下,而文武之道尽矣!"侯外庐在《中国古代社会史论》中也谓"春秋承认现状,战国却打破现状"。始于春秋的许多重大社会变革都在战国阶段才趋于完成,先秦的国家也于此时最终摆脱国、野对立的旧格局,以全新的姿态出现。

第一节　铁耕时代的到来和国野自然面貌的接近

曾经有人主张研究历史无须去追寻社会发展的"终极原因",但我却坚信,"历史中的决定性因素,归根结底是直接生活的生产和再生产"[①]。因此,在考察战国的社会变化时,仍想先谈谈生产面貌的巨大改观。

根据科学测定,铁在地壳中的相对丰度为 4.75%,而用作青铜器原料的铜和锡仅为 0.007% 和 0.004%。由此可见,铁是一种比较易得的金属。《山海经·五藏山经》中有明确地点的铁矿产地达 37 处,《管子·地数篇》更有

---

① 恩格斯:《家庭、私有制和国家的起源》,人民出版社 2018 年版,第 7 页。

"出铁之山，三千六百九山"的记录，后一数字虽不免夸张，但却反映战国时铁矿一定很多。正因为铁矿分布远比铜、锡矿藏普遍，所以在整个青铜时代里，各地一般都未大量使用金属农具，而铁一旦被冶炼，铁制工具却可以迅速应用到包括农业在内的各个生产领域中去。

如前章所述，春秋后期，人们已掌握了冶炼生铁的技术，甚至已能生产钢。进入战国后，"排橐"鼓风被纷纷采用，从而使炉温提高，炼炉也可以造得更加高大，这便加速了冶炼过程，提高了铁的生产量。以此为基础，铁器使用的进一步推广很快即成为现实。

据张文彬、孟凡人统计，截至 1977 年底，出土的战国中晚期铁器至少有一千三四百件。事实上，这一数字随着考古工作的进展历年都在增加。这些铁器的类型有斧、锛、凿、刀、削、锤、钻、锥；犁、镢、臿、耙、锄、镰；剑、戟、矛、镞、甲胄、匕首；鼎、盆、盘、杯、带钩、环、管、车器等多种。出土点广布于黑龙江、吉林、辽宁、内蒙古、河南、河北、天津、山西、陕西、山东、安徽、江苏、浙江、江西、湖北、湖南、四川、广东、广西、云南、贵州诸省区。就其数量而论，铁农具所占的比重又尤其突出。如河南洛阳东周王城 62 号战国粮仓出土的铁农具和手工工具共有 32 种 126 件，总重量达 400 余公斤[①]；在河北石家庄市庄村赵国遗址里，出土的铁农具占全部生产工具的 65%[②]；兴隆燕国冶铁遗址发现铁范 48 付 87 件，总重190 多公斤，农具范共 28 付，占 60%[③]；辽宁抚顺莲花堡燕国遗址出土铁器 80 余件，绝大部分是农业工具，计有镢 60 余件、锄 2 件、掐刀 3 件[④]；河南辉县固围村的五座魏墓出土铁器 175 件[⑤]，属于农具的有犁 7 件、镢 4 件、铲 10 件、臿 33 件、凹字形铁口锄 3 件、镰 1 件，合计 58 件[⑥]。而铁农具被

---

① 洛阳博物馆：《洛阳战国粮仓试掘记略》，《文物》1981 年第 11 期。

② 孙德海、陈慧：《河北石家庄市市庄村战国遗址的发掘》，《考古学报》1957 年第 1 期。

③ 郑绍宗：《热河兴隆发现的战国生产工具铸范》，《考古通讯》1956 年第 1 期。

④ 王增新：《辽宁抚顺市莲花堡遗址发掘简报》，《考古》1964 年第 6 期。

⑤ 中国科学院考古研究所：《辉县发掘报告》，科学出版社 1956 年版，第 69—109 页。

⑥ 黄展岳：《近年出土的战国两汉铁器》，《考古学报》1957 年第 3 期。

用作随葬品，或随意弃置于墓葬填土中，也说明铁器已不再是珍贵的稀有物。战国中期，有个为"神农之言"的许行，反对社会分工，主张君民并耕而食，孟子曾质问他的弟子陈相说："许子以釜甑爨，以铁耕乎？"意谓许行难道就不用釜甑来蒸煮，不用铁农具来耕田吗？可见"铁耕"的时代，自战国起，帷幕已完全拉开了，有谁不用铁耕，便会被视为出乎常情之事。《管子·海王》篇曰："耕者必有一耒一耜一铫，若其事立。"《轻重乙》篇也云："一农之事，必有一耜一铫一镰一耨一椎一铚，然后成为农。"人们据此研究春秋的生产发展史，固然欠妥，但参以今日所见的大量实物，便不能不说这些话是同战国及其以后的情况基本相符的。

铁农具的广泛应用给农业生产的发展带来了深远的影响。

首先，"铁使更大面积的田野耕作，广阔的森林地区的开垦，成为可能"[1]。战国时，各国政府均以"垦草创邑，辟地殖谷"为号召。《管子·牧民》篇曰："地辟举则民留处"，"野芜旷则民乃菅"。基于这一认识，该书作者在《八观》篇中把"以人猥计其野，草田多而辟田少者"，视为"饥国之野"，并进而指出："地不辟则城不固"，"地不辟者，非吾地也"。为了使田野辟，仓廪实，他主张"禁末产"[2]，还主张以"野为原，又多不发"作为惩治官吏的主要标准[3]，强调政府若以农事为先，便必须做到使"野不积草"。此处的"草"是指"草田"，即未经垦辟的生荒地，所谓"野不积草"，就是要把"旷虚之地"尽行开发起来，这一要求虽然很高，但大致却能反映齐国在战国期间的垦荒规模。同样地，《商君书》的作者在《垦令》篇里，一连举出二十条鼓励垦荒的措施，其基本精神也是要挖掘劳动潜力，使"农有余日"，专事生产，并极力限制非农业劳动者队伍的扩大，以期达到"草必垦矣"的目的。秦国曾把"地未辟易"列为五种"野禁"之一[4]，还用"利其田宅""复

---

[1]　恩格斯：《家庭、私有制和国家的起源》，人民出版社2018年版，第181页。

[2]　《管子·权修》。

[3]　《管子·大匡》。

[4]　《吕氏春秋·上农》。

之三世"和十年不征等政策吸引三晋民众来开辟丘陵阪险原隰①，对于"垦草"的重视似又有过于齐。另外，《荀子》一书提倡"辟田野，实仓廪"，孟子反对"辟草莱，任土地"，《战国策·秦策三》称道吴起、大夫种同商君一样善于"广地殖谷"，都是"功章万里之外"的能臣，正从不同侧面说明其他各国也都在大量开垦荒地。而广大农民已经掌握了先进的铁制农具，则是战国时普遍出现垦荒高潮的基本前提。

"垦草创邑"使传统的"隙地"迅速消失不见，宋、郑之间早已成为繁庶之区自不待言，在黄河漫流的河北中部平原上，春秋时还有宽约七八十里的地区渺无人迹，到战国地图里，这一空白地带也为新出现的十几个城邑所填满。② 编成于战国时期的《禹贡》把各地的土壤列为九等，《周礼·大司徒》职提到过"十有二土""十有二壤"，《草人》职针对骍刚、赤缇、坟壤、渴泽、咸潟、勃壤、埴垆、强坚、轻燢等土质提出了相应的改良措施，《管子·地员》篇、《吕氏春秋·辨土》篇更从局部地区着眼，来区分土壤的不同性能，而其他子书还经常强调要"相高下，视肥墝"，要"善相丘陵阪险原隰"等，这又充分说明，各种不同类型的土地，现在都已被开发利用了。《商君书·徕民》篇曰："地方百里者，山陵处什一，薮泽处什一，溪谷、流水处什一，都邑、蹊道处什一，恶田处什二，良田处什四"，可"食作夫五万"。恶田对良田而言，是指产量较低的田，而不是指荒地，良、恶相加，共占十分之六，出现如此之高的土地利用率，自然是与大面积的"垦草"密切相关的。

其次，铁器的广泛使用又势必进一步推动水利工程的兴修，因为只有坚硬而锋利的铁工具才便于掘沟起土，开山凿石。人工运河的开凿在春秋时已崭露头角，至战国，由各国诸侯主持挖掘的运河不仅陡然增多，而且规模更大，效益也愈加显著。其中，魏国的西门豹曾"决漳水灌邺旁"，使"终古斥卤"之地开始种植"稻粱"；魏惠王时，魏又凿成鸿沟，联结济、汝、淮、

---

① 《商君书·徕民》。

② 谭其骧：《西汉以前的黄河下游河道》，载《谭其骧全集》第一卷，人民出版社 2015 年版，第 434 页。

泗，形成一套水网；秦国的蜀郡守李冰曾带领当地人民修筑著名的都江堰，既免除了岷江的泛滥，又便利于航运和灌溉，使成都平原成为"天府之国"；在秦始皇统一六国之前，秦又派水工郑国修建了郑国渠，引泾水溉田，并利用沉淀的泥沙改良土壤，使关中地区常获丰收，等等，这都是大型水利设施的典范。此外，为了防止水患，各国还纷纷在大河之旁建筑堤防。如地处黄河两岸的齐、赵、魏，就曾分别在离河二十五里的地方筑有长堤。而从《礼记·月令》规定在季春之月"修利堤防"、在孟秋之月"完堤防，谨壅塞，以备水潦"来看，堤防的存在彼时已十分普遍。人们在同水害斗争的过程中，不仅懂得了"以旧防为无用而坏之者，必有水败"的道理[1]，而且积累了"千丈之堤以蝼蚁之穴溃"的经验[2]。由于分裂割据，战国时的堤防建筑不免会产生"以邻国为壑"的弊害，但它在保护本国人民生命财产和发展农业生产方面的作用，却是不宜被低估的。堤防修筑在泽水之区，还可与水争地，扩大农田。《汉书·沟洫志》载贾让奏言曰：河水"时至而去，则填淤肥美，民耕田之。或久无害，稍筑室宅，遂成聚落。大水时至漂没，则更起堤防以自救。稍去其城郭，排水泽而居之"，这段话指的就是战国时黄河下游沿河附近的情况。《韩非子·五蠹》篇有"泽居苦水者，买庸而决窦"的记载，《商君书·徕民》篇谓三晋"人之复阴阳泽水者过半"，说明除河旁的淤积低地外，其他湖泽地区也已布满了开拓者的足迹，耕作下隰的农田既须"以潴畜水，以防止水"，即建造陂塘和堤防，将水约束在一定范围内，又须"以沟荡水，以遂均水，以列舍水，以浍泻水"[3]，在田中挖成大小不等的排水沟洫。《管子·五辅》篇提到要"导水潦，利陂沟，决潘渚，溃泥滞，通郁闭"，反映排水工作既很复杂，也很艰苦。正是经过战国劳动人民的努力，像《周礼·遂人》和《考工记·匠人》所记的精细的沟洫制度才开始成为现实。《孟子·离娄下》曰："七、八月间雨集，沟浍皆盈，其涸也，可立而待。"于此

---

① 《大戴礼记·礼察》。

② 《韩非子·喻老》。

③ 《周礼·稻人》。

可见当时中原地区确已构成了良好的排水能力。沟洫既可排水，又能使含有较多盐碱的土地得到改良。《吕氏春秋·任地篇》曰："子能使吾土靖而甽浴土乎？""靖"为净的借字，"甽浴土"应当就是指依靠沟甽来发挥洗碱作用。沟洫与陂塘联系在一起，在天旱之际便可引水灌溉。所谓"以列舍水"，就有"使水居处畦中"之意。① 而《管子·立政》篇说，"决水潦，通沟渎，修障防，安水藏"，能"使水虽过度，无害于五谷。岁虽凶旱，有所秒获"，正表明这时的沟洫既用以防涝，又用以备旱。《荀子·修身》篇曰："良农不为水旱不耕。"《天论》篇又说，若"强本而节用"，"养备而动时"，则"水旱不能使之饥"。人们在大自然面前感到无能为力的时代渐渐开始变化，而人可以"制天命而用之"的思想则开始萌芽了。

最后，铁制农具应用于不同的生产环节，还能使土地得到更好的加工，并由此带动各项农业技术的发展。V字形铁口犁虽尚无犁壁装置，但其前端尖锐，且有直棱，似可以起到破土划沟作用。② 厚重坚实的铁镬和锋利的铁舌发现较多，他们主要用来掘地翻土。而各种形制的铁锄则可清除田间的杂草。《吕氏春秋·长攻》篇谓"良农"必"辨土地之宜，谨耕耨之事"；《荀子·天论》把"楛耕伤稼，耘耨失薉"与"政险失民"并列，统视为"人妖"，战国时代如此重视精耕细作，当然是与人们普遍掌握了先进的耕耨工具分不开的。耕耨的基本原则，据《吕氏春秋·任地》篇总结，是"力者欲柔，柔者欲力。息者欲劳，劳者欲息。棘者欲肥，肥者欲棘。急者欲缓，缓者欲急。湿者欲燥，燥者欲湿"，"力者"指刚强的土地，"劳者"指频作的土地，"棘者"指瘠薄的土地，"急者"指因干燥的影响而变得实着、板结的土地，这五项原则的大致意思是说要通过耕耨，使土地的刚柔、劳逸、肥瘠、疏和、干湿均得其宜。③ 而要做到这一点，第一便须"深耕熟耘"。《孟子·梁惠王上》强调"深耕易耨"，《韩非子·外储说左上》提到"耕者且深，耨者熟耘"，

---

① 夏纬瑛：《〈周礼〉书中有关农业条文的解释》，农业出版社1979年版，第34页。

② 中国科学院考古研究所：《辉县发掘报告》，科学出版社1956年版，第91页。

③ 夏纬瑛：《吕氏春秋上农等四篇校释》，农业出版社1956年版，第34—36页。

而《任地》篇规定的"深殖之度"为"阴土必得"，用今天的话来说，就是"耕地要见墒"，它还规定对一块土地要"五耕五耨，必审必尽"，即种植前耕五次，既种后锄五次，耕耨均须精细、详尽，达到一定标准。作者认为只有如此，才能使"大草不生，又无螟蜮"，长出好的庄稼，类似的经验显然来自当时广大劳动人民的生产实践。第二是须掌握耕耨的恰当时机。《任地》篇曰："人肥必以泽，使苗坚而地隙；人耨必以旱，使地肥而土缓。"上句中的"肥"字为"耜"字之误。耜本系耕具，此处作动词用，意指耕田，而"泽"字当作湿润解。作者所要指出的是，耕地务趁农田有墒之时进行，以便使土壤疏松，种下去的作物容易踏根；而每至天旱，就应加紧锄耘，以便使土地能够保持水分。另外，由于耕耨还以除草为目的，故《任地》篇又分析了草的生长规律，把冬至后五十七日菖蒲初生，视为始耕的最佳时令。而《周礼·薙氏》也提到要在春天耕翻杂草的萌芽，使之蒙覆于土中；夏至左近，应迫地刈草；秋天须趁草籽未熟时加以刈割；冬天则须用末耜刺破冻土，消灭杂草的宿根。依照墒情和草情"时至而作，竭时而止"，据说便会达到"其用日半，其功可使倍"的效果[①]，这种理论和耕耨技术，就是在今天也还具有一定的现实意义。第三是要在耕过的土地上起出高垄和凹下的小沟，高垄叫亩，小沟叫畎，《吕氏春秋·任地》篇提出"上田弃亩，下田弃畎"，意谓对高旱的田，庄稼要种在凹下处，对下湿的田，则要种在高出的亩上。《辨土》篇把畎大亩小称为"地窃"，强调畎亩宽窄必须适当，苗间要保持一定的行阔和行距。可见修筑畎亩在战国时是一项综合解决保温、保湿、通风、除草诸问题的有力措施。

在高度重视耕耨技术的同时，战国人也非常注意施肥。杂草刈除后，变化其性质可以用来肥田。《周礼·薙氏》在讲了四季杀草的不同方法后，接着便说："若欲其化也，则以水火变之。"火指火烧，目的在于使草木成灰，水指水沤，杂草通过浸泡，能够具备很高的肥效。《礼记·月令》谓"季夏

---

① 《吕氏春秋·任地》。

之月……土润溽暑，大雨时行，烧薙行水，利以杀草"，讲的是在夏日雨季，放水于田中以浸死杂草的除草术，但杂草既经浸死，也会起到肥田的作用，故其下文又曰："如以热汤。可以粪田畴。可以美土疆。"实与《薙氏》所言的"水化"之法相仿。草肥之外，便是施以人畜之粪，《孟子·滕文公上》曾提到"粪其田"，《韩非子·解老》篇提到过"粪灌"，又说："天下有道，却走马以粪。"《荀子·富国》篇把"掩地表亩，刺草殖谷，多粪肥田"同视为"农夫众庶之事"，施肥显然已成为农业生产中必不可缺的重要内容了。

深耕熟耘和施肥提高了人工养地的能力。《周礼·遂人》在言及野中的土地分配时说："上地，夫一廛，田百亩，莱五十亩，余夫亦如之；中地，夫一廛，田百亩，莱百亩，余夫亦如之；下地，夫一廛，田百亩，莱二百亩，余夫亦如之。"这里虽然还存在着用以休闲的莱田，但摞荒复壮的时间最多只有两年，较之以前，休闲期分明已大大缩短，而随着历史的发展，战国时还出现了废止摞荒农作制、改行土地连种制的倾向。《商君书·算地》篇曰："凡世主之患，用兵者不量力，治草莱者不度地。故有地狭而民众者，民胜其地；地广而民少者，地胜其民。民胜其地者，务开；地胜其民者，事莱。""务开"指的是开辟生荒，战国时习称为"垦草"，所谓"事莱"，则指利用已成熟但摞荒的"莱田"，在上面种植庄稼。孟子反对"辟草莱，任土地"，与商君所站的立场完全不同，却反映东方六国也有利用摞荒地的事实。正由于此，故《周礼·大司徒》所记的土地分配办法便是"以其室数制之，不易之地家百亩，一易之地家二百亩，再易之地家三百亩"。"一易之地"和"再易之地"分别同于《遂人》职中的"中地"和"下地"，"不易之地"缺乏莱田，据郑玄注引郑司农说，原因即在于其"地美"，可"岁种之"。这种可"岁种之"的"不易之地"，当然就是最早施行了"连种制"的田块。而《吕氏春秋·任地》篇提到"今兹美禾，来兹美麦"，《荀子·富国》篇提到"今是土之生五谷也，人善治之，则亩数盆，一岁而再获之"，似乎连轮作复种制，也已在部分地区萌芽。可见战国农业技术的发展速度是相当惊人的。

农业的巨大进步，使得战国的自然面貌发生了根本性的变化。《孟子·公孙丑上》谓齐国"鸡鸣狗吠相闻，而达乎四境"；《战国策·魏策一》记苏秦说魏王语曰："魏地方千里……庐田庑舍，曾无所刍牧牛马之地。人民之众，车马之多，日夜行不休已，无以异于三军之众"。在中原大国的境内，春秋时残留下来的荒僻之区纷纷消失，代之而起的是一派繁庶发达的新气象。记录战国史实的文献，常常不分国、野，笼统地称述七雄的领土为膏壤千里，或沃野千里，说明一向落后的鄙野，在经济发展水平上，已与国中并驾齐驱，浑然一体了。这对战国领土国家的最终形成和传统国、野界线的消失，无疑起着奠定基础的作用。

第二节　手工业、商业的发展和国野经济联系的加强

农业与手工业之间具有十分密切的联系，这是人所共知的。所以农业生产的发展，必然要为手工业的发展提供前提。战国时期，除了官营手工业继续扩大外，民间独立的手工业者也开始普遍出现了。"猗顿用盬盐起"，而赵国的郭纵、卓氏，魏国的孔氏均"以铁冶成业，与王者埒富"[1]，他们常被称为"豪民"，自应属于独立手工业者的上层。《荀子·性恶》篇提到"陶人埏埴而为器"，"工人斫木而成器"；《韩非子·备内》篇提到"舆人成舆则欲人之富贵，匠人成棺则欲人之夭死也"；同书《说林上》记述了一位"善治履"的鲁人，其妻"善治缟"，当他们打算迁往越国居住时，有人便以越人跣行、披发为由而加劝阻，认为履是穿在脚上的鞋子，缟是做帽子的材料，一旦"游于不用之国"，便势必穷困无告；而《吕氏春秋·召类》篇也言及宋国有一位"为鞔者"，自称"恃为鞔以食三世矣"！这里的陶人、工人、舆人、匠人及治履者、为鞔者等，则是战国时期的百工。因其依靠在市肆上出卖制成

---

① 《史记·货殖列传》。

品维持生活，故又称为"工肆之人"。"百工居肆以成其事"①，他们的生产规模似乎都很有限，地位比较低下，但却为数众多，在整个社会经济中的作用一点也不亚于垄断盐铁大利的"豪民"。孟子在同陈相谈话时说："百工之事，固不可耕且为也。"② 战国农民所需要的陶器、木器及车辆之类，主要就是靠这批独立手工业者供给的。

随着农业和手工业的发展，社会分工日益细密，商品经济的比重也会一天天加大。我们不妨先对古代的商业发展情况稍作一点回顾，通过比较，或许更易明白战国商品交换的进步曾是多么地惊人。一些学者认为商代已有商业，但所举的材料却只有两条：一是商这个字，一是贝这种东西。他们说，商贾的商和商朝的商同是一字，盖商朝多有专做买卖的人，所以遂得"商人"之称，而海贝见之于殷墟，自然又为彼时交换的发达提供了确证。其实，商字初为地名和国族名，单凭一个字来说明商朝商业的活跃，岂不过于牵强？如果一定要在商朝和商业之间寻找联系，恐怕也只能说因周代后期洛阳一带的商族人善于经商，所以在习惯上才把从事商业的人叫商人了。商业是历史发展的产物，在以农为主的中国，不可能有哪个民族自古就是商业民族，因此，任何相反的解释，大概都难于站得住脚。至于海贝，它出现在殷墟，可以是辗转交换的结果，也可能来自贡纳和掠夺。在古代，一个地方有远方之物，非必经过商人之手。同时，甲骨文中只有"赐贝""赐朋"的记录，赐并不等于交换，海贝是否已具备货币的职能，也是很成问题的。鉴于商代农业生产的水平尚很低下，笔者认为那时只有微弱的商品交换，却很难产生什么发达的商业。周人原先的生产水平本与商相去无几，代商宰制天下后，绝不会使商品经济的发展一下子得到根本性的改观。《尚书·酒诰》有"肇牵牛车远服贾，用孝养厥父母"一句，大致可以反映西周的情况。但这句话本身就说明，邻近地区分工不发达，只有较远的地方，由于自然条件上的差

---

① 《论语·子张》。
② 《孟子·滕文公下》。

异，需要迁有于无，才有交易活动。而且"远服贾"的目的又只是为了"孝养厥父母"，即用于直接消费，可见这些服贾者并不是专业的商贾。周室东迁后，真正的商人开始明确见之于记载，比较著名的有弦高、策划从楚国救出晋大夫荀䓨的郑贾人及卖环于晋卿韩起的郑商等。然而，韩起为买环一事"请于子产"时，子产明谓商人与郑之先君桓公"皆出自周"，且"世有盟誓"。显然是一个颇有来历的贵族大家长。而弦高曾代表国家犒劳秦师，同荀䓨发生过联系的郑贾也能出入于晋、楚之廷，他们的地位大约都与子产所说的郑商差不多。春秋时各地经济的发展使贵族们越来越不满足自己采邑内的有限产品，远方之物又为他们的政治特权所不及，在无法通过剥削占有的情况下，就只能借助于商人。而作为商人，又不能没有强大的财力和权势，这就必然会使最初的商业活动带上一定的贵族性，不仅负责经营的人多出身于贵族，而且经营的内容也是大宗的牛马或玉环之类的"市利宝贿"。这些商品只在上层流通，尚无法进入每个"与世隔绝"的村社，广大劳动人民中的交换，当时一般仍旧处在"抱布贸丝"、以物易物的原始阶段。①

只有到了战国，我国的商品经济才开始空前活跃起来了。首先应该提到的，是商人队伍的扩大。陶朱公"积居与时逐"，"十几年中，三致千金"，"子孙修业而息之，遂至巨万"；子贡"废著（发贮）鬻财于曹、鲁之间"，在孔子的门徒中变得"最为饶益"。他们活动的时间跨越春秋、战国两个阶段，可以看作是战国商人的先行者。其后见于记载的富商大贾又有白圭、吕不韦、宋之监止及乌氏倮等。②《管子·轻重甲》谓"万乘之国必有万金之贾，千乘之国必有千金之贾"；《韩非子·五蠹》篇记民间鄙谚，也有"长袖善舞，多钱善贾"的说法，可知文献失载的名商必然人数更多。《史记·货殖列传》称乌氏倮为"鄙人牧长"，《孟子·公孙丑下》把垄断市利的人称为"贱丈夫"，

---

① 李埏：《试论中国古代农村公社的延续和解体》，《思想战线》1979 年第 3 期。

② 《史记·货殖列传》曰："秦始皇帝令倮比封君"，泷川资言引中井积德云："虽称皇帝，而是事盖在未并吞之时"。见《史记会注考证》，中华书局 2015 年版，第 4272 页。据此，乌氏倮、巴寡妇清等，都是战国后期的商人。

表明战国从事商业的人已不限于权势贵族。而《周礼·司市》职提到"朝市朝时而市，商贾为主；夕市夕时而市，贩夫贩妇为主"，那些本小利微的贩夫贩妇更当主要来自普通的人民群众。孟子在回答弟子彭更的问话时说："若不通功易事，以羡补不足，则农有余粟，女有余布。"反映农民手中的部分剩余产品须待经由商人才能进入流通领域。《吕氏春秋·仲秋纪》强调要"易关市，来商旅，入货贿，以便农事"，并视"四方来杂，远乡皆至"，为"财物不匮，上无乏用，百事乃遂"的前提，商人在整个经济生活中的作用，显然受到了社会的普遍关注。法家推行"农战"政策，鼓吹"工商众则国贫"的理论，曾极力限制商人的发展，但商人既是新兴商品经济的代表，任何行政力量在其面前也都变得软弱无力了。《战国策·秦策四》记顿子之言曰："有其实而无其名者，商人是也，无把铫推耨之势，而有积粟之实，此有其实而无其名者也。"商人一边受压抑，一边却不断成长，"有实无名"正是对其社会地位的最好概括。《荀子·荣辱》篇把"农以力尽田，贾以察尽财，百工以巧尽械器，士大夫以上至于公侯莫不以仁厚知能尽官职"，作为达到"至平"之世的四个条件。《儒效》篇又指出："人积耨耕而为农夫，积斫削而为工匠，积反货而为商贾，积礼义而为君子。"并说"通货财，相美恶，辩贵贱，君子不如贾人"。《墨子·贵义》篇也认为："士之计利，不若商人之察也。"从诸子的言论里完全可以看出，战国时期的商人已形成一个独立的社会集团，他们的地位是其他阶层都无法代替的。

接下来我们可以审视当时的市场。各诸侯国的国都及二周（洛阳和巩）均有大规模宏大的市肆，自不待言，更值得注意的是，在国都之外，一批新的商业交换中心也如雨后春笋般地开始涌现。最为典型的如宋国的陶邑，它北临济水，东北有荷水沟通泗水，自从鸿沟开凿以后，济、汝、淮、泗联结为一个完整的水道交通网，陶邑就处在这个交通网的中间。加以陆路交通也很便利，因而它便成为"诸侯四通""货物所交易"的地方，与洛阳齐名，被称作"天下之中"。其他如燕之涿，魏之温、轵，韩之荥阳，楚之宛、邓等，同各国国都一样被誉为"富冠海内"的"天下名都"，也都因为那里有着较为发达的手工业，并是各种物产的集散地。秦惠王时，蜀守张若主持成都的建设，"市张列肆，与咸阳同制"①，说明新辟边郡市场经济的活跃一点也不亚于内地。《战国策·齐策五》记苏秦对齐闵王的游说辞曰："士闻战则输私财而富军市"，"通都小县置社，有市之邑莫不止事而奉王"，军市设在军营附近，以便士兵购买日用消费品，而"有市之邑"则大约主要指各国郡、县的治所。《战国策·秦策一》谓"上党十七县"，《史记·赵世家》作上党有"城市之邑十七"，县既可称为"城市之邑"，县城有市，已当无疑义。《韩非子·内储说上》云："庞敬，县令也，遣市者行，而召大夫还之。"此更为县市的存在提供了具体例证。可见战国市场的设置不仅不以国都为限，而且已开始广泛出现于基层。反映战国市场繁荣的材料是大家所熟知的，《战国策·齐策一》谓"临淄之中七万户"，"其民无不吹竽、鼓瑟、击筑、弹琴、斗鸡、走犬、六搏、蹋踘者"，街道上"车毂击，人肩摩，连衽成帷，举袂成幕，挥汗成雨"；《太平御览》卷七六引桓谭《新论》也说："楚之郢都，车毂击，民肩摩，市路相排突，号为朝衣鲜而暮衣弊"。若无频繁的交易活动，就不可能造成如此热闹非凡的新景象。正是与市场的发展相伴随，各国普遍设置了相应的管理机构，委派官吏来监督商业交换活动。《荀子·解蔽》篇以市师、器师与田师并列，《韩非子》等书中曾提到过"市吏"，《周礼》更详列司市、质人、胥师、贾师、司虣、司稽、肆长、泉府等职名，分别负责次序货物行列、平易市价、禁暴止盗、听断争讼、征敛市税等工作，这些机构和官吏的出现，表明市场已成为城邑的重要组成部分。

货币是商品经济发展的重要标志。目前，我国出土的早期金属铸币有发现于山西侯马和河南洛阳一带的空首布，它们的铸造时间当在春秋晚期，但却形制粗大，与实际使用的同名农具镈（布为镈的假借字）几乎无别，显然刚同一般商品发生分离，并不是其他什么先行铸币发展的结果。由此可以推知，铸币也是在稍后的战国阶段，才开始真正大量进入流通领域的。事实

---

① （晋）常璩著，任乃强校注：《华阳国志校补图注》，上海古籍出版社 1987 年版，第 128 页。

上，新中国成立后见于正式报道的东周钱币约共 7 万余枚，其中绝大部分都属于战国之物。这些战国铸币的种类有流行于三晋的布币，流行于齐、燕的刀币，流行于周、秦的圜钱和只见于楚地的蚁鼻钱等。通过钱文可以考定的铸造地点除各国都城外，还有不少是区域性的行政中心。如魏国的蒲坂（今山西省永济市西）、晋阳（今山西省永济市西南）、共（今山西省平陆县北）、阴晋（今陕西省华阴市东）、皮氏（今山西省河津市东）、高都（今山西省晋城市）、宅阳（今河南省郑州市北）；赵国的晋阳（今山西省太原市），蔺、离石、武安（今河北省武安市西南），中阳（今山西省中阳县），武平（今河北省霸州市），安平（今河北省安平县），中都（今山西省平遥县西南），安阳（今内蒙古自治区乌拉特前旗），柏人（今河北省临城县东南）；韩国的平阳（今山西省临汾市西北），高都（今河南省洛阳市西南），屯留、长子、涅（今山西省武乡县西北），卢氏（今河南省卢氏县），邓（今河南省孟州市西）；齐国的即墨、安阳（今山东省曹县东），赒（今山东省寿光市西南益城）；燕国的襄平（今辽宁省辽阳市）等处，可能都曾设有铸币的作坊。[①] 产地分散固然反映币制在各国内部尚未达于统一，但也说明战国货币的使用已经相当广泛。同时，布币和刀币还有由大变小的显著倾向，战国后期最小的方足布仅重五六克，而空首布为实首布所代替，也离它的原型越来越远。我们完全有理由说，战国各种货币都取得了一般等价物的特殊地位，只是一种交换媒介和价值尺度了。与青铜铸币相辅而行的又有黄金，常按金、斤或镒来计算。楚国的金币称作郢爰、陈爰等，爰大概也是一种重量单位。国君赏赐臣下，贵族、官僚间的贿赂或送礼使用黄金，大商人经营的珍贵商品同样以黄金论价。据说，千里马、象床、宝剑、狐裘等都是价值千金之物。[②] 货币本是适应交换的需要才得以产生的，金、铜货币历史地来到世间，正为战国交换活动的扩大提供了明证。

---

① 杨宽：《战国史》，上海人民出版社 2017 年版，第 142—148 页。

② 分别见于《战国策·燕策一》《齐策三》《西周策》和《史记·孟尝君列传》。

最后再来谈谈战国进入交换的商品种类。用铁及青铜铸造的农具是提高劳动生产率的利器，自为广大农民所急需。但农人所处的公社实在过于狭小，既不会每个邑里都有矿藏分布，也不可能处处设炉从事冶炼，而生产铜、铁的设备和技术又难以掌握，因而，这些无法自给自足的金属工具，就只有通过市场来换取。陈相在回答孟子的问话时，既承认其师许行"以铁耕"，也承认所用的铁器非"自为之"，而是"以粟易之"①，用粮食来换取耕具，大约正可以反映战国中期的一般情况。从诸子书的记录来看，当时市场上出售的器械还有釜甑轮舆等，"百工之事，固不可耕且为也"，以铁器为首的手工制品为当时主要的交换对象，自在情理之中。另外，盐是人人不可或缺的食品，《管子·海王篇》曰："十口之家，十人食盐，百口之家，百人食盐。终月，大男食盐五升少半，大女食盐三升少半，吾子食盐二升少半，此其大历也"。可知在战国秦汉间，社会对盐的需求量很大，但煮盐和冶铁两项都是"非豪民不能通其利"②，故《史记·货殖列传》所举的豪富，以盐铁起家者竟占半数以上，而普通民众的盐不通过交易则无由获得，所以，与人民生活密切相关的盐，就势必会同手工制品一样，成为流通商品中的大宗。随着生产力的提高，战国时的农村出现了"农有余粟，女有余布"的情况，这一现实又为各种农副产品进入市场提供了条件。《周礼·司市》谓"大市日昃而市，百族为主"，这里的"百族"是指远居城外的百姓，他们虽然来去匆匆，交易而退，却毕竟开始涉足市场了。《韩非子》一书曾经提到过卖豚者、贩茅者等③，《吕氏春秋·慎势》篇曾提到过卖兔者，其身份大约都属于农民。不过，由农民直接带到市场上的主要商品则是粮食和布帛丝麻。据《汉书·食货志》引李悝语，一石粟价值三十钱，而《史记·货殖列传》引计然语，又谓粟最贱时价值二十钱，最贵时可达九十钱。依照《秦律》律文，秦地禾（小米）价也是每石三十钱，菽、麦的价格则低于禾，用作织物原料

---

① 《孟子·滕文公上》。

② 《盐铁论·禁耕》。

③ 见于《韩非子·外储说左上》和《内储说下》。

的"枲"（大麻雄株），每斤值三又三分之一钱，布一幅，长八尺，阔二尺五寸，值十一钱。这些农产品均以货币计价，显然流通相当频繁，有着较大的成交额。农民纷纷然与百工交易，梓匠（木工）、轮舆（车工）之辈皆可赖此而得食，由于农业生产有丰有歉，一些商人也会趁机利用市价的升降，来牟取大利。如魏文侯时的白圭"乐观时变"，自称经商要"人弃我取，人取我予"，丰收年头，他购进谷物，抛售丝漆，蚕茧成熟时则收买棉絮，出卖粮食，凭借经营农副产品而成巨富，竟与帮助魏文侯变法的大改革家李悝齐名。农民既已与市场和货币发生联系，田宅的买卖便迟早就要发生。《韩非子·外储说左上》谓赵简子重用中章、胥己后，"中牟之民弃其田耘，卖宅圃而随文学者邑之半"；《史记·廉颇蔺相如列传》又提到赵括得"王所赐金帛，归藏于家，而日视便利田宅可买者买之"，这虽然仅是两个特例，但不动产确已有了步入流通领域的明显趋向。除上述外，战国市场上出售的商品还有衣履、酒食、臣妾、珠玉、骏马及各种土产等。若同春秋时仅以"市利宝贿"为主要商品的情况相比，两个时代的差别便越发皎然明著。

毋庸讳言，由于传统自然经济仍占统治地位，战国商业交换的发展不可避免地存在很大的局限性。即便如此，它给整个社会带来的影响就已经相当可观了。《荀子·王制》篇曰："北海则有走马吠犬焉，然而中国得而畜使之；南海则有羽翮、齿革、曾青、丹干焉，然而中国得而财之；东海则有紫紶、鱼盐焉，然而中国得而衣食之；西海则有皮革、文旄焉，然而中国得而用之。故泽人足乎木，山人足乎鱼，农夫不斫削、不陶冶而足械用，工贾不耕田而足菽粟。故虎豹为猛矣，然君子剥而用之。故天之所覆，地之所载，莫不尽其美，致其用。"四海泛指四方，中国则指中原，从这段话里我们可以看出，战国时不仅各地区间出现了货物的周转，而且在野的泽人、山人、农人同国中的工贾、君子也产生了强烈的依存关系，国和野在经济上正趋向于形成一个不可分割的统一体，传统国、野界线的消失和领土国家的形成与此密切相关，当然也是不言而喻的。

第三节　战国私有制关系的逐步成熟

孔子尚"罕言利"[1]；墨子也认为"亏人自利"是造成祸乱的根源，因而把"兼相爱，交相利"当作平治天下的药方[2]；孟子对利一般持排斥态度，但却同样懂得"富"为"人之所欲"，他期望于人们的是"富贵不能淫，贫贱不能移"[3]；荀子公开宣扬"今人之性，生而有好利焉"，在他看来，"食欲有刍豢，衣欲有文绣，行欲有舆马，又欲夫余财蓄积之富也"，以及"穷年累世不知足"等，都属人之常情，就是连尧舜那样的贤者，也"不能去民之欲利"[4]；《管子》的作者在《禁藏》篇里提道："凡人之情，见利莫能勿就，见害莫能勿避"。主张因势利导，使民自安；韩非在人性问题上继承荀子，更认为"利之所在"，人"皆为贲诸"[5]。战国学者的政治观点各有不同，但毫无例外地以承认利欲为立说的前提，正反映彼时社会上的私有制关系已有长足的进步，不允许人们继续对其视而不见了。

战国私有制关系的发展可以有不同的渠道，但归根结底，却是与生产力的显著提高密切相关的。由于铁耕时代的出现，用铁器武装起来的农民逐渐具备了从事个体农业经营的条件。《吕氏春秋·审分》篇曰："今以众地者，公作则迟，有所匿其力也；分地则速，无所匿也。"高诱注："作，为也。迟，徐也。迟用其力而不勤也。分地，独也，速，疾也。获稼稿则入已，分而有之，各自欲得疾成，无藏匿，无舒迟也。"[6] 从这段话可以清楚地看出，以父权制大家庭为单位的集体劳动形式，到战国时，已经压抑了人们的生产积极

---

① 《论语·子罕》。

② 《墨子·兼爱中》。

③ 引文分见于《孟子·万章上》《滕文公上》。

④ 《荀子·性恶》《荣辱》。

⑤ 《韩非子·说林下》。

⑥ 陈奇猷：《吕氏春秋校释》，中华书局 2009 年版，第 431 页。

性，而分地私耕则成为势在必行的迫切需要。于是，土地由家族共同占有到归个人占有的演变过程便必然应运而生。

分配土地的办法也许是比较复杂的。1972 年发现的山东临沂银雀山汉墓竹简有《田法》一篇，其中说："州……乡以地次授田于野……三岁而壹更赋田，十岁而民毕易田，令皆受地美恶□均之数也"①。据此，似战国的部分地区确曾有过平均分配和定期轮换。论者多将其视为前代制度的遗留。而笔者却认为这恰是刚刚产生的新事物。因为在以前个体劳动尚未成为现实的情况下，即使把土地分到了每个生产者的手里，他也无法从事耕种。如果不是惑于孟子的井田说，个中道理是不难理解的。在云南傣族地区，一些村寨系由几个家族和少数零星户组成，平时"地方上的负担大家一样出，挖水沟、围篱笆等寨内的事情大家一样做"，但因存在着"家族田不分给外族人"的强烈观念，所以不同家族的成员实际占有的土地就多寡不一。随着时间的推移，要求进行调整的呼声越来越高，到 20 世纪 30 年代，勐遮的曼纳窝寨，景洪的曼菲龙寨等，都打破了家族界限在寨内重新平分了土地。② 可见要使土地平均分配得到贯彻，一则需要个体劳动成为现实，再则还应以村社关系取代家族关系、并占据统治地位作为前提。参照傣族的实例，再来看银雀山竹简，便觉得茅塞顿开。《田法》的材料只表明战国时的村社关系已有所发展，生活在同一乡、州的人，具备了领种一块等量份地的基本权利。这比硬把平均分配说成是"古制"，似乎更加切合实际。

然而，这种为农村公社特有的土地分配办法是否曾广泛流行，却又非常值得怀疑。在《荀子》一书中，"无置锥之地"已成为习惯用语；《吕氏春秋·为欲》篇也说："无立锥之地，至贫也"。当时社会上不仅存在"上无通名，下无田宅"的"宾萌"③，而且还有流入异地、受雇于人的"市佣"、"庸保"或

---

① 银雀山汉墓竹简整理小组：《银雀山竹书〈守法〉、〈守令〉等十三篇》，《文物》1985 年第 4 期。

② 曹成章：《傣族社会的家族公社及其残存的原因》，《民族研究》1984 年第 4 期。

③ 《商君书·徕民》。

"庸夫"等。战国土地买卖尚未盛行，把"无置锥之地"者视为土地兼并的牺牲品显然不够妥当，因而我们便不能不抛开传统看法来考察失地农民的来源。战争、灾荒、繁重的赋役、商人高利贷者的盘剥，及部分农户缺乏生产能力等，都会引起弃家流亡，固然应予高度注意。除此而外，更应承认，在共耕向私耕演变的过程中，多数地区可能存在过土地分配上的不平等。云南布朗山的布朗人，每年于砍种时分配土地，由家族成员按继承关系和长幼辈分依次挑选，后来随着人口的增多，便出现了个别人占不到地或占不到好地的情况①。古代中原各国的血缘关系十分强固，它既然不会轻易退出历史舞台，就必然要在土地分配中发挥作用。通过与布朗族进行比较，笔者感到，战国的失地农民至少有一部分应是家族中的血缘关系疏远者或失去家族联系的孤寡。周代实行嫡子继承制，进入封建社会后才逐步演变为均分继承。在均分继承出现前，余子虽可受到宗族的照拂，但他们始终在经济上处于不利地位，则是显而易见的。失地农民的数量越多，对各国政府的统治就越不利，此点已受到当时政治家们普遍关注。孟子认为民有恒产者有恒心，"则无恒产，因无恒心，苟无恒心，放辟邪侈，无不为已"，从维护整个统治秩序的需要出发，他主张由国君"制民之产"，提出行仁政"必自经界始"②；《管子》一书的作者严厉批评土地分配上的弊端说："不均之为恶也，地利不可竭，民力不可殚。"在他看来，只有"审其分"，才能使"民尽力"，使"父子兄弟不忘其功"③。失地农民的存在、巩固统治和对外兼并的需要，成为两股强大的力量，共同引出了战国历史上的授田制。《商君书·徕民》篇曰，"地方百里者"，可"食作五万夫"，此"先王制土分民之律也"；《吕氏春秋·乐成》篇曰："魏氏之行田也以百亩，邺独二百亩，是田恶也。"《周礼·大司徒》篇曰："凡造都鄙，制其地域而封沟之，以其室数制之：不易之地，家百亩；

① 《民族问题五种丛书》云南省编辑委员会编：《布朗族社会历史调查》，云南人民出版社1982年版，第8页。
② 《孟子·梁惠王上》《滕文公上》。
③ 《管子·乘马》。

一易之地，家二百亩；再易之地，家三百亩。"其《遂人》篇又曰："辨其野之土，上地、中地、下地，以颁田里。上地，夫一廛，田百亩，莱五十亩，余夫亦如之；中地，夫一廛，田百亩，莱百亩，余夫亦如之；下地，夫一廛，田百亩，莱二百亩，余夫亦如之。"这里的制土、行田、制地、颁田里指的都是国家授田。甚至孟子所谓"八家各私百亩"的井田制原本也只是一种理想化的授田方案，他将"制民之产"与古代平原低地区域的一种田丘形式相结合，目的是要增加自己学说的分量，结果却弄得扑朔迷离，给后人留下了任意猜度的余地。

授田的标准依土地的质量而有多寡之别，但计算的基数却是百亩。《管子·臣乘马》曰："一农之量，壤地百亩也。"大概一个农户经营百亩土地正符合战国的生产力水平。不过，由于各国具体条件不同，受田农民实际占有土地的状况也存在差异。孟子批评梁惠王说："今也制民之产，仰不足以事父母，俯不足以畜妻子。"为此，他建议要给每个八口之家"百亩之田"，"五亩之宅"，或者魏国已有授田不足百亩的现象。杜佑《通典·雍州风俗》说："商鞅佐秦，以一夫之力，地利不尽，于是改制二百四十步为亩，百亩给一夫"，在这种场合，亩数未变，面积却又大大增加了。

国家授田制体现了政治对经济的强烈干预，自然长成的村社关系不足以排斥家族，来自上层的行政力量却使家族在土地分配方面的影响从根本上得到了削弱。从此，连血缘关系疏远的余夫和外来人口也能与正夫一样领受土地，成为国家编户。这对各国落实剥削、增加收入、壮大力量，非常有利。在授田制下，土地属于国家，而尚未成为私产，但农民对份地的占有权也在日益巩固。《史记·商君列传》说商鞅变法时曾"为田开阡陌封疆"；《管子·四时》篇提到每年"春二月"要"修封疆，正千百（阡陌）"；《吕氏春秋·孟春纪》提到"皆修封疆，审端经术"；青川木牍《秦更修田律》条有"以秋八月，修圬（埒）正疆畔"之文。所谓"开阡陌""正阡陌""修封疆""正疆畔"等，就是依照各地的亩积，打破家族传统的占地范围，为个体生产者划定田界。云梦秦简《法律答问》曰："盗徙封，赎耐。可（何）如为'封'？

'封'即田千百（阡陌）。"①秦律禁止私自移动田界，并对违反者处"赎耐"的刑罚，可见农民份地已受国家保护，不许他人随意侵犯。《商君书·徕民》篇建议用"利其田宅，而复之三世"的办法招徕三晋之民垦荒，受田者既可三世享受免除赋役的优待，说明秦国农民占有的土地可以世代相传。所以，授田制虽未直接导致个体私有，但却加速了土地私有化的进程，战国后期出现零星的土地买卖，秦统一中国后，"令黔首自实田"，那时的土地私有关系已经是在逐渐成熟了。

　　个体劳动是国家授田制的前提，授田制的实行又反转来促使个体劳动进一步发展。《孟子·滕文公上》曰："夫以百亩之不易为己忧者，农夫也。"《万章下》则云："耕者之所获，一夫百亩。"《梁惠王上》曰："百亩之田，勿夺其时，八口之家，足以无饥矣。"《荀子·王霸》亦云："百亩一守，事业穷，无所移也。"《汉书·食货志》引李悝语："今一夫挟五口，治田百亩。"很显然，"百亩一守"已取代家族成了常见的生产单位。《周礼·里宰》职有"以岁时合耦于锄"的说法，郑玄注曰："锄者，里宰治处也，若今街弹之室，于此合耦，使相佐助，因以为名。"②说明在个体劳动普遍涌现的同时，集体劳动并未彻底消失。但战国的共耕与春秋以前相比，又有种种差异，不能等量齐观。首先，春秋以前只有"千耦""比耦"，而不见"合耦"的记录，可知彼时的农作由家长主持，耦不待合而成；战国以后的共耕则是一种人为的组合。其次，春秋以前的共耕以血缘关系为纽带；从战国开始，由里宰主持搭配，已经渗入了地缘关系。再次，春秋以前的共耕组织是稳定的经济单位；战国以后则已带有明显的季节性和临时性。最后，春秋以前是家族共同占有土地、共同耕种，战国以后过渡到以土地个体占有为前提的协作伙耕制。《台海采风图》记台湾番社的情况说："番稻七月成熟，通社规定日期，以次轮获。"③所

---

①　睡虎地秦墓竹简整理小组编：《睡虎地秦墓竹简》，文物出版社1990年版，第108页。

②　（清）阮元：《十三经注疏》，中华书局1980年影印版，第743页。

③　转引自翦伯赞：《台湾番俗考》，载《翦伯赞全集》第四卷，河北教育出版社2008年版，第244页。

谓"次"是指依家庭排定的先后顺序，战国的合耦与此相同，都只不过是对个体劳动的一种补充。

分散的劳动是私有制产生的源泉，随着生产力的提高，劳动形式既然已以个体为主，即使土地尚未完全私有，财富也会向着各个小家庭集中，并在劳力强弱参差的农户间造成产品占有的不平衡。人工饲养的动物可能最早成为个体家庭的私有物，故《墨子·非攻上》就已提到"攘人犬豕鸡豚者""取人牛马者"；《荀子·正论》篇谓"今人或入其夬渎，窃其猪彘，则援剑戟而逐之，不避死伤"；《礼记·曲礼下》也说："问庶人之富，数畜以对"。其中，牛、马是人们劳动的助手，因而便格外受到珍视。《晏子春秋·内篇谏下》曾提道："服牛死，夫妇哭，非骨肉之亲也，为其利大也。"《战国策·宋卫策》："卫人迎新妇，妇上车，问：'骖马，谁马也？'御曰：'借之。'新妇谓仆曰：'拊骖，无笞服！'"这两个故事生动描绘了小私有者的心理状态，也反映畜产的归属界线已经十分明确。除了畜产，归家庭私有的还有粮食和布帛丝麻。《墨子·非命下》说，"今农夫之所以早出暮入，强乎耕稼树艺"，是为了"多聚叔（菽）粟"；《荀子·荣辱》篇既曰："今人之生也，方知畜鸡狗猪彘，又畜牛羊，然而食不敢有酒肉"。又曰："余刀布，有囷窌，然而衣不敢有丝帛；约者有筐箧之藏，然而行不敢有舆马。"并认为这是"长虑顾后"的好计划，可知份地的收获除去应上赋敛的部分，都已储入各户的囷窌、筐箧，开始由其自行支配。《墨子·天志下》还记有"入人之场圃，取人之桃李瓜姜者"，参以中牟之人曾经"弃其田耘，卖宅圃而随文学"的事实，可以肯定在园圃作物长期私有后，园圃本身也变成了农民的第一块私有地。《吕氏春秋·贵当》篇曰："疾耕则家富。"其《长攻》篇又曰："譬之若良农，辩土地之宜，谨耕耨之事，未必收也；然而收者，必此人也。"将致富的原因尽归于强力疾耕，固失之偏颇，但随着劳动产品的私有，普通劳动者的经济地位已有贫富差距，却当是事实。孟子称鳏、寡、孤、独为"天下穷民而无告者"[①]，这些缺乏劳

---

① 《孟子·梁惠王上》。

动力的家庭自然最易陷于贫困，而战争、赋税、灾荒等又如严霜般地摧残着个体经济的幼芽，商业交换，高利贷盘剥也恰于此时深入到了农村。《管子·治国》篇曰："凡农者，月不足而岁有余者也，而上征暴急无时，则民倍贷以给上之征矣。耕耨者有时，而泽不必足，则民倍贷以取庸矣。秋籴以五，春粜以束，是又倍贷也……关市之租，府库之征，粟什一，厮舆之事，此四时亦当一倍贷矣。"终岁勤劳，尚不足以养父母，却"又称贷而益之"，出现"老弱转乎沟壑"的惨剧也就事所难免了。① 儒家提出许多措施来防止贫富分化，孟子"乡田同井，出入相友，守望相助"的理想便是其中的一个方案。但时代发展到战国，贫富分化已成为历史的必然，这种总的趋势是任何人也无法挽回的。

劳动者家族的成员，通过分地或授田，占有小块土地，并在积累动产的基础上，变成贫约不等的小私有者，这是战国私有制发展的一条重要途径。如果按照传统的国、野观念加以区分，沿着这条途径前进的便不仅包括野人，而且也包括下层的国人。除此而外，上层贵族的情况如何，也应予以分辨清楚。一种流行的说法是，卿大夫的采邑经长期占有，渐渐可以自行处置，就会变成贵族的私田。对此，笔者是持怀疑态度的。以晋国为例，春秋后期的六卿中，韩氏领有七座大邑，且"皆成县也"；范氏的采邑至少包括随、范、栒、栎四处；智氏在灭范氏、中行氏后占地最多，智过曾劝智伯瑶赐韩、魏之臣段规、赵葭各"万家之县一"，可知其邑远不止一县；赵氏之邑仅文献习见的就有晋阳、邯郸、长子、中牟。② 怎么能够想象，这些成县的采邑会变成封主个人的私有土地呢？《孙子兵法·吴问》篇曰：范氏、中行氏制田"以百六十步为亩"；智氏制田"以百八十步为亩"；韩、魏制田"以二百步为亩"；赵氏制田"以二百四十步为亩"③，"制田"就是授田，可见六卿在自己的封地里较早施行了授田制。在授田制下，土地已归个体农民实际

---

① 《孟子·滕文公上》。

② 《国语·晋语九》及《吕氏春秋·知度》等。

③ 银雀山汉墓竹简整理小组编：《银雀山汉墓竹简》，文物出版社1985年版，第30页。

占有，若谓采邑之田尽属封主私有，便与大量受田农民的存在相互矛盾。依照某些学者的逻辑，采邑既已转化为私田，田主就当以"封建的依附农民"为奴役对象，并实行租佃制剥削。然而，《吴问》只说了六卿制田后均"而伍税之"，并无只言片语涉及租佃关系。看来，把采邑说成是私有土地实在过于牵强。部分贵族长期据有、并不断扩大其采邑，只能导致"大都耦国"，在某些场合，采邑可以充当卿大夫向公室夺权的基地，一旦夺权成功，它便连同从公室刚获得的地盘一起，都成了新建国家的领土，邑中的人口也成了新建国家的编户，"三家分晋"和"田氏代齐"都属于这种情况，韩、赵、魏与田氏何曾变成据有数县以上私有土地的大地主的？战国的封君贵族仍领有采邑，甚至有明令使其子孙世袭者，如《礼记·檀弓下》说，卫太史柳庄死，公"与之邑裘氏与潘氏，书而纳诸棺曰：'世世万子孙毋变也'"。柳氏后人对采邑的占有权可算是相当固定了，但从吴起在变法中"使封君子孙"三世而收其爵禄来看，战国封君领受封地仍仅是取得俸禄的一种形式，他们受封后可以按一定比例与国家分成，占有封地受田农民提供的部分赋税和力役，凭借一纸命令，把大片采邑化为个人私有土地的现象也同样没有发生。

还有一些学者注目于"军功赏田"，认为通过颁赏，就能造就一大批军功地主，从而促使地主土地所有制发展。其实，赏田应有两种情况。一种规模较大，最早的材料便是《左传》哀公二年赵简子誓师词中所说的"克敌者，上大夫受县，下大夫受郡，士田十万"。以后又有魏王赐公叔痤田一百四十万，赐吴起之后田二十万，赐巴宁、爨襄田各十万；卫嗣君进薄疑田万顷；赵烈侯赐歌者枪、石田各万亩等。[1] 徐鸿修通过详细论证，指出这种赏田也是以赐税的形式颁赏爵禄。[2] 对于徐先生的说法，笔者极为赞同。《战国策·魏策一》在记述魏王对公叔痤的赏赐时就明说是"以赏田百万禄之"，如果以为赏田不是赐税，而是给予私有土地，把这么多的土地不断赏

---

① 《战国策·魏策一》《韩非子·外储说右上》《史记·赵世家》。

② 徐鸿修：《从禄赏制的演变看周代的土地制度——兼评"军功地主"论》，《文史哲》1987年第2期。

给臣下，国家对土地的支配权岂不是很快就落空了吗？况且，几十甚至上百万亩大的地方，是不可能无人居住的，这些田归受赏者私有后，对原来的居民，又将如何处置呢？另一种赏田，以普通士卒为对象，面积较小，它是以战国时代授田制普遍存在为背景而出现的，从赏田基数与授田标准相同来看，显然属于授田的一种引申和补充。如魏国行武卒制，"以度取之"，"中试则复其户，利其田宅"①，就是授田时优先给战士良田美宅，田宅等级高于普通受田者，而受田亩积不变，秦国除按军功爵的"差次""名田宅、臣妾"外，又在赏法中规定，斩敌一首，可"益田一顷，益宅九亩"②，则是增加授田面积，使中赏者一人受二人之田。士卒"身死而田夺"，正如授田制没有使农民获得完全的土地所有权一样，这种赏赐本身也没有赋予受赏者以固定的永业田。只是随着历史的发展，授田制开始废止，农民的份地由占有变为私有，小块的赏田才也渐渐地私有化了。可见笼统地把赏田说成是土地私有的起因，也很成问题。

　　笔者认为贵族私有土地当源于分封制下就已存在的封君家族自占地。《国语·晋语八》曰："大国之卿，一旅之田，上大夫，一卒之田。"事实上，春秋卿大夫之都多可成县，大者甚或数县，何至仅限于一卒或一旅？可知这里说的不是全部采邑，而是指归卿大夫家族自行占有的部分土田。同书谈到韩宣子忧贫的故事，叔向对其劝诫说："昔栾武子无一卒之田，其宫不备其宗器……以免于难……今吾子有栾武子之贫，吾以为能其德矣，是以贺。若不忧德之不建，而患货之不足，将吊不暇，何贺之有？"彼时"韩赋七邑，皆成县也"，宣子有七县而忧贫，所忧显然是器用财贿尚少和自占土地不足。自占土地由家族子弟和家内奴隶负责耕种，必要时，又以"派白工"的形式调集采邑中人前来助耕。经长期使用后，容易向私有土地转化。正是战国期间，这种转化逐渐趋于完成，牢固的占有权演变为私有权，而且极可能已在

---

　　①　《荀子·议兵》。

　　②　《史记·商君列传》《商君书·境内》。

家族成员间实行分配。由于战国的风气是"先富有而后推让"①，家族长势必要凭借政权和族权在家族分化中多占地或占好地，孟子说的"暴君污吏漫其疆界"或者就是此类现象的客观反映。与之相应，余子"出离"，乃至成为"弃人"的情况也就发生了。但另一方面，独立经营和商业交换的魔力也会使某些普通家族成员摆脱不利的经济地位，而成为豪富。《礼记·内则》规定庶子不得"以富贵加于父兄宗族"，大约就是为此而发的。土地分割和家族分化后，单单依靠子弟和家内奴隶来从事生产已经远远不够，摊派白工劳役又往往受到抵制，随着服制的解体，已变得完全没有可能。于是，雇工剥削便代之而起，并日益扩大其使用范围，奴隶买卖也较前增加，而具有土地私有者身份的贵族则首先购进土地以自益，赵括"日视便利田宅可买者买之"，便是一个显例。不过，终战国之世，土地的兼并和集中仍不剧烈，诸子书中虽屡言"贫者无立锥之地"，却尚未与"富者田连阡陌"并提，所谓封建的大土地所有制，要到西汉后期，才得以陆续形成。

贵族自占地的私有造就了第一批地主，授田制的普遍推行又使耕者以个体的形式同土地结合，从而产生出大量具有一定独立经济的小农。战国土地私有制的发展虽仍不充分，但财产关系确已挣脱了血缘羁绊，成为支配人们社会生活的主流。这对以"地域和财产"为基础的"政治社会"的形成，当然也是至关重要的。

第四节　家族的解体和人口流动

春秋期间，各国以夺位、分室为内容的政治斗争曾促使部分大族走向衰落和瓦解，并进而造成了人的流动。但由于当时的生产力还不足以引起更为

---

① 《史记·平准书》。

深刻的社会变革，所以，血缘关系的破坏在深度和广度上都不免带有很大的局限性。

历史进入战国，情形就完全不同了。如前所言，"百亩一守"的个体劳动已经成为可能，脱离家族集体便无以生存的局面终于一去不复返，而工商业的活跃又向人民群众展示出一副空前诱人的图景，于是，个人的价值第一次被普遍认识，甚至取得了浸浸然凌乎一切之上的势头。《墨子·耕柱》篇引巫马子语，我"爱我家人于乡人，爱我亲于我家人，爱我身于吾亲，以我为近也，击我则疾，击彼则不疾于我，我何故疾者之不拂，而不疾者之拂?"于，犹厚也，这段话虽是孔门弟子为反对墨家的兼爱学说而设，但重视自我的意识却得到了极为明显的表露。据孟子说，主张"为我"的杨朱连"拔一毛而利天下"都是不干的。①《吕氏春秋》有《重己》一篇，文中说道："倕，至巧也。人不爱倕之指，而爱己之指，有之利故也。"并指出："今吾生之为我有，而利我亦大矣。"虽"爵为天子"，"富有天下"均"不足以比焉"。《重己》与该书的《贵生》《本性》《情欲》《尽数》诸篇，大约即采自杨朱后学子华子、詹何等人的观点，这派学说的核心思想是"全性葆真，不以物累行"②，然而，它的形成本身就说明当时社会上确实存在着注重个人利益的普遍倾向。此外，孟子讲"性善"，荀子讲"性恶"，是非曲直，可暂置不顾，仅就他们能够提出"人性"这一重大命题而论，便也是个人人格已经独立的客观反映。"彊本而节用，则天不能贫；养备而动时，则天不能病；脩道而不贰，则天不能祸"③。消极者"全性葆真"，以期达到"无为而治"，若取相反的态度，将个人的才智充分发挥，世间又有什么事情做不到呢? 这正是荀子"制天命而用之"思想得以产生的社会基础。

个人从湮没无闻的状态中独立出来，势必要使神圣的家族关系和至高无上的父权在内部受到猛烈冲击。《战国策·秦策三》曰："父之于子也，令有

---

① 《孟子·尽心上》。

② 《淮南子·氾论训》。

③ 《荀子·天论》。

必行者，必不行者。"《赵策二》也曰："过任之事，父不得于子。"《吕氏春秋·应同》篇举了一个最醒目的例子来说明新的父子关系，叫作"父虽亲，以黑为白，子不能从"。荀子作为战国时期有影响的学者，公开把"入孝出弟"视为"人之小行"，把"上顺下笃"视为"人之中行"，把"从道不从君，从义不从父"誉为"人之大行"，认为"可以从而不从，是不子也；未可以从而从，是不衷也"，只有"明于从不从之义，而能致恭敬忠信端悫以慎行之"，才"可谓大孝"①，他还说"父子为亲矣，不诚则疏"。这里，在父子间起维系作用的已是抽象的"诚"，而不是具体的血缘纽带。上述观点的产生说明，父权已从往昔独尊的宝座上跌落，走向下坡路。而与此相伴随，"父子相夷"的现象也应运而生，并且日益增多。《韩非子·外储说左上》曰："人为婴儿也，父母养之简，子长而怨；子盛壮成人，其供养薄，父母怒而诮之。"父子至亲也，却或诮或怨，这恰是"父子相夷"现象的真实写照，孟子从维护家族的稳定出发，曾试图用"易子而教"的办法来避免父与子的冲突，他说："教者必以正，以正不行，继之以怒。继之以怒，则反夷矣：'夫子教我以正，夫子未出于正也。'则是父子相夷也，父子相夷，则恶矣。古者易子而教之，父子之间不责善。责善则离，离则不祥莫大焉。"② 文中的夫子指家父，夷字当解作伤害，"易子而教"事实上只是一种无可奈何的调和折衷，然而，为子者既已具备了离父自立的条件，孟子的折衷措施究竟能起多大作用，也是非常令人怀疑的。他自己在《离娄下》篇里就一连列出了五种世俗常见的不孝表现，可知提倡"易子而教"从根本上说依旧于事无补。父子关系尚且如此，原本就显得较为次要的兄弟关系自然更容易发生动摇。春秋时，远去兄弟宗族的流人还在终日渴念着"言旋言归，复我诸兄"，至战国，连重视家族关系的儒家也认为，君子只要"执仁立志，先行后言"，则"千里之外，皆为兄弟"③。《韩非子·五蠹》篇曰："饥岁之春，幼弟不饷；

---

① 《荀子·天道》。

② 《孟子·离娄上》。

③ 《大戴礼记·曾子制言》。

穰岁之秋，疏客必食。"在韩非所体察到的人情世态里，兄弟与路人相比，似乎仅差一步之遥了。墨子曾把孔子那种由父母推及兄弟、由兄弟推及五族、由五族推及九族的"爱人"斥之为"别"，并以"别"为非，主张"兼以易别"，他大声疾呼，号召人们"视人之父若其父，视人之家若其家"，这大约反映战国的下层劳动群众已经有了要求打破家族鸿沟的强烈愿望。

个人独立性日益发展，家长的权利日益削弱，家族的解体便日益迫近。战国时，社会上普遍存在着下述三种现象，如果用逻辑的方法加以归纳，它们大致可以被看作是家族分化过程中的三部曲。

一、夫妇私积。《韩非子·说林上》："卫人嫁其子而教之曰：'必私积聚。为人妇而出，常也；其成居，幸也。'其子因私积聚，其姑以为多私而出之，其子所以反者倍其所以嫁，其父不自罪于教子非也，而自知（智）其益富。"这是子妇私积的一个明显的例子，不幸遇到了强悍的婆婆，因而被逐出返回了母家。但从其他材料来看，家庭成员擅积私财，又无法得到有效制止的现象却更加严重。《荀子·性恶》篇假托尧、舜的对话来说战国的"人情"，认为"妻子具而孝衰于亲，嗜欲得而信衰于友，爵禄盈而忠衰于君"等，是当时社会的几大特征；《孟子·离娄下》把"好货财，私妻子，不顾父母之养"列为世俗所谓的"五不孝"之一；《墨子·兼爱》篇提到"子自爱，不爱父，故亏父以自利"的情况；《韩非子·忠孝》篇谓"至今为人子者，有取其父之家，为人臣者，有取其君之国者矣"。分散的劳动是私有制产生的源泉，分地私耕既十分常见，个人私积之获得发展，本来就是十分正常之事。大约正因为私积已经危及家族共有制的存在，所以儒家编制的礼书才作出了"父母存，不许友以死，不有私财"之类的规定。然而，在《礼记·坊记》一篇里，作者就曾无可奈何地叹息说："父母在，不敢有其身，不敢私其财，示民有上下也……父母在，馈献不及车马，示民不敢专也。以此坊民，民犹忘其亲而贰其君！"可知儒者自己对其所提的防范措施也缺乏信心。他们的许多论调事实上似乎都不妨看作是对旧制度的一曲挽歌。

二、财产争夺。《孟子·离娄下》："今有同室之人斗者，救之，虽被发缨冠而救之，可也。"《孟子·告子下》："紾兄之臂而夺之食，则得食；不紾，则不得食，则将紾之乎？"只有同室操戈已司空见惯，当时的思想家才会据以提出上面这些命题。《吕氏春秋·明理》篇把"君臣相贼，长少相杀，父子相忍，兄弟相诬"等视作"至乱之化"，究其实，战国各国的情况都很有些"至乱"的味道。《吕氏春秋·先识览》提道：白圭曾至中山，中山之王欲留之，白圭固辞，乘舆而去。复之齐，齐王欲留之仕，又辞而去，人问其故，白圭回答说："之二国者皆将亡"，原因是他发觉那里有"五尽"，其中之一叫作"莫之爱则亲尽矣"①。所谓"亲尽"，大约就应当包括"父子相忍，兄弟相诬"这类内容吧！另外，据《吕氏春秋·不屈》篇，魏惠王还曾打算用传国于惠施的办法，以止"民之贪争之心"，可见魏国民众间的争夺也颇剧烈。引起争夺的原因固然千奇百怪，但其核心大致总不离财利二字。《韩非子·说林下》："利之所在，皆为贲诸。"《吕氏春秋·审为》篇："世之走利"者，均"危身伤生，刈颈断头以徇利"；《战国策·秦策一》苏秦曰："贫穷则父母不子，富贵则亲戚畏惧"。《荀子·大略》篇引"民语"曰："欲富乎？忍耻矣，倾绝矣，与义分背矣！"财利这个魔鬼一旦冲出牢笼，就会利用它的利齿把蒙在人际关系上的含情脉脉的面纱撕得粉碎，为了财利可以不顾耻辱，可以不顾身家性命，哪里还顾得上父子兄弟？《墨子·节葬下》曰："下不从事，衣食之财必不足。若苟不足，为人弟者，求其兄而不得，不弟弟必将怨其兄矣；为人子者，求其亲而不得，不孝子必是怨其亲矣。"怨怒已甚，自然要发展到争夺。《战国策·魏策一》曰："夫亲昆弟，同父母，尚有争钱财。"《吕氏春秋·节丧》篇曰："野人之无闻者，忍亲戚兄弟知交以求利。"其《高义》篇又曰："秦之野人，以小利之故，兄弟相狱，亲戚相忍。"《荀子·彊国》篇甚至还提到过"众庶百姓皆以贪利争夺为俗"的情况。言战国史者，皆称战国为乱世，又多注目于列国兼并，其实，家族内财产争夺的普

① 原文作"所学有五尽"，许维遹引陶鸿庆之说，认为"学当为觉"，见《吕氏春秋集释》，中华书局2009年版，第398—399页。

遍化和由此而引起的一系列变故，恐怕也是所谓乱世的重要特征。

三、分家。家族成员没有个人财产或财产很少，是家族存续的前提，战国时，"私积"现象日益发展，财产争夺又愈演愈烈，家族的分化和瓦解事实上已无法避免了。《荀子·性恶》篇曰："夫好利而欲得者，此人之情性也。假之人有弟兄资财而分者，且顺情性，好利而欲得，若是，则兄弟相拂夺矣；且化礼义之文理，若是则让乎国人矣。"所谓"化礼仪之文理"，犹言使之被化于礼仪。作者提出这个假设，是为了宣传礼治的重要，但却明白无误地透露出，兄弟分家当时已广为流行。《礼记·檀弓上》以孔子与子夏相互问答的形式谈到血亲复仇的原则，其中说："请问居从父昆弟之仇如之何？曰：不为魁，主人能，则执兵而陪其后"。主人指从父昆弟，由"不为魁"，三字来看，孔子讲的从父昆弟显然已与己身分门另居。同篇还记有一个子柳葬母的故事，"既葬，子硕欲以赙布之余具祭器。子柳曰：'不可……请班诸兄弟之贫者。'"子硕为子柳之同父弟，而那些贫者大约就是经过分家的从父昆弟们。《檀弓上》在言及吊丧之礼时说："所识，其兄弟不同居者，皆吊。"意谓倘有所交游之人去世，死者的兄弟们虽不同居，也当赴其家吊之。这种情况又为我们提供了同胞手足离异的实例。《礼记·丧服小记》曰："主人未除丧，有兄弟自他国至，则主人不免而为主。"据此，则兄弟分家后甚至还有不同国而处者。"分家"使个体家庭开始成为真正的社会经济单位，经过长期的压抑之后，它终于冲破血缘关系的羁绊，从家族中独立出来。

从"私积"到争夺，最后导致分家，代表了家族分化的一般进程，但就贵族来说，尚有一些较为特殊的地方，需要加以补充。西周春秋时期，卿大夫乃至上层的武士均皆脱离生产，他们在分封中领受的家族自占地由其子弟及家内奴隶负责经营，自己则奔走于王室、公室，或世袭担任一定的公职，或执干戈以卫社稷，平时过着钟鸣鼎食的生活。至战国，分地私耕既已成为时代的潮流，贵族子弟脱离家族以谋自立的情况也必然时有发生。《管子·问篇》曾问及"士之身耕者几何家？"大约经过析产，一些贵族已失去了对"隶子弟"任加驱使的权利，而不得不亲执耕稼了。同样地，卿大夫对士、大宗对小宗的控制，都会出现全面松动，而自由发展的结果又会为小宗在政治、经济上超过大宗提供可能。《管子·问篇》既问"宗子之收昆弟者……几何家"？又问宗子"以贫从昆弟者几何家"①？宗子贫困到需要依赖子弟的程度，也就自然无法继续维系他的家族。种种迹象表明，子弟或小宗的独立对大宗的衰落和贵族之家的瓦解确曾起到过一定的推动作用。然而这仅是问题的一个方面，从另一方面来看，宗法制曾为宗主规定了收族的责任，随着时间的推移，此种责任逐渐不能履行，收族流于形式，又必然会迫使更多的家族子弟辗转流移，云散四方。《荀子·非十二子》提到，"古之所谓仕士者"，为"乐分施者也"，"羞独富者也"，而"今之所谓仕士者"，则皆"贪利者也"。《韩非子·难四》曰："千金之家，其子不仁。"《管子·轻重丁》曾言及齐国城阳大夫的情况，说他"嬖宠被绤绤，鹅鹜含余秣，齐钟鼓之声，吹笙篪"，却使"同姓不入，伯叔父母，远近兄弟，皆寒而不得衣，饥而不得食"，真可算是一个"为富不仁"的典型。此外，《墨子》《荀子》等书都针对"据财不能以分人"和"有而不施"的现象进行过猛烈抨击②，而其他一些文献则抓住个别尚能分施的例子大加表彰，甚至还抬出了前代的隰朋、晏婴，以树为楷模③，又恰恰从正反两面反映出战国收族制度已破坏得很严重。《管子·问篇》曾问："乡之贫人何族之别也？"又问："国之弃人，何族之子弟也？"所谓贫人和弃人大约就是得不到眷顾的家族成员，可知贵族之家的解体除了子弟析产独立一途外，更以大宗不收族的形式表现出来。收族制度被破坏之后，以宗主为核心的家族团体已经名存实亡。《礼记·文王世子》曰："五庙之孙，祖庙未毁，虽及庶人，冠、娶妻必告，死必赴，不忘亲也。亲未绝而列于庶人，贱无能也。敬吊、临、赙、赗，睦友之道也。"这里仅要求同家族之人尊重并履行传统的礼俗，由于缺乏实质性的经济内容，族员间亲虽未

---

① 郭沫若认为"'宗子收昆弟者'为一事，宗子之'以贫从昆弟者'，又为一事。'从'谓寄食也"，见于《管子集校》（二），载《郭沫若全集》历史编第六卷，人民出版社1984年版，第58页。

② 《墨子·修身》《荀子·法行》。

③ 参阅《战国策·齐策四》《吕氏春秋·士节》《管子·戒》等。

绝，实际上却到了以丝相系的地步。一些政治上居于高位的贵族为了壮大势力，采用养士的办法以弥补失去大批族员所留下来的空缺，但战国的士大多来自异姓，在主人同门下士之间起维系作用的不是血缘纽带，甚至也不是春秋时结为固定主从关系的"策名委质"，而是所谓的知遇之恩。反之，"士为知己者死"，也不再单纯为自己的家族及宗主卖命了。

战国家族瓦解的根本原因是生产力的提高，个体劳动的普遍和个人独立性的发展，除此之外，还有一些条件也在推波助澜，不容我们忽视。如《礼记·曲礼下》曾提道："大夫士去国，踰竟，为坛位，乡国而哭……不说人以无罪。"说明残酷的政治斗争仍可能造成一些贵族在获罪后弃家流亡，并由此导致整个家族的衰落和陵替。《战国策·齐策五》谓一次战争过后，"民之所费也，十年之田而不偿也"。《秦策四》谓韩、魏在秦的攻击下，"父子老弱系虏，相随于路"，"百姓不聊生，族类离散，流亡为臣妾，满海内矣"！《孟子·尽心下》曰："有布缕之征，粟米之征，力役之征……用其二而民有殍，用其三而父子离。"这又充分反映战争和横征暴敛也会无情地将家族大量摧毁。《管子·问篇》有"问邑之贫人，债而食者几何家"，大家族内部无法接纳债权者和债务者，债务关系愈益发展，家族的瓦解便越彻底。同时，高利贷横行，还必然引起农村经济的分解。《史记·孟尝君列传》曰："息愈多，急即以逃亡。"农民大量流亡，家族的根基也就从根本上动摇了。总之，是许多复杂的情况扭结在一起，形成了一股强大的历史合力，在这种合力的推动下，家族内外交困，像一个失去灵性的老人，无可奈何地闭上双眼，被葬入墓穴。

当然，我们强调战国的家族正在大规模地走向瓦解，并不等于说它们都一下子荡然无存了。《管子·立政》篇曰："凡出入不时，衣服不中，圈属群徒，不顺于常者，闾有司见之，复无时。若在长家子弟臣妾属役宾客，则里尉以谯于游宗，游宗以谯于什伍，什伍以谯于长家。"文中的圈属、群徒指一般里民，长家则是不同于一般里民的大家之长，在这种家庭里，依旧含有子弟、臣妾，而且还有属役、宾客，规模之大，自可想见，说明各类家庭并立的现象当时仍较普遍。即使一般里民的个体家庭，恐怕也不能完全视同于今日社会学家所谓的核心家庭。而由于观念形态具有更大的历史惰性，所以，各家庭间的血缘联系又尤难彻底斩断，作为家族公社特征之一的父权也会长期在一定范围内继续发挥作用。《荀子·致士》篇谓"父者，家之隆也。隆一而治，二而乱"。其《大略》篇又曰："赐予其宫室（指家庭成员），犹用庆赏于国家也；忿怒其臣妾，犹用刑罚于万民也。"维护父权的用意在这里表现得非常突出。《睡虎地秦墓竹简·法律答问》曰："主擅杀、刑、髡其子、臣妾，是谓'非公室告'，勿听。而行告，告者罪。"在家长任意迫害其子弟臣妾时，秦国政府不去追究家长的法律责任，反视告者为有罪。所有这些，都反映家族公社的"余威"犹在，它不仅受到一些思想家的重视，而且还为统治者所承认。然而，若从总体来看，家族瓦解的趋势却已无可挽回。《孟子·尽心上》曰："百亩之田，匹夫耕之，八口之家足以无饥矣。"《梁惠王上》曰："百亩之田，勿夺其时，数口之家，可以无饥矣。"《周礼·小司徒》职讲任地之法，提到"上地家七人，可任也者，家三人；中地家六人，可任也者，二家五人；下地家五人，可任也者，家二人"。《汉书·食货志》引李悝语，谓"一夫挟五口，治田百亩"；商鞅出于推行耕战政策的需要，曾在秦国强制家庭细分，"令民父子兄弟同室内息者为禁"，使"民有二男以上不分异者，倍其赋"；在战国的文献中，丈夫女子、鄙夫鄙妇、匹夫匹妇并列，已经成为习惯用语，庞大的家族和祖父子孙同居的家长制大家庭已大量被八口、五口或数口的个体家庭所代替，可为更多的事实所证明。家族公社的流风余绪尽管很严重，部分儒者抓住一具僵尸，也曾把美化家族的调子高唱入云，但无论如何也淹没不了社会进步的主旋律。

家族普遍瓦解，对战国政治的影响是巨大的。墨子反对"王公大人骨肉之亲"的"无故富贵"，主张"虽在农与工肆之人，有能则举之，高予之爵，厚予之禄"[1]，荀子把"一人有罪，而三族皆夷，德虽如舜，不免刑均"，叫

----

① 《墨子·尚贤》。

作"以族论罪"，把"先祖尝贤，后子孙必显，行虽如桀纣，列从必尊"，叫作"以世举贤"，并把"以族论罪，以世举贤"称为乱世之制①，进而提倡"内不可以阿子弟，外不可以隐远人"②，认为"虽王公士大夫之子孙也"，若"不能属于礼义"，就应"归之庶人"，"虽庶人之子孙也，积文学，正身行，能属于礼义"，就应"归之卿相士大夫"。当时的思想家们纷纷对体现奴隶主贵族政治的"世卿世禄"制提出了强烈的谴责和批评，而在事实上，作为政治、经济、军事实体的大家族也已腐朽和陵替，所以，进行政治改革的条件到战国便开始趋于成熟了。李悝在魏国曾推行"食有劳而禄有功"的新措施，并"夺淫民之禄，以徕四方之士"；吴起在楚力矫"大臣太重，封君太众"之蔽，对"封君之子孙三世而收爵禄"；商鞅在秦令"宗室非有战功，论不得为属籍"，使"有功者显荣，无功者虽富无所芬华"，各国通过变法，都使旧贵族的势力遭到了沉重的打击。从此，"有功者不得不赏，有能者不得不官，劳大者其禄厚，功多者其爵尊，能治众者其官大"③，功伐贤能代替"亲亲"，成了颁赐爵禄和任官的主要标准。左师触龙说赵太后的故事向为人熟知，其中，左师与太后的一段对话足以说明战国时对世卿制的破坏是彻底的："左师公曰：'今三世以前，至于赵之为赵，赵王之子孙侯者，其继有在者乎？'曰：'无有。'曰：'微独赵，诸侯有在者乎？'曰：'老妇不闻也。''此其近者祸及身，远者及其子孙。岂人主之子孙则必不善哉？位尊而无功，奉厚而无劳，而挟重器多也。今媪尊长安君之位，而封之以膏腴之地，多予之重器，而不及今令有功于国，一旦山陵崩，长安君何以自托于赵？'"长安君为赵孝成王母弟，位尊而无功，尚且不可自托于国，其他贵族若欲单凭血缘以常保禄位，岂不是更难做到吗？赵及诸侯子孙侯者，其继均已不在，与之相反，却有魏文侯师子夏，友田子方，敬段干木，臣李悝、翟璜，洛阳穷巷掘门之士苏秦重于燕、赵，吴起重于楚，魏之余子张仪及商鞅、范雎、蔡泽、李斯

---

① 《荀子·君子》。

② 《荀子·君道》。

③ 《战国策·赵策三》。

等均以客卿重于秦，此类实例充斥于史书，多到不胜枚举。各国之名君"无恤亲疏，无偏贵贱"，选贤举能；天下之士择君而仕，不远千里。孟子明谓国君进贤"将使卑逾尊，疏逾戚"①，把"远间亲，新间旧"等斥为六逆的论调已销声匿迹，而"羁旅起贵，以陵故常者"②却司空见惯。"人臣之于君，非有骨肉之亲也"③，利用"亲亲"来加强统治，显然徒劳无益。故而，法、术、势便取代血缘宗法关系，成为国君驭下治国的主要手段，与之相应，成文法及俸禄制、符玺制、年终考绩制、选官制、军功爵制等，都在各国一一制订，并逐步推行开来。经过西周、春秋的长期酝酿，官僚政治至此才成功地排挤了贵族政治，家、国不分，以家为国的现象第一次从根本上被扭转，成熟的国家开始出现在中国这片古老的土地上。待秦并六国，始皇帝以秦制为本，又博采众家，使之进一步系统、完备，从而便为中国几千年的官僚体制奠定了基础。

随着家族的解体和人的独立性的增强，春秋时就已存在的人口流动进一步加剧起来。作为下层贵族的士在分化中最易衰败，安处陋巷，"不改其乐"者固然有之④，但多数则离坟墓、去宗国，加入了流人的行列。这当中的一部分或负书，或带剑，不远海内之路，往来于王公之朝和权臣之家，成为"羁旅侨士"和门下之客，佼佼者甚至能够出将入相，在政治舞台上，演出一幕幕威武雄壮的活剧。另一部分却"称匹夫，徒步而处农亩"，下移于鄙野，不然即任门、间监者等贱役。⑤《战国策·楚策四》，汗明见春申君曰："今仆不肖，厄于州部，堀穴穷巷，沈洿鄙俗之日久矣!"《孟子·滕文公下》，许行自楚至滕，曰："愿受一廛而为氓。""文公与之处，其徒数十人，皆衣褐，捆履、织席以为食"，陈良之徒陈相与其弟辛闻之，亦"负耒耜而自宋至滕"。《吕氏

---

① 《孟子·梁惠王上》。
② 《韩非子·亡征》。
③ 《韩非子·备内》。
④ 《论语·雍也》。
⑤ 《战国策·齐策四》。

春秋·贵生》篇谓"颜阖守闾，鹿布之衣，而自饭牛"，《恃君览》提到柱厉叔曾"去居于海上，夏日则食菱芰，冬日则食橡栗"。此皆士之穷困无告或不肯与世沉浮者也。《大戴礼记·曾子制言》曰："君子进则能益上之誉，而损下之忧"，倘"不得志"，即"不安贵位，不怀厚禄，负耜而行道，冻饿而守仁"。又曰：若所处之国"仁者殆，恭者不入，慎者不见使，正直者则迮于刑"，就应"错在高山之上，深泽之污，聚橡栗藜藿而食之，生耕稼以老十室之邑"。《吕氏春秋·谨听》篇认为，欲"求有道之士"，必"于四海之内，山谷之中，僻远幽闲之所"。可见战国士人去国以处鄙野已经蔚成风气。

　　商人以贩贾为业，通四方之货贿，其周流天下，自为理所固然。但春秋以前，商品经济微弱，商人流动的规模尚很有限。至战国，随着商业的发展，根本性的变化也就发生了。《墨子·贵义》篇曰："商人之四方，市贾信徙，虽有关梁之难，盗贼之危，必为之。"《管子·禁藏》篇曰："其商人通贾，倍道兼行，夜以续日，千里而不远者，利在前也。"在利的诱惑下，私营商人打破一切界线，将自己的足迹，遍布到了各个角落。而出于发展经济的需要，各国政府也采取种种措施以招徕商旅。孟子对梁惠王说，只要"发政施仁"，就可使天下"商贾皆欲藏于王之市"①；《管子·侈靡》篇主张"移商入于国"②；《吕氏春秋·仲秋纪》强调要"易关市，来商旅，入货贿，以便民事"，认为只有"四方来杂，远乡皆至"，才能使"财物不匮，上无乏用，百事乃遂"。开放和优惠为商人提供了便利，于是，这个阶层的流动便更进一步被推向高潮。由于为末作奇巧者，"一日作"可得"五日食"，而"农夫终岁之作"尚"不足以自食也"③，"耕田之利"仅只"十倍"，而"珠玉之赢"，却得"百倍"④，所以农民离家弃乡，舍本事而事末作者也复不少。视战国诸

① 《孟子·梁惠王上》。

② 原文作"移商人于国"，郭沫若将"人"改为"入"，见于《管子集校》（二），载《郭沫若全集》历史编第六卷，人民出版社1984年版，第378页。

③ 《管子·治国》。

④ 《战国策·秦策三》。

子多倡"重农抑末"之说，便可知弃农经商现象彼时已很严重，有了农民的加入，以流动性为特征的商人队伍就又在数量上迅速得到了扩大。至于手工业者，在西周时原有两种，一种来自战俘或失败者献纳的技艺之人，事实上是一些"食于官"的单身奴隶；另一种系指擅长某种手工业的家族，他们地位较高，往往聚族居于国中，只在不脱离农业的前提下，向统治者提供部分制成品，或轮番到官府的手工作坊中去服役。战国期间，家族普遍解体，一批独立的工匠，主要就从后一种人中成长起来。"物勒工名，以考其诚"的出现，反映官府已抛开家族，直接以个人作为剥削对象，进而，这些独立的手工业者又取得了自行开业的权利，并步着商人的后尘，开始向四方迁移。《韩非子·说林上》曾记一鲁之善织履者欲徙于越；《晏子春秋·内篇谏下》又记一"鲁工"，因替齐侯作鞋不合制度，而被拘送于境，"使不得入"①；《管子·小问》还提到过"来工"的措施，谓只要能有三倍之利，他们就会"不远千里"而至。此类实例均可作为工人流动的确证。《礼记·王制》曰："凡执技以事上者，不贰事，不移官，出乡不与士齿。"行文虽然仍含限制之意，但毕竟已经允许出乡。这与以前相比，也是有着重大区别的。

战国期间，个人具备了独立谋生的能力，家族的束缚也已松弛，但土地尚未私有，安土重迁思想远未形成，在这新旧交关的时节，农民弃家出走，自然会显得空前绝后地简单、轻易。至若战争、灾荒、横征暴敛及强者的侵凌等，则只应看作是造成农民流亡的直接诱因。《孟子·梁惠王下》：邹与鲁哄，邹之有司死者三十三人，而民莫之死也。邹穆公问于孟子，孟子对曰："凶年饥岁，君之民老弱转乎沟壑，壮者散而之四方者，几千人矣；而君之仓廪实，府库充，有司莫以告，是上慢而残下也。"后孟子之平陆，又曾以类似的话批评过平陆大夫距心。②邹为弹丸小邦，平陆则仅为齐之一邑，稍遇天灾人祸，即均有壮者千人离散，可知农民的流动，在规模上又要远远超

---

① 此书托名晏婴，实以战国历史为背景，故在此作为战国材料来处理。
② 《孟子·公孙丑下》。

过士与工商。流亡的农民或沦为佣夫、佣保、臣妾[①]；或转事技巧末业[②]，但更多的则是投入他乡异域，受地而为新氓。七雄为了推行耕战政策，都对人口问题倍加重视，梁惠王曾叹息"邻国之民不加少，寡人之民不加多"[③]；吴起把"所有余者地也，所不足者民也"，视为楚国急需改除的一大时弊[④]；商鞅谓秦国"人不称土"，不能尽土地之力[⑤]；《礼记·杂记下》也说过："地有余而民不足，君子耻之"。可见人口的多寡，仍是诸侯立国的首要前提。人口可为发展农业生产提供劳动力，又能为政府提供赋税和兵源，"无土则人不安居，无人则土不守"[⑥]，因而，各国政府无一不以吸引人口为要务。秦用"利其田宅而复之三世"的办法招诱"山东之民"而西，已于本章第一节中述及。另外，《周礼·遂人》曰："凡治野，以下剂致甿，以田里安甿。"《旅师》曰："凡新甿之治皆听之，使无征役，以地之美恶为之等。"《礼记·王制》曰："自诸侯来徙家，期不从征。"《荀子·大略》篇也说："从诸侯来与新有昏（婚）期不事。"其《议兵》篇又提道："用贫求富，用饥求饱，虚腹张口来归我食。若是，则必发夫掌窌之粟以食之，委之财货以富之，立良有司以接之，已期三年，然后民可信也。"这里讲的都是些优待新氓的具体措施，它们大约反映了东方诸国的徕民制度。有各国政府公然推波助澜，负耒耜以出疆者相随于道，也就不足为怪了。

春秋时，合族迁徙尚属常见，战国时，却代之以匹夫匹妇襁负其子辗转四方，因此，只有战国的人口流动，才可能比较彻底地破坏血缘关系，在不同家族的单个成员间造成真正的错落杂居。《战国策·秦策一》："赵氏，中

---

① 《战国策·秦策四》谓韩、魏在秦的进攻下，"父子老弱系虏，相随于路，鬼神狐祥无所食，百姓不聊生，族类离散，流亡为臣妾，满海内矣"。

② 《吕氏春秋·上农》把"农不敢行贾"当作重视发展农业的一项措施，可知农民行贾必早已有之。

③ 《孟子·梁惠王上》。

④ 《吕氏春秋·贵卒》。

⑤ 《商君书·徕民》。

⑥ 《荀子·致士》。

央之国，杂民之所居也。"《燕策二》："且夫宋，中国膏腴之地，邻民之所处也。"说明交通便利的赵、宋诸国，杂居现象已很严重。《孟子·离娄下》："今有同室之人斗者，救之，虽被发缨冠而救之，可也。乡邻有斗者，被发缨冠而往救之，则惑也，虽闭户可也。"《韩非子·说难下》："宋有富人，天雨墙坏，其子曰：'不筑，必将有盗。'其邻人之父亦云。暮而果大亡其财，其家甚智其子，而疑邻人之父。"《说林下》："有与悍者邻，欲卖宅而避之。人曰：'是其贯将满矣，子姑待之。'答曰：'吾恐其以我满贯也。'遂去之。"《吕氏春秋·去尤》："人有亡鈇（斧）者，意其邻之子。"《战国策·燕策三》："室不能相和，出语邻家，未为通计也。"《礼记·檀弓上》："有殡，闻远兄弟之丧，虽缌必往，非兄弟，虽邻不往。"《杂记下》："姑姊妹，其夫死，而夫党无兄弟，使夫之族人主丧……夫若无族矣，则前后家，东西家；无有，则里尹主之。"上述诸条材料中提到了乡邻、邻家、前后家和东西家，从行文及所述故事的内容来看，邻居之间没有血缘联系，是十分显然的。《庄子·则阳》篇曰："丘里者，合十姓百名而以为风俗也。"丘里系指农村，可见连野中农民聚居的地方也不再那么单纯了。《吕氏春秋·上农》篇曾制五种野禁，其一就是"苟非同姓，农不出御，女不外嫁"。出御就是男子出赘，只有在同姓一村的特殊情况下，基于对同姓不婚原则的尊重，才允许女子外嫁，男子出赘，正可反证异姓聚处的村落数量很多。士人"处农亩""下鄙野""生耕稼以老十室之邑"，商人周流四方，无孔不入，无处不在，城市由"人虽众，无过三千家者"，一变而为"千丈之城，万家之邑相望"[1]，这除却自身的人口繁衍外，必当有不少野人涌入其间。国人与野人相互交叉，不同家族的单个成员相互交叉，地缘关系全面排挤血缘关系的事实已经发生了。

---

① 《战国策·赵策三》。

第五节　国野界线的消失

如前所述，我国的工商业在战国第一次得到了相对充分的发展，而工商业的活跃和工商业者队伍的成熟也就促成了第一次按职业划分社会阶层。《荀子·荣辱》篇曰："仁人在上，则农以力尽田，贾以察尽财，百工以巧尽械器，士大夫以上至于公侯，莫不以仁厚知能尽官职。夫是之谓至平。"《儒效》篇曰："人积耨耕而为农夫，积斫削而为工匠，积反货而为商贾，积礼义而为君子。"《王制》篇又曰："君君臣臣父父子子兄兄弟弟一也；农农士士工工商商一也。"《孟子·梁惠王上》把"仕者""耕者""商贾""行旅"并列；《管子·乘马》篇谓"非诚贾不得食于贾，非诚工不得食于工，非诚农不得食于农，非信士不得立于朝"；《吕氏春秋·上农》篇更明确提出："凡民自七尺以上，属诸三官，农攻粟，工攻器，贾攻货。时事不共，是谓大凶"。《管子·小匡》和《国语·齐语》中有关划分工商之乡及士农之乡的做法，与上述诸家之说十分一致，在无法证明齐国经济特别超前的情况下，单单把它们当作春秋的材料来处理，是不够恰当的。托名管仲以发挥作者的政治理想，与托名周公、尧舜、黄帝、神农同属一理，不能视所托之人确定书中所言制度的时代，原为人所共知之事，可惜却被一些学者有意无意地忽略了。

贵族自占地的私有造就了第一批地主。授田制普遍推行后，不仅下层国人已以个体的形式同土地相结合，连多数的野人也从"普遍奴隶"的境遇下解放出来，获得了独立占有和使用土地的资格。分散的劳动是私有制产生的源泉，随着时间的推移，他们很快都变成了具有一定经济的小私有者。"货财粟米之于家也，多有之者富，少有之者贫，至无有者穷"[①]，这一极为简单的事实却可以公然无视家族团体，在人与人之间拉开档次，而商品货币的

---

① 《荀子·大略》。

深入，又使各档之间的差距日益加大。《礼记·内则》规定庶子"虽富贵"，"不敢以富贵加于父兄宗族"，正反映社会上已经存在庶子富于宗子的事实。《管子·问篇》问宗子"以贫从昆弟者几何家？"可知经济地位一旦衰落，族长的权威也会跟着扫地以尽。《管子·法法》篇曰："富人贫人，使人相畜也。""相畜"即畜为庶子或臣妾，富人对贫人的奴役毫无疑问也是十分可恶的剥削，不过，同族长、家长单凭血缘宗法即可榨取其子弟的情况相比，则又是剥削制度本身的进步。贫富差距和贫富之间的剥削关系既已产生，贫富也就必然要成为区别人们身份的重要标准。《荀子·王制》篇曰："使有贫富贵贱之等，足以相兼临者，是养天下之本也。"其《富国》篇又曰："礼者，贵贱有等，长幼有差，贫富轻重皆有称者也。"在这里，贫富虽仍然与贵贱、长幼并提，但它已经成为确定社会等级的一个因素，却又是显而易见的。

在战国历史上，君子与小人、百姓、匹夫的区别也逐渐明朗起来。从这一时期的文献材料看，君子可以指行为言语忠于礼仪的道德之士，但多数情况下则指参与国家管理的各级官吏和脱离生产的剥削者。小人或用作下对上的谦称，或用以贬斥行为不端者，但更常见的用法却与百姓、匹夫一样，系指以农民为主的普通劳动群众。《荀子·儒效》篇曰："相高下，视硗肥，序五种，君子不如农人；通货财，相美恶，辩贵贱，君子不如贾人；设规矩，陈绳墨，便备用，君子不如工人……若夫谲德而定次，量能而授官，使贤不肖皆得其位，能不能皆得其官，万物得其宜，事变得其应……言必当理，事必当务，是，然后君子之所长也。"《墨子·非乐》篇曰："士君子竭股肱之力，亶其思虑之智，内治官府，外收敛关市、山林、泽梁之利，以实仓廪府库，此其分事也；农夫早出暮入，耕稼树艺，多聚菽粟，此其分事也。"由此可知，君子在社会中的地位和属于小人的农夫、工、贾相比，通常是完全不同的。"君子以德，小人以力。力者，德之役也"[1]，很显然，一个"君子劳心，小人劳力，劳心者治人，劳力者治于人"的政治局面已基本形成，君子与小

----

[1] 《荀子·富国》。

人在很大程度上代表着相互对立的两大阶级。而还须加以注意的是，战国的君子中虽然包括许多旧日的贵族，但是否属于君子，却并不尽以血统为断。《荀子·劝学》篇曰："君子生非异也。"其《荣辱》篇曰："材性知能，君子小人一也。"《性恶》篇又曰："今之人，化师法、积文学道礼义者，为君子；纵性情、安恣睢而违礼义者，为小人。"才性智能、文学礼仪及由此取得的政治权势既已普遍受到重视，血统和出身在划分阶级方面的作用便不能不相形见绌了。

春秋以来，随着社会生产的发展，野人中的蛮夷戎狄在种种历史事变的影响下，多数已放弃"逐水草而居"的游牧生活，开始转营农耕。而生产方式的改变和杂居、通婚等因素又使他们在生活习俗上也逐渐向诸夏靠近，并最终融为一体。战国授田制普遍推行后，他们同下层国人及野人中的先代之后、流裔之人一起，统统以小私有者的身份变成了国家编户。但融合的规模虽大，却并没有做到网罗以尽，一些不知变通或未曾受到强烈冲击的后进部族亦复有之。由于中原地区的土地多已辟为农田，领土国家迅速成熟，此类部族出自生存的需要，便辗转迁徙，逐步移向周边。《大戴礼记·千乘》篇曰："东辟之民曰夷，精以侥，至于大远，有不火食者矣；南辟之民曰蛮，信以朴，至于大远，有不火食者矣；西辟之民曰戎，劲以刚，至于大远，有不火食者矣；北辟之民曰狄，肥以戾，至于大远，有不火食者矣。及中国之民，曰五方之民。"这段话清楚地表明，蛮、夷、戎、狄与诸夏共处中土的局面，到战国以后，已大体为南蛮、北狄、西戎、东夷所代替，而春秋时期出现的明华夷之辨的思想，至此也进一步巩固起来。

用职业、财产、政治地位、种族来区分人群，都可能使原来的国、野之别逐渐淡漠，并显得无足轻重。而最值得一提的则是地缘关系已普遍存在，真正按地区划分国民的条件也终于成熟了。

战国时，县的设置已很普遍，大凡有城和市的都邑均被改建为县，所以，史书上"县"和"城"往往互称。但严格说来，城是县的中心，县则包括城市和城市以外的广大农村。《孙膑兵法·擒庞涓》曰："平陵，其城小而县大，人众甲兵盛。"意思就是说平陵城内的规模小，却有广大的辖区，故而便有充足的兵源。《史记·秦本纪》提到商鞅变法时曾"并诸小乡聚，集为大县，县一令"，共建"四十一县"；《战国策·齐策一》说齐"地方千里，百二十城"，这里的"百二十城"，实际就是百二十县。东方人口密集，齐之县数多于秦国，较为符合情理，但也可能是两国制度不同，齐县本不及秦之"大县"为大。随着兼并战争的激化，春秋时设于边地的郡又开始出现于内地列国之间。魏之上郡有十五县①，赵之代郡有三十六县，韩之上党郡有十七县②，县大于郡逐步演变为以郡统县，郡、县两级制的地方组织在一些主要国家里发展起来了。秦国在县令下设有丞、尉③，韩、魏等国在县令下设有御史④，令及重要属吏均由国君委派，并有一定的考核任免制度，完全不同于以往那种亦臣亦君的采地大夫。郡县制普遍推行以后，分封制尽管仍旧拖着一条长长的尾巴，但其总的历史使命却已经宣告完成。

县以下的基层组织便是乡、里，它们的出现虽然很早，但真正得以健全和推广，却也在战国时期。《墨子·尚同》篇提到的行政系统为天下、国、乡、里；《吕氏春秋·怀庞》篇提到的行政系统为国、邑、乡、里，邑有大小，这里的邑大于乡，可能相当于县；楚人所著的《鹖冠子·王铁》篇提到的行政系统为郡、县、乡、扁、里；《管子》一书托名管仲，实为战国、秦汉人的文字总汇，其《立政》篇提到的行政系统为国、乡、州、里；《小匡》篇仍分国、野，所言国中的行政系统为乡、连、里、轨，野中的行政系统为属、连、乡、率、邑、轨。《周礼》以天下一统、王畿千里为立足点，将王国百里之内划作乡，百里之外划作遂，谓乡内的组织是"五家为比""五比为闾""四闾为族""五族为党""五党为州""五州为乡"，遂内的组织是"五

---

① 《史记·秦本纪》。

② 《战国策·秦策一》。

③ 《商君书·境内》曰："爵吏而为县尉。"

④ 《韩非子·内储说上》曰："卜皮为县令。"又"庞敬，县令也"，《外储说左上》云："西门豹为邺令。"《战国策·韩策三》："安邑御史死"等。

家为邻"五邻为里""四里为酂""五酂为鄙""五鄙为县""五县为遂"。这实际是杂采战国各地制度，结合西周确有国、野之别的事实，而提出的一套理想化方案，我们反对把它视为西周之制，也不认为战国的基层组织均已如此整齐，然而，这一方案既能由战国人提出，便足以证明基层行政区划当时在各国较为常见。而行政组织有系统地伸入到每个角落，又意味着所有的人都已编制在一定的地区内。

基层组织的发展必然使人同地域的联系日益牢固。苏秦游说辞自称为"雒阳乘轩里苏秦"[1]；齐人言及聂政，称他为"轵深井里聂政"[2]；《睡虎地秦墓竹简》常言"某里士五（伍）甲""某里公士甲""某里五大夫乙"等；《管子·问篇》曾问："州之大夫也，何里之士也？"习惯地在人名前冠以居址，说明战国人均已开始注籍于自己所在的乡区。而为了维护统治秩序，各国政府还采取种种措施，有意将这种客观存在的地缘关系加以强化。几乎所有的战国文献都提到了里门的设置，《管子·八观》篇强调"里域不可以横通"，《立政》篇强调里门应"以时开闭"，《墨子·号令》篇详细讲述了守闾（里）的制度。据《战国策·东周策》，有一温人"之周，周不纳"，客谎称为"主人"，"问其巷而不知也"，吏即"因而囚之"；同样地，墨子"过宋，天雨，庇其闾中"，守闾者也将其拒之门外[3]，这都反映地区组织对人的控制十分严格，而以往的族籍却不得不逐步退居次要地位。另外，从《管子》《韩非子》等书来看，秦、齐诸国还曾将里民编制为什伍[4]，统治者认为，只要"辅之以什，司之以伍"，做到"伍无非其人，人无非其里，里无非其家"，就可使"奔亡者无所匿，迁徙者无所容"[5]，甚至可使"民人不能相为隐""夫妻交友不能相为弃恶盖非"[6]。这种把军队编组移用到地方、明显带有军事专制性质

---

① 《战国策·赵策一》。

② 《战国策·韩策二》。

③ 《墨子·公输》。

④ 参阅《韩非子·和氏》《韩非子·定法》《管子·立政》等篇。

⑤ 《管子·禁藏》。

⑥ 《商君书·禁使》。

的做法把人像螺丝钉一样拧在机器上，久而久之，住民在政治上就变成了地域的简单附属物。

《周礼》一书中多处涉及户口统计，但负责统计的人已是上至司徒，下至闾胥、里宰的各级行政官吏，统计的办法则是按照"夫家""异其男女，岁登下其死生"①。这种情况在个体家庭尚未独立的时候根本不会出现，因而，该书所言的政治、经济制度，除去理想化的成分，基本反映了战国的历史面貌。统计户口一方面是为了对在籍者授田，《周礼·小司徒》篇的"均土地"，《遂人》篇的"颁田里"，都是确有授田活动的记录，此与《商君书·徕民》篇所言的"上无通名，下无田宅"恰相对应，可以从正反两面证明，只要在某一地区居住，且姓名列于官府，就具有领种一份土地的资格。但其最终目的又是要对辖区人民施行有效剥削，所以，《遂人》篇在言及"以岁时登其夫家之众寡"后，接着便说"以颁职作事，以令贡赋，以令师田，以起政役"，《小司徒》篇在言及"稽其人民，而周知其数"后，也说"上地家七人，可任也者，家三人；中地家六人，可任也者，二家五人；下地家五人，可任也者，家二人"。《商君书·君臣》篇曰："农不离廛者，足以养二亲，给军事。"相反，假如农民离乡，政府为"治军事"而摊派的征役和其他剥削也就会落空。《孟子·尽心下》提到过"布缕之征""粟米之征""力役之征"，《荀子·王霸》篇提到过"田野之税""刀布之敛"和"力役"，都同《周礼》中的"贡赋""师田""征役"基本符合，大约就是战国较为流行的几项剥削内容。按政区统计户口和颁田里、分职事连在一起，说明人们已在自己的乡区内实现其权利和义务，这与西周时凭借族员身份使用土地、又通过族长向上层贵族提供服制所规定的劳役和贡纳相比，显然具有本质性的差异。另外，据《韩非子·内储说上》记载，"宋崇门之巷人"因"服丧而毁甚瘠"，即被"举以为官师"，可知《礼》经及部分子书说的以乡举贤制度必有所本，在《晏子春秋·内篇谏上》中，齐国在霖雨季节曾按乡调查"坏室"，按里统计

---

① 《周礼·司民》。

"饥氓"，由政府予之"食"及"薪樵"①，可知《月令》说于季春之月"令有司发仓廪，赐贫穷，振乏绝"，亦非虚语。"以世举贤"让位于"乡里兴贤"，大宗收族，让位于政府救济，"以族论罪"让位于"什伍连坐"，所有事实共同揭示出一个道理，即在人们的政治经济生活中，有决定意义的已不是家族联系，而是经常居住的地区了。

《战国策·赵策三》记赵奢语曰"古者，四海之内，分为万国"，"今取古之为万国者，分以为战国七"，小邦林立的局面，经过西周春秋的过渡，在战国更为激烈的兼并中，终于得到了较为彻底的清算。根据张仪、苏秦等人的说法，韩"北有巩、洛、成皋之固，西有宜阳、常阪之塞，东有宛、穰、洧水，南有陉山，地方千里"；魏"南有鸿沟、陈、汝南，有许、鄢、昆阳、邵陵、舞阳、新郪，东有淮、颍、沂、黄、煮枣、海盐、无疏，西有长城之界，北有河外、卷、衍、燕、酸枣，地方千里"；赵"前漳、滏，右常山，左河间，北有代"，亦地方千里；"燕东有朝鲜、辽东，北有林胡、楼烦，西有云中、九原，南有呼沱、易水。地方二千余里"；"秦地断长续短，方数千里"；"楚地西有黔中、巫郡，东有夏州、海阳，南有洞庭、苍梧，北有汾陉之塞、郇阳。地方五千里"②。这些话出自策士之口，其间难免有一定的夸张成分，但各国均有辽阔的领土，则是事实。《战国策·燕策三》曰："国之有封疆，犹家之有垣墙。"可知战国的边界已十分明确。各国的邻界线上，不仅亭障、关塞相望，而且多筑有长城，守御森严，出入皆有符节，那种随意越境的现象再也见不到了。《墨子·天志中》："今国君诸侯之有四境之内也，夫岂欲其国臣万民之相为不利哉！"《天志下》："今是楚王食于楚之四境之内，故爱楚之人。"《鲁问》篇记鲁阳文君语曰："鲁四境之内，皆寡人之臣。"在《孟子·梁惠王下》篇里，孟子也曾问于梁惠王曰："四境之内不治，则如之何？"许多材料反映出战国的国君都是四境之内的统治者，境内之土都是他们的直

---

① 《晏子春秋》虽在形式上以晏子与景公的对话编制成篇，但所使用的背景材料却多属于战国时期。

② 《战国策·韩策一》《魏策一》《燕策一》《秦策一》《楚策一》。

接统治区，而"国"由"点"到"面"的过渡过程至此才正式得以结束。

战国时七雄的军队均多至数十万甚至百万，《韩非子·显学》篇里提到要"境内教战阵，阅士卒"；《战国策·韩策一》提到楚曾"徼四境之内选师"，《赵策二》提到赵武灵王计划改原阳"以为骑邑"，牛赞谏止说："国有固籍，兵有常经。变籍则乱，失经则弱"。可知战国时各国境内之人均有当兵的资格，而且还依照兵种，划有固定的征兵区。征兵范围的推广表明原来的野人已经变成了国家的正式国民，自此，境内制为郡、县，县下复有乡、里，野人同国人一样被编制在统一的地域组织中。《管子·兵法》篇曾说："野无吏，则无蓄积。"反映在野中设吏也被提上了议事日程。据《吕氏春秋·具备》篇，宓子贱为亶父令，"邑吏皆朝"，这里的邑吏就应是野中邑里新出现的基层属吏。《大戴礼记·文王官人》曰："慈惠而有理者，使长乡邑而治父子。"《墨子·尚同上》曰："里长者，里之仁人也"，"乡长者乡之仁人也"。很显然，在选拔属吏时，已经开始注重个人的品格和才干，任吏者非必尽为族长或村社首领。《管子·君臣》篇提到过"吏啬夫任事，人啬夫任教"，所谓的"人啬夫"大概才是原来的地方长老，但他们已从社会事务的领导地位上被排挤出去，只能凭借旧时代的影响，通过教化，在维护传统道德和宗教习俗方面发挥一定的作用了。

《管子》的作者认为，只要"乡置师以说道之，然后申之以宪令，劝之以庆赏，振之以刑罚"，就能使"百姓皆说为善"，"暴乱之行无由至"[1]；商鞅认为，"古秦之俗，君臣废法而服私"，因此应"变法易俗而明公道"[2]；韩非强调"父母之爱不足以教子，必待州部之严刑"[3]。通过变法和不断改革，上述思想在各国都不同程度地得到了贯彻，于是，宗法族规和陈年陋俗便纷纷为各种宪令所取代，"法治"压倒靠大小家长实施的"人治"，成为大势所趋。《吕氏春秋·用民》篇曰："用民有纪有纲，壹引其纪，万目皆起，壹引

---

① 《管子·权修》。
② 《韩非子·奸劫弑臣》。
③ 《韩非子·五蠹》。

其纲，万目皆张。"据《管子·禁藏》篇，当时所谓的纲就是"法令"，所谓目就是大大小小的官吏和乡里什伍，"吏为网罟，什伍以为行列"①，"令出于主口，官职受而行之，日夜不休，宣通不究，灢于民心，遂于四方"②，再也不必像西周那样以"大家"达"厥庶民及厥臣"。以前为统治者百般利用、须臾不可离开的族，现在已逐步蜕变为"私人性质的团体和宗教会社"，一个以地域和财产为基础并更带专制集权特征的社会，终于开始成熟起来。

西周国人、野人的对立是政治、经济上均占主导地位的国中统治者的家族与野中后进家族或氏族间的对立，西周的国、野关系是在两类族团间形成的特殊的剥削与奴役关系。经过几百年的酝酿和发展，国与野的生产水平逐步接近，经济联系日益加强，血缘组织也终于被打破，财产关系和地缘关系开始支配人们的社会生活，这样，依文化差异和不同族籍来划分的国人、野人的界线便理所当然地要趋于泯灭，多数国人从血缘纽带的链条上脱出，变成为普通的个体农民或个体工商，他们作为统治部族一员的地位及自豪感一并消失，相反，由于野人原来就不曾沦为如同古希腊、古罗马那样的典型奴隶，所以，在征兵范围不断扩大和授田制普遍推行的情况下，又会比较容易地摆脱"普遍奴隶"的地位，上升为有一定独立经济的小私有者。孟子曰："在国曰市井之臣，在野曰草莽之臣，皆谓庶人。"③"庶人"变成了国、野一般人民的通称。这位思想家的话就足以说明，旧的国、野之别，这时已完全可以忽略不计了。

国、野界线既已消失，国、野、国人、野人等用语的含义也就必定大异于往昔。《吕氏春秋·仲春纪》曰："仲春行秋令，则其国大水……行夏令，则国乃大旱。"这里的国显然包括野。《孟子·梁惠王下》："臣始至于国境，问国之大禁，然后敢入。"《荀子·富国》篇："观国之治乱臧否，至于疆埸而端已见矣。其候缴支缭，其竟关之政尽察，是乱国已。"《韩非子·内储说

①　《管子·禁藏》。

②　《吕氏春秋·圜道》。

③　《孟子·万章上》。

上》记江乙说荆王语曰："臣入王之境内，闻王之国俗曰：君子不蔽人之美，不言人之恶。"《战国策·魏策三》："从林军以至于今，秦十攻魏，五入国中，边城尽拔。"从上述材料来看，在时人的观念中，入境，视其疆场，拔其边城，就等于进入国中了，这与春秋初军已"入郛"，尚谓"未及国"的情况相比，真是大相径庭。在《吕氏春秋·不侵》篇里，秦昭王曾对公孙弘说："寡人之国，地数千里。"方"数千里"的大国就绝对不只限于都城及其郊区。其他如"大国""贫国""治国""乱国""霸国""万乘之国""冠带之国"等词语无一不是指的领土国家。

与国相应，野的用法也有十分显著的变化。《孟子·梁惠王上》曰："耕者皆欲耕于王之野。"《管子·立政》篇："桑麻不植于野，五谷不宜其地，国之贫也。"《吕氏春秋·审己》篇："稼生于野而藏于君。"这里的"野"已与今日所谓的田野毫无二致。而在更多的地方，野字干脆被田野、原野等词所代替。如《孟子·告子下》提到"土地辟，田野治"；《荀子·王制》篇提到"辟田野，实仓廪"，《管子·八观》曾言及"行其田野，视其耕耘"；《吕氏春秋·季春纪》亦有"周视原野"，《尊师》篇则曰"之田野，力耕耘"等，皆其显例。从此，不是国、野对立，而是国包括野，国、野自然仍是两种不同的概念，但却再也不能体现社会政治区划方面的差异了。

"国人"一词战国时代已渐渐不大使用，有用之者，也不再仅指都城及郊区之人。《战国策·赵策三》，平原君请于信陵君以解邯郸之围，赵王将益之地，公孙龙见平原君曰："君无覆军杀将之功……欲求益地，是亲戚受封，而国人计功也。"此处的国人具体就是指参加这场对秦战争的战士。另外，《荀子·天论》篇曰："星坠、木鸣，国人皆恐。"《性恶》篇曰："故顺情性则兄弟争矣，化礼仪则让乎国人矣。"《吕氏春秋·期贤》篇有魏文侯敬段干木，"于是国人皆喜"。文中的国人恐怕也都是针对全国人民而言的。

至于野人、鄙人，战国文献中虽仍不断出现，意义却变得复杂而宽泛。《孟子·万章上》曾提到"齐东野人"，赵岐注为"东作田野之人"，并引《尚书·尧典》"平治东作"证之，阎若璩、焦循均是赵说，表明野人可指农民。

《滕文公上》曰："无君子莫治野人，无野人莫养君子。"此处的野人主体即是农民，或者可以扩及所有的劳动群众。《战国策·燕策一》记苏代说辞曰："鄙人不敏，窃释锄耨而干大王。"又曰："臣且处无为之事，归耕乎周之上地，耕而食之，织而衣之"。苏代为洛阳人，他的话反映出鄙人和野人一样，同为农业劳动者的代称，非必尽皆处于边鄙荒远之地。《礼记·仲尼燕居》曰："敬而不中礼谓之野。"《荀子·修身》篇曰："不由礼则夷固僻违庸众而野。"这里又把行为不合于礼仪者统斥为野人。具体而言，"不中礼"或"不由礼"的表现复有多种。《荀子·儒效》篇曰：鄙夫"比周而誉愈少，鄙争而名愈辱，烦劳以求安利其身愈危"，《吕氏春秋·高义》篇曰："秦之野人，以小利之故，弟兄相狱，亲戚相忍；今可得其国，恐亏其义而辞之，可谓能守行矣；其与秦之野人相去亦远矣！"比周、贪争、逐利与辞让比较起来，自然和儒家提倡的理义相悖谬，因而，凡热衷于此者，便都被归入了野人、鄙人的范畴。甚而至于上层统治阶级，懂得"任贤共国"者为君子，唯知"争于气力"者也算作野人。《吕氏春秋·期贤》篇举魏文侯敬段干木，秦"按兵辍不敢攻之"为例，谓"君子之用兵，莫见其形，其功已成"，又曰："野人之用兵也，鼓声则似雷，号呼则动地，尘气充天，流矢如雨，扶伤舆死，履肠涉血，无罪之民其死者量于泽矣，而国之存亡、主之死生犹不可知也。"这里的"野人"就不是指一般的贪争之辈，而是指"争城以战，杀人盈城，争地以战，杀人盈野"的国君或将领。在《吕氏春秋·知分》篇里，白圭曾以"践绳之节，四上之志，三晋之事"问于邹公子夏后启，夏后启以自己孤陋寡闻为由而辞之曰："鄙人也，焉足以问？"①《异宝》篇提道："以和氏之璧与百金以示鄙人，鄙人必取百金矣。"鄙人选择百金，是因为他们没有知识而不了解和氏璧的价值。少知无闻几等于缺乏礼义，所以鄙人还可指代那些不能博闻多见者。《荀子·非相》篇曰："君子之于言无厌。鄙夫反是：好其实不恤其文。"在《吕

---

①　夏后启为邹公子之名，"践绳之节"即正直的节操，"四上之志"依俞樾之说，当为"匹士之志"，见于《吕氏春秋集释》，中华书局2009年版，第556—557页。

氏春秋·贵直论》里，记有一个能意好直的故事，他当面斥齐宣王为"污君"，曾被宣王称为"野士"。由此看来，单是言语朴素、率直而少文采，就有被看成野人或鄙人的危险。大约正是从后边两种意义出发，鄙人在战国又渐渐演化为常用的谦辞。《战国策·赵策三》："郑同北见赵王。赵王曰：'子南方之傅（博）士也，何以教之？'郑同曰：'臣南方草鄙之人也，何足问？'"《吕氏春秋·爱类》记载，墨子见荆王曰："臣北方草鄙之人也。"前边言及的夏后启在回答白圭的问话时也曾自称"鄙人"。这些场合中的"鄙人"仅是一种与人交际的辞令，已不反映说话者的真实身份。

毋庸讳言，沿袭国、野、国人、野人的旧含义，而用于行文中者，亦仍有之。如《孟子·离娄下》说齐国一位女子早起而跟踪其夫，见"遍国中无与立谈者"，突然发现这位丈夫跑到"东郭墦间"，向祭奠坟墓的人乞食。这里的"国"一个早上就可走遍，显然指的是国都。《韩非子·外储说左上》又说：齐王一旦表示"恶紫之臭"，"是日也，郎中莫衣紫；是月也，国中莫衣紫；是岁也，境内莫衣紫。"这里的"国中"与"境内"相对，同样仍指的是国都。但从总体上衡量，无论如何，类似的用法也只能算作是一种残余了。

结　语

国家不是从来就有的。在它既经出现后，也不会一下子变得完全成熟起来。

西周曾经有过国与野的区别。国指少数文化先进的"点"，野则是相对较为落后的"面"。国人以周族及其同盟各族为主体，也包括部分被征服者；野人含有"亡王之后"、蛮、夷、戎、狄和"流裔之人"几大类。国是天子和诸侯的直辖区，而野人却仅以不同的形式不同程度地从属于各国。由于生产力水平的限制，西周时个体劳动尚未成为可能，私有制发展远不充分，因此，公有共耕便为家族的存续提供了前提，以里为代表的地域组织虽已出现，但无论国、野，都没有真正做到按地区划分国民。王室、公室既具备公共政治权力的职能，又刚从氏族制蜕变而来，王公贵族既凭血缘宗法控制国人，又以野中的家族或氏族作为现成的剥削单位。国、野关系是在两种族团间结成的奴役关系。一方面，野人"作为土地的有机附属物"，已"跟土地一起被占领"，另一方面，统治者又无法超越族团，将他们尽皆置于单身奴隶的悲惨境地。带有上述特点的西周国家，只能算是初级形式的国家。而在超经济的强制下遭受剥削的广大野人则可视为"普遍奴隶"。

春秋是一个过渡时期。生产力获得了一定程度的提高。各国的直接统治通过辟土服远和建都设县，开始向野中延伸，封疆、关塞、边吏及过境假道制度应运而生，新出现的县大夫、邑宰等实为国家官吏之滥觞，私有制有所发展，部分家族在政争中走向衰落，与之相应，地缘关系和血缘关系的递嬗也在潜移默化地缓慢进行。领土国家已崭露头角，这使旧的国、野界线渐趋模糊。但终春秋之世，一切变化都远未完成，从总体来看，国、野对立的基本格局仍然存在。

只有以"铁耕时代"为特征的战国，在古代社会真正做到了全面除旧布新。用铁器武装起来的劳动者具备了独立从事生产的条件，个体经营和商品经济的活跃促使私有制迅速发展，而私有制的发展又同兼并战争及各国内部的政治改革一道，促使家族大规模地走向解体。授田制推行后，原本就不曾沦为典型奴隶的野人，比较容易地转化为受田的小农，国人失去了作为统治部族成员的资格，也渐渐与野人趋于一致，不管是"市井之臣"，还是"草莽之臣"，"皆谓庶人"，国人与野人的对立为上层君子与庶人，即统治者与臣民百姓间的阶级对立所代替。同时，郡县制普遍被采用，领土国家已完全形成，政府对鄙野的统治更加严密和直接，国字开始指代四封之内，野字的含义也日益单纯，变得与原野、田野等词毫无二致，这样，野成为国的一部分，反映社会政治差异的国、野之别便永远不复存在了。各国于郡、县之下，复又设乡置里，编定什伍，人们以夫家为单位注籍于自己所在的乡区，并在乡区内实现其权利和义务，所谓的按地区划分国民，至此才最终得以实现，而国家形态也因而进入了一个历史新阶段。我们有理由说，国、野对立的逐步消失，恰恰代表了我国古代国家日益成熟的全过程。

恩格斯曾把国家与氏族组织的不同之处归纳为"按地区来划分它的国民"和"公共权力的设立"，一些学者鉴于西周缺乏健全的地域组织，认为春秋以前尚属原始社会，多数人则将后世记录下来的几条材料视为至宝，勉为其难地去证明地域关系早已十分发达。其实，恩格斯的目的是要说明国家与氏族的本质区别，所谓氏族，应是指典型的氏族，即发达的母系氏族公社。因为从父系氏族出现之日起，氏族社会就开始迈出了走向衰落的第一步；所谓国家，至少也应是指较为成熟的国家。而就世界各大文明地区国家产生的历史实际来说，无论何处，氏族和国家之间的界线都不是刀斩斧切的。归纳并强调两者之间的本质区别，丝毫不排除氏族社会里早就包含有文明的萌芽，更不等于说一跨进文明的门槛，氏族制的因素就已荡然无存。文明发生的道路是先转化、后排挤，血缘关系和家族组织在许多民族中都保留得相当持久，学术界有时将其称为残余，这只能表明它们在新社会里已经不能继续发展了，若拘泥地在量的多寡和影响的大小上做文章，势必会对国家起源的时间产生分歧。笔者研究周代的国、野问题，并认为西周的国、野关系是在两种族团之间结成的奴役关系，目的就是要认识新旧交关时节初级国家的基本特征。一旦弄清了这些特征的演变脉络，国家进步的轨迹也就明确了。

　　然而，全书所述，能否起到预期的作用，实在自信不坚。一孔之见，暂书于此，以就教于同人。

后　记

2019 年是新中国成立 70 周年。我是在新中国成立以后接受教育，进入历史研究领域的，因此，很愿意将自己放进 70 年历史学发展的大背景下，梳理一下个人学术思想逐步形成的大致脉络。

新中国成立 70 年来，历史学发展的道路虽有曲折，但成绩是巨大的，有很重要的经验值得总结。我们不妨以改革开放为界限，将历史学 70 年的发展历程划分为前后两个阶段。

随着新中国的成立，人们的精神面貌和思想意识发生了深刻的变化，历史学也在其发展的第一个阶段上，完成了从传统史学向现代史学的跨越，历史观、方法论，以及对历史学功能的认识等，都产生了重大飞跃。其主要表现是：

1. 学术界普遍认识到历史与现实是相联系的，现实由历史发展而来，历史学从根本上说，应该服务于现实。如果不食人间烟火，对现实不发生任何作用，历史学就会因失去生命力而萎缩。正是有了这种新认识，学者不再把研究看作自己的名山事业，而开始考虑如何运用历史知识为人民服务；不再从兴趣出发，而开始转向选择能够揭示历史规律、提供历史经验、启发人类智慧的重大课题。

2. 摒弃了认为"愈古的时候愈好，愈到后世愈不行"的"历史退化论"[①]，使进化的历史观获得普及。这一进步不仅使许多历史学家克服了只知"祖述

---

① 顾颉刚：《当代中国史学》，辽宁教育出版社 1998 年版，第 115 页。

尧舜，宪章文武，发扬周孔"和"书不读秦汉以下"的片面性，开始参与到中古以后、特别是近代史的研究中来，更有助于全社会清理封建文化传统，摆脱崇古迷信，促进思想解放，坚定前进的步伐。

3. 随着历史唯物主义的深入人心，"不是人们的意识决定人们的存在"，而"是人们的社会存在决定人们的意识"①，成为大家自觉尊奉的信条。于是，生产工具、生产技术的演变，农史、手工业史乃至整个经济史，备受重视，并发展为成熟的学科分支。旧史学只突出政治史、军事史，被讥为"相斫书"，线条单一、内容狭窄的格局大为改观。

4. 唯物史观认为历史前进的决定性因素是生产力、生产方式的发展，当然就十分重视直接生产者的地位和作用。新中国成立以后，由普通人参与的生产活动和阶级斗争进入研究的视野，英雄史观被打破，以叙述帝王将相家谱及事功为主的旧史学传统得到改造，人们普遍意识到，从根本上说，人民群众才是历史的真正创造者。与此同时，史学界对少数杰出人物的特殊活动也高度重视，并就历史人物评价问题展开过全国性的大讨论，倾向于承认是来自不同层面的合力推动了社会进步，主张对为中华民族的发展作出过贡献的人给予历史的肯定。

5. 唯物史观不仅认为历史是进步的，而且强调诸种历史因素之间有因果关系，有公例可循，即存在不以人的意志为转移的客观规律性。在这种观点的影响下，历史学家开始重视探寻事物的内在联系，考察促成事变的政治、经济背景，分析事变的前因和后果，总结重要的经验和教训。从而增加了文章或著作的深度，提高了研究水平。

6. 扩大了研究范围。学者既克服了把汉族历史等同于中国历史的大汉族主义，开始投入力量对少数民族历史及民族关系史展开研究；也克服了以"天朝上国"自居的封闭心态，建立了一支颇具规模的从事世界通史及地区

---

① 马克思：《〈政治经济学批判〉序言》，载《马克思恩格斯选集》第 2 卷，人民出版社 1972 年版，第 82 页。

史、国别史研究的学术团队。

以上我所做的几点概括可能既不全面，也不准确，但从中仍可以看出，新中国成立后，历史学曾经取得了显著的进步，结下了累累硕果。如果看不到时代巨变所带来的学科的新生，反而像有些人所调侃的那样，说新中国的历史学只开了"五朵金花"，显然是不负责任的，未免失之于肤浅。

就先秦史而言，20世纪五六十年代讨论得最多的是古史分期问题，其核心是奴隶社会和封建社会的分期。围绕着中心议题，又带动了对铁器与牛耕、众、庶人、民的身份，土地制度，村社制度及早期国家形成的研究。这些工作的开展不仅有助于人们更加科学地认识上古史，而且也以中国的材料为历史唯物主义的基本原理提供了佐证。另外，当时的学风总体上还是开放的，奴隶制究竟什么时候过渡到封建制，就出现过八种说法，都可以在报刊上发表意见，西周封建论、战国封建论和魏晋南北朝封建论还各有代表性著作行世，形成了范文澜、翦伯赞、郭沫若、尚钺各展其长、平流竞逐的好局面。正是各抒己见和百家争鸣，一度带来了先秦史园地的学术繁荣。

我自幼喜欢历史，在中学老师的鼓励下，于1965年考入了北京大学历史系，那时虽然年轻，但由于专业思想牢固，所以便不能不为流行的学术热点所吸引。有的同学还就秦始皇、曹操评价问题写成论文，向外投稿。一些重要的争鸣文章和汇集这些文章的论文集也被老师指定为参考资料，要求学生阅读。在我心中留下深刻印记的学术观点主要有三个：一是嵇文甫先生提出中国古代社会具有早熟性，在原始社会尚未解体的情况下，就已产生了文明，"前后相函，浑融而暧昧，新的混着旧的，死的拖着活的"[1]；二是侯外庐先生强调早期的剥削关系只出现在两种族团之间，并不针对个人[2]；三是

---

① 嵇文甫：《中国古代社会的早熟性》，载《中国的奴隶制与封建制分期问题论文选集》，生活·读书·新知三联书店1956年版，第68页。

② 侯外庐：《中国古代社会史论》，河北教育出版社2002年版，第176页。

斯维至等先生认为中国古代早期的社会组织应该是家族公社，而不是农村公社①。我出生在北方一个典型的聚族而居的村子里，小时候进过祠堂，耳濡目染，分得清同姓中与谁家支分近，与谁家支分远，自然而然，就产生了应抓住血缘与地缘长期相互消长来研究古史的想法。另外，系里参加过全国少数民族调查的顾文璧老师曾向我们介绍过在边远省区仍有保留的"活化石"，使我知道了"派白工""乌拉差"之类的原始、粗放的奴役方式，不由得意识到，殷周社会与这些民族发展水平相当，会不会也存在类似的情况呢？于是，以民族史为蓝本来观察和研究先秦历史，成了我终生不懈的学术趣向。

改革开放以后的史学界，思想解放所产生的效应是显著的，也是积极的和健康的。对现代化面临的问题，历史学都试图运用自己的知识和智慧，做出合乎科学、合乎规律、合乎逻辑的回答。像亚细亚生产方式、历史发展的真正动力、中国古代存在周期性循环的原因、洋务运动的历史地位、中国近代史的分期、辛亥革命的再评价等，都曾成为大家热烈讨论的中心。据中国史学界第六次代表大会公布，仅 1978—1998 年的 20 年间，就已累计出版史学著作、回忆录、地方史、资料集 2 万多种，发表各种史学论文不下 20 万篇，反映了广大学人服务社会、参与现代化建设的高度热情。而由于实施跨学科研究，历史学也从其他学科借用了新概念、新方法、新模式来改造自己，从而使这门古老的学问在投身现实的过程中焕发了青春。

思想解放在先秦史领域最重要的体现是将战国封建论定为一尊而形成的困局被打破，久已噤声的各种分期说重新登场，学者纷纷著文出书，阐扬自己的观点。由于老一辈史学家多主张西周封建论，所以，渐渐地，这一学派占了上风，并派生出中国不存在奴隶社会说。但如果据此判定史学界已就分期问题达成共识，似乎为时尚早。对不同分期说的论证不断推动相关研究走

---

① 　斯维至：《释宗族——关于父家长家庭公社及土地私有制的产生》，《思想战线》1978 年第 1 期。

向深入，除以前即有较多关注的劳动者的身份地位问题、土地制度问题、村社问题等，新时期引起高度重视的则是文明起源、国家形态及基层社会结构。从国外引入的酋邦理论、早期国家理论及分层理论，有助于提升讨论的学术水平。

我于 1970 年离开北大，到河北省定县接受贫下中农再教育，并就地消化，成为县革命委员会的一名干事，虽经磨难与波折，但内心向往学术的热情却未曾熄灭。其间，曾配合河北省文物工作队做过考古发掘与整理工作，又在 1976 年设法调入高校教书，算是较早回归了学术队伍。非常幸运的是，历史系领导正式派我给孙作云教授当助手，孙先生去世后，又受到孙海波先生的高足郭人民教授的关爱和悉心指导。在他们的无私帮助下，我不仅过了"教学关"，而且掌握了从事科研的基本方法，对先秦历史有了系统的了解，对先秦领域存在争议的问题，也渐渐有了自己的看法，不再人云亦云。在科学的春天里，史学园地异彩纷呈，一些重要的观点带有创新性，拜读以后，对自己的学术思想也产生了很大影响。它们分别是：林沄先生主张国家起源于邑群，即都鄙群①；王玉哲先生指出商周时期的国家是一种点和面的结合②；童书业先生强调天子建国主要是周初之事，西周晚期迄春秋中叶，是诸侯立家之时，其后卿大夫之族日强，乃置侧室和贰宗，儒家所讲的分封制是经后人概括而被整齐划一的结果③。我曾两次负笈入川，跟随徐中舒教授攻读博士学位，从而得知徐先生早就注意西南少数民族中的白工劳役，并将其定名为指定服役制度，这更大大提升了我参照民族材料研究先秦史的兴趣和信心。在理论方面，我还想谈谈汪连兴先生的一个见解，他在文章中宣称：从氏族到国家一般走的都是"先转化后排挤"的道路，即血缘性组织先转化为国家机关，经过很长一段时

---

① 林沄：《关于中国早期国家形成的几个问题》，《吉林大学社会科学学报》1986 年第 6 期。
② 王玉哲：《殷商疆域史的几个问题》，《郑州大学学报》1982 年第 3 期。
③ 童书业：《春秋左传研究》，中华书局 2006 年版，第 110—114 页。

间，地缘关系、财产关系和政治关系才将血缘关系逐步排挤出去。① 平心而论，这很可能是近年来先秦史研究中最重要的观念上的突破。因为"每一代一方面在完全改变了的条件下继续从事先辈的活动，另一方面又通过完全改变了的活动改变旧的条件"②，早期国家起源和发展的过程是动态的，汪先生要求研究者去揭示这个新旧消长的运动规律，要比未能体现变化的"家国同构说"更加高明。

在前辈和同行师友的影响下，我开始致力于周代国野制度和指定服役制度的研究，并对中国文明早熟的原因作了初步探讨。我认为西周国野之分就是王玉哲先生所说的点面之分，国是天子、诸侯的直辖区，野人则以不同形式不同程度地臣服于各国，属于间接统治区。国、野关系是在两种族团之间结成的奴役关系。经春秋至战国，野人转化为承担各类义务的受田小农，国人则因失去统治部族成员资格而与野人趋于一致，不管是"市井之臣"，还是"草莽之臣"，"皆谓庶人"，间接统治都变成了直接统治，国野界限也就不复存在了。从国野对立到国野制度的消失，恰恰代表了我国由早期国家过渡到领土国家的全过程。

如果说国野制度是早期国家的外在形式，那么，指定服役制度则更能反映国家本质的核心内容。这一制度在各类材料中一律叫"服"，甲骨文、金文字形皆像用手按跪踞之人，实为迫令做事之会意，起源于本家族内的"有事弟子服其劳"和对家长兼巫师的供养，进而推及被征服的外族人身上。由于商品经济不发达和各项制度尚在草创，所以，统治者的全部需求皆仰赖于直接劳役和实物贡纳，而且以指定某族专服某役或专贡某物的形式固定下来，世代相传，长期不变。分派所服之事，自然会考虑血缘的贵贱、臣服程度的深浅、经济文化的发展水平及各族团的技术专长，即"制其职，各以其所能，制其贡，各以其所有"，于是，服制又成为身份地位的体现，在服

---

① 汪连兴：《荷马时代·殷周社会·早期国家形态》，《社会科学战线》1994 年第 5 期。

② 马克思、恩格斯：《德意志意识形态》，载《马克思恩格斯选集》第 1 卷，人民出版社 1972 年版，第 51 页。

事过程中，地位低的必须臣事地位高的，从而造成了"天有十日，人有十等""以待百事"式的序列化等级。在西周，已经实现了"通达之属，莫不从服"，只有"人皆有服"，才能形成统治者所追求的"上下有服，都鄙有章"，儒家仅以上层贵族所服之事为关注对象，将其归纳为五服或九服，无疑是把指定服役制度大大窄化了。春秋战国经济飞跃的原因正是服制的解体，绝不是所谓井田制的垮台。用履亩而税和按乘丘出兵赋取代一切由统治者说了算的直接劳役和贡纳，开始使剥削由粗放和自然生成走向制度化，第一次规定了比例，也第一次给人留下了自由度，这对焕发劳动者的积极性起到了相当大的推动作用。孟子把他仅知其"大略"的三种剥削方式分别配给夏商周三代，实际情况却应该是：先有服制中的贡和役，后来才出现了税。

在研究先秦史的过程中，我进一步坚定了对历史唯物主义的信念。马克思反复强调："人们为了能够'创造历史'，必须能够生活。但是为了生活，首先就需要衣、食、住以及其他东西。"① 正是基于这个最朴素的道理，恩格斯才提出："历史过程中的决定性因素归根到底是现实生活的生产和再生产"②。这就告诉我们，要对某一时代的历史活动作出正确判断，必须不脱离该时代"生产物质生活"的基本条件。而活跃于春秋战国的儒家，却把直到他们那时才会有的分散劳动、个体家庭、土地私人占有等搬到西周，结合礼崩乐坏后残剩的已"不足征"的文献，试图利用建构禹、汤、文、武盛世历史的办法，来宣传自己恢复周礼、重建秩序型社会的政治理想，这样形成的儒家典籍，虽不能说没有史料价值，但如果用西周"生产物质生活"的基本条件作为尺度加以衡量，就不难发现，其中许多地方存在着时空的错位。所以，我坚持认为，要书写真的西周史，还是要先对材料下一番"剥离假象，寻求成因"的功夫。不是说要抛弃经典，而是说要把经典中符合周代"生产

---

① 马克思、恩格斯：《德意志意识形态》，载《马克思恩格斯选集》第 1 卷，人民出版社 1972 年版，第 32 页。

② 恩格斯：《恩格斯致约·布洛赫》，载《马克思恩格斯选集》第 4 卷，人民出版社 1972 年版，第 477 页。

物质生活"基本条件的部分挖掘出来。

　　研究中我还发现，早期剥削的实施，均以强制为前提，主要靠的是"杀伐以要利""阻兵而保威"和"明命鬼神以为黔首则"①，即通过先占有其人身和控制其思想来获取生产者的劳动成果，故而周人才把祀和戎始终当作国之大事。这同封建制下更多地依赖经济手段进行剥削大不一样。再者，由于各类族团普遍存在，一般家族成员虽会受到族的保护，但更是既处于族长的淫威之下，又"作为土地的有机附属物跟土地一起"被高级的贵族所占领，双重剥削一起压向金字塔的最底层，我们还能说劳动者的地位比较优越吗？另外，更关键的是，恩格斯曾经在《反杜林论》中反复申述奴隶制在历史上出现的必然性，明确指出："人类是从野兽开始的，因此，为了摆脱野蛮状态，他们必须使用野蛮的、几乎是野兽般的手段。"②我理解"野兽般的手段"就是超经济的强制，而超经济的强制恰是奴隶制的本质。如果说中国没有经过奴隶制阶段，那么，我们的先民是如何摆脱野蛮状态的呢？恩格斯还说过："有两个自发产生的事实，支配着一切或者几乎一切民族的古代历史：民族按亲属关系的划分和土地公有制。"③同时他又强调：土地公有制的存在"以可用土地的一定剩余为前提"，只有"剩余的可用土地用尽了"，"公有制"才会"衰落"④。翻一翻《左传》就可以知道，"剩余的可用土地用尽"的情况在中国古代最早可以确定在春秋晚期。而"大地产"却是"封建社会的真正基础"⑤。在土地私有还不可能出现、运用经济杠杆进行剥削还缺乏基础的时候，统治者除了靠超经济强制来榨取劳动力外，他们还能有别的选择吗？

---

　　①　《吕氏春秋·诚廉》，载陈奇猷校译：《吕氏春秋校释》，学林出版社 1984 年，第 633 页；《礼记·祭义》，见王文锦译解：《礼记译解》，中华书局 2001 年版，第 688 页。

　　②　恩格斯：《反杜林论》，人民出版社 2015 年版，第 192 页。

　　③　恩格斯：《马尔克》，载《马克思恩格斯全集》第 19 卷，人民出版社 1963 年版，第 353 页。

　　④　恩格斯：《自然辩证法·劳动在从猿到人转变中的作用》，载《马克思恩格斯选集》第 3 卷，人民出版社 1972 年版，第 519 页。

　　⑤　马克思：《对民主主义者莱茵区域委员会的审判》，载《马克思恩格斯全集》第 6 卷，人民出版社 1961 年版，第 290 页。

所以，我相信奴隶制不仅存在，而且具有普遍性，人类很难迈过这道坎，只是在不同地区的不同民族中，表现形式会有不同而已。总之，就我目前粗浅的认识水平，我还不愿意因中国有某些特殊就去否定奴隶制这个一般存在，进而认为中国从未有过奴隶社会。我主张在分期问题上继续讨论，只有讨论，才能使各项研究走向深入。如果回避社会性质，或将战国封建论独尊变为西周封建论一家独大，都会妨碍学术水平的提升。西周封建论和"无奴论"的倡导者都是我最尊敬的师长和好朋友，我诚心地希望他们在讨论中帮助我解惑释疑。同时，我也想善意地向这些师长、朋友进上一言：不要无意间为中国自古特殊论制造历史依据。

我知道马克思不赞成把他的学说看成放之四海而皆准的真理，在晚年，他和恩格斯都曾对以前的观点做过反思和部分修正。但对"奴隶制是古代世界所固有的第一个剥削形式，继之而来的是中世纪的农奴制和近代的雇佣劳动制"，却似乎并未产生过动摇。"文明时代的三大时期所特有的三大奴役形式"是马克思、恩格斯运用历史唯物主义对人类社会进行深入研究后所得出的基本结论，如无充分理据，最好不要轻加质疑。①

本书由陕西人民出版社于 1991 年首次出版，至今已近 30 年。当时因条件所限，印刷不精，发行不广，早想修订重版，一直没有机会。等到稍得宽裕，却又罹患眼疾，几乎无法读写。2018 年，在天津遇到朱凤瀚先生，他告诉我，可以依原稿重印，再写一个前言或后记，谈谈自己的修订意见。这使我茅塞顿开，受到很大鼓舞。陕西师范大学人文社会科学高等研究院院长李继凯先生、副院长李胜振先生又答应帮助解决一切出版事宜，让我倍感温暖，心里有了底气。于是，乃将修订工作提上日程，经历一度春秋，始克告竣。做法是，先由我的学生黄明磊将纸质文稿重新打成电子版，再印成大字本，逐一核对引文，依当下习惯调整注释，并补充部分材料，然后由我通读定稿。在基本保持原貌的同时，也略有添增，主要是加上了对指定服役的论

---

① 恩格斯：《家庭、私有制和国家的起源》，人民出版社 2018 年版，"编者引言"第 9 页。

述，把它当作西周统治者剥削下层国人和野人的主要方式。在重版前匆匆草成这篇后记，既向朱凤瀚、李继凯、李胜振诸先生及黄明磊表示诚挚感谢外，更想借机直抒胸臆，以求得同行师友的批评指教。

赵世超

2019 年 11 月

参考文献

一、古代典籍及注疏

（清）阮元：《十三经注疏》，中华书局 1980 年影印版。

黄怀信、张懋镕、田旭东：《逸周书汇校集注》，上海古籍出版社 2007 年版。

曾运乾：《尚书正读》，华东师范大学出版社 2012 年版。

高亨：《诗经今注》，上海古籍出版社 2009 年版。

（宋）朱熹：《诗集传》，上海古籍出版社 1980 年版。

杨伯峻：《春秋左传注》，中华书局 1981 年版。

顾栋高：《春秋大事表》，中华书局 1993 年版。

（清）洪亮吉：《左传诂》，中华书局 1987 年版。

（清）刘文淇撰：《春秋左氏传旧注疏证》，科学出版社 1959 年版。

（清）沈钦韩：《春秋左氏传补注》，中华书局 1985 年版。

徐元诰：《国语集解》，中华书局 2002 年版。

范祥雍订补：《古本竹书纪年辑校订补》，上海古籍出版社 2011 年版。

（清）孙诒让：《周礼正义》，中华书局 2013 年版。

（清）焦循：《孟子正义》，中华书局 1987 年版。

许维遹：《吕氏春秋集释》，中华书局 2009 年版。

（宋）王应麟：《通鉴地理通释校注》，四川大学出版社 2009 年版。

（清）朱右曾：《逸周书集训校释》，商务印书馆 1937 年。

（晋）常璩著、任乃强校注：《华阳国志校补图注》，上海古籍出版社 1987 年版。

（东汉）王逸注、黄灵庚点校：《楚辞章句》，上海古籍出版社 2017 年版。

（魏）王肃注：《孔子家语》，上海古籍出版社 1990 年版。

（汉）司马迁：《史记》，中华书局 2007 年版。

（南朝宋）范晔：《后汉书》，中华书局 2006 年版。

二、著作

马克思:《资本论（纪念版）》第 1 卷，人民出版社 2018 年版。

马克思:《资本论（纪念版）》第 3 卷，人民出版社 2018 年版。

恩格斯:《家庭、私有制和国家的起源》，人民出版社 2018 年版。

恩格斯:《反杜林论》，人民出版社 2015 年版。

《马克思恩格斯选集》第 1 卷，人民出版社 1972 年版。

《马克思恩格斯选集》第 2 卷，人民出版社 1972 年版。

《马克思恩格斯选集》第 3 卷，人民出版社 1972 年版。

《马克思恩格斯选集》第 4 卷，人民出版社 1972 年版。

《马克思恩格斯全集》第 6 卷，人民出版社 1961 年版。

《马克思恩格斯全集》第 12 卷，人民出版社 1962 年版。

《马克思恩格斯全集》第 13 卷，人民出版社 1962 年版。

《马克思恩格斯全集》第 16 卷，人民出版社 1964 年版。

《马克思恩格斯全集》第 19 卷，人民出版社 1963 年版。

《马克思恩格斯全集》第 26 卷第二册，人民出版社 1973 年版。

《马克思恩格斯列宁斯大林论资本主义以前诸社会形态》，文物出版社 1979 年版。

[美] 路易斯·亨利·摩尔根:《古代社会》，商务印书馆 1995 年版。

北京大学历史系考古教研室商周组编著:《商周考古》，文物出版社 1979 年版。

白云翔:《先秦两汉铁器的考古学研究》，科学出版社 2005 年版。

陈梦家:《西周铜器断代》，中华书局 2004 年版。

陈梦家:《殷虚卜辞综述》，中华书局 1988 年版。

段连勤:《北狄族与中山国》，河北人民出版社 1982 年版。

地质部地质博物馆编:《中国矿物》，上海科学技术出版社 1980 年版。

顾颉刚:《史林杂识》，中华书局 1963 年版。

郭沫若:《出土文物二三事》，文物出版社 1972 年版

郭沫若:《十批判书》，人民出版社 2012 年。

郭沫若:《奴隶制时代》，中国人民大学出版社 2005 年版。

郭沫若:《青铜时代》，中国人民大学出版社 2005 年版。

郭沫若:《中国史稿》，人民出版社 1977 年版。

郭沫若:《中国古代社会研究》，商务印书馆 2011 年版。

郭沫若:《两周金文辞大系图录考释》（二），载《郭沫若全集》考古编第八卷，科学出版
  社 2002 年版。

郭宝均：《中国青铜器时代》，生活·读书·新知三联书店 1963 年版。

郭宝均：《山彪镇与琉璃阁》，科学出版社 1959 年。

郭宝均：《浚县辛村》，科学出版社 1964 年版。

高明：《古文字学讲义》，北京大学历史系考古学专业 1974 年印行。

《高山族简史》编写组、《高山族简史》修订编写组编：《高山族简史》，民族出版社 2009 年版。

胡厚宣：《殷墟发掘》，学习生活出版社 1955 年版。

侯外庐：《中国古代社会史论》，河北教育出版社 2002 年版。

河南省文化局文物工作队编著：《郑州二里岗》，科学出版社 1959 年版。

黄展岳：《古代人牲人殉通论》，文物出版社 2004 年版。

胡庆钧、廖学盛主编：《早期奴隶社会比较研究》，中国社会科学出版社 1996 年版。

翦伯赞：《翦伯赞全集》第四卷，河北教育出版社 2008 年版。

李宗侗：《中国古代社会新研》，上海文艺出版社 1988 年版。

李亚农：《李亚农史论集》，上海人民出版社 1962 年版。

林耀华、庄孔韶：《父系家族公社形态研究》，青海人民出版社 1984 年版。

林之光：《中国的气候及其极值》，商务印书馆 1996 年版。

李学勤：《东周与秦代文明》，上海人民出版社 2016 年版。

李圃主编：《古文字诂林》第七卷，上海教育出版社 2004 年版。

《黎族简史》编写组编：《黎族简史》，民族出版社 2009 年版。

《傈僳族简史》修订本编写组：《傈僳族简史》，民族出版社 2008 年版。

《民族问题五种丛书》云南省编辑委员会：《怒族社会历史调查》，云南人民出版社 1981 年版。

《民族问题五种丛书》云南省编辑委员会编：《阿昌族社会历史调查》，民族出版社 2009 年版。

《民族问题五种丛书》云南省编辑委员会编：《布朗族社会历史调查》，云南人民出版社 1982 年版。

秋浦：《鄂伦春社会的发展》，上海人民出版社 1978 年版。

容庚：《殷周青铜器通论》，中华书局 2012 年版。

日知：《古代城邦史研究》，人民出版社 1989 年版。

史念海：《河山集》，生活·读书·新知三联书店 1963 年版。

史念海：《河山集　二集》，生活·读书·新知三联书店 1981 年版。

睡虎地秦墓竹简整理小组编：《睡虎地秦墓竹简》，文物出版社 1990 年版。

孙亚冰、林欢：《商代地理与方国》，中国社会科学出版社 2010 年版。

宋镇豪：《商代史》卷 1《商代史论纲》，中国社会科学出版社 2011 年版。

宋恩常:《勐海县哈尼族社会调查》,《哈尼族社会历史调查》,民族出版社 2009 年版。

宋恩常:《云南少数民族研究文集》,云南人民出版社 1986 年版。

尚钺:《尚钺古史论文集》,人民出版社 1984 年版。

田昌五:《古代社会断代新论》,人民出版社 1982 年版。

田继周、罗之基:《佤族》,民族出版社 1985 年版。

童书业:《春秋左传研究》,中华书局 2006 年版。

杨宽:《西周史》,上海人民出版社 1999 年版。

杨宽:《战国史》,上海人民出版社 2017 年版。

杨宽:《古史新探》,上海人民出版社 2016 年版。

杨向奎:《宗周社会与礼乐文明》,人民出版社 1992 年版。

银雀山汉墓竹简整理小组编:《银雀山汉墓竹简》,文物出版社 1985 年版。

杨升南:《商代经济史》,贵州人民出版社 1992 年版。

杨伯峻:《论语译注》,中华书局 2012 年版。

杨树达:《积微居小学述林》,中华书局 1983 年版。

于省吾:《双剑誃诸子新证》,上海书店出版社 1999 年版。

袁珂:《山海经校注》,上海古籍出版社 1980 年版。

王国维:《观堂集林》,中华书局 1959 年版。

吴镇烽:《殷周青铜器铭文暨图像集成》,上海古籍出版社 2012 年版。

徐中舒:《徐中舒历史论文选辑》,中华书局 1998 年版。

夏纬瑛:《〈诗经〉中有关农业章句的解释》,农业出版社 1981 年版。

夏纬瑛:《吕氏春秋上农等四篇校释》,农业出版社 1956 年版。

夏纬瑛:《〈周礼〉书中有关农业条文的解释》,农业出版社 1979 年版。

徐旭生:《中国古史的传说时代》,广西师范大学出版社 2003 年版。

徐喜辰:《井田制度研究》,吉林人民出版社 1984 年版。

辛树帜:《禹贡新解》,农业出版社 1964 年版。

姚彦渠:《春秋会要》,中华书局 1955 年版。

俞伟超:《古史的考古学探索》,文物出版社 2002 年版。

朱凤瀚:《商周家族形态研究》,天津古籍出版社 2004 年版。

张亚初、刘雨:《西周金文官制研究》,中华书局 1986 年版。

《中国少数民族社会历史调查资料丛刊》修订编辑委员会编:《白族社会历史调查》(一),
　　民族出版社 2009 年版。

中国社会科学院考古所编:《殷周金文集成》(1—18 册),中华书局 1984—1994 年版。

中国社会科学院考古研究所编著:《新中国的考古发现和研究》,文物出版社 1984 年版。

三、学术论文

安金槐：《河南夏商周考古综述》，《华夏考古》1987 年第 1 期。

曹成章：《傣族社会的家族公社及其残存的原因》，《民族研究》1984 年第 4 期。

曹桂岑、马全：《河南淮阳平粮台龙山文化城址试掘简报》，《文物》1983 年第 3 期。

曹淑琴：《灵石商墓与丙国铜器》，《考古》1990 年第 7 期。

陈振中：《殷周的钱、镈——青铜铲和锄》，《考古》1982 年第 3 期。

陈振中：《殷周的铚艾——兼论殷周大量使用青铜农具》，《农业考古》1981 年第 1 期。

陈絜：《试论殷墟聚落居民的族系关系》，《南开学报》2002 年第 6 期。

陈平山、马世之：《登封王城岗遗址性质分析》，《考古与文物》2009 年第 5 期。

程德祺：《父系宗族公社》，《中央民族学院学报》1981 年第 1 期。

达人：《有关战国时代牛耕的几个问题》，《文史哲》1963 年第 1 期。

董珊：《试论殷墟卜辞之"周"为金文中的妘姓之琱》，《中国国家博物馆馆刊》2013 年第 7 期。

范一：《墨江瑶族社会调查》，《中央民族学院学报》1985 年第 4 期。

方壮猷：《战国以来中国步犁发展问题试探》，《考古》1964 年第 7 期。

郭沫若：《矢簋铭考释》，《考古学报》1956 年第 1 期。

郭文韬：《中国古代的农作制》，《中国农史》1982 年第 1 期。

郭荣臻：《简论黄河流域新石器时代的城垣建筑技术》，《史志学刊》2017 年第 4 期。

郭豫才：《试论西周的公社问题》，《河南师大学报（社会科学版）》1983 年第 1 期。

顾铁符：《长沙 52·628 号墓在考古学上诸问题》，《文物参考资料》1954 年第 10 期。

[日] 冈村秀典：《中国新时期时代的战争》，《华夏考古》1997 年第 3 期。

黄盛璋：《卫盉、卫鼎中"贮"和"贮田"及其牵涉的西周田制问题》，《文物》1981 年第 9 期。

黄展岳：《近年出土的战国两汉铁器》，《考古学报》1957 年第 3 期。

黄展岳：《关于中国开始冶铁和使用铁器的问题》，《文物》1976 年第 8 期。

侯外庐：《我对中国社会史的研究》，《历史研究》1984 年第 3 期。

李学勤：《谈祝融八姓》，《江汉论坛》1980 年第 2 期。

李学勤：《从新出青铜器看长江下游文化的发展》，《文物》1980 年第 8 期。

李蔚然：《南京发现周代铜器》，《考古》1960 年第 6 期。

李众：《关于藁城台西村的商代遗址》，《考古学报》1976 年第 2 期。

李家和等：《近年江西出土的商代青铜器》，《文物》1977 年第 9 期。

李埏：《试论中国古代农村公社的延续和解体》，《思想战线》1979 年第 3 期。

李文潮：《试论解放前我国存在原始公社残余的少数民族地区私有制的产生》，《中央民族学院学报》1981 年第 1 期。

林沄：《说"王"》，《考古》1965 年第 6 期。

林沄：《"百姓"古义新解——兼论中国早期国家的社会基础》，《吉林大学社会科学学报》2005 年第 4 期。

雷广正、李和仁：《侗族地区"洞"、"款"组织的特征和作用》，《民族研究》1980 年第 5 期。

刘龙初：《论永宁纳西族"俄"等级的来源及其阶级属性》，《民族研究》1981 年第 5 期。

林甘泉：《对西周土地关系的几点新认识——读岐山董家村出土铜器铭文》，《文物》1976 年第 5 期。

林超民：《羁縻府州与唐代民族关系》，《思想战线》1985 年第 5 期。

卢勋、李根蟠：《清代高山族社会经济形态探讨》，《民族研究》1981 年第 6 期。

卢茂村：《安徽贵池发现东周青铜器》，《文物》1980 年第 8 期。

临潼县文化馆：《陕西临潼发现武王征商簋》，《文物》1977 年第 8 期。

李伯谦：《关于早期夏文化——从夏商周王朝更迭与考古学文化的变迁谈起》，《中原文物》2000 年第 1 期。

李先登：《夏文化与中国文明的起源》，《中原文物》2001 年第 3 期。

雒有仓：《商周家族墓地所见族徽文字与族氏关系》，《考古》2013 年第 8 期。

黎家芳：《从大汶口文化葬俗演变看其社会性质》，载山东大学历史系考古教研室编：《大汶口文化讨论文集》，齐鲁书社 1979 年版。

马世之：《登封王城岗城址与禹都阳城》，《中原文物》2008 年第 2 期。

南京博物院：《江苏六合程桥二号东周墓》，《考古》1974 年第 2 期。

欧潭生：《罗山天湖商周墓地》，《考古学报》1986 年第 2 期。

裘锡圭：《关于商代的宗法组织与贵族和平民两个阶级的初步研究》，《文史》第十七辑，中华书局 1983 年版。

斯维至：《释宗族》，《思想战线》1978 年第 1 期。

孙德海、陈慧：《河北石家庄市市庄村战国遗址的发掘》，《考古学报》1957 年第 1 期。

唐兰：《宜侯夨簋考释》，《考古学报》1956 年第 2 期。

唐兰：《中国古代社会使用青铜农器问题的初步研究》，《故宫博物院院刊》1960 年。

唐兰：《西周铜器断代中的康宫问题》，《考古学报》1962 年第 1 期。

唐兰：《用青铜器铭文来研究西周史——综论宝鸡市近年发现的一批青铜器的重要历史价值》，《文物》1976 年第 6 期。

唐云明：《河北商代农业考古概述》，《农业考古》1982 年第 1 期。

谭其骧：《黄河与运河的变迁》，《地理知识》1955 年第 8 期。

谭其骧：《西汉以前的黄河下游河道》，《历史地理》创刊号。

王玉哲：《殷商疆域史中的一个重要问题——"点"和"面"的概念》，《郑州大学学报（哲学社会科学版）》1982 年第 3 期。

王大道：《云南滇池区域青铜时代的金属农业生产工具》，《考古》1977 年第 2 期。

王军：《基诺族》，《思想战线》1979 年第 6 期。

王增新：《辽宁抚顺市莲花堡遗址发掘简报》，《考古》1964 年第 6 期。

王志敏、韩益之：《介绍江苏仪征过发现的几件西周青铜器》，《文物参考资料》1962 年第
　　12 期。

王毓铨：《爰田（辕田）解》，《历史研究》1957 年第 4 期。

王克林：《山西侯马上马村东周墓葬》，《考古》1963 年第 5 期。

汪连兴：《荷马时代·殷周社会·早期国家形态》，《社会科学战线》1994 年第 5 期。

吴大琨：《关于西周社会性质问题的讨论》，《历史研究》1956 年第 3 期。

许鸿宝：《土地公有向私有转变的中间阶段》，《民族研究》1981 年第 3 期。

徐鸿修：《周代贵族专制政体中的原始民主遗存》，《中国社会科学》1981 年第 2 期。

徐鸿修：《从禄赏制的演变看周代的土地制度——兼评"军功地主"论》，《文史哲》1987
　　年第 2 期。

徐中舒：《论商于中、楚黔中和唐宋以后的洞——对中国古代村社共同体的初步研究》，
　　《思想战线》1978 年第 2 期。

徐中舒：《耒耜考》，《农业考古》1983 年第 1 期。

徐中舒：《试论周代田制及其社会性质》，《四川大学学报（哲学社会科学版）》1995 年第
　　2 期。

严文明：《黄河流域文明的发祥与发展》，《华夏考古》1997 年第 1 期。

徐喜辰：《"籍田"即"国"中"公田"说》，《吉林师范大学学报》1964 年第 2 期。

徐定水：《浙江永嘉出土的一批青铜器简介》，《文物》1980 年第 8 期。

友于：《由西周到前汉的耕作制度沿革》，载《农史研究集刊》第二册，科学出版社 1960
　　年版。

严汝娴、宋兆麟：《论纳西族的母系"衣社"》，《民族研究》1981 年第 3 期。

杨毓骧：《崩龙族》，《思想战线》1977 年第 4 期。

杨毓才、刘达成：《景颇、佤族的部落酋长制》，《思想战线》1980 年第 5 期。

杨鸿勋：《从盘龙城商代宫殿遗址谈中国宫廷建筑发展的几个问题》，《文物》1976 年第
　　2 期。

杨升南：《甲骨文中所见商代的贡纳制度》，《殷都学刊》1999 年第 2 期。

杨宽：《春秋时代楚国县制的性质问题》，《中国史研究》1981 年第 4 期。

杨宽：《西周初期东都成周的建设及其政治作用》，《历史教学问题》1983 年第 4 期。

杨锡璋：《苏州城东北发现东周铜器》，《文物》1980 年第 8 期。

银雀山汉墓竹简整理小组：《银雀山竹书〈守法〉、〈守令〉等十三篇》，《文物》1985 年第

4 期。

叶史：《藁城商代铁刃铜钺及其意义》，《文物》1976 年第 11 期。

张亚初：《殷墟都城与山西方国考略》，载《古文字研究》第十辑，中华书局 1983 年版。

张亚初、刘雨：《商周族氏铭文考释举例》，载《古文字研究》第七辑，中华书局 1982 年版。

张亚初：《两周铭文所见某生考》，《考古与文物》1983 年第 5 期。

张政烺：《卜辞裒田及其相关问题》，《考古学报》1973 年第 1 期。

张剑、赵世刚：《河南省淅川县下寺春秋楚墓》，《文物》1980 年第 10 期。

张先得：《北京平谷刘家河商代铜钺铁刃的分析鉴定》，《文物》1990 年第 7 期。

张国硕、汤杰娟：《中原地区早期冶铁问题分析》，《中原文物》2017 年第 2 期。

郑威：《黄土和黄土高原》，《地理知识》1955 年第 11 期。

郑绍宗：《热河兴隆发现的战国生产工具铸范》，《考古通讯》1956 年第 1 期。

朱显谟：《有关黄河中游土壤侵蚀区划问题》，《土壤通报》1958 年第 1 期。

赵辉：《中国新石器时代城址的发现与研究》，载《古代文明》卷一，文物出版社 2002 年版。

赵伯雄：《周代大夫阶层的历史发展》，《内蒙古大学学报》1983 年第 2 期。

郑若葵：《殷墟"大邑商"族邑布局初探》，《中原文物》1995 年第 3 期。

朱凤瀚：《先秦时代的"里"——关于先秦基层地域组织之发展》，载唐嘉弘主编：《先秦
　　史研究》，云南人民出版社 1983 年版。

四、考古发掘报告

安志敏等：《1958—1959 年殷墟发掘简报》，《考古》1961 年第 2 期。

安金槐、李京华：《登封王城岗遗址的发掘》，《考古学报》1983 年第 3 期。

郭宝均、林寿晋：《一九五二年秋季洛阳东郊发掘报告》，《考古学报》1955 年第 1 期。

高炜、李健民：《1978—1980 年山西襄汾陶寺墓地发掘报告》，《考古》1983 年第 1 期。

郭宝均：《上村岭虢国墓地》，科学出版社 1959 年版。

高天麟、张岱海：《山西襄汾陶寺遗址发掘报告》，《考古》1980 年第 1 期。

郭伟民：《新石器时代澧阳平原和汉东地区的文化和社会》，文物出版社 2010 年版。

国家文物局考古领队培训班：《郑州西山仰韶时代城址的发掘》，《文物》1999 年第 7 期。

甘肃省博物馆：《甘肃黄娘娘台遗址发掘报告》，《考古学报》1960 年第 2 期。

河南省博物馆登封工作站：《一九七七年下半年登封告成遗址的调查发掘》，《中原文物》
　　1978 年第 1 期。

河南省博物馆登封工作站：《一九七八年上半年登封告成遗址的发掘》，《中原文物》1978

年第 3 期。

河南省博物馆:《郑州商城遗址内发现商代夯土台基和奴隶头骨》,《文物》1974 年第 9 期。

河南省文物研究所、中国历史博物馆考古部:《登封王城岗与阳城》, 文物出版社 1992
年版。

河南省文物考古研究所:《三门峡虢国墓》, 文物出版社 1999 年版。

湖北省博物馆:《楚都纪南城的勘察与发掘（上）》,《考古学报》1982 年第 3 期。

湖南省博物馆:《湖南常德德山楚墓发掘报告》,《考古》1963 年第 9 期。

湖南省文物考古研究所:《澧县城头山——新石器时代遗址发掘报告》, 文物出版社 2007
年版。

江苏省文物管理委员会:《江苏六合程桥东周墓》,《考古》1963 年第 3 期。

江西省博物馆主编:《新干商代大墓》, 文物出版社 1997 年版。

南京博物院:《江苏六合程桥二号东周墓》,《考古》1974 年第 2 期。

曲英杰:《古城址的发现与研究》,《文史知识》1999 年第 11 期。

任式楠:《中国史前城址考察》,《考古》1998 年第 1 期。

山东省文物管理处:《大汶口——新石器时代发掘报告》, 文物出版社 1974 年版。

唐云明:《河北元氏县西张村的西周遗址和墓葬》,《考古》1979 年第 1 期。

魏怀珩:《武威黄娘娘台遗址第四次发掘》,《考古学报》1978 年第 4 期。

徐治亚:《洛阳北窑村西周遗址 1974 年度发掘简报》,《文物》1981 年第 7 期。

谢端琚:《甘肃永靖秦魏家齐家文化墓地》,《考古学报》1975 年第 2 期。

云南省博物馆文物工作队:《云南省楚雄县万家坝古墓群发掘简报》,《文物》1978 年第
10 期。

周世荣:《湖南韶山灌区湘乡东周墓清理简报》,《文物》1977 年第 3 期。

朱超、孙波、吕凯、张宗国:《济南市章丘区城子崖遗址 2013 ～ 2015 年发掘简报》,《考
古》2019 年第 4 期。

中国社会科学院考古研究所沣西发掘队:《1976—1978 年长安沣西发掘简报》,《考古》
1981 年第 1 期。

中国科学院考古研究所:《沣西发掘报告:1955—1957 年陕西长安县沣西乡考古发掘资
料》, 文物出版社 1963 年版。

中国科学院考古研究所:《辉县发掘报告》, 科学出版社 1956 年版。

中国社会科学院主编:《中国考古学》, 人民出版社 1984 年版。